牟宗三先生全集⑳

智的直覺與中國哲學

牟宗三　著

《智的直覺與中國哲學》全集本編校說明

謝仲明、孫中曾、何淑靜

　　1968年牟宗三先生偶讀海德格（Martin Heidegger）的《康德與形上學問題》、《形上學引論》二書，引發他撰寫本書之念。他以不到一年的時間撰寫本書，於次年秋冬之際完稿。1971年3月，此書由臺灣商務印書館出版，其後雖經多次重印，但版式始終未改。此書校對不精，訛誤不少。牟先生生前對此甚爲不滿，曾作一勘誤表。今趁此《全集》本重排之際，據此勘誤表加以訂正。

序

　　我此書一方是接著我的前作《認識心之批判》而進一步疏解康德的原義，一方是補充我的近作《心體與性體》〈綜論部〉關於討論康德的道德哲學處之不足。

　　我的前作《認識心之批判》一方面是重在數學的討論，想依近代邏輯與數學底成就予以先驗主義的解釋，把它提出於康德所謂「超越的感性論」（〈超越的攝物學〉）之外，一方面就知性底自發性說，單以其所自具的純邏輯概念為知性底涉指格，並看這些涉指格所有的一切函攝為如何，以代替康德的範疇論。

　　我現在對於康德的範疇論這方面稍為謙虛一點。我承認知性底涉指格可分兩層論。一是邏輯的涉指格，此即吾前書之所論；另一是存有論的涉指格，此即康德之所論。吾人若單就邏輯中的判斷表說，實不能從此表中直接地發見出存有論的涉指格以為知性之所自具，吾人只能發見出一些純粹的邏輯概念以為知性之所自具。順這一層說，自然是實在論的意味重。但雖不能發見出存有論的涉指格，然而吾人的知性之認知活動卻可以順這判斷表以為線索，再依據一原則，先驗地但卻是跳躍地對於存在方面有所要求，提供，或設擬。即在此要求，提供，或設擬上，吾人可以承認存有論的涉指

格之建立爲合法。康德是把這要求，提供，或設擬說成知性所自具，所自給，至少這兩者是混而爲一，說的太緊煞，並未分別得開。因此，遂有「知性爲自然立法」，「知性所知於自然者即是其自身所置定於自然者」等過強的說法，這便成了一般人所厭惡的主觀主義。我現在把它鬆動一下，分開說。知性底主動性自發性所自具的只是邏輯概念，並非存有論的概念；存有論的概念只是知性底自發性之對於存在方面之先驗的要求，提供，或設擬。即使說「自給」，亦有自具的自給與要求，提供，或設擬的自給之不同。康德的那一套實只是這要求，提供，或設擬的自給。我現在此書即就這個意思承認吾人的知性可有「存有論的涉指格」之一層。吾順這個承認正式疏解康德之原義，把他所說的「先驗綜和判斷」更換辭語予以明確的規定，使之順適妥貼，較爲可浹洽於人心。如是，則他的「超越的推述」以及「原則底分析」之全部皆可無問題。在認知心上，實並無眞正的主觀主義與觀念主義，因爲認知心並非「創造的」故，這是康德所隨時指明的，然則他那些太強、太死煞的說法，而足以使人生厭者，實只是措辭不善巧所形成的煙幕，並非其說統之實義。在此，我贊同海德格的解釋。

　　但我此書所重者尚不在此。吾須進一步特重超越的統覺，超越的對象 x，物自身，作爲「超越理念」的自我，智的直覺與感觸直覺之對比之疏導。這一部工作純粹是哲學的，也可以說是向形上學方面伸展之哲學的。我前書所注重的是向邏輯數學方面伸展的。我那時對於康德哲學之向形上學方面伸展之一套實並不眞切，亦如一般人只浮泛地涉獵過去；這亦因康德本人不承認吾人可有智的直覺，把「物自身」（物之在其自己）只視爲消極意義的限制概念，

所以人遂得輕易而忽之。但我現在則覺得這並不可輕忽。他雖不承認吾人可有智的直覺，然而他的全書中處處以智的直覺與感觸直覺相對比而言，則其意義與作用之重大可知。故我現在就這方面眞切言之，以顯出康德積極面與消極面之原義，並進一步把其視爲消極方面的亦轉成爲積極面的。這如何可能呢？

如果吾人不承認人類這有限存在可有智的直覺，則依康德所說的這種直覺之意義與作用，不但全部中國哲學不可能，即康德本人所講的全部道德哲學亦全成空話。這非吾人之所能安。智的直覺之所以可能，須依中國哲學的傳統來建立。西方無此傳統，所以雖以康德之智思猶無法覺其爲可能。吾以爲這影響太大，所以本書極力就中國哲學抉發其所含的智的直覺之意義，而即在其含有中以明此種直覺之可能。故此書題名曰《智的直覺與中國哲學》。《心體與性體》〈綜論部〉討論康德的道德哲學處，並未提到「智的直覺」，這是該處之不足（這亦因該處的討論是就康德的《道德底形上學之基本原則》一書說，而康德此書並無此詞故），故此書即可視作該處的討論之補充。

我此書，就涉及康德說，大體是就所譯的原文加以疏解，不是簡單的徵引。我所譯的是根據士密斯的英譯本而譯。假定把我此書譯成英文，你可以說：這大部份是士密斯的英譯文，屬於你自己的思想有多少呢？我承認我並無新義，我亦無意鑄造一新系統（我前書有點新的意義）。但我能眞切地疏解原義，因這種疏解，可使我們與中國哲學相接頭，使中國哲學能哲學地建立起來，並客觀地使康德所不能眞實建立者而眞實地建立起來，這也許就是我此書的一點貢獻。

　　眞切地譯就是眞切地講習。能眞切地譯與講習始能把康德的義理吸收到中國來，予以消化而充實自己。當年對於佛教也只是眞切地譯與講習，所以中國人能消化而自己開宗。自民國以來，講康德的尚無人能作到我現在所作的這點區區工夫，亦無人能了解到我這點區區的了解。如果中國文字尚有其獨立的意義，如果中國文化尚有其獨立發展的必要，則以中文來譯述與講習乃爲不可少。不同的語言文字有不同的啓發作用。即使把我此書譯成英文，你可以說：我們所看到的大部份仍是士密斯的英譯文，你的此書並無多大價值，但我仍可說：縱然如此，你若藉此機會能眞切地讀士密斯的英譯文，並關聯著我的疏解，且貫通著我對於儒家與道家的綜詮表以及對於佛教方面之多就天台、華嚴之原典所作的疏解，而眞切地體會之，則我想即於西方人士亦不爲無助益。我由康德的批判工作接上中國哲學，並開出建立「基本存有論」之門，並藉此衡定海德格建立存有論之路之不通透以及其對於形上學層面之誤置，則我此書所代表之方向即於當代哲學界亦非無足以借鏡處。

　　我寫此書底動機是因去年偶讀海德格的《康德與形上學問題》以及《形上學引論》兩書而始有的。康德曾作《形上學序論》，表示他的批判哲學所確定的講形上學之途徑。現在海德格又作《形上學引論》，表明他的《實有與時間》所代表的方向。他的野心很大，他要拆毀西方自柏拉圖以來所形成的存有論史，而恢復柏拉圖以前的古義，由之以開他所叫做的「基本存有論」。他的入路是契克伽德所供給的「存在的入路」，他的方法是胡塞爾所供給的「現象學的方法」。我不以爲他的路是正確的。所以我覺得有重作《形上學引論》之必要。我此書即可視作此部工作之再作。我讀他的

《康德與形上學問題》一書,我見出他是把他所謂「基本存有論」放在康德所謂「內在形上學」(immanent metaphysics)範圍內來講的,因此,我始知他何以名其大著曰《實有與時間》而特別重視時間之故。但依康德的意向,眞正的形上學仍在他所謂「超絕形上學」(transcendent metaphysics)之範圍。今海德格捨棄他的自由意志與物自身等而不講,割截了這個領域,而把存有論置於時間所籠罩的範圍內,這就叫做形上學之誤置。我此書仍歸於康德,順他的「超絕形上學」之領域以開「道德的形上學」,完成其所嚮往而未眞能充分建立起者。能否充分建立起底關鍵是在「智的直覺」之有無。故吾此書特重智的直覺與物自身等之疏導。這是調適上遂的疏導,不是割截而下委,輾轉糾纏於時間範圍內,以講那虛名無實的存有論,如海德格之所爲。存在的入路是可取的,但現象學的方法則不相應。

　　人或可說:你這樣作,是把康德拉入中國的哲學傳統裡,這未必是康德之所願,而你們中國那一套亦未必是康德之所喜。我說:理之所在自有其必然的歸結,不管你願不願;而以康德之特重道德而且善講道德,則中國這一套亦未必非其所樂聞。你以爲中國這一套未必是康德之所喜,是因爲你不解中國這一套之本義、實義,與深遠義故。假若中國這一套之本義、實義,與深遠義能呈現出來,則我以爲眞能懂中國儒學者還是康德。

中國民國五十八年十月十日序於九龍

目　次

一、邏輯的涉指格與存有論的涉指格

由對於知性施一超越的分解，可以發見知性有兩層的純粹先驗概念之設置。第一層我名之曰邏輯的涉指格（logical reference-scheme）；第二層是康德所說之範疇，我名之曰存有論的涉指格（ontological reference-scheme）。

由對於邏輯系統之意指的解析，進到形式的解析，再進到超越的解析，便可獲得純理自己之展現。獨立地由此純理自己之展現，便可安立數學。內在於知性之認知活動中，此純理自己之展現隨認知活動之外涉便可示現出一些涉指格，而為知性之認知活動所必憑藉以成其為認知活動之虛架子。此由純理自己展現所直接示現的虛架子只是邏輯的，不能有任何其他的增益，所以名之曰「邏輯的涉指格」。在此邏輯的涉指格中，順因故格度有範疇之設立，此範疇不同於康德之所說，乃至不同於順古希臘傳下來所說之範疇，因為他們所說的範疇都是些基本的存有論的概念，而且可以列舉，如柏拉圖列舉一、多、同、異、存在，亞里斯多德列舉為十個，康德系統地整理為十二個，但是我這裡所說的範疇則不是存有論的概念，亦不可以列舉，只是一種設準的運用，所以也只有認知中邏輯的意義，而無存有論的意義。

　　合此邏輯的涉指格與設準運用意義的範疇，它們在認知活動中
對於外物的作用，我都名之曰認知中「超越的運用」，而不名之曰
「超越的決定」。因爲只是邏輯的，所以才只有超越的運用，而無
超越的決定。如果是存有論的，則即可以說「超越的決定」，如康
德之所說。凡此，俱見吾舊著《認識心之批判》。

　　吾當初以爲可以用吾這一系統代替康德之所說。現在仔細一
想，則當稍爲謙退一點，即吾現在承認可以有兩層涉指格。除邏輯
的涉指格外，還可以講一些存有論的涉指格。吾現在即順這一層看
康德所說之實義當該何所趣，何所趣才是其恰當的意義。

二、存有論的涉指格底發見之線索與原則

首先，這一層涉指格，即存有論的涉指格（康德所謂範疇），當該如何提供？〔「存有論的」一詞取其廣義，沒有特殊的顏色，只表示這些純粹概念有存在方面的涉指，是存有論意義的概念。「存在方面」之存在是現象的存在，故「存有論的」一詞不表示所說的純粹概念是指一形而上的實體之實有說。在此等純粹概念所成的範圍內，吾人固亦可名之曰形上學，但此形上學是「內在形上學」（immanent metaphysics），不是「超絕形上學」（transcendent metaphysics）。英人 Paton 名曰「經驗底形上學」（metaphysics of experience），即示此形上學是在知識範圍內，以上所說的存有論意義的概念去成就經驗，去說明經驗可能底先驗條件以及經驗對象（現象）所以可能底先驗條件。〕

關於此問題，依康德之思路，可分兩步說：

(1)發見範疇之線索：由分解判斷之特殊形式可以引吾人至範疇之發見。

(2)發見範疇之原則：每一分解判斷所以具有如此之特殊形式實因有一與之相應的範疇在其後而為其所以可能之先驗根據。

邏輯中的判斷都是分解的判斷。〔此所謂「分解」意即詮表的

呈列義或剖解義，非與綜和判斷相對的那分析判斷之分析義，即非同語重複之分析義。在邏輯中，無論是綜和判斷或是分析判斷，康德都名之曰分解的判斷，而分解的判斷亦表示一種「分解的統一」，亦是一種綜和，不過是邏輯的而已，尙不是先驗的超越的綜和。故其爲「分解的」（連及分解的統一綜和）是只就邏輯的思考爲解證的或辨解的思考而非創發的思考而言。）

由解證思考的分解判斷之特殊形式（如或爲全稱、或爲偏稱、或爲定然、或爲假然等）可以引吾人至範疇之發見，此只是一「線索」（clue），意即由此可以指點到或使吾人聯想到範疇。「線索」底作用是很鬆弛的，也可以想到，也可以不想到。所以它還不是一個「原則」，原則是表示一個道理。但說到道理，則須有一種獨特的思想或知見，此則光從分解的判斷中是分析不出的。依靠一種「知見」，我們見出一個道理。由此道理，我們始能建立一個發見範疇之「原則」。原則是表示分解判斷與範疇間有一種義理上的勾連，一種勾連的必然性。即是說，每一分解判斷所以具有如此之特殊形式實因有一與之相應的範疇（超越性的先驗概念）在其後而爲其所以可能之先驗根據，先驗的形式條件。換言之，對於分解判斷之每一形式，必有一知性之純粹概念與之相應。再換言之，範疇使該整個分解判斷之特殊統一成爲可能。更舉例換言之，如在主謂判斷上，使該分解判斷能構成爲一種單一而獨特的判斷者並非謂詞之性質，但是「本體─屬性」一範疇，因此範疇，該謂詞始能關聯到主詞上去，即因此範疇，此類分解判斷始能獲得其「特殊之形式」。

以上爲就分解判斷發見範疇建立一原則。

此原則所表示之思想雖在康德書中到處可以表現，如第二版中所重作之〈超越推述〉，§16統覺之根源的綜和統一（此中有句云：「統覺之分解的統一只有在某種一定的綜和統一之預設下才是可能的」），§17綜和統一之原則是知性之一切使用之最高原則，§18自我意識之客觀的統一，§19一切判斷底邏輯形式存於這些判斷所包含的概念底統覺之客觀統一中，凡此皆可表示此思想，然在〈知性之一切純粹概念之發現之線索〉一章中作「形上推述」時（此詞在第二版重作「超越推述」時有之，在〈線索〉章並未使用此詞），卻並未清楚而自覺地依據此思想建立發見範疇之原則。此點，已為士密斯（Smith）所指出，詳見吾《認識心之批判》。

因為在〈線索〉章中，康德並未自覺而顯明地依據此思想建立發見範疇之原則，所以令人有種種誤會。其實自吾觀之，這只是康德措辭之粗略。康德之〈線索〉章作的實不謹嚴。如果與「時空之形上的解析」相比觀，則此關於範疇之「形上的推述」實比較不謹嚴。此所以然之故，或許客觀地說為當時的邏輯所限，主觀地說，是隱伏於心中而欲暢言之於〈超越推述〉中，在此章中不欲多說。（超越推述一方重在說明範疇如何能應用于經驗，如何能有客觀妥實性，一方亦足以明一切分解判斷所以可能之先驗根據，此即足明從分解判斷之特殊形式發見範疇為有據）。吾人在此將其隱伏之思想顯明地說出，以為發見範疇之原則即足夠，似亦不至有若何誤會。誤會者實未貫通得其意也。

但此章究竟是粗略而弱。他只就傳統邏輯中的判斷表而直接列舉出範疇。單孤立地看此章，實可令人起疑：

(1)由這些分解判斷之特殊形式，吾人自可發見一些純粹形式概

念，但此純粹形式概念是否就是康德所說的範疇——存有論的涉指格？吾人單由分解判斷之特殊形式是否能直接地發見出這些存有論的概念——範疇？

(2)傳統邏輯中的判斷表有必然性否？

康德在〈線索〉章中，對此兩問題俱未詳檢。對第一問題，他實以爲由分解判斷直接可以發見這些存有論的概念——範疇。但吾人今日觀之，實不能直接發見出這一些存有論的純粹概念，這是要靠著一種知見，一種道理，以爲「原則」的，這是分解判斷以外的。因此之故，所以吾人有兩層涉指格之提出。

對第二問題，康德似只信賴傳統邏輯二千年來之成就，從未想及此判斷表亦需要有一「超越的安立」（transcendental justification）。因此，人們可以起懷疑，進而斷定此判斷表並無必然性，因並無先驗根據故。

然則此判斷表究有否必然性？光信賴傳統邏輯並不行，亦需要有一超越的安立。此部工作康德並未作，吾人須代爲作之。依吾對於邏輯系統所作的超越的解釋觀之，吾人以爲此判斷表有必然性，可予以超的安立。此固爲康德所未作，亦非近人的邏輯觀所能知。吾人補上此工作，可以使普通邏輯與超越邏輯並不脫節而孤離（士密斯《純理批判解》中有此疑難，詳見《認識心之批判》）。

然即使對上列兩問題所表示之疑難俱可予以消除，亦不能使吾人直接從邏輯學中的分解判斷發見存有論的形式概念。如上所述，此須靠一原則；此外，還須把邏輯中的判斷看成是知識判斷。這都是邏輯外的一些跳躍。因爲純從邏輯學的立場上說，人們可以不把邏輯學中的判斷命題，看成是知識判斷。如其如此，則即不能有存

有論的涉指格，而只能有邏輯的涉指格。康德欲想向存有論的形式
概念方面跳躍，則必須有一表示特殊知見之原則以及把邏輯中的分
解判斷看成是知識判斷。

三、判斷表與範疇表很難一一對應

　　設依一超越的解釋，此判斷表已得其必然性，又設從知識論底立場，我們可以把這些判斷看成是知識判斷（如吾所謂有向命題，從純邏輯學的立場上說，即是無向命題），即使是如此，我們亦很難整齊地對應著每一分解判斷跳躍地發現康德所意謂之範疇。此中比較恰當的是關係判斷，而旣恰當又有顯著意義的則是主謂判斷與假然判斷。例如：「每一金屬是一物體」、「每一物體是可分的」，這些都是主謂判斷，也就是說這些分解判斷底特殊形式是主謂的，是一種主謂的分解的統一。但是若進一步要透視到此主謂判斷所以可能之先驗根據，客觀的基礎，則吾人依一原則便可說使此整個判斷之特殊統一成爲可能的，使此類判斷能構成爲一種單一而獨特之判斷的，並非是「物體」或「可分的」這些謂詞之性質，乃是「本體—屬性」一範疇。在此，我們依據一原則，從主謂判斷跳躍地發現了一個有存有論意義的形式概念。此形式概念之所指者才使主詞成爲眞是主詞，否則若從邏輯學底立場上說，「每一金屬是一物體」、「有些物體是金屬」、「所有的物體是可分的」、「有些可分的是物體」，則究孰爲主詞孰爲謂詞並無一定性。依此而言，從知識論的立場，追問知識底可能，由主、謂的分解判斷跳躍

地發現「本體—屬性」一範疇是恰當的，而且其意義亦很顯著。

再如由假然判斷跳躍地發現「因果」一範疇，亦可以說恰當。「因果」一範疇使假然的知識判斷之特殊形式（特殊統一）成為可能，有客觀的根據。如果沒有「因果」範疇所指之現象之因果性持續於現象中，則吾人之「如果…則」，也許「則」不下來，「如果…則」只有邏輯的意義，並無客觀的實際的意義。所以由假然判斷依一原則跳躍地見「因果」一範疇亦是恰當的，其意義（作用）亦很顯著。但是由析取判斷跳躍地發見「交互共在」一範疇，便不十分恰當，意義亦不很顯著。這一個範疇所表示的只是承認有交互的因果而已。交互的因果還是因果，以因果為主，仍是假然式，而析取判斷只能表示「共在」，不必真能表示互為因果。故由析取判斷不真能跳躍地發見出一恰當而有顯著作用的範疇。

至於由單稱、偏稱、全稱判斷發見量範疇，跳躍性太大。吾人即使依據一原則，亦不容易由單稱、偏稱、全稱發見康德所意謂的量範疇（由時間所表象的數學量或廣度量與物理量或強度量）。在此，吾人只須說有散殊的個體即可使單稱、偏稱、全稱判斷為可能，而散殊的個體之由單說、分說、全說所示的量與以時間所表象的廣度量與強度量完全不同。所以由量判斷簡直不能相干地（即使是跳躍亦要相干）發見一恰當的量範疇。從這裡講康德所意謂的量範疇簡直與普通邏輯脫節。我們完全可以從知識的要求上孤離地講這種範疇。

由肯定、否定、無定的質判斷亦不容易跳躍地發見出實在（有）、非有（虛無）、與限制這類範疇。我們在此只須承認主、謂間有離合關係即可，而離合關係與實在、虛無、限制相距太遠。

是以由質判斷亦不能相干地發見出一恰當的質範疇。康德由時間所表象的強度量中所成的實在、虛無、與限制簡直與判斷脫節，可以完全獨立地講。即使由「是」可以到實有（being），由「不是」可以到「非有」，而如此所引出之實有與非有亦與由時間所表象的強度量中之升而爲有，降而爲無，有無之間有一限制，亦不同。吾人是否能把表示主、謂離合關係的是與不是與表示「存在」的「是」視爲同一呢？當然不能。又吾人是否能把一物之在（某某是＝某某存在）與不在視爲一個強度量之升降呢？此若現象地觀之似乎也可以相通。即使可以相通，吾人由質的判斷跳躍地至於何處呢？至於主、謂之離合關係乎？至於一物之「是」（存在）乎？至於強度量之升降乎？若至於主謂之離合關係，則須肯定存在物與所加於其上的謂詞間的關係不能全離，亦不能全合。

　　此如柏拉圖論理型間的關係不能全離，不能全合。如全離，則無肯定命題；如全合，則無否定命題。有離有合，始能組成一個系統。若至於一物之「是」（存在），則不是主謂判斷。若至於強度量之升降，亦不是主謂判斷。然則由肯定否定的主謂判斷究何所至呢？我看由離合關係至古希臘所早已提出的同、異兩範疇也許比較爲恰當，爲什麼一定要向強度量處想「實在」與「虛無」呢？由「一物之是」引出「存在」一範疇，此則爲恰當，但「一物之是」並非主謂命題底肯定與否定。是以由肯定否定的主謂判斷到康德所意識的質範疇，可以說太不對應，幾乎完全脫節。至於由無定判斷到「限制」一範疇更遼遠。

　　由程態判斷自然可以引至可能與不可能，存在與非存在（實然與非實然），必然與偶然，但此類範疇與前三類不同，對於知識之

構成全無關係，此則康德已經鑒及。

　　由以上所說觀之，只有「本體屬性」與「因果」兩範疇是恰當而相干的，其餘大體不甚相干。如此，縱使判斷表底完整性有其必然性，吾人實可獨立地從知識底要求上建立範疇，而不必以判斷表為線索。吾人只須依據一原則從知識成立之基礎上建立範疇即可，不必根據判斷表一一對應地列出範疇表，此實作不到。此即表示在康德系統內，普通邏輯與超越邏輯實可脫節而不相干。此亦表示康德對於範疇所作的「形而上的推述」實粗略而不健全。吾人實可根據發見範疇之原則，來重作一「形上的推述」。籠統地說知識成立之基礎可，籠統地說每一表示知識的分解判斷之特殊統一所以可能必有一範疇作支持亦可，而卻不必就判斷表一一對應地列舉其所應依據的範疇，也許一個範疇可以通用於若干個分解判斷，而其所應依據的範疇亦實可純從知識底要求上來建立。

　　然則這樣建立的範疇——存有論的形式概念，其恰當的意義與真實的作用是什麼呢？

四、知識上的設準

不必對應判斷表而純從知識的要求上而建立的範疇，吾人可名之曰知識上的設準（postulates）。

(1)柏拉圖曾列舉五個十分重要而又廣泛之理型，此即一、多、同異、存在是。柏拉圖未名之曰範疇，而依其理型說，通名之曰理型，實即範疇之類也。惟因此五個範疇（理型）雖十分重要，而又太廣泛故，倒反不能剋實，故吾曾謂之爲虛層範疇。

(2)亞里士多德有十範疇之目，首先使用範疇一名。彼視十範疇（本體、質、量、關係、時間、空間、位置、主動、被動、程態）爲十種「謂詞模式」，或論謂存在之十通孔。經由每一通孔，可給對象（存在物）一謂詞。依此，因範疇之分類，遂亦形成存在之分類（此所謂存在是存在相）。彼所以不視存在、一、多、同、異五理型爲範疇，乃因其可以指謂每一東西，不能落於其十通孔中之任一個，此即吾所謂太虛泛故。惟亞氏之十範疇乃由於其精巧之尋伺而歸成，並無一定之原則以保證其必然，此則康德已指明之。康德復謂 *guando*（when），*ubi*（where），*situs prius*（former），*simul* 是屬於純粹感性底模式的，*motus* 是一經驗概念，皆非溯源於知性的概念。又，*actio, passio* 是引伸概念，而非根源概念。

　　(3)亞氏從謂詞模式分類,康德從判斷之特殊形式分類,進而系統地整理為十二,其實只是九個——量:一、多、綜;質:實在、虛無(否定)、限制;關係:本體屬性、因果、共在(交互)。可能不可能,存在非存在,必然與偶然,屬於程態者,則與決定存在無關,只是對於我們的決定作一估量,就判斷說,與判斷底內容無關,只是在關於思想一般中,有關於繫詞(copula)之價值。

　　依上第三章所說,康德雖依據一原則系統地引出此範疇表(康德自謂此原則即判斷之能,思想之能),然吾人已指出並不能一一對應地就分解判斷之特殊形式來引出一一範疇。原則是有的,然與判斷表底關係卻不緊嚴。康德又指明這四類是根源的,尚可各有其引伸的概念,如此,可以組成一完整的系統。康德以為這很容易作,只要參看一點存有論的教材(ontological manuals)即可作出。例如在因果範疇下,可以舉出「力」、「主動」、「被動」,在共在範疇下,可以舉出「現存」(presence)、「抵阻」(resistence),在程態範疇下,可以舉出「將要存在」(coming to be)、「停止存在」(ceasing to be)、「變化」(change)等等。這些引伸的概念,他名之曰純知性底述詞(predicables)。範疇則隨亞氏亦可曰 predicaments,此可曰斷詞。康德又指出:「這四類基本範疇(斷詞)若與純粹感性底模式相結合,或它們間互相結合,可以產生出大量的引伸的先驗概念。」但他並未作此工作。若這樣看,則以判斷表為籠統的範圍,可以引出許多存有論的形式概念,雖不必一一對應地皆能十分恰當,然要可以知識性的分解判斷之特殊形式作線索以引出許多存有論的形式概念。此大範圍總是不錯的。此大範圍,再籠統一點說,就是知識之基礎問題。若以此

爲線索，則原則便是「判斷之能」。此語太泛，詳細一點說，即是
每一分解判斷之特殊統一所以可能必有一範疇作支持。知識以及知
識底對象總當有其所以可能底先驗根據。

(4)羅素雖總是維持其經驗主義與實在論的立場，然亦不是嚴格
的狹義的經驗主義。他講到知識底可能時，亦主張須承認有五個設
準：一、準持續體之設準（postulate of quasi-permanence），二、
可分離的因果線之設準（postulate of separable causal-line），三、
空時連續性之設準（postulate of spatio-temporal continuity），
四、結構的設準（structural postulate），五、類推底設準
（postulate of analogy）。即云設準，當然不是從經驗來。羅素只
名之曰設準，他不願意說「先驗」（a priori）一詞，尤其不願意
說這是知性自身所先驗提供的。但願意不願意是一回事，義理上總
當有一個講法。光說是假定，則是懸在空裡，問題仍未解決。這是
以不了了之。

他這五個設準，除結構設準外，俱不出康德所已說者。第一個
就是「本體」（substance）一範疇。康德亦是用持續體（常體）去
說這「本體」。羅素名之曰「準常體」，「準」者言其究竟是不是
「眞常」尚難說。此種「常體」當然不是如上帝之爲常。第二個就
是因果一範疇。「可分離的因果線」，言因果關係不必全宇宙牽連
於一起而剪不斷。羅素於其「物之分析」中曾有連續因果線與轉變
因果性之分。桌子底因果線可以獨立地講。第三個是根據相對論
說，實仍是時間與空間。但康德不以此爲範疇，而視之爲感性之形
式。類推底設準是虛的，知識有時是需要類推的。康德亦有「經驗
之類推」之原則（〈原則之分析〉），但此是就關係範疇說，恐非

羅素所說之「類推」之意。羅素喜言邏輯構造（logical construction）。此處所說的「結構的設準」即指事件底結構之可能。但結構底根據是因果律。此「結構的設準」是否是多餘的？

羅素之提出此五設準並無一原則，亦只是隨便列舉幾個而已。

現在試就康德的思路去說那九個範疇——知識上的設準之真實意義。

五、設準（範疇）底先驗性之確義——知性之自給法則與意志之自給法則之比觀

　　夫既曰設準，則它們不是來自感覺經驗甚顯。既不是來自感覺經驗，則它們當然是先驗的。但所謂「先驗」，是只是邏輯的先在呢？還是在認知心能上有定然性的先在呢？若如羅素之所想，則只是些邏輯地先在的設定，並不願說它們在認知心能上（知性上）有定然性。但依康德的思路，則必須說它們在知性上有定然性。依此，「先驗」必須落在知性上。說它們在知性上是先驗的，就等於說它們是知性所先驗地提供的，知性自身有此自發地提供存有論的純粹（形式）概念之能。但此自發地先驗地提供純粹概念，其確定而落實的意義究是什麼呢？試取一比較觀點論之。知性之自發地先驗地提供此等純粹概念是否能如自由意志之自給道德法則呢？通過這樣比觀上的疑問，我想或可以逼近此等純粹形式概念以及知性之自發的提供之確定而落實的意義與作用。

　　這裡不是比觀兩種法則之不同，它們的不同是顯然的，乃是比觀兩種心能之自給。意志之自律是自發地自給法則，知性也是自發地自給法則——純粹形式概念，我們皆以「自發」說之，亦實可以如此說。但知性之自發地自給法則是否真能如意志那樣的「給」呢？意志之自給是真自給，它先驗地自給法則，是命令吾人依此法

則而行，即，引生義不容辭的行爲，所以意志有創造性。它一方有
自給法則性，一方有創造性。如果沒有意志底自律，這種行爲也許
根本不能出現，即沒有存在。行爲底革故生新即表示意志之創造
性。意志之自給法則是眞自給，是眞內出，它毫無假借，只是它自
己之自願。所以意志之自給法則是憑空的，眞是所謂「從天而
降」。（從天而降是指點語，言「無所自」，即由其自己，並不是
眞由實義的天降給意志）。否則不得曰自律。但是知性之自發地提
供「自然」之法則是否能和這意義完全相同呢？

　　首先，知性雖有自發性，但並無創造性。知性並不能依其所自
給之法則來創造自然或實現自然。作爲認知之能的知性，它只能依
其所自給之法則來綜合直覺中之表象，雜多，但它並不能創造雜
多。雜多是來自感性的直覺，來自感性之接受，並不是來自知性自
身之活動。它能了解（或判斷）存在，但不能創造存在。

　　其次，知性之依其所自給的法則來綜和直覺中的雜多還需要一
種超越的推述，能使之落實下來，有客觀妥實性，且還需一些先驗
原則能把它迎接下來使之可應用於經驗。但是意志所自給的法則，
則不需要這些曲折。意志所自給的法則，吾人必須依之而行。你願
意，固要如此行，你不願意，也要如此行。它是一定要命令你如此
行的。如此行而有存在，它是一定要叫這「存在」存在的。它不是
拿這法則去綜合存在或規律存在，而是去產生存在。

　　以上兩點足以見出意志之自給法則與知性之自給法則其作用之
不同，由此作用之不同，似乎可以迫使吾人對於這兩種「給」要有
不同的考慮。然則由知性之自發性（非創造性）來先驗地提供那充
當自然之法則的純粹形式概念，這種先驗地提供（自給）究竟是什

麼意義呢？我們究竟如何恰當地陳說之呢？這輕重之間似乎頗不好說。

「提供」是先驗的，好像純由內出。但吾人的認知心（知性）並不能替「自然」創造法則，這是大界限。然則康德說知性為自然立法，「知性自身就是自然之法則給與者」（lawgiver of nature），「知性自身就是自然底法則之源泉」，「我們所叫做自然的現象，其中之秩序與規則是我們自己所產生（引生）的，假定不是我們自己，不是我們的心之本性根本上曾把它們（秩序與規則）安置在那裡（自然上），我們決不能在現象中找出它們」，這些辭語是否過分了呢？康德自認為這並不過分，看起來好像是誇大而背謬，其實是正確的。但畢竟也有過分處，不恰當處。非然者，知性將與意志同。如果要保持其不同，則這些話便不容易說。要不然，即須為「自然之法則給與者」，「自然底法則之源泉」，「我們自己所引生的」，「我們自己把它們安置在自然上」，等辭語作一恰當之規定，看其實義究何在。

通貫〈超越邏輯底分解部〉全部而觀之，康德底思路只是如此：知性先驗地自發地提供此等純粹形式概念，這好像純由內出，然而依據發見範疇之原則，吾人是就知識性的分解判斷之所以具有如此之特殊形式（特殊統一）而推證，這便不是如意志之自給道德法則之從天而降，乃是有所憑藉的。依此，其先驗地自發地提供，實以一種存有論的推證為底子。從知性之能方面說，它是先驗地自發地提供此等概念，而從存在方面說，則是以存有論的推證為底子。推證不只是推證一個純概念，如本體屬性等，乃是推證此等純概念所指之存在方面之性相。然則所謂「先驗地自發地提供」者意

實即對於存在方面先驗地自發地有此要求。這是以知性之能之主觀的要求、提供、虛擬、推證來逼顯存在方面之性相。這些存在之性相既不能由經驗來給與，則必須是知性之所先驗地提供者；但既提供之，卻可以由感性來顯明之。這「以感性顯明之」不是說以經驗來證實，猶如科學上以經驗來證實一個「假設」，因為這是前科學的工作，是科學知識（證實一假設）可能之基礎問題，尚不是科學知識本身之問題。所以「以感性顯明之」這步工作（或這個道理、這個觀念），康德乃是順主體方面之能（如超越的想像）以及形式條件（如時間）來作到，這便是仍以超越的想像與規模以及時間來逼顯這些存在的性相，這便是以感性來顯明，因為由此而經驗知識可能，由此經驗之可能即足顯明了那提供之如實，即使那先驗地提供者能落實。這是一往由主體逼顯客觀的性相：由知性之能之要求、提供、虛擬、推證來逼顯，由如此所要求、提供者能通過超越的想像、規模與時間而落實來逼顯。這本是知性所先驗地提供者如何能落實能應用的問題，而康德卻說成是「為自然立法」，「是自然之法則給與者」，「是自然底法則之源泉」，這豈非過分？這至少亦是容易使人生誤會生厭的誇大！

六、從範疇處所說的「先驗綜和判斷」之確義——此名恰當否？

　　但是人可辯曰：知性之能不只是先驗地要求、提供、虛擬、推證此等概念，而且是定然地以此等概念去綜和直覺中之雜多。這樣，似乎很容易令人想到「知性本身就是自然之法則給與者」，「自然中的秩序與規則性是我們自己所引出的」，「是我們的心靈之本性所安置在那裡的」。康德這樣說不算過分。「統覺底根源的綜和統一」，「統覺底綜和統一之原則是知性底一切使用之最高原則」，這是康德所加重說的，毫無猶疑的地方。然則說知性為自然立法，這豈不是應有的結論？

　　關此，我們須檢查康德在知性處說綜和統一究是什麼意思。

　　康德從知性處說綜和，首先是以一般意義的概念即經驗的概念來表示綜和的作用，例如「金屬是一物體」，我們是拿「物體」這個概念來概括或綜和凡是金屬之物的那一切表象。一般概念可以表示綜和作用而成一綜和的統一，則由此作類比，亦可以說知性以其所自提供的純粹概念來作綜和的統一，此即是知性顯為統覺所成的「統覺之綜和的統一」（synthetic unity of apperception）。但是這裡究竟是否可以說綜和統一乃至先驗的綜和判斷？如其類比地這樣說之，它的意義究如何？

我們拿「物體」這個概念去綜和一切金屬之物之表象，這個綜和底意義是確定的，因此而成一經驗的綜和判斷，其意義也是確定的。所謂「確定」就是說這種綜和是有限定的，有限定的綜和才可以說是一個「判斷」，這是通常所理解的。

我們說一個數或數目式之形成是先驗的直覺的綜和的，這意義也很明確，其所成之先驗綜合判斷其意義亦很明確，因為這也是有限定的，成一個特定的數目或成一個特定數目式（數學命題）。

但是知性以純粹概念（範疇）去綜和一切現象，意義就很特別，似乎不像上面所說的那兩種情形之明確。而康德於此綜和統一亦曰先驗的綜和判斷（知性的或範疇的，不是直覺的），此綜和判斷亦不像上面所述那樣明確。其故蓋因為這種綜和不是有限定的，乃是綜攝現象界底全體而為言的，所謂先驗綜和判斷亦是綜攝判斷現象界之全體的，這樣的綜和判斷究還可以說判斷否？判斷全體而無特定的判斷便是無判斷。說「先驗綜和判斷」亦是一種知識，即先驗地知存在方面有這些性相，這種知識底意義亦很特別。這可以說是知識，也可以說不是知識，這是特定判斷的知識所以可能的基礎，名之曰「原則」較好些。有這兩種特別（判斷特別、知識特別），我們便可以確定康德從知性之範疇處所說的先驗綜和判斷之恰當的意義究為何了。

在這裡說「綜和」實在是「綜攝」，是綜就或綜涉一切現象（一切直覺中的雜多，所謂雜多一般）而思之的。這裡顯出「思之自動性」（spontaneity of thought）。知性底思是自發地以範疇這些存有論的概念去思的。這種「思」康德名曰「統覺」，或「超越的統覺」（第一版），或「純粹統覺」，或「根源的統覺」（第

二版）。「統覺」者主動地統而一之而覺識之之謂也。康德亦由此說「我思」（I-think）。「我」（I）是一個主體，但此主體就只是一個「思想底自動性」，「一種自動性底活動」（an act of spontaneity）。我在「統覺」中意識到這樣一個「我」。意識到我與知道我不同，此點下文再講。現在只講由「統覺」所呈現的這個我（主體）是有通貫一切的自同性（同一性 identity）的。「我」底自同性也就是統覺底「通貫自同性」（throughgoing identity）。這是在統攝一切現象中自持其一（one and the same）的自同性。由於這種「自同性」，一切現象是統攝在一個整一的意識（one consciousness）中。反過來說，就是：我是統而一之去思之的。這個在一個整一的意識中的統思或統覺，康德亦名曰「自我意識之超越的統一」（transcendental unity of self-conscionsness）。在這裡說「統一」似乎也可以，但這「統一」只是統而一之的綜攝統思底意思，即是綜涉一切現象而思之的意思。由此「統一」，康德亦說「綜和」。但這裡的「綜合」還是統思綜涉義，與有限定的綜和──特定的「綜和」不同。其層次不同，所以其意義也不同。康德卻以同一意義的「綜和」名之，好像是同質的，雖然層次不同。

由這同質的綜和，康德在這裡亦說「先驗的綜和判斷」。統覺是自發地以存有論的概念去統思，說「先驗」自是可以的，但同時也說「綜和判斷」，這便與特定的綜和判斷不一樣。特定的綜和判斷是知識，但此統思（統覺）所成的綜和判斷卻是原則，知識可能底基礎，其為綜和判斷與特定的綜和判斷顯然有層次底不同，這究竟還可以說「判斷」否，實成問題。普通說判斷（康德亦然）都是

說的特定判斷，代表一種知識，數學的或自然科學的。但是綜攝綜涉一切現象而統思統覺之，這卻無所判斷（無特定的判斷），只是顯示一些原則作爲知識可能底基礎（就範疇說，是知識乃至知識對象可能底條件）。假定說我拿這些範疇（存有論的概念）去統思一切現象就是對於現象（存在方面）先驗地有所知，而先驗地知道了它們底一些普遍的性相（universal characteristics），因此這也是知識，所以名曰「先驗知識」，所先驗地知道的只有這些，除此以外，再沒有別的，因此也可以名曰判斷，而且是綜和的判斷，這有何不可呢？曰：可是可的，但須仔細了解其恰當的意義。說這也是「知識」，自然也可以，就如我們所說知有本體，知有仁體，知有良知，但此種知只是對於原有的加以顯露（反顯），與普通所說的知識不同。普通所說的知識是知事象底關係、性相或量度，而以範疇去統思所成的先驗知識卻是對於事象關係、性相或量度本身無所知，而只是知這些知識所以可能底基礎——形式條件。這是反顯的統知，而不是順取的定知。這是此兩層知之不同。知既不同，判斷也不一樣。順取的定知是特定判斷，這才眞是判斷。反顯的統知則無所限定，此嚴格說，不可曰「判斷」，因爲這只是反顯出了一些條件，判斷可能底基礎，這只是顯知，非斷知。所以最好名曰「原則」，不名曰判斷。「綜和」亦然，最好不名曰「綜和」，而曰綜攝、綜涉，即綜涉一切現象而統思之之意。因爲普通說綜和都是特定的綜和，綜和而成一特定的判斷，特定的知識，而此卻是統思一切現象而逆知知識底基礎，此實無所綜和，而只是統就一切現象而思知其普遍於一切的性相，此雖是統（統攝、統涉、統就），而一切現象之一切卻只是散列的呈現，這與拿「物體」——概念去概括

統攝一切金屬之物的表象之綜和很不同，我們逆知了這些普遍的性相，而這些性相卻是平鋪於一切現象上而遍在。「物體」那個概念實不能平鋪得下，此其所以為抽象的概念，而可以化除的，我們只是用之作工具去概括金屬之物底一切表象，在此曰綜和是恰當的，但那些普遍的性相卻不可以化除，它們不是抽象的虛法，而是可以平鋪得下的實法。（數學的綜和亦是方便。如果我們不去綜和，則一個一個的特定數或數目式便不必要。上帝即不必要這些綜和，在康德所說的智的直覺上亦不能說這些綜和）。

　　因為康德在此不加檢別，於統覺底統思、統攝、統涉、統就，一律說為綜和，說為判斷，而且以一般的抽象概念作類比，以明知性底綜和作用，純知性所顯之統覺亦類比著經驗知性以其所自具（自給）的範疇（存有論的概念）去綜和一切表象而統於一整一意識中而一切皆成為「屬於我」的表象，如是，我的思想之自動性即以這些範疇去綜和一切屬於我的表象而規律之，律則由內出，如是，「知性自身便成自然底法則給與者」（自然底立法者），「知性自身便是自然底法則之源泉」，自然中的秩序與規則性皆是「我們自己所引出的」，是「我們的心靈之本性所安置在那裡的」，「我所見於自然中者即是我自己所已安置於自然中者」。這些話頭都有不恰當的過分性，這是一條鞭地順綜和統一而提掇地說。不但是提掇地說，而且順著這提掇地說以知性為自然立法，知性是自然界地法則之創造者、製造者。這都是不審不諦的興會語。事實是否如此呢？揆之其〈超越的推述〉以及〈原則底分析〉，如果予以恰當的解說，實不能至此興會語！

　　我以上仔細檢查知性之自發性之活動處說綜和、判斷、知識三

詞之意義，好像是斤斤較量，是多餘的，一般講康德的都不曾留意
及此，亦可說都不曾在這裡起問題。因為康德在這裡就是這樣說，
已經說死了（說定了），我們只好順著說，不能在這裡起波濤。辭
語上是這樣說，但揆諸其實，也可以說定而不定，也實可以換換辭
語而鬆動一下的，鬆動一下，倒反能見其實義，可以免除不必要的
誤會與別扭。

　　我這樣鬆動一下，旨在明：知性底自發性並不表示就是「法則
給與者」創造者之創造性（創造法則）。嚴格講，它實不能為自然
立法，為自然創造或製造法則，就像意志為行為立法那樣。然則將
範疇收於知性上，說它們即處於知性之自身（因為它們不能來自經
驗），說它們是知性先驗地自發地之所提供，這是什麼意思呢？我
如實思之，這只是知性就分解判斷之特殊形式（特殊統一）逆顯地
提供出一些使這特殊形式為可能的純粹先驗的存有論的概念，並意
許在存在方面先驗地有這些概念所意指的性相之要求。當其先驗地
自發地「提供」並意函著「要求」時，它只是虛擬或推證（逆顯的
推證）。但當其通過超越的推述以及原則底分析（如通過超越的想
像之憑藉時間而形成規模以及純知性底一切綜和原則之系統的表
象），則它所虛擬或推證的概念便在感性底形式上而落實，便表示
它們所意指的存在的性相即在其落實處而被顯露。這顯露不是感觸
直覺底揭露，因為感觸直覺所揭露的只是事象，而這所顯露的卻是
一切事象的性相或體相，這是不可感觸的（所以不可以經驗得），
它只是由所先驗地提供虛擬的那些純概念之落實而顯露，這顯露只
表示吾人實可落實地客觀地肯認這些性相或體相。這顯露只是一往
地從主體之超越的形式的活動（先由知性的提供，再由超越的想像

之形成規模，最後則落實於感性底形式上）而逼顯，逼顯那客觀的性相或體相，以使一切事象（表象）客觀化，即剌出去挺立起而成爲一客觀的對象（對象化）。這並不是爲自然立法，只是由知性之超越的形式的施設活動來逼顯那自然本身底法則（體相）。亦並不是我所知於自然中的秩序或規則性是我自己的心靈之本性所已安置於自然中者，乃只是我的知性之自發的活動──超越的形式的活動之所逼顯者。知性並不能憑空地替它立法則，自動地爲自然自立法則，製造法則，一如自律的意志之爲道德行爲自立道德法則，這後者是從天而降地自立法則，這是毫無假借的，所以意志是創造性原則，而知性不是創造性原則，意志是垂直的縱貫的，而知性則必須是橫列地對立的。知性無論如何籠罩、綜攝、統思、綜涉、綜就，它總不能爲自然立法，說自然底法則是我給它的，是我安置在那裡的。它不能替自然製造法則，因爲它不是創造原則。它只能以它先驗的、自發的、超越而形式的施設活動來逼顯法則。如果它眞是如意志那樣爲自然立法，它便不需要有超越的推述以及原則底分析那些工作。我這樣地替你立了，就算立定了，你那些雜多只要依他而存在即可，只一句話便完，無須那些囉嗦。我只依我立的法則來製造自然，我的統覺只依它所自具自立的法則來綜和自然即是構成自然，製造自然。後來席勒的唯用論有「實在在製造中」（reality in the making）之說，這才是眞正的主觀主義。康德尚不是這種思想。我們也不能向這種思想去解釋康德。

但康德用綜和判斷去說統覺底綜和統一，這「綜合」一詞便合煞了（把那鬆動一下的撐開說合煞了），而綜和歷程亦成構造歷程，或製造歷程，雖不是主觀的製造，卻亦是超越的形式的製造，

仍是思想主體底製造，因此，知性眞成自然之「立法者」，這就成一種夾逼狀態，使知性成爲陰陽不明的奇怪狀態，說它不是創造性的，又似乎是，說它是，又似乎不是，使人在此沒有一個明確的認定，而人在此亦總只是順著這樣囫圇說下去，總沒有一個清楚的釐定。總因康德對此基本的界劃事先沒有顯著的說明，亦總因其一律用綜和判斷去說，說的太死殺，太著實。就基本的界劃說，不能說康德不明白。因爲他明知人的知性不能創造存在，不是實現原則。這大界劃是清楚的。如果順此大界劃確認下去，則統觀他的超越的推述以及原則底分析，他的實義眞義自然可見。而他用綜和判斷去說統覺底活動，說的太死殺，太著實，這只是他原初意識到的思理之質直，爲明確的辭語所呆滯，未曾活轉一下，再細審其中之曲折，因此就這樣質直地定然地說下去了。說到最後，「爲自然立法」的歸結亦不期然而自然來了，而不知其眞義實義並不必含這個歸結。

「知性自身是自然底法則給與者（立法者）」等辭語見之於第一版的〈超越推述〉，第二版重述的〈超越推述〉無此等辭語，但這並不關緊要，其〈超越推述〉中的思理與主要詞語兩版是相同的。

第二版的〈超越推述〉最後一段（§27）云：

在討論經驗與經驗底對象之概念必然的相契合中，我們只有兩路：或者經驗使這些概念可能，或者這些概念使經驗可能。前一假設在關於範疇中是不能執持的（在關於純粹感觸直覺方面亦同樣不能執持）；因爲範疇是些先驗概念，獨立

不依於經驗，所以若把一經驗的起源歸給它們，則必是一種 *generatio aequivoca* 來源不明的混擾。因此，這只剩有第二段假設——一個純粹理性底新生（epigenesis）之系統——即，範疇在知性面含有一切經驗一般底可能性之根據〔……〕。

在上述兩路之間，人可提議一居間之路，即，範疇既非我們的知識之自我思想的先驗的第一原則（self-thought first principles *a priori*），亦不是從經驗中被引生出的，而是思想底主觀傾向（subjective dispositions 主觀癖性習性），從我們有生那一刹那起即植根於我們身上來，而爲我們的造物主所安排，安排得它們的使用是完全與自然底法則相諧和的（經驗即依照此自然法則而進行）——這是一種純粹理性之預成系統（preformation-system）。在這樣一種假設上，我們對於這先定傾向關於未來判斷之臆想是沒有限制的，這正是可反對之點。但是除此點外，對於這居間之路還有一決定性的反對，即，在此路上，範疇底必然性必被犧牲。例如原因之概念，它表示在一預設的條件下一事件之必然性。如果這原因之概念只基於一隨意的主觀的必然性上（此必然性是植根於我們身上的，是依照因果關係底規律來連結某種經驗表象底主觀必然性），則它必成虛假的。如此，我必不能說結果在對象中即必然地與原因相連繫，但只能這樣說，即：我是這樣的被構成的，我不能不如這樣的連繫去想這些表象。這確然正是懷疑論者所最樂欲的，因爲，如果眞是如此，則一切我們的洞見，基於我們的判斷之設想的客觀妥實

性上的洞見，必不過只是一種虛幻；亦無這樣無頭腦的人他必不承認這種主觀的必然性，這種只能被感到（felt）的必然性。一個人他自己是這樣被組織成的，只依於他這組織底模式上的東西確然是不能和他爭辯的。〔直譯：確然，一個人是不能與任何人爭辯那只依於他自己在其中被組織成的模式上的東西的〕。

案：上帝安排好的主觀傾向——我們不能不這樣想，這種必然性只是主觀的，與對象上之必然如此無關。此指來布尼茲系的思想說。

我以上鬆動一下的解說決不是向此居間之路走。我正是要保存康德所說的範疇之客觀的必然性而予以恰當的陳述。這是思想之先驗概念的事，不是由我的生命之如此被組成而來的「主觀傾向」的事。我只把他的綜和活動即是製造活動（構造活動），知性為自然立法，這種過質直、過強的合煞，鬆動一下，把它撐開來說：知性不能為自然立法，只能以其先驗的自發的超越的形式的設施活動來逼顯自然底法則（性相或體相）。這正好極成了範疇底必然性，客觀性，例如：使原因與結果在對象中即客觀必然地相連結。

然則統思統覺底自發活動實在即是一種「對象化」（objectification）底活動。以下試引海德格的解說以明之。

七、海德格論「有限理性底超越性」──對象化底活動

一個有限的認知的存有能夠把它自己關聯到一個其自身不是被創造的亦不是曾被創造的存在物（essent）上去，只有當這存在物其自身即能前來被遇見始可。但是，要想使這存在物能夠當作是其所是的存在物（能夠如其爲一存在物）而被碰見，則它必須事先（in advance）即作一存在物而「被認知」，即是說，以其存有之結構而被認知。但是這個意思即函著說：存有論的知識〔在這情形中此種知識總是先存有論的〕是一存在物自身〔一存在物之爲一存在物〕一般地說能成爲對一有限的存有而爲一個對象（ob-ject）這種可能性底條件。一切有限的存有皆必須有這種基本的能力（basic ability），此能力可被描述爲轉向某某──「朝向某某」，它讓某物成爲一個對象（ob-ject 剌出去使之挺立而爲一個對象）。

在這種根源的朝向活動（primordial act of orientation）中，有限的存有首先給它自己置定一個「自由的空間」（free-space），在此自由空間內，某物能與它（他）相對應。事先將一個人自己攝持於這樣的一個自由空間內並且去形成這

自由空間，這根本上不過就是那標識關於存在物的一切有限舉動（措施）的超越域（超越性 transcendence〔之開示〕）。如果存有論的知識之可能性是基於純粹的綜和上，又如果就是這存有論的知識使對象化之活動（act of objectification）為可能，則這純粹綜和必需顯現其自己就是那組織並支持那超越域之固具的本質的結構之統一的整體者。通過這純粹綜和底結構之說明，理性底有限性之最最的本質（immost essence）便顯露出來。

有限的知識是接受的直覺。就因為是如此，它需要決定性的思考（determinative thinking）。依此，純粹思想便被宣稱為存有論的知識之問題中之一中心角色，雖然這並無損於（prejudice to）直覺在一切知識中所享有的優先性，不但無損，實在說來，亦正因為直覺底優先性，所以純粹思想才是一中心角色。

純粹思考在它的副助作用中（副助直覺之副助）要它來作些什麼事呢？在關聯於那「使超越域之本質的結構為可能」中它的工作是什麼呢？恰恰就是這關聯於純粹思想之本質的問題才必須引到存有論的知識之本質的統一之問題底中心上去——雖然這樣想時，好像又重新把這個成分（純粹思想）孤離起來似的。〔案：其實也並未孤離，凸顯出它來，只是為的副助直覺〕。

在「轉到範疇之超越的推述」中，康德提到我們的表象活動之有限性（finitude）特別提到作為一純粹知識底活動的那種活動，這並不是偶然的。關於這有限性，他很清楚地覺知

到。「因爲我們在這裡並不是說它的由於意志而來的因果性。」〔A版92頁以下，B版124頁以下〕。反之，這問題是如此：那能夠表示關聯到存在物〔它把它自己關聯到這存在物〕的表象之活動是什麼力量呢？康德說：「表象自身」，「並不能產生它的對象，當論及對象之存在時。」我們的認知之模式不是經驗地創造的（ontically creative）；它並不能由於它自身即可把那存在物帶到它自己的面前。在討論超越推述中的中途，康德特重視這一點：「在我們的知識之外，我們沒有什麼東西能被安置在那裡以對反於知識，而與知識相對應。」（A104）

如果我們的認知〔當作有限的看〕必須是一接受的直覺，則只去建立這事實尚不足夠，因爲現在的問題是如此：這種關於存在物之並非自明的接受之可能性所含的是什麼呢？

顯然就是這個：存在物以其自己即能前來被遇見（come forward to be met），即是說，能顯現爲是客觀的（objective, gegenstehendes，能挺立起而爲與我相對的東西）。但是，如果存在物之當前存在（presence）不服從於我們的控制，則我們的依於其接受性的存有〔我們的存有是依於它的接受性而爲存有〕即需要這樣即：存在物事先在一切時即有成爲一對象（ob-ject）底可能。

一接受的直覺只能發生在一種機能（faculty）中，此機能在一朝向某某底活動中它讓某物成爲一對象，只有這種機能始構成一純粹的對應者之可能。我們即以我們自己來讓它成爲一個對象，這「讓它成爲一個對象」之自身，它是什麼呢？

它不能是某種存在的物（something essent）。如果它不是
一個存在物，則它就是一個「無」（nothing, Nichts）。只
有當對象化底活動攝持一人自己於無中，一個表象底活動始
能在此無中讓某物不是無，以代替無，即是說，讓某物是一
存在物，前來被遇見，假設這存在物是經驗地顯現時。自
然，我們所說的這個無並不是絕對的虛無（nihil
obsolutum）。此與對象化底活動有何關係，則留待以後再
討論。〔案：海德格所說讓某物成爲一對象的機能即指「統
覺」或純知性言。不是現實的存在物即是「無」，這個無不
是絕對的虛無，乃是前文所說自由空間──超越域。此亦即
康德所說的超越對象＝x。它實不是一種對象，它是讓某物
成爲一對象者。所以它本身不是一個存在物，因而就是一個
無。只有在此無中，在此自由空間中，始能讓某物不是無，
以代替無。此或可以莊子所謂「虛室生白，吉祥止止」之義
來了解。〕

因爲康德如此清楚地安置有限性於超越域之知見（the
perspective of transcendence）中，所以不需要藉口避免被斷
定爲主觀觀念論，而呼籲（祈求）「回到對象」去，關於這
種呼籲，當今之世有許多吵鬧，這吵鬧是因爲對此問題缺乏
一適當的了解之故。實在說來，有限性底本質之考慮不可免
地迫使我們去考慮那管轄「先行的朝向於對象之可能性」的
條件之問題，即是說，去考慮「存有論的轉向於對象」之本
性底問題。

這樣，在超越的推述中，即，在連繫於存有論的知識之內在

的可能性之釐清中，康德首先去提出了這決定性的問題：
「在此點上，我們必須弄清表象底對象」一語是什麼意思。
（A104）這是研究在對象化底活動中那面對著我們的東西
之本性的事。「現在，我們見出我們的一切知識之關聯於它
的對象之思想是帶同著一必然性之成分的；〔那對反著我們
的〕對象被認為是那足以阻止我們的知識之模式之成為偶然
的或隨意的（haphazard or arbitrary），並且它足以在某種
確定的樣子中先驗地決定它們（知識之模式）。」（A10
4）在這種讓某物取得一對反著某某之地位之活動中，這活
動本身就顯現某種「是對反的」東西。〔Something
"which is opposed"（was dawider ist），康德原文有此片
語，Smith 的譯文不見此語。〕

要想使這對反（opposition）成為可理解的，康德涉及一個
直接的依據（*datum* 案此指範疇言），而亦並未忽略去標
識出它的統一的結構（unique structure）。但是，必須注
意：這裡不是附著於存在物中的抵阻性底問題，也不是感覺
在我們身上底壓力問題，而是先行的存有之抵阻問題
（question of the precursory resistance of Being）。對象底
客觀性（對象性）「帶同著」（carries with it）某種強制著
的東西（something which constrains），某種有必然性的東
西（something of necessity）。通過這種強制（constra－
int），一切被遇見的東西事先皆被迫使成為一致的（融貫
的 forced into an accord），參照這種一致融貫，那被遇見而
不在一致融貫中的東西之顯著（彰明昭著）始首先成為可能

的。這種先行的而且是經常的攝入於統一（drawing together into unity）即包含著這〔預見的〕統一之置定（〔anticipative〕pro-position of unity）。一種有代表性而且是聯而一之的統一（a representative and unifying unity）之表象活動即標識出康德所名之曰概念的那種表象。這種表象指示一種「意識」，其意義是一種統一底表象之活動〔即是「一種統一底表象之活動」意義的意識〕。因此，對象化底活動是一「根源的概念」（primordial concept），而只要當概念的表象被指派給知性時，則此對象化底活動亦就是知性之基本的活動。知性之基本活動當作一完整的整體看，其自身即包含著統一模式之差異（diversity of modes of unification）。結果，純粹知性則被顯露為一種機能，它使「對象化底活動」成為可能。當作一整體看的知性事先即給出那一切與偶然（haphazard）相反者（凡與偶然相反者皆先驗地為知性底概念表象這對象化底活動所給出）。由於去表象統一（representing unity）根本上而且確然地就是表象之為一聯而一之的（unifying）統一，所以知性把一種強制形態呈現給它自己，這強制形態（即強制性或必然性底成分）事先即把它（知性）的規律置定於一切可能的結合模式上（all possible modes of togetherness）。「一普遍條件底表象，依此普遍的條件，某種一定的雜多能被安置於統式的樣式 uniform fashion 中，即叫做是一規律」（A113），概念「實在說來實可以是完全不完整的或隱晦的。但是一個概念，就它的形式說，總是某種普遍的東西，它足以充當一規

律。」（A106）

現在，純粹概念就是那些具有型範性的統一（normative unities）爲它們的唯一內容的概念。它們不只是足以供給我們以規律，而且當作純粹的表象活動看，它們首先而且事先即供給這型範之自身（型範之爲型範）。這樣，就在與他的對象化底活動之說明相連繫中，康德首先達到了知性底根源概念（範疇）。「現在，我們可以表徵它（知性）爲規律底機能（faculty of rules）。這種顯著的標識是較有成果的，而且較能切近它的本質的本性。」（A126）

現在，如果使對象化底活動爲可能的就是這知性，又如果有規制直覺所帶出的一切雜多之力量的也就是這知性，即知性豈不是被規定爲最高的機能嗎？僕人不是已變成主人了嗎？然則我們對於知性底副助作用（功能），〔這副助作用直至現在總被認爲是本質的，而且是它的有限性之眞正的引得〕，將如何想呢？〔想它是什麼呢〕？設想康德把知性顯明爲規律之能，這種顯明是知性底本質之描述，則在超越推述底問題之決定階段中，康德豈不是已忘記了知性是有限的？

但是，只要當就是這理性底有限性它發出並規定出形上學底可能之全部問題時，這設想〔即設想康德由於把知性顯明爲規律之能便已忘記知性之有限性〕必須被拒絕。但是那末，現在知性之爲一支配的角色如何可以與它的隸屬性（subordination）相融和呢？在它的支配性（主宰性 dominance）中，猶如在它對象化那統一底規律中，它基本

上又是一副屬性,能夠是這樣嗎?〔在此說能〕。在此種功能中〔即主宰性的功能中或對象化那統一底規律之功能中〕,知性顯露其最深的有限性,因此,在讓某物成爲一對象中,它〔在一最根源的方式中〕出賣了(betrays 背叛了迷惑了)一有限的存有之可憐相〔貧乏相 neediness〕,這能是這樣嗎?〔在此說不能〕。

事實上,知性在其有限性中是最高的機能,即是說,是有限的,有限到最高度。如果它真是如此,則純知性之依於直覺必須最清楚地在知性之基本活動中,即,在對象化底活動中,明朗出來(come to light)。自然,這所說的直覺必須是純粹的,而不是經驗的,此不待言。

只有當純粹知性〔當作知性看〕是純粹直覺底僕人,它始能保持其爲經驗直覺底主人。

但是純粹直覺自身即證明一有限的本質。只有在它們〔即下文之純粹直覺與純粹思想〕的結構的統一中,純粹直覺與純粹思想底有限性才充分地被表示出來,這種有限性的存有被顯露爲超越性(超越域 transcendence)。但是,如果純粹知識底成素之統一之源泉是純粹綜和,則此綜和之整全的綜和結構之揭露即被顯露爲那唯一的足以引我們到超越推述之目的者,即引我們至超越域之說明者。

八、海德格論「知識底有限性之本質」，兼論對象與自在相，現象與物自身

　　以上爲海德格《康德與形上學底問題》一書中之§16底全文，標題爲〈有限理性底超越性之解明就是超越推述之基本目的〉（作爲超越推述之基本目的有限理性之超越性之解明）。

　　海氏此段文是〈超越推述〉底大意之綜括論述，主要的概念俱已涉及，而且很能恰當地把康德的眞義、實義顯露出來。

　　他首先注視人的有限性，人的認知理性之有限性，因而也就是純粹知性或它的統覺作用之有限性。這點康德本已覺察的很清楚。「因爲在這裡我們不是說其由於意志而來的因果性」，「表象自身並不能產生它的對象，當論及它的對象之存在時。」知性與意志是嚴格地分開的。意志是創造原則，知性並不是創造原則。康德說此義是從「綜和表象與它們的對象」底關係說下來。它們兩者可在兩路中發生關係。一路是：單是對象使表象可能，一路是：單是表象使對象可能。「在前一情形這關係只是經驗的，而此中的表象決不會是先驗地可能的。此若就那屬於感覺的成分之現象說是如此。在後一種情形中，表象自身並不能產生它的對象，當論及〔對象之〕存在時，因爲在這裡我們並不是說其由於意志而來的因果性。縱然如此，表象亦是對象之先驗的決定者，如果只有通過表象才能知任

何東西爲一對象這情形是眞的時。」（A92，B125）康德此中所說的「表象」是指「先驗的綜和表象」說，不是泛說的表象。先驗的綜和表象就是發自於知性的綜和表象之活動。此表象之活動並不能產生它的對象，但卻是「對象之先驗的決定者」。因此，海德格在此作註語云：「我們的認知模式不是經驗地創造的；它自身並不能把存在物帶到它自己面前。」存在物不是它所創造的，它是早已在那裡的，它自身即能前來被遇見。並不是單只認知活動本身就能給它自己產生出存在物底雜多。存在物是來自「接受的直覺」。直覺中的表象（雜多）雖是因爲感性底特殊模式所制約而爲主觀的，但卻總是外來的，接受的。正因它隸屬於感性底主體而爲主觀的，所以才需要客觀化，它總須涉及一客觀的對象而獲得其客觀性，而不只是一主觀的幻像，遊戲。這裡即加重了「認知活動」底殊義，既不是如意志那樣爲創造的，而其所接受者亦不能像佛家所說的只是識心之計執，似現。

然則如何能客觀化（對象化）它呢？這就需要開顯一超越域（超越層）以臨之。知性底先驗綜和表象就是一種對象化底活動，是「對象之先驗的決定者」。海德格說：「要想使這存在物能作爲如其所是的存在物而被遇見，它必須事先即作爲存在物而『被認知』，即是說，就其存有之結構而被認知。」此語中「作爲如其所是的存在物而被遇見」這一子語中的「存在物」是經驗地顯現的存在物，是直覺所攝取的現象，依康德，此時亦曰「不決定的對象」。「事先即作爲存在物而被認知」這一子語中的「存在物」是提起來虛說的存在物，是就「它的存有之結構」而說的。這「存有之結構」是超越層的，是存在物可能底基礎，照康德說，就是統覺

底先驗綜和所成的。「存有之結構」是海德格的詞語，它表示存在物之存有（實有）。關於這「實有之結構」的知識，海氏名之曰「存有論的知識」，或者名曰「先存有論的知識」更為恰當，因為海德格名康德的工作為「存有論底奠基」之工作，或一般言之，是形上學底奠基之工作，尚不是積極地對於實有本身之知識，故曰「先存有論的知識」。吾人可說這種奠基工作是認識論的奠基，是衡量純粹理性之能力的奠基。假定可說這是形上學（或存有論）底奠基，這也是「內在形上學」（或現象的存有論）之奠基，尚與「超絕形上學」無關。海德格對於存有問題發生興趣，受胡塞爾現象學底影響，想從現象範圍內講出一個「基本的存有論」（fundamental ontology）。其疏解康德，也是想打通其與康德的相違處，而想由康德的「先驗綜和判斷」範圍內轉出其 Dasein 底存有論，故亦以存有論的知識或先存有論的知識視「先驗綜和判斷」所表示之超越層，而名之曰「存有論底奠基」。實則依康德，真正的形上學乃在「超絕形上學」。如要想講「基本的存有論」，亦只應在超絕形上學處講，而不能在此內在形上學處講。此是海德格之一間未達處。關此，將在後面詳論。此處只一提，以明其使用詞語之來歷與背景。

「存有論」一詞，如取其廣義的意義，亦未嘗不可用，吾亦以存有論的概念（涉指格）名康德的範疇。就此而言存在物之「存有之結構」亦未嘗不可。但吾並不從此講基本的存在論。

「存在物必須事先就其存有之結構而被認知」就是表示統覺底對象化之活動，此亦就是開顯了一個超越層。海德格說：「一切有限的存有（其實只當限於人類）必須有這種基本的〔基礎性的〕能

力,此可描述爲轉向某某（ turning toward⋯⋯ ）或朝向某某（ 指向某某 orientation toward⋯⋯ ），它讓某物成爲一對象。」這些詞語都是極美而又恰當的。統覺底對象化活動根本就是一種「 超越地指向於某某 」之活動,由康德在第一版中所提出的「 超越對象 ＝ x」一詞更顯此義。 此是一「 自由空間 」,一超越域或超越層（ transcendence ）。統覺,範疇,超越對象,關聯起來,便成「 純粹綜和底結構 」,或「 超越域底結構 」,亦可曰「 存有之結構 」。實只是統覺之綜和的統一,統覺之自發的活動,統覺之對象化底活動,指向底活動。

就德文 entgegenstehen 與 entegegenstehenlassen,英譯亦須拆字以顯其義。前者譯爲「 成爲一對象 」（ become an ob-ject ）或「 對象化 」（ ob-jectification ）。後者則譯爲「 讓其成爲一對象 」（ letting become an ob-ject ）或「 對象化之活動 」（ act of ob-jectification ）。 object 拆爲 ob-ject, objectification 拆爲 ob-jectifiation。與 ob-ject 相反的 eject 亦拆爲 e-ject。在此,可趁機解釋此兩字底意義。

德文的 Gegenstand 就是英文的 object。因爲使用的太熟,漸忘其確義。其字面的意思就是「 那立在那裡而對反於某某者 」（ that which stands opposite to ）。就 object 言,亦須拆爲 ob-ject 以顯此意。ent-stand ＝ e-ject,就是「 那自來自在而非對反於某某者 」（ that which stands forth ）。立在那裡而對反於某某,落實了說,就是對反於我而爲我之所對,即爲與我相對應者。我是主體,是認知的主體,也就是認知心。認知心是有限存在的人類之有限的認知心。有限的認知心始取存在物爲一對象以成其爲認知的活動,

因而成其爲有限的知識。有限的知識是必預設主客體相對應這對偶性的。是則對象是對有限知識而說的。反之，「那自來自在而非對反於某某者」的 e-ject 便是對無限的認知（絕對的認知）而言的，此則便無「對象」義。譬如神心底認知活動便是不取存在物爲一「對象」的，而存在物亦不成其爲對象義。在此情形下，認知實亦不成其爲「認知」，是知而無知的。知而無知即無「知相」，是則根本超化了主客相對應的對偶性的。預設對偶性是有知相，不預設對偶性是無知相。前者是有限心底活動，後者是無限心底活動。在西方，無限心是屬於上帝的，即所謂神心，神知，而人則只有有限心，有限的認知活動。而在中國，無論儒、道、或釋，皆承認人可有無限的認知活動，即可有無限心義。此是東西方於最高智慧處之最根本的差別。此處暫不管此差別，所注意的只在有限心與無限心之不同。

海德格說：

有限的人類知識之本質是以與無限的神的知識，即根源的直覺（intuitus originarius）相對比而被說明的。神聖的知識當作知識看，不當作神聖看，也是直覺。無限的直覺與有限的直覺間之差別只在此，即：前者在其對於個體物即當作一整全看的單個而獨一的存在物之直接的表象中首先引生之使其成爲存在，即成功其出現（出生 coming forth）。如果絕對直覺亦依於一早已在手邊存在的存在物，適應此存在物，其直覺底對象始成爲可接近的，如果是如此，則絕對直覺必不是絕對的〔必應不成其爲絕對〕。神的認知就是這樣一種表

象模式,即:在它的直覺活動中它首先創造這直覺底對象。由於事先它即看穿了這存在物,所以這樣的認知是直接地直覺它而無需於思想的。依是,思想如其為思想,它本身就是有限性之印記(seal)。神的認知是「直覺,因為一切它的知識必須是直覺的,而不是思想,思想總是包含有限制的。」(B71)

但是,如果一個人說:神的認知單只是直覺,而人的認知則是一思考的直覺,這樣說,則有限知識與無限知識間的差別之決定性的成分必不能被了解,而有限性之本質亦必被忽略。這兩類知識間的本質的差別根本上即在直覺本身,因為嚴格地說,認知就是直覺。人的知識之有限性必須首先即在恰當於它的直覺之有限性中而思之。一有限的存在要想有知識必須也要思,這只是它的直覺底有限性之本質的歸結。只有這樣,「一切思考」之本質上是隸屬的角色才真能正當的被看見。然則,有限直覺底本質,因而人的知識之有限性究在於何處呢?〔以上為海德格的《康德書》§4,標題為「知識一般之本質」,頁29-30〕。

開始,我們先消極地說:有限的知識是非創造的直覺(non-creative intuition)。那直接地而且以其特殊性而呈現的必須是早已在手邊存在。有限的直覺是把可直覺的東西看為某種它所依靠的東西,而且即以其自己而存在。那被直覺的東西從這樣一種存在物前來,而且亦正因此故,〔所以這種直覺〕亦被叫做是「派生的直覺」〔intuitus derivatus 第二義的直覺即感觸的直覺〕(B72)。關於存在物的這種有限的

直覺並不能以其自身就可以給其自己以對象。它必須讓這對象被給與。但是並不是每一直覺皆是接受性的——只有限的直覺才是如此。因此，直覺底有限性即存於它的接受性。但是，除非存在物宣示（自薦展現）它自己，有限直覺不能接受任何物，此即是說，有限直覺底本質是如此，即：它必須被一可能的對象所提醒或所影響（be solicited or affected）。〔……〕

如果有限的知識是接受的直覺，則所知的東西必須即以其自己而展現其自己（show itself by itself）。因此，有限的知識所能夠去使之成為顯著的必須就是一個存在物，它展現它自己，即，它顯現，顯現為一現象。「現象」一詞涉及那為有限知識底對象的存在物自身。更準確地言之，只有在有限的知識上才有「對象」（ob-ject）這種東西。只有這種知識才遭遇到（is exposed to）早已存在的存在物。另一方面，無限的知識是不能碰到任何它所必須依照之的這樣存在物的。（是沒有這樣的存在物對置在它面前而為它所必須依照者）。「依照於某某」（conforming to……）必即是「依靠於某某」（dependence on……），因而也就是一有限性之形態。無限的認知是一種「讓存在物自身出生自在」（lets the essent itself come forth, entstehen lassen）的直覺活動。〔案：直覺之即是創生地實現之〕。絕對的認知自身在讓存在物出現之活動中顯露存在物，並且只恰如它即從這活動中而生出的樣子而得有它，即是說，只當作「出生自在物」（e-ject）而得有它。只要當這存在物顯現於絕對直覺上，

它即確然在其出生而成爲實有（coming-into-being）中而存在。它是「存在物在其自身」的存在物，即是說，不是「作爲對象」的存在物。依是，嚴格言之，如果我們說：無限知識底「對象」是在這直覺活動中而被產生，則我們不能把握（擊中）無限知識底本質。〔案：此處根本無「對象」義，故亦不能說它產它的對象。「對象」只對有限知識言，一說對象便是非創造的。對無限知識則說「出生自在物」（e-ject）。靜態地說，則說自在，即「存在物之在其自己」，即不是對反於某某而爲一對象的存在物。動態地說，此「自在者」即是自來，即由此直覺活動而生出，它不是此直覺底對象，所以也不能說它產它的對象。它直覺之即創生之，但卻不是對偶性預設下的對象。它是無對的，因此它無知相義。這是攝物歸心，只是一心之朗現，心朗現，物即如如地自來自在。這不是對偶性的對列的心，而是垂直的本體性的心，本體性的心之覺潤；覺之即潤之，潤而生之即自來而自在也。此時的存在物不是對象底形態，而是無對的自來自在之在其自己底形態。心寂物亦寂，心動（有覺之活動）物亦現，此是即寂即動寂動一如的。心之遍照而無一照即是心之創生的朗潤，故無認知義，亦無對象義。程明道說「萬物靜觀皆自得」，此「自得」的萬物即是當作「e-ject」看的萬物。此是對「靜觀」而說的。靜觀就是一種無限的直覺之朗照──亦就是寂照。它是沒有對象（ob-ject）的。只有當心不寂不靜憧憧往來時，萬物才成爲現象義的對象，而此時我們的心即成爲認知的心──經驗的或超越的。〕

存在物當它顯現時〔即是說當作一現象看時〕是同於「在其自身」的存在物的，只是這個存在物。實在說來，只有當它是存在物，它始能成爲一個對象，雖然只對有限知識它始能成爲一個對象。因此，它顯現它自己是依照有限知識底處理（disposal）上的接受力與決定力之樣子與範圍而顯現的。

康德使用「現象」一詞有廣狹兩義。當作是接受的而又是需要思想的直覺看的有限知識使存在物自身在對象底形態中，即在廣義的現象之形態中顯現。狹義的現象涉及那在廣義的現象中爲附著於有限直覺中的感應之專有的相關者，當爲思想所供給的成分被剝奪時；此狹義的現象即經驗直覺底內容是「一經驗直覺底未決定的對象叫做現象」（A20，B34）。顯現（to appear）意即去成爲「經驗直覺底一個對象」（A89，B121）。

現象不是純然的幻像，而是存在物自身。而存在物，在它那一邊說，不過就是事物之「在其自己」。存在物能夠成爲顯現的而沒有知其在其自己，即沒有知其爲一自來自在物（que e-ject）。（存在物能夠沒有以其「在其自己」之身分即以其「自來自在」之身分而被知而即可成爲顯現的）。存在物之爲「物自身」與爲「現象」這雙重性（兩分性）是與它分別地對無限知識爲自來自在物（e-ject）對有限知識爲對象（ob-ject）這種關係相對應的。

如果在《純理批判》中人的有限性成爲有關於存有論底奠基的一切問題之基礎，這是眞的，則純理批判必須特別重視有限知識與無限知識的差別。這就是康德爲什麼說純理批判是

詔告：「對象是以雙重意義而觀之，而作為現象與作為物自身」（Bxxvii）。在此詞（物自身）之嚴格意義中，一個人決不可說「對象」，因為對絕對知識言，沒有對象能被給與。在“ *Opus postumum* ”（《遺稿》）中，康德說物自身不是某種現象外的東西：「物自身之概念與現象之概念間的區別不是客觀的，但只是主觀的。物自身不是另一個對象，但只是關於同一對象的表象之另一面相（ aspect, respectus ）」。（原注：康德的《遺稿》，E. Adickes 編次，頁653 ）。

從這種基於有限知識與無限知識間的區別而來的對於現象與物自身這兩概念底解釋，「在現象後面」（ behind the appearance ）以及「只是現象」（ mere appearance ）這兩個詞語現在也必須弄清楚。這個「在後面」（ behind ）並不意謂以下的意思，即：不管別的如何，物自身仍然面對著有限知識，不過它不能完全被領納，卻是像鬼魂那樣，有時間接地可看見。它當是表示有限知識當作有限的看，它必然地要隱蔽它，而且其隱蔽它是這樣的，即：對於這樣的知識〔即有限的知識〕不只是物自身不是完全地可接近的，乃是它根本不是可接近的。那「在現象後面」者是這作為現象的同一存在物，但因為現象只當作「對象」而給這存在物，所以它根本不可能再讓這存在物作為「出生自身物」（ e-ject ）而被見。「依照純理批判，任何東西它在現象中顯現其自己者，它自身亦是一現象」〔原注：I. Kant *Über eine Entdeckung, nach der alle neue Kritik der reinen Vernunft*

durch eine ältere entbehrlich gemacht werden soll，1790，
Wark：（Cass）VI，p.27。上注係康德於1790年所寫的一
部書之名稱，譯爲中文是：「論一種發見，依此發見，一切
對於純粹理性之新的批判將因通過一種較舊的批判而被免
除」。此中所謂「較舊的批判」即指前時之第一批判說。所
引此書中之語見於加西勒版的全集第 VI 冊，頁27〕。

這樣，以爲必須通過一種實證的批判來證明物自身底知識是
不可能的，這種「以爲」〔信念〕是對於「物自身」一詞底
表意之誤解。這樣的證明是假設物自身是某種東西它必須在
有限知識底範圍內被視爲一對象，不過它的事實上的不可接
近性能而且必須被證明。相關地，在「只是現象」一詞語
中，「只是」（mere）亦不是表示事物之實在性之限制與
減低，乃是用來只作爲以下的假設之否決，即：在有限知識
中，存在物能夠依適當於無限知識的樣子而被知，這假設之
否決。〔即，在有限知識中，存在物是以「對象」底樣子而
被知，在無限知識中，存在物是以「自在物」之樣子而被
知。我們不能以適當於無限知識的樣子來適當於有限知識。
所以適當於有限知識者就「只是現象」，意即就「只是對
象」，「只是」是表示它只能是「對象」義，而不是「自
在」義。並不表示事物底實在性之限制與減低〕。在感覺世
界裡，不管我們如何深入地研究它的對象，我們所研究的沒
有別的，不過就是現象。（A45，B62f））

現象與「物之在其自身」間的區別之本質可以在「外於我
們」（outside us）一詞語底兩種意義中很清楚地被顯露出

來。(A373)這兩種意義皆涉及存在物本身〔essent itself，此不是 thing-in-itself〕。當作「物在其自己」看，存在物外於我們，因為我們（是有限的）沒有無限的直覺以適應之（excluded from the mode of infinite intuition pertaining to it）。反之，當此語涉及現象時，存在物外於我們是因為我們自己不是這存在物，但猶可以接近它。另一方面，藉著此中所知的東西性格之差別來考察有限知識與無限知識間的區別可以顯露：「現象」與「物在其自己」（此是純理批判之基本概念）能夠成為可理解的，亦成為進一步研究底對象〔目標〕，只要當這兩個概念是很顯明地基於人底有限性之問題上時。但是，這兩個概念並不涉及兩個對象層面，在「一個」固定的完全未分化的知識領域中，將這一層面底對象置於另一層面底對象之後面。〔這兩個概念只是對象與非對象──「自在相」之差別，對象是就有限知識言，「自在相」是就無限知識言。並不是在一個整一而無分別的知識領域中兩個對象層面。因為人根本無無限知識，所以根本不能以「自在相」，「物之在其自己」為對象，而在無限知識上，不管誰有，物之在其自己又不成其為對象，即亦無「對象」義。〕

以上為海德格的康德書§5之節譯。標題為「知識底有限性之本質」。

海德格就「對象」與「自相」（e-ject）之分進而言及「現象」與「物自身」（物之在其自己）之分，其所說者全對。「物自

身」一詞是如海德格之所理解。康德本人已明言：「物自身之概念與現象之概念間的區別不是客觀的，但只是主觀的。物自身不是另一對象，但只是關於同一對象的表象之另一面相」。吾平常亦說物自身與現象之分是批判方法上的觀念，可以到處應用，任何東西（只要是實法，不是虛法）皆可以此兩觀點觀之，即上帝，意志，靈魂亦可如此觀之，故康德將一切對象分為現象與物自體。關此，下面再論。此是《純理批判》之基本概念，必須時時先記於心中，方好說其他。海德格了解的極恰當，吾故用之以代吾之說明。

現在再歸於「對象化底活動」之一義。

存在物既是早已存在於手邊的東西，不是認知心之所創造的，然則何以又說「對象化」（客觀化）？緣從認識論的立場上說，存在物之被攝受必須通過感性主體這一特殊模式底制約，因而其始只是主觀的「表象」（表象 representation），即就此表象言，始需要對象化（客觀化）。表象總當涉及對象，是對象底表象，總不會只是些虛恍的影像恍來恍去。然就經驗言，經驗所得亦總只是這些表象，無論經驗得如何切實。然則如何能使之真地切於對象而成為對象底呢？此步工作可有兩層可說：一是邏輯的，二是廣義的存有論的。前者如羅素所說的外延原則與原子性原則，便是邏輯分析底處理上之客觀化（對象化）；吾所說的邏輯的涉指格亦有此作用，雖是收於知性上作認識論的講。此種由邏輯分析或收於知性上所呈現的邏輯的處理，其最大的特色便是以經驗現象為底子，純就主觀方面底舉動而言，對於存在方面底性相不再多有要求。羅素所說的「外延原則」固純是手續上（技術上）底問題，即「原子性原則」亦是邏輯分析所逼出的一種假定，此雖對於存在方面似有要求，但

並無客觀的定然性與必然性，此所以他名其說為「邏輯的原子論」之故。收於知性從邏輯的涉指格上所說的邏輯處理，此在主體方面有定然性與必然性，但在客觀的存在方面則無多要求，只在知覺上承認因果效應即足，此是邏輯處理所當之機。此兩種邏輯處理雖亦足以說明客觀化，但以康德觀之，此似盡其在我的意味重，客觀方面總無定然的必然性。因為知覺上的因果效應即使有直覺的確定性，但並無思想上的必然性。康德可說這種因果效應仍只是表象上的經驗的引拽，尚不是對象上必然而定然的法則。羅素的原子性原則亦只是邏輯的假定，尚不是對象上的定然如此，必然如此。即使說到「準常體」底設準，可分的因果線之設準，亦只是設準，他並沒有從主體或客體方面證明它們的必然性。因此，康德的從知性主體上所作的存有論的處理，即從存有論的涉指格上所作的客觀化（對象化），仍有重新正視的必要。此路不是就經驗知識（或現象）從主體方面順著說，而是就經驗知識從主體方面逆著說。逆著從純知性主體上以見其超越的活動，故對象化底活動是純知性之超越的活動，這不是順取的主體方面底處理活動，乃是逆思的主體方面底超越活動，此是先經驗知識的活動，此就是海德格所說的「有限理性之超越層（超越域）」，或「自由空間」，此是有限理性本身底超越性，不是有限理性脫離經驗在超絕方面所提供的超絕理念如上帝存在，意志自由等。此超越層是由統覺，超越的我，範疇（純概念），與超越對象＝x 而表示。這是一種事先的，先行的指向活動，亦曰型範性的置定之活動（ act of normative proposition ），由此即可說「對象化底活動」，即「讓某物成為一對象」之活動。這不是順取地從主體方面底舉動來客觀化一經驗現

象，乃是逆上來從主體方面底超越層以見一經驗現象所以能客觀化
（對象化）底可能之先驗的根據，型範性的基礎。由此基礎，即可
使經驗現象（一切表象）涉及對象，是對象底表象，而不只是主觀
的恍影之恍來恍去。此步工作是由主體方面底超越活動來逼顯存在
方面對象性底必然性，逼顯直覺所攝取的現象眞能挺立起來對反著
認知心而成爲一個對象。只在直覺攝取中的現象，康德名之曰「未
決定的對象」。範疇化之（範疇落實而應用於其上），即曰「決定
的對象」。「由決定的對象」提起來而見其所以能成爲決定的，這
便是超越的、型範的對象化底活動。超越的統覺以其所自具的範疇
去規律之，這便是對象化底活動。這種由主體底超越活動所逼顯的
存在方面之普遍的性相是純先驗地決定的，是純由知性之思上來決
定的。思是自發的思，亦曰思想之自發性。從自發性上說先驗。知
性之自發的思想就現象之全體普遍地先驗地決定其性相，這比自知
覺上說因果效應當然顯得有定然性與必然性。但這也只是由主體之
超越性的型範性的活動來逼顯存在方面的普遍性相，亦說不上「知
性本身是自然底法則給與者」。我攝取存在物，但不能創造物。我
不是我所攝取的存在物，存在物當然「外於我們」：我是我，它是
它。它外於我們，它當然有它自身底法則性，而不能爲我所給與，
不過由我的主體之超越的型範的活動來逼顯而已。故在康德思想中
決無主觀觀念之嫌，亦不需要呼籲「歸於對象」，他本是就對象而
立言的。對象底對象性是由主體而逼顯，不是由主體而製造。「法
則給與者」是過分之辭，主體主義（所謂主觀主義）是由無恰當理
解而起的煙幕。

　　以此爲總綱，以下分別說明超越對象，超越的我，以及物自體

與智的直覺等概念之義。

九、海德格論「超越的對象＝X」

　　在純知性底超越的對象化活動中，康德有「超越對象＝x」一詞。此詞見之於第一版的〈超越推述〉中，但第二版重作此推述則不提此詞。第一版〈一切對象分爲現象與物自體之根據〉一章中亦有此詞，論此義，但第二版對於此章大有修改，凡關於此詞此義者皆略去。此是第一第二兩版重大差異之一，或甚至是差異中之最大者。但此詞之有無，於基本思想並無改變。第二版略而不提，或許因爲此詞頗難理解，又易生誤會之故，只說超越統覺之先驗綜和或純粹綜和即已足夠。但既於基本思想無改變，只是陳述上之技巧問題，則第一版有之，亦無大礙，只須予以恰當之了解即可。關此，海德格亦有相當恰當的了解，但不十分盡。海德格於順康德的分解部（概念底分解及原則底分解）作各步驟的解說後，即論此義，此即是其書之§25，標題爲「超越層與形上學一般之奠基」。茲譯之如下：

　　　　存有論的綜和底本質底內在可能性之根據之顯露被規定爲是
　　　　一般形上學底奠基。存有論的知識已證明爲是那形成「超越
　　　　層」者。洞悟超越層之完整的結構首先允許我們知道存有論

的知識之完整的根源性——它的活動以及它的對象。

當作有限的看，知識底活動必須是對於那提供其自己的東西〔自己前來被遇見的東西〕之一接受的，反省的直覺；復次，這種直覺必須是純粹的。它是一純粹的規模性（pure schematism）。〔案：「接受的」是就直覺底攝取說，「反省的」是就超越想像之成規模說〕。純粹知識底三個成素〔直覺、想像、知性〕之純粹的統一是表示在作為「時間之超越的決定」的超越規模之概念中。

如果存有論的知識就是規模之形成（schema-forming），則它自發地創造〔形成〕這純粹的面相（影像 image）。然則，存有論的知識，在超越想像中所達到的，豈不是已成了創造的？而如果存有論的知識形成超越層，此超越層又轉而構成有限性之本質，則此有限性豈不是為所說之創造性所克服？有限的存有（人）豈非通過此創造的行動而變成無限的？

但是，存有論的知識之為創造的，是根源直覺（*intuitus ori-ginarius*）樣子的創造嗎？（在根源直覺上，存在物在直覺活動中是當作「自在相」看，從未當作「對象」看）。在這創造的存有論的知識中，存在物是如其為存在物而被知，即，被創造嗎？絕對不是。不只是存有論的知識不能創造這存在物，它甚至不能把它自己直接地對題地（thematically）關聯到存在物上去。〔案：此存有論的知識是普就現象之全體先驗地決定其最普遍的性相，實無一特定之對象可對，故云不能「對題地」〕。

然則，它把它自己關聯到什麼上去？在存有論的知識中所知的是什麼？所知的是一個「無」（a nothing）。康德名此「無」曰 x，又說它是一個「對象」。這個 x 在什麼方面是「無」，在什麼方面它又仍然是「某物」（something）？康德說及這個 x 的兩段主要文字之簡單的解釋可給存有論的知識中所知的是什麼這一問題一解答。第一段見之於超越推述的引論中（A108f）。第二段則見於〈一切對象分為現象與物自體底根據〉一章中（A235ff，B294ff）。依純理批判底計畫，此章是綜結了一般形上學之積極的奠基工作。

第一段是如此：「現在，我們也要較恰當地去決定我們的一個對象一般之概念。一切表象，當作表象看，有它們的對象，而它們自己轉而又能成為其他表象底對象。現象是那能直接地被給與於我們的唯一對象，而在現象中那直接地關聯於對象者叫做直覺。但是這些現象不是物自身（物之在其自己）；它們只是表象，這些表象轉而又有它們的對象——一個其自身不能被我們所直覺的對象，因此，它可以叫做非經驗的對象，即是說，超越的對象＝x。」

那在經驗中直接面對著我們的就是那為直覺所給與者。但是，現象本身只是表象，不是事物之在其自己。那被表象在這些表象中者只有在而且對著一接受的指向活動而展現其自己。這個指向活動必須「也有其對象」。實在說來，要想去形成一個地帶（horizon），在此地帶內，一自立的存在物（an autonomous essent）能夠被遇見，則必須事先一般地能給出某物，此某物即有一對象的性格（ob-jective character）。因此這一個先行指向底界點（terminus）再不會在經驗直覺底形態中被我們所直覺。但是這並不排除它之可在一純粹直覺中直接地被覺知之必然性，不但不排除，反之，它實含著這必然性。因此，這個先行指向底界點「可被叫做非經驗的對象＝x。」

一切我們的表象確乎因知性而涉及到某個對象；而因爲現象不過是表象，所以知性把它們涉及到一個「某物」以爲感觸直覺底對象。但是這個某物，這樣想之，只是超越的對象；而所謂超越的對象意即一個某物＝x，關於它，我們一無所知，而就我們的知性底現有構造（組構）言，也不能有所知，但是雖對之無所知，它作爲統覺底統一之一相關者看，卻能只爲感觸直覺中雜多底統一而服務。因著這種統一，知性把雜多結合於一對象之概念中。這個超越的對象是不能夠與感觸的與料（sensible data）分離的，因爲若分離，便沒有什麼東西留存下來，它通過這留存下來的東西而可以被思想。結果，它本身不是知識底一個對象，但只是在一對象一般之概念下現象之表象——這對象一般之概念就是那通過這些現象之雜多而是可決定的這一個概念。

這x是我們對之不能有所知的「某物」（something）。這個x其不可知不是因爲作一存在物它隱藏於現象後面，但因爲原則上它不能成爲一認知之對象，即是說，它不能成爲關聯於存在物的知識之對象。它從不能成爲這樣的一個對象，因爲它是一個「無」。

所謂「無」，意即不是一個存在物，但縱然如此，卻總是

「某物」。它只用來充當「一相關者」（a correlate），即是說，依照它的本質，它是純粹地帶（pure horizon）。康德叫這個 x 曰「超越對象」，即那在超越層中對反著者，而且是能夠作爲超越者底地帶而爲超越者所覺知者。現在，如果這在存有論的知識中被知的 x 本質上就是一個地帶，則此種知識必須是這樣的性質，即：它就這地帶爲一地帶之性格來使這地帶敞開。結果，這個某物可不是一意向底直接而專有的主題（theme）。這個地帶必須是「不對題的」（unthematic），但縱然如此，卻仍須保持於心中這樣想有這個地帶。只有這樣（不對題），它始能衝向或推移到（thrustforward, vordrängen）在此地帶中被遇見的東西，而且使這被遇見的東西成爲「對題的」（thematic）。

這個 x 是一個「對象一般」（an object in general），但這並不意謂：它是一普遍的，不決定的存在物，以一對象之形態而呈現其自己。反之，此「對象一般」一詞是涉及那事先構成這越過一切可能的對象（作對象性的東西看）之上者，即構成一對象化之地帶。如果所謂「對象」我們意謂它是一個對題地被攝取的存在物，則此地帶自然不是一個對象，但是一個「無」。如果所謂「知識」我們意謂它是一存在物之攝取，則存有論的知識不是知識。

存有論的知識如果它達到眞理，亦可正當地名之曰知識。但是，它不只是「得有」（possess）眞理，它根本就「是」根源的眞理，而即以此故，康德名此根源的眞理曰「超越的眞理」。這種眞理之本質是通過「超越的規模性」

（transcendental schematism）而被釐清的。「一切我們的知識皆含於這可能經驗底全體內，而超越的真理（它先於一切經驗的真理，而且使之為可能），則存於對於那經驗的一般關係中。」（A146，B185）

存有論的知識「形成」超越層〔超越性者〕，而此種形成（formation）不過就是敞開一個地帶（horizon），在此地帶內，存在物底實有（Being）是事先可覺知的。假定那種真理意謂：某某之不隱蔽（unconcealment of …，*unverborgenheit von*），則超越層〔超越性者〕即是根源的真理。但是，真理自身必須被理解為實有之揭露（disclosure of Being）以及存在物之朗現（明朗 overtness of essent）。如果存有論的知識揭露這地帶，則它的真理性（truth）即存於讓存在物在此地帶內被碰見（encountered）。康德說存有論的知識只有「經驗的使用」，即是說，它足以用來在使用有限的知識為可能，而所謂「有限知識」則是意謂那顯現其自己的存在物之經驗〔對於那顯現其自己的存在物底經驗〕。

因此，關於此種知識（即存有論的知識，只在存有論的層面上是「創造的」，決不在經驗的層面（ontic level）上是創造的，這種知識）是否是克服了超越層底有限性（finitude of transcendence），抑或反之，它把這有限的「主體」即浸入（immerses）於適當於它的這有限性中，這問題必須至少尚是待決的（remain open）。〔案：海德格之意是說這問題至少尚是待決，是表示存有論的知識不一定就能克服了

「超越層底有限性」，雖然它在存有論的層面上是創造的。其實這種保留的謙退是不必然的。這種存有論的知識雖在存有論的層面上是創造的，其創造實與意志之創造不同，故它根本不能克服「超越層底有限性」。因爲這種超越性只是知性統覺底超越性，它根本就是有限的。知性底統覺本身根本就是在主客對偶底預設下形成的，溯源說，它根本是無限心底一曲，曲折而成。就是因爲這一曲折，所以它始有那些超越的張施，敞開一個超越地帶（自由空間）。這超越地帶是它自發形成的，依此說「創造」。但此創造只是施設一個超越網來籠罩經驗，並不是生發存在的創造。故這超越施設正顯其本身爲有限性，因而由它的施設所敞開的超越地帶或所形成的超越層也本質上是有限的，焉能因它的施設或張施之創造性就能克服了超越層之有限性？故其張設的創造性實只把有限的主體浸入於有限性中，這有限性是適當於這種超越的張設即所謂存有論的知識的。這點不必再有保留。衡之前開頭兩段文以及前引§16海氏之文後半段論知性之主宰性與副助性可知。海氏此處之謙退正示其對於此問題之不澈。所以不澈是爲「存有論的知識」以及其「創造性」諸詞義所迷惑。海德格說存有論的知識或眞理是「存有之揭露與存在物之明朗」，以及說眞理是「某某之不隱蔽」，皆是根據其自己之思想說，或以其自己之說統爲背景。實則康德說知性統覺所成的先驗綜合判斷即使可說是存有論的知識，也是現象底存有論的，即使可說是「實有（存有）之揭露」，也只是現象的存在物之普遍的性相之揭露，並不是海氏心目中所意

謂的「實有」。海氏於康德所說是著了一些顏色。康德心目
中的真正存有論是在「超絕形上學」處，集中於自由意志與
物自身，不在此「內在形上學」處。海氏想於此內在形上學
處轉出其基本的存有論，故總以存有論的知識，存有論底奠
基，視康德之工作。其實這是範圍之錯置。因有此錯置，故
於此統覺之張設的創造性遂起了幻想，因而有此保留謙退之
語。〕

依照這種存有論的知識底本質之定義，存有論不過是純粹知
識底系統的全體之顯明的揭露，只要當純粹知識形式超越層
時。〔案：真正的存有論不在此〕。

但是，康德卻想以「超越哲學」之名來代替「存有論這驕傲
之名」，超越哲學底目的是超越層底本質之揭露。只要當
「存有論」一詞是傳統形上學的意思時，康德是對的。傳統
的存有論「要求或聲稱以系統的教義的〔或主斷的〕方式，
去提供關於事物一般的先驗綜和知識」。它想把它自己先驗
地升到經驗知識之層面（It seeks to raise itself to the level of
ontic knowledge *a priori*），須知此一種知識〔案：即不由
感性而先驗地即可達至經驗知識這種方式的知識〕只是一無
限的存在之特權（the privilege only of an infinite being）反
之，如果存有論捐棄它的驕傲與專斷，如果它在它的有限性
中從事了解它自己，即是說，當作一種有限性底本質的而且
必然的結構去看它自己，則我們很可以給「存有論」一詞以
真正的本質，而同時亦可證成〔合法化〕它的使用〔用
處〕。依照這個意義，通過形上學之奠基，首先達到了並且

確保了康德本人使用「存有論」這一學名，而實在在純理批
判末後陳述全部形上學之大綱的那段決定性的文字中即使用
此詞。〔A845，B873，在 *Fortschritte der Metaphysik* 一書
之中亦使用此詞。案此書名是簡稱，全名爲 *Welches sind*
die wirklichen Fortschritte, die die Metaphysik seit
Leibnizens und Wolfs Zeiten in Deutschland gemacht hat？
中譯應爲：《自來布尼茲及吳爾夫時代以後德國之形上學有
些什麼現實的進步？》此書於1804康德去世之年出版。〕

由於一般形上學底這種轉變，傳統形上學底基礎是搖動了，
而各別形上學（ *metaphysica specialis* ）底建築（ edifice ）亦
開始倒塌（ begins to totter ）。〔可是，康德亦從另一路來
建立，此則非海德格之所喜〕。

但是，這樣所置定的新問題在此將不接觸。關於它們的研究
需要有一種預備，此種預備只有通過對於康德在超越的攝物
學與辨物學之統一（作爲一般形上學之奠基）中所達到的有
一較深的消化始能達成。〔案：此新問題即海德格本人的系
統，其大著《實有與時間》中所呈列者。「這樣所置定（所
提出）的新問題」（ new problems which are thus posed ）一
語中之「這樣」不清楚，其實意當該是「由此轉變後所置定
的新問題」。直說「這樣」，語脈來歷不明。〕

十、「超越的推述」之大義

　　以上為海德格書§25之全文。前半段根據康德兩段文解釋「超越對象＝x」一詞之意義，直至「……存有論的知識不是知識」一語為止。自「存有論的知識亦可正當地名曰知識」起至最後段止，則有關於海德格自己之思想，此則以後專章論之。

　　康德說「超越對象＝x」，是「某物」，是「對象一般」，是「非經驗的對象」，又說「不是知識底一個對象」，我們「對之一無所知，亦不能有所知」，海氏由此引申而說為一個「無」，但又不能單純是「無」，而又是「某物」，是「統覺底統一之一相關者」。海德格就這些詞義皆予以恰當的解釋。結果，說它是一個「地帶」，是「先行的指向之界點」。此大體可明。但若關聯著統覺，範疇，以及「感觸與料」，「及決定的對象」，「未決定的對象」諸詞說，則他的「簡單的解釋」又不能十分盡。康德第一版關於此詞說的很多，第二版皆略。可見此詞之不易領會。我們當看康德關此的全部文字如何，以作徹底的疏解。

　　但此詞之引出是從「範疇之超越推述」而引出，故須先從「任何超越推述之原則」說起：

法官，當說及權利與要求時，在一法律活動中，區別權利問題（question of right, *quid juris*）與事實問題（question of fact, *quid facti*），他們要求這兩者皆須被證明。關於前者底證明，即陳述權利或陳述合法的要求（請求）者，他們名之曰「推述」（deduction）。好多經驗概念其被採用〔使用〕是無問題的。因為經驗對它們的客觀實在性之證明常是有效的（available），所以我們相信我們自己，即使沒有一種推述，而在歸給它們以意義或應有之表意（an ascribed significance）上也是可以有理的〔合法的〕。但是那也有些僭越的概念（usurpatory concepts）例如幸運，命運，這雖然因一種幾近普遍的縱容而允許其流行，然而也漸漸可以提出權利問題來質問它們。這個權利問題要求一種推述，使我們十分困難，沒有清楚的合法名稱，足以證明它們的使用者，可以從經驗或從理性而得到。

現在，在那形成人類知識底高度複雜網的許多概念之間，有些概念可以特指出來有純粹先驗的使用，完全獨立不依於一切經驗；而它們這樣被使用的權利則總是需要有一種推述。因為經驗的證明不足以證成這種使用，所以我們要面對這個問題：這些概念如何能關聯到它們不是從任何經驗而得之的「對象」上去呢？概念能夠這樣先驗地關聯到「對象」上去的樣子之說明，我即名之曰它們的超越推述。從這超越推述處，我把經驗推述與它區別開，經驗推述是表示一個概念通過經驗以及通過對於經驗的反省而獲得的樣子，因此，經驗推述無關於〔不論及〕它的合法性，但只論及它的起源之事

實模式。

我們早已有兩種完全不同的概念，它們雖然完全不同，而在一完全先驗的樣子中關聯到「對象」上去，它們卻是相合的。此兩種完全不同的概念即是作為感性底形式的空間與時間之概念以及作為知性之概念的範疇。對於這兩類概念底任一類，去尋求一經驗的推述，必是白費力氣。因為它們的顯著的特點即在此：它們關聯到它們的「對象」上去，是並沒有從經驗中假借得任何東西足以為這些對象底表象服務。因此，如果這樣概念之推述是不可缺少的，則它必須是超越的推述。〔中略一段〕

但是，雖然可以承認：純粹先驗知識底那唯一是可能的一種推述是在超越的線上，然而一個推述是不可少地必然的這仍不是馬上即顯明的。我們因著一種超越的推述〔案：實當作超越的解釋〕，早已把空間與時間之概念追溯到它們的根源，並且已解明並決定了它們的先驗的客觀妥效性〔案：即經驗的實在性〕。但是，幾何學是在完全先驗的知識中以安全性而進行，而亦不需要為它的基本空間概念之純粹而合法的出身之證明求助於哲學。可是概念在這門學問中被使用是只在它的涉及於外部感觸世界中被使用，（外部感觸世界即是空間為其純粹形式的直覺之世界），在這裡，一切幾何知識（置其根據於先驗的直覺）有直接的顯明性。對象（就它們的形式而論）是先驗地在直覺中被給與，（通過這對象之知識而即在直覺中先驗地被給與）。可是，在知性底純粹概念這情形中，卻完全不同；在它們，這不可避免的要求於一

超越的推述，這推述不只是它們自己底推述，且亦是空間底概念之推述，是首先要發動起的。因爲它們說及對象是通過純粹先驗思想上的謂詞而說及，並不是通過直覺與感性上的謂詞而說及，〔範疇這種純形式概念即表示一種謂詞或謂述〕，因爲如此，所以它們是普遍地關聯到「對象」上去，即是說，是離開一切感性之條件而關聯到對象上去。又因爲它們不是置根於經驗，所以它們不能在先驗直覺中顯示出任何對象而可以先於一切經驗來充當它們的綜和之根據。正因爲以上兩點緣故，所以它們可以引起疑惑，這疑惑不只是有關於它們自己的使用之客觀妥實性與範圍，且亦由於它們使用空間之概念越出感觸直覺底條件之外這趨勢，它們也使空間概念成爲模糊不定的（ambiguous）；而這一點就是爲什麼我們早已見到它〔空間概念〕底超越推述是必要的。〔…〕

我們早已能夠解明空間與時間之概念，雖然是知識底先驗模式，如何必然地關聯到對象上，而且亦解明獨立不依於經驗，它們如何使對象之綜和知識爲可能。因爲只有因著這樣的感性之純粹形式，一個對象始能顯現給我們，因而始能是經驗直覺底一個對象，所以空間與時間是純粹直覺，它們先驗地含有作爲現象的對象底可能性之條件，而發生於它們處的綜和亦有客觀的妥實性。

可是另一方面，知性底範疇並不表象對象在其下被給與於直覺中的條件。所以，對象顯現到我們面前可以沒有其關聯於知性之功能〔作用〕底必然性；因此，知性亦不需含有它們

〔對象〕的先驗條件。這樣，我們在感性領域中所不曾遇見的一種困難在這裡便呈現出來，即，思想底主觀條件如何能有客觀妥實性，即如何能供給對象底一切知識底可能性之條件，這困難便出現。因爲現象確能獨立不依於知性之功能而給與於直覺中。例如，設以原因之概念爲例，此原因之概念表示一特種的綜和，因此綜和，在某物 A 上，依照一規律，有一完全不同的另一置定的某物 B。現象爲什麼一定要含有這類底任何事，這並不是先驗地顯明的（經驗在它的證明中並不能被引用，因爲這裡所要建立的是一先驗概念之客觀妥實性）；因此，這樣的一個概念是否不總歸是空的，是否在現象間的任何處總沒有對象可找，這是先驗地可疑的。感觸直覺底對象必須符合於感性底形式條件（這是先驗地存於心中者），這是顯明的，因爲不然，它們必不能是我們的對象。但是它們也必須同樣符合於知性爲思想之綜和統一所需用之條件，這一結論其根據並不如此顯明。現象很可是這樣構成的，即：知性總不能見到它們是依照著它〔知性〕的統一之條件的。現象中每一東西很可以是這樣的混亂，即，例如，在現象底系列〔串系〕中沒有東西呈現它自己而可以給出一綜和底規律，因而以回應原因與結果之概念。如此，這個概念必總歸是空的，虛無的，無意義的。但是，因爲直覺無需於任何種思想之功能，所以縱然如此，現象亦必呈現對象給我們的直覺。

〔末段表明從經驗說明原因一概念之無用，略〕。

案：以上為〈知性底純粹概念之推述〉章第一節§13「任何超越推述之原則」中文。旨在表明知性底先驗純粹概念需要一種推述，此推述只能是超越的，而不能是經驗的。推述就是說明這種概念底使用底合法性，證明它的權利，它的客觀妥實性。這裡有簡單的幾點須注意：(1)它既是一概念（例如因果、常體等）即須有它的「對象」；(2)「這對象不能得自經驗」，亦不能「從經驗借得任何東西以為此對象之表象服務」；(3)此概念之關聯於它的對象是「普遍地關聯於對象，即，離開一切感性之條件而關聯於對象」。

這三點就有一種特殊的意義，人們不可忽略。(1)這並不是簡單地直以範疇作自然底法則來統馭或規律現象，直以內出之法則來組織現象，若如此，則甚逕直而簡單，何需於推述？我直以此法則統馭之，組織之而已矣，猶如上帝之造法則以統萬物，或如意志之自給法則以迫使吾人依此法則而產生行為。但這裡卻需要推述以明它的客觀妥實性，這就足以表示知性自身不是自然底立法者。(2)它需要關聯到它的對象，而它的對象不是來自經驗。這「對象」是什麼意義呢？它不是直覺中所攝取的「未決定的對象」，亦不是範疇化或概念化了的「已決定的對象」，它是單與範疇這純粹概念自身相應的那對象，它是「通過純粹先驗思想底謂詞」所說及的對象，它是普遍地所關聯到的對象。其實這只是範疇這純粹概念所意指或指向的存在方面的普遍性相，是統就一切現象（現象之全體）而說的最普遍的性相。現象是可經驗的，而此普遍的性相是不可經驗的。此即其所以需要一超越的推述之故。嚴格講，這不是一個對象。這就是下文所說的「對象一般」（object in general），非經驗的對象，超越的對象＝x，某物＝x。這亦可以如海德格所說是

「無」，是「不對題的對象」。這是有一獨特意義的一層對象，以這層對象為根據或條件，經驗現象始成為決定的對象，一切主觀表象始能涉及對象而成為客觀的。超越推述就是把這層對象顯露出來以為經驗乃至經驗對象之條件。作到此步，純粹概念就有客觀妥實性，有它的權利底合法性。範疇先是知性所先驗提供的主觀概念，及至其所意指的存在方面的普遍性相被顯露出來，就說這性相也即是範疇，遂說知性為自然立法，這是滑轉的太快，忘了此中的曲折。

　　以下是§14〈轉到範疇底超越推述〉：

　　　綜和表象與它們的對象只在兩條可能的路裡能建立連結，能得到相互間的必然關係，以及相互遇見。或者單只是對象必須使表象可能，或者單只是表象必須使對象可能。在前一情形裡，這關係只是經驗的，表象從未是先驗地可能的。這在現象上說是對的，現象是就現象中那屬於感覺的〔成分〕說的現象。在後一情形裡，表象自身並不能產生它的對象，當論及存在（對象底存在）時，因為我們在這裡並不是說及它的因著意志而來的因果性。縱然如此，表象（先驗的綜和表象）亦是對象底先驗決定者（ *a priori* determinant），如果只有通過這表象，才能「知」任何東西為一「對象」，這情形是真的。

　　　現在，有兩組條件，只在其下一對象底知識才是可能的，第一，直覺，通過直覺，對象被給與，雖然只作為現象而被給與；第二，概念，通過此概念，一個對象被思為與這直覺相

對應。第一組條件,即單在其下對象始能被直覺者,實先驗地處於心中而爲對象之形式的根據,此是顯明的。一切現象必然地符合〔契合〕這感性底形式條件,因爲只有通過這形式條件,它們〔現象〕始能顯現,即是說,始能經驗地被直覺而且被給與。現在,發生這問題:先驗概念是否不也足爲先在的條件,單在此條件下,任何東西縱不被直覺,猶能作爲「對象一般」(object in general)而被思想。在這情形下,對象底一切經驗知識必須必然地符合於這樣的一些概念,因爲只有這樣預設它們〔概念〕,任何東西作爲經驗底對象始是可能的。現在,一切經驗,在某物經由之而被給與的這種感覺底直覺〔感覺上的直覺〕之外,實含著一個對象之概念(a concept of an object)作爲在此隨著被給與,即是說,在此隨著顯現。這樣,一般地說的諸對象底一些概念(concepts of objects in general)實居於一切經驗知識之下而爲它的先驗條件。因此,作爲先驗概念的範疇之客觀妥實性實基於這事實,即:只要當論及思想之形式,則只有通過它們〔範疇〕,經驗才成爲可能的。它們必然地而且先驗地關聯於經驗之對象,是因爲只有因著他們,經驗底任何對象〔不管是那一種〕才能被思想。

這樣,一切先驗概念底超越推述有一原則,依此原則,指導全部研究,此原則即是:它們〔先驗概念〕必須被認爲是經驗底可能之先驗的條件,(經驗不管是在其中被遇見的直覺之經驗,或是思想之經驗)。那給出經驗底可能之客觀根據的概念正因這個理由才是必然的。但是經驗底展示

（unfolding），在此經驗中它們被遇見，這並不是它們的推述；這只是它們的顯明〔說明 illustration 例證式的說明，依經驗事例而顯明之〕。因為在任何這樣的解釋上，它們必只是偶然的。除非通過它們對於可能經驗的根源關係，（在此可能經驗中，一切知識底對象被發見），否則，它們對於任何一個對象的關係必完全是不可理解的。

此下尚有三段，為第二版所略，而只結之以感覺，想像，與統覺三種認知心能處之三層綜和。此§14即止。此下即繼之以§15，§16，等等，直至§27，此為第二版之重述。　　　　　.

但所略之三段，最後一段亦很重要，茲譯之如下：

> 但是我將先就範疇說幾句說明的話。它們是「一對象一般」底一些概念（concepts of an object in general），藉這些概念，一個對象底直覺被認為是決定了的，就判斷底邏輯功能〔邏輯形式〕中之一種而成為決定了的。這樣，定然判斷底形式就是主詞關聯到謂詞上去底形式；例如，「一切物體是可分的」。但是就知性之只是邏輯的使用說，在這兩概念中主詞底作用（function）派給誰，謂詞底作用派給誰，是不決定的。因為我們也能說：「某種可分的東西是一物體」。但是當物體底概念被帶在本體之範疇下，則它的在經驗中的經驗直覺必須總是被認為是主詞，而從不會被認為是純然的謂詞，這卻是因此而被決定了的。同樣，就一切其他範疇說亦然。

案：以上所譯§14〈轉到範疇底超越推述〉中文（照第一版譯）共四段。此四段文甚爲顯豁而明確。我們可從此最後一段說起。

「判斷底邏輯功能」（功能 function 也可以說形式或作用）就是我們在討論範疇之「形上推述」中所說的辯解思考所成的分解判斷（辨解判斷）。每一分解判斷底特殊形式是因一範疇作支持而成爲決定了的。在此，康德說：「範疇是一對象一般底一些概念（concepts of an object in general」。「一對象一般」就是「一般地說的任何一個對象」，不拘是那一個，統統在內。範疇就是關於這些對象（因之而思這些對象）的一些純粹概念。對象因著直覺而被給與（未決定的），因著概念而被思。概念有是經驗的特定的概念，有是先驗的非特定的概念。這裡說範疇就是說的先驗的非特定的純粹概念。「非特定」者意即關涉於一切現象的對象（phenomenal object）而不限定於任何一個之謂。任何一個對象都要密切聯繫於這些純粹概念上方能成其爲對象，反過來亦就是我們因著這些概念而普思統思一切現象，即普就一切現象（現象之全體）而思其最普遍的性相——遍通於一切現象的性相。範疇就是表象這些普遍的性相者。在範疇這些純粹概念下，一個對象底直覺可就判斷底邏輯功能中之任一種而成爲決定了的，此如上譯末段文康德之所說。

由範疇而成的「綜和表象」是先驗的綜和表象，此是「對象之先驗的決定者」（*a priori* determinant of the object）。感性底形式（時空）所成的先驗綜和表象決定直覺中的現象，使直覺中直接被給與的對象（未決定的對象）爲可能，可能者是其當作現象而被給與之可能。知性底純粹概念所成的先驗綜和表象是使對象成爲一

決定的對象底「先驗決定者」，即使「決定的對象」為可能。這是一往從主體方面主張：「單是先驗的綜和表象使對象為可能」之路。「表象使對象可能」，此表象必須是先驗的綜和表象，而不會是泛說的「表象」。反之，「對象使表象可能」，此表象亦必須是經驗的綜和表象，而不是先驗的。先驗的綜和表象使對象可能是認知地使之可能，並非是創造地使之可能。

　　對象在直覺中被給與，在純粹概念中則「被思為與此直覺（直覺之之直覺）相對應」。直覺之覺之，在此覺之中，所直接呈現的當然是些表象（象表），但表象必有其「對象」，是關於對象的表象，決不是在外面無根的。但對象之成其為對象必須在純粹概念中被思始可能。真正的知識之對象（客觀義的對象）是不能被感攝的，只能被思攝。但是真正客觀義的對象之所以成其為客觀義的對象則只有在純粹概念下被思始可能。任何一個對象只有在純粹概念這些先驗條件下始能被思為一個對象。康德問：「先驗概念是否不也足以充當先行的條件，單在此條件下，任何東西縱不被直覺，猶能作為對象一般（object in general）而被思想？」這當然「是」。先驗的純粹概念就是一些先行（先在）的條件，任何東西在其下可以被思想為一個對象，一個一般意義的（一般地說的）對象。因為「知性底範疇並不表象對象在直覺中被給與的條件」，但只表象對象被思的條件。對象在這些條件下只能被思，而不能被直覺（即被給與）。直覺了後，在這些條件下而思之。直覺所及的都是些特定的現象（表象），而思其對象義（思其為一對象）並不是單單思此直覺所及的特定現象所拘定的特定對象之為一對象，而是思其「一般意義」的對象義，就是說，依這些條件可以思這一個，也可以思

那一個，總之是思任何個，此即所謂思之為「一般意義的對象」。
因為這些條件是就範疇這純粹概念說，是最普遍的。依這些最普遍
的條件（遍貫一切現象的條件）去思這些對象，是並沒有特定的內
容的，也不是去思那分別地與各該對象相應或為各該對象所具有的
特定內容，也不是去思那各有特定內容的特定對象之自己，這樣去
思，那是經驗概念的事。現在是依純粹概念去思，所以只能思其
「一般意義」的對象義（即對象成為對象之對象性）。「在此情形
下，對象底一切經驗的知識自必必然地符合（依順）於這樣的些概
念，因為只有這樣預設這些概念，任何東西之為經驗底對象始是可
能的」。這顯然是依照這些先驗概念去思那「任何一個對象成為對
象」的這對象性，「一般意義的對象」之對象性，個個對象之對象
性（being object of an object in general, or objects in general）。
「一切經驗在某物經由之被給與的直覺之外，實含著一個對象底概
念（a concept of an object）作為在此隨著被給與，即是說在此隨
著顯現。這樣，一般說的諸對象底一些概念（concepts of objects in
general）實居於一切經驗知識之下而為其先驗的條件。」這裡，前
句所謂「一個對象底概念」即是關於一個對象（任何一個對象）的
純粹概念。此純粹概念隨著某物在直覺中被給與而亦同時被給與，
即顯現（顯露）──由知性給與而顯現出來。一切經驗皆含有直覺
與概念兩個成素。這裡說「一個對象底概念」不是說「對象」這個
概念，乃是說關於「一個對象一般」的純粹概念，所以下句就說：
「一般說的諸對象底一些概念居於一切經驗知識之下而為其先驗的
條件」。這「一些概念」就是關於一般地說的任何一個對象（個個
對象）的一些先驗的純粹概念。因為是純粹概念，所以才為經驗知

識底先驗條件，亦即是知識底對象之先驗的條件。前一句「一個對象底概念」是總指說，後一句「一般地說的諸對象底一些概念」是散指說，其意相同，皆是就任何一個對象（個個對象）說它們所以成為對象底先驗條件。由此等先驗條件，它們之成為一對象的這對象性始可能。

我之所以斤斤於「對象一般」或「諸對象一般」，實因下文「超越的對象＝x」一詞即由此而轉出。照以上的確解，「對象一般」或「諸對象一般」並不就是「超越的對象＝x」。「對象一般」還是就個個特定對象而總說，不過是總說「它們的成為對象」的這對象性，因為是依照純粹概念去思之故。所以純粹概念就是它們的對象性所以可能底先驗根據。超越的對象 x 是就先驗根據處說的。由「一般說的對象」意指它們的「對象性」，由其對象性之所以可能意指其先驗的條件（超越的根據），即從此先驗條件所成的綜和統一處說「超越的對象＝x」一詞。康德混漫這各步驟底分際而即以「對象一般」為超越的對象 x。本是「對象性」所以可能底根據問題，卻因這混漫而說成一個「超越的對象」，而又說其不是知識底一個對象，這就使人陷於迷亂。幸而有「不是知識底一個對象」一義，又幸而「超越的對象 x」是很明確地從統覺底統一（範疇底統一）處說，所以海德格直說其為一種「對象化底活動」。但是海德格也順著康德以「對象一般」為「超越對象 x」直把兩者等同起來，把「對象一般」直指為一落實的一個對象 x；但又說它是個無，不是一個對題的對象。此皆是由康德的混漫而來的展轉說。康德本人已有此展轉的論說，亦正因其混漫各步驟底分際故。他是將「一般說的諸對象」（或一般說的任一對象）以及「諸對象之對

象性」與「對象性所以可能底超越根據」三步驟混而爲一統名之曰
「對象一般」，因此遂將「對象一般」落實直指一「超越的對象
x」。此實未免滑轉的太快。由此滑轉的混漫，遂使「對象一般
（一般說的對象或諸對象）喪失其普通行文的意義而陷於進退別扭
的境地，退而是籠統說的諸對象，進而又是一個落實的超越的對象
x。

　　如是，海德格說：「這個 x 是一對象一般，但這並不意謂：它
是一普遍的，不決定的存在物，以一對象之形態呈現其自己。反
之，這個辭語乃涉及那事先構成越過一切可能的對象者，即那構成
一對象化底地帶者」。（對象化底地帶即讓某物成爲一個對象底那
超越地帶，純粹地帶，自由空間，從統覺底統一說，就是對象化
底活動）。由此，我們自然也可以說：此「對象一般」不是就一切
現象的對象（個個對象）而籠統地總說之，即非限定地說之之「一
般」，乃是越過一切可能的特定對象而說那範疇所表象的最普遍的
性相以使個個對象成爲對象者，而在康德則混漫地直說爲一「超越
的對象 x」。不是此義有問題，乃是此詞有問題。

　　以上所譯四段文並無此詞，只說先驗概念爲任何一個經驗對象
底可能之先驗條件。第二版承此義重作超越推述亦不立「超越對象
x」一詞。此下正式轉入第一版的「超越的推述」，始正式進而提
出此詞。

十一、康德之言「超越的對象＝ X」

　　以上是第一版〈超越推述〉裡的第一節，「§13」，「§14」之號數是第二版加上去的。此下則為第二節與第三節，而為第二版之重述所代替。第二節標題為「經驗底可能性之先驗根據」。文云：

> 　　一個概念，雖然它自己既不含在可能經驗底概念中，亦不以可能經驗底成素而組成，然而又必須完全先驗地被產生而又必須先驗地關聯到一個對象上，這樣一個概念似乎是矛盾的，不可能的。因為這樣，它必無內容，因為沒有直覺與之相應故；而一般說的直覺，對象經由之能被給與於我們，則構成可能經驗底領域或全部對象。一個先驗概念它若不曾關連到經驗，則必只是一概念之邏輯形成，並不是那經由之某物以被思想的概念自身。
>
> 　　純粹的先驗概念，如果這樣存在著，它們實不能含有任何經驗的東西；可是縱然如此，它們卻能專充當為一可能經驗底先驗條件。它們的客觀實在性只基於這個根據上。
>
> 　　因此，如果我們想去發見知性底純粹概念如何是可能的，則

我們必須研究那經驗底可能性所基於其上的先驗條件，當任何經驗的東西皆從現象中抽去時那仍留存下來而作為經驗底下層根據〔居於經驗之下而為其根據〕的先驗條件，是什麼。一個概念它若普遍地而且恰當地表示經驗底這樣一種形式的而又客觀的條件，則必應名為知性底一個純粹概念。確然，當我一旦有了知性底純粹概念時，我能思想一些對象，它們也許是不可能的，或雖然其自身是可能的，但不能在任何經驗中被給與。因為在連繫這些概念中，某種東西可以被省去，雖被省去，但它也必然地隸屬於一可能經驗之條件（此如在一精神體之概念中）。不然，也可以是這樣的，即：純粹概念被擴大，越過經驗所能隨從的〔即經驗追不上〕，此如在上帝之概念處即如此。但是先驗知識底一切模式之成素，甚至是無定常而又不整齊的虛構之成素，雖然它們實不能從經驗中被引伸出，（因為若從經驗中引伸出，它們必不可能是先驗知識），然而亦必須常是含有一可能經驗以及一經驗對象底純粹先驗的條件。不然，沒有東西能通過它們而被思想，而它們自身，因為沒有與料（data），也必甚至不能發生於思想中。

這樣先驗地含有純粹思想（內藏於每一經驗中的純粹思想）的概念，我們見之於範疇。如果我們能證明：單因著它們，一個對象始能被思想，則這證明將是關於它們底充分推述，且將證成它們的客觀妥實性。但是，因為在這樣的一種思想中，不只是思想之機能（知性）在表現作用，又因為這機能自身，當作一知識之機能看，它是意謂關聯到對象，就這種

關聯到對象的關係說，需要有一種解明，是以我們必須首先在它們的超越的構造中（不是在它們的經驗的構造中）來考慮那足以形成經驗底可能性之先驗基礎的主觀根源（subjective sources）。

如果每一表象皆完全相外（foreign to every other，意即不相干），處於孤立狀態中，則必無知識這樣東西可發生。因為知識〔本質上〕是一整體（whole），在此整體中，表象互相比較，互相連繫。由於感覺在其直覺中含有雜多，故我以綜攝（synopsis）歸之。但是對於這樣一種綜攝，一種綜合必須常與之相應；接受性只當與自發性相結合時，才能使知識可能。現在，這種自發性是三重綜合之根據，這三重綜合必須必然地見之於一切知識中；此即：在直覺中作為心之變形（modifications）的表象之攝取（apprehension），在想像中它們〔表象〕的重現（reproduction），在一概念中它們的重認（recognition）。這三重綜合指點到知識底三個主觀的根源，這三個主觀的根源使知性自身可能，結果，使作為知性之經驗的成果（empircal product）的一切經驗可能。

〔以下則分別說明：

(1)直覺中攝取之綜和，

(2)想像中重現之綜和，

(3)在一概念中重認之綜和。

(1)與(2)略。〕

　　(3)在一概念中重認之綜和

如果我們不能意識到我們現在所思的同於剎那前我們所思的，則在表象的系列中的一切重現必完全無用。因為它〔重現〕在現在的狀態必是一新的表象，此新的表象必無法屬於它因之而逐步被產生的那種活動。因此，表象底雜多必不能成一全體（whole），因為它〔雜多〕缺少了那種統一，只有意識能夠把這統一賦與於雜多。例如在計數中，如果我忘記了這些單位（它們現在在我眼前徘徊恍惚 hover before me）曾在相續中相加，則我一定不會知道一個綜數是通過這些單位之相續增加而被產生，因而也決不會知道數目。因為數目之概念不過就是這綜和的統一之意識。〔一〕

「概念」一詞其自身即可暗示這特點（remark）。因為這個統一的意識就是把那相續地被直覺的以及在此被重現的雜多結合於一個表象中。這種意識可以時常只是淡薄的（faint），所以我們不能把它連結於這活動之自身，即是說，不能在任何直接的樣子中把它連結於表象底產生（generation），但只與這成果〔即那因之而被表象出者〕相連結。但是，不管這些變化（variations 這些種種情形）如何，這樣的意識，不管如何不顯著，必總是存在的；若沒有它，概念以及對象底知識必皆一起不可能。〔二〕

在此點上，我們必須把「表象底一個對象」（an object of representations）一詞語之意義弄清楚。我們上面已說：現象自身不過就是感觸的表象，就表象之為表象自己而觀之，它們必不可視為能夠存在於我們的表象力（power of represention）之外的對象。然則，當我們說一個對象相應

於我們的知識，而結果又不同於我們的知識，這是什麼意思呢？很容易看出：這個對象必須只當作「某物一般＝ｘ」而被思想，因爲在我們的知識之外，我們沒有什麼東西我們可以安置之以對反於這知識而爲與之相應者。〔三〕

現在，我們見出：我們的「一切知識關聯到它的對象」之思想是帶有一必然性底成分〔有必然性底成分與之俱〕；對象是被看成是足以阻止我們的知識模式之爲偶然的與隨意的，而且在某種一定的樣式中足以先驗地決定它們〔知識之模式〕。因爲只要當它們〔知識底模式〕是要關聯到一個對象上去，則它們即必須必然地互相契合，即是說，必須具有那種足以構成「一個對象之概念」的統一。〔四〕

但是很清楚，因爲我們只是處理我們的表象之雜多，又因爲與我們的表象相應的那個 ｘ（對象）對於我們是一無所有（ is nothing to us，是「無」）──是某種應與一切我們的表象區別開的東西──所以對象所使之爲必然的那個統一不會是別的，不過就是在表象底雜多之綜和中意識之形式的統一。只有當我們在直覺之雜多中有這樣產生出的綜和統一時，我們始能說我們知道這對象。但是，如果直覺不能依照規律而被產生出來，即不能因著「使雜多底重現爲先驗地必然的並使雜多於其中被統一的概念爲可能的」這樣一種綜和底功能〔作用〕，依照規律而被產生出來，則這種統一亦是不可能的。〔案：此長語中主詞「直覺」即「直覺之雜多」〕。這樣，我們思一三角形爲一對象，在那種思裡我們是依照一個規律而意識到三條直線之結合，因著那種規律，

這樣的一種直覺〔案：即三角形之直覺〕總是能被表象出
來。這種規律底統一決定一切雜多，並把這雜多限制到那
「使統覺底統一爲可能」的些條件上去。這種統一底概念就
是對象＝x 底表象，此對象就是我通過一三角形之謂詞（如
上所已提及者）而思之者〔五〕。

案：以三角形爲例。當依照規律而意識到三條直線之結合而統一
之，因而能直覺到一個特定的三角形，所謂「這直覺能被表象出
來」，則此時的三角形是一決定的對象。當單就那依照規律而來的
「統一」而思及一般意義的對象，即思及對象之所以爲對象（認知
的所以）時，則此時之對象之意義即是「對象＝x」，即超越的對
象。所以「對象＝x」不過就是一種「形式的統一」（意識之形式
的統一）之所示現或投射（pro-ject）。「這種統一底概念就是對
象＝x 底表象」。「意識之形式的統一」亦可名爲「統覺底統
一」。「統覺底統一」有使其爲可能的「條件」，此條件即概念
（先驗的純粹概念）。「規律底統一」即是由這概念而引伸出的。
先如此說「規律底統一」。規律不是憑空來的或隨便假借的，必有
其先驗的定然的根源，此即是先驗的純粹概念。故進而說「規律底
統一決定一切雜多，並把這雜多限制到那使統覺底統一爲可能的些
條件上去」。雜多被限制到這些條件上來，規律亦得到它的根源。
統覺底統一（因著純粹概念而成的）示現「對象＝x」，反之，對
象 x 亦使此統一爲必然。「對象所使之爲必然的那個統一不會是別
的，不過就是……意識之形式的統一」。此「對象 x 對於我們是
無」，那末，「只有當我們在直覺之雜多中有這樣產生出來的綜和

統一時，我們始能說我們知道對象 」，此所知的對象當該是「 決定了的對象 」，尚不是那個「 對象＝x 」。「 對象＝x 」是對應「 意識之形式的統一 」（ 統覺底統一 ）說。如果直覺之雜多不能因著想像中重現底綜和與概念中重認底綜和這種綜和底功能而復依照一個規律而被產生出來，則這種「 意識之形式的統一 」亦不可能。直覺之雜多藉著綜和底功能復依照一個規律而被產生出來，這便已成了「 決定的對象 」。由此決定的對象反顯「 意識之形式的統一 」，統覺底統一已可能，因此而亦有「 對象＝x 」，「 某物一般＝x 」之設定，設定之而為統覺底一個「 相關者 」，即與統覺底統一相對應。此「 對象 x 」亦可以說是統覺底統一之所示現或所投射，但不是只是主觀的活動之所投射的虛影；如果是如此，那便只成主觀的心理的虛像，就好像佛家所說的識所變現的「 似義 」（ 似境 ）。它是有客觀的實在性的。它是由統覺底統一具著純粹概念所成的指向活動之所投置（ pro-jected ），落實了，就是所逼顯的存在方面之最普遍的性相，而實並不是一個對象，乃使對象為可能者。海德格所說的「 對象化活動 」，「 指向活動 」，「 讓某物成為一個對象 」底活動，就是說的統覺底統一之投置活動，由此活動來逼顯存在方面之普遍的性相以使某物可成為一對象，使直覺中所攝取的現象（ 存在物 ）成為一個「 對象 」（ ob-ject ），康德所謂「 決定了的對象 」。所對象化的是現象，不是把範疇對象化，亦不是把心理的東西推出去外在化之而對象化之。現象雖只是主觀的表象，但卻不是心裡生出的東西，它是自能前來被遇見的存在物。但是只在直覺中這樣攝取之，即使是依時空形式而攝取之，尚不能客觀地必然地決定之。是以必有一種事先的投置活動以開顯存在方面的普遍性相，

方能客觀地必然地決定之，即對象化之。依是，對象化底活動就是
投置底活動（act of pro-jection）。對象之成爲一對象（ob-ject）是
預設一種投置活動的：ob-ject 上有「pro-ject」。即在此投置活動
上，康德說了「超越對象＝x」一詞。「對象 x」是被投置出來的
（pro-jected）（由統覺底統一所投置的），但落實了說的「普遍
的性相」不是被投置的，乃是所逼顯的，是存在方面所本具的。
「對象 x」可以取消，拆掉，可說，可不說，但普遍的性相則不能
拆掉，取消，亦不能可說可不說，乃是必須先驗地肯定的。超越的
推述重在說明先驗的範疇之統一所開顯或逼顯的普遍性相之爲經驗
以及經驗對象底可能之條件，不在此「對象 x」一詞之有無。

　　一切知識皆要求〔需要〕一個概念，雖然那個概念可以是完
　　全不圓滿的，或隱晦的。但是一個概念，就其形式說，總是
　　某種普遍的東西，它可以充作一規律。例如，物體底概念，
　　當作「通過它而被思的雜多」之統一看，它在我們的外部現
　　象之知識中充作一規律。但是，只有當它在任何特定的一些
　　現象中表象它們〔現象〕底雜多之必然的重現，因而亦就是
　　在我們的意識到它們中（在對於這些現象底意識中）表象這
　　綜和的統一時，它始能爲直覺充作一規律。物體底概念，在
　　某種外於我們的東西之知覺中，使廣延底表象成爲必然的，
　　以及使與此廣延相連的不可入性，形狀等等底表象成爲必然
　　的。〔六〕
　　一切必然性，無例外，皆是置根於一超越的條件的。因此，
　　在一切我們的直覺之雜多之綜和中，必有一個意識底統一之

　　超越的根據，因而結果亦就是「一般說的諸對象之概念」
（concepts of objects in general）之超越的根據，亦即是經
驗底一切對象之超越根據，這一根據，若沒有它，那必不可
能去為我們的直覺思考任何對象；因為這個對象不過就是某
種東西其概念足以表示這樣一種綜和底必然性者。〔七〕

案：此超越的根據亦是「一般地說的諸對象之概念」之超越的根
據，此中「一般地說的諸對象之概念」，不是超越對象＝x，故下
句即隨之說「亦即是經驗底一切對象之超越的根據」。此一般地說
的諸對象之概念即此「經驗底一切對象」。此一切對象方需超越的
根據，而超越對象則不需，又超越對象亦不是屬於經驗的（即不是
經驗底對象）。據下文，超越根據即統覺，超越對象與此超越的統
覺相應。故此段所說的「對象」皆指普通「對象」言，是承上段
「一切知識皆要求一個概念」說下來。概念即對象之概念，凡對象
皆可以概念表象之。對象概念表示「綜和之必然性」，此即所謂
「在一概念中重認之綜和」。表示綜和之必然性即表示綜和之客觀
性，此是一般言之的綜和，例如上段所說的「物體」之概念。「任
何概念，就其形式言，總是某種普遍的東西，它可以充作一個規
律」，因此規律可以表象「綜和的統一」。既是以規律來表象綜和
的統一，則此綜和自然有必然性與客觀性。然而此「必然性」尚是
就一般概念說的，其最後的根據是在其依於一「超越的條件」。是
以「一切必然性無例外皆是置根於一超越的條件」，皆「有一個意
識底統一之超越的根據」。此超越的條件，超越的根據，乃是高一
層者。

這個根源而超越的條件不過就是「超越的統覺」。依照內部知覺中我們的情態之決定而來的「自我」之意識只是經驗的，而亦總是變化的。沒有「固定而常住的我」（fixed and abiding self）能夠在這現象之流變中呈現它自己。這種意識，經常名曰內感，或名曰「經驗的統覺」。那當作數目地同一的〔自我〕（as numerically identical）而要必然地被表象者不能通過經驗的與料而被思想為如此者。要想使這樣一種超越的預設為妥實（valid），必有一個條件它先行於一切經驗，並使經驗自身為可能。〔八〕

設無先於一切直覺底所與（與料）而存在的那種意識底統一（並因關聯於這意識底統一對象底表象才可能），則在我們心中便不能有知識之模式，亦不能有這一知識模式與另一知識模式底連結或統一。這個純粹根源而不變的意識，我將名之曰「超越的統覺」。〔案：這個超越的統覺就是先於一切經驗而存在的條件，它使固定而常住，數目地同一的即自身同一的自我這「超越的預設」為妥實，這是上溯地說，並使經驗自身為可能，這是下貫地說〕。它之得有此名，從以下之事實可見出是清楚的，即：縱使最純粹的客觀統一，即關於空間與時間的先驗概念底那種統一，也只有通過直覺對於這樣一種意識底統一之關係才是可能的。這樣，這個統覺底數目的統一（numerical unity）是一切概念底先驗根據，恰如空間與時間底雜多性〔純雜多〕是感性底直覺之先驗根據。〔九〕

統覺底這種超越的統一，從一切可能的現象中（這些現象在

一個經驗中互相鄰接），依照法則，形成一種一切這些表象
底連結。因爲如果在雜多底知識中，心靈不能意識到功能底
同一，（因著這種功能底同一，心靈把雜多綜和地結合之於
一個知識中），則這種意識底統一必不可能。這樣，自我底
同一之根源而必然的意識同時即是依照概念即依照規律而來
的一切現象底綜和之同樣必然的統一之意識，這些規律不只
是使現象成爲必然地可重現的，並且亦在這樣使之重現中爲
對於它們底直覺而決定一個「對象」，即，爲對於它們底直
覺決定這「某物之概念」（the concept of something），在
此「某物之概念」中，它們〔現象〕可以必然地相連繫。因
爲，如果心靈在其眼前不曾有它的活動之同一，（因此同
一，它把一切經驗性的攝取底綜和隸屬到一超越的統一上
去，因而使它們依照先驗的規律而互相連繫爲可能），則它
決不會在它所有的諸般表象之雜多性中思想它的同一性
（identity），思想實在說來是先驗地思想之，即決不會先
驗地思想這同一性。〔十〕

現在，我們可以更恰當地去決定我們的「一對象一般」之概
念（即我們的「一對象一般」這個概念，our concept of an
object in general）。一切表象，當作表象看，有它們的對
象，而它們自己又轉而爲另一些表象底對象。現象是那能夠
直接被給與於我們的唯一對象，而在現象中那直接地關聯於
對象者叫做直覺。但是這些現象並不是物自身；它們只是些
表象，它們轉而又有它們的對象——這個對象其自身不能爲
我們所直覺，因此，它可以名曰「非經驗的」對象，即超越

的對象＝x。〔十一〕

這個超越對象之純粹概念，它通貫一切我們的知識，實際上它總是同一的（ one and the same ），它是那唯一能把「關聯於一個對象」即「客觀的實在性」賦與於一切我們的經驗概念的。這個純粹概念不能得到任何決定的直覺，因此，它只涉及那種「統一」，即那種必須在知識底任何雜多中被遇見的「統一」，而此雜多是關聯於一個對象的〔是立於對於一個對象的關係中的〕。「雜多關聯於一個對象」這種「關聯到」之關係不過就是意識底必然的統一，因此也就是雜多底綜和之必然的統一，通過心靈底一種共同的作用而成者，此心靈底共同作用把這雜多結合之於一個表象中。因為這種統一必須視為先驗地必然的，（不然，知識必無對象），所以「這關聯於一超越的對象」之關聯，即是說，我們的經驗知識之客觀實在性，是依於這超越的法則的，即：一切現象，當通過它們，對象始能被給與於我們時，它們即必須居於綜和統一底那些先驗規律之下，只因著這些先驗規律，在經驗直覺中的這些現象之互相關聯才是可能的。換言之，經驗中的現象必須居於統覺底必然統一底一些條件之下，此恰如在純然的直覺中它們〔現象〕必須隸屬於那些屬於空間的形式條件與那些屬於時間的形式條件。只有這樣，任何知識始能成為可能的。〔十二〕

十二、超越的對象有關各分際之
釐清以及其恰當的決定

　　案：以上是「3.在一概念中重認底綜和」項下之全文，共12段。末後五段正式由超越的統覺說出「超越的對象」。超越的統覺底超越的統一內而示現一個固定而常往的自身同一的「自我」，外而示現這「超越的對象＝x」。說至此，第二節的標題「經驗底可能性之先驗根據」一義可以說已經明白。此下即「4.當作先驗知識看的範疇底可能性之初步說明。」「範疇不過是在一可能經驗中的思想之條件，恰如空間與時間是那同一經驗中直覺底條件。它們是一些基本概念，藉著它們我們可以為現象思想對象一般，因而它們有先驗的客觀妥實性。」「範疇底可能性（實即必然性）是基於全部感性連同一切可能的現象對於根源的統覺的關係上。」此義可以說已明，亦無難。此下即第三節：「知性對於一般地說的諸對象之關係，以及先驗地知道它們之可能性。」此亦無難。第一版的超越推述至此止。此一超越的推述中最重要而又有顯著特色的就是第二節「3.在一概念中重認之綜和」。此中提出「超越的對象＝x」一詞，而為第二版所無。此詞之義大體可明。然而其所牽連的上下各分際未能的然界清，所以最易使人糊塗，因而亦易引起誤解。其諦義究何在？試釐清之如下：

　　據以上康德的陳述，他首先從「表象底對象」一語之意義說到
「某物一般＝x」（某種一般的東西）〔三〕；其次說「規律底統
一就是對象＝x底表象」〔五〕；最後由超越的統覺底超越的統一
說「一對象一般」之概念，把「一對象一般」說為「非經驗的對
象，即超越的對象＝x。」〔十一〕。

　　此超越的對象 x 是從統覺（統思）底統一處說，這一點非常明
確。但這統覺底統一不只是這主觀的活動，它是具著範疇去統一
的。統覺以範疇去統一一切現象，統思一切現象，即示現出一個
「對象」義，亦可以說即「對象 x」底表象。依此而言，對象 x 就
是範疇底統一之所示。主觀地說，是範疇底統一（統覺以其所自具
的純粹概念去統一），而客觀地落實了說，就是由範疇底統一所逼
顯的存在方面最普遍的性相之貫穿一切現象。此最普遍的性相之貫
穿性（統一）就是「對象 x」。此是從統覺這頂峰處說。此若嚴格
說，固「不能為我們所直覺」，實亦不是知識底一個特定對象。然
則何以又說「對象」，乃至說「對象一般」，「某物一般」呢？這
似乎又使我們要落下來。

　　說「某物一般」（一般地說的某物，某種一般的東西）或「一
對象一般」（一個一般地說的對象）是從表象說起的。這是從下面
說上去的，說上去逼顯出這「超越的對象＝x」之一義。

　　「表象底對象」意即表象必涉及一對象，必有它的對象，決非
在存在方面無根而只是主觀心理的變現。康德雖說表象如不能對象
化，只是主觀的表象之遊戲，甚至只是一個夢，只是表象之閃來閃
去，但康德說這層意思是預定它可以對象化的。因為可以對象化，
所以儘管其初呈現於直覺前只是表象，甚至不管內部感覺或外部感

覺底現象皆須通過內感底形式條件（時間）以表象之，是以亦皆可說爲吾心靈上的一些表象，儘管如此，亦仍是涉及對象，仍是屬於對象的表象。因爲康德說「心靈底表象」（心靈上的許多表象）並不是說這些表象是心靈之所變現，只是說心外的存在物呈現於我眼前是在我這人類底感性之特殊模式下呈現，是在我由感而直覺之之形式條件（時空）下呈現，此即所謂表象或象表。康德尙不甚著重我的生理機體對於外物來感所起的影響作用或歪曲反應，反應而成的受機體制約的現象，如拉克，柏克萊等人之所說。他所著重的是人類這有限存在底感性之特殊模式，在這特殊模式下，他必須用時間與空間這形式條件去直覺，去表象。他之如此著重，是在與其他有限存在相比，或與無限存在相比。在其他有限存在底感性上，是否與我相同，我不得而知，是否也用空間時間，我也不得而知。在無限存在上，如神，則沒有感性，當然也不用時空形式去直覺。是以在人類底感性之特殊模式上，縱使注意及「受機體制約」這一生理物理的事實（對於感覺現象作此生理物理的解釋），然在康德觀之，亦是客觀的呈現，亦是在人類感性底特殊模式下之客觀的呈現，亦是在以時空爲形式條件下的表象，直覺所給與我的客觀呈現。不過若只是這樣呈現，則不能得其貞定。因爲直覺只是由感而覺故。客觀的呈現，作表象看，必有其對象。只有涉及對象時它始能貞定。它能貞定得住，就是它的對象化而爲一個「對象」。在此對象上，就使說表象，也是屬於對象的些表象。在此，我們可說一個經驗的對象就是許多表象之聚於一起。「對象」是許多表象底一個結構，一個構造的統一。

　　然則此作爲結構看的「對象」義如何能出現呢？

當從經驗直覺底立場去看時，凡顯現於直覺前的，它就是直覺之對象——直覺有所覺，此所覺即直覺之對象。但此「對象」，康德名曰「未決定的對象」（ undetermined object ）。尚未決定即是有待於決定。康德說：「一經驗直覺底未決定的對象名曰現象。」（《純理批判》，士密斯譯本65頁）。然則此「未決定的對象」即是直覺所給（所覺或所關聯到）而在時空形式條件下的表象。未決定而作表象看，它還是閃來閃去，一閃即過，而未能貞定得住，即未能對象化。

然則從「未決定」如何能至「決定」而成一「決定了的對象（ determined object ）呢？」

康德說這須要通過「概念」的思考。通過「概念」的思考才真使我們有知識，才真使知識有其對象。認知的知識即是知「對象」。康德說：「知性就是思想底機能。思想就是因著概念而有的知識」。（《純理批判》，士密斯譯本106頁）。然則通過「概念」而成的思考，「對象」義才出現。「對象」是思之所對，不是由感而覺的直覺之所對。嚴格講，對象本身（對象如其為對象 object as such）是不能被直覺的。

但是概念有是經驗的概念，有是先驗的純粹概念。這兩種概念都可使吾人經由之以思考對象使「對象」義出現。茲分別述之如下，看「超越的對象 x」一義在何處建立。

上言一個經驗對象就是許多表象之聚於一起，即一個結構，羅素所謂一個「邏輯的構造」，吾人亦可名之曰構造的統一，依照這些表象間的經驗上的特殊關係而構造起的。關於這個構造的經驗概念即表象這個經驗對象。概念有綜括性與客觀性。概念是這許多表

象底共同表象。康德說：

> 一切直覺，當作感觸的看，基於感應（affections），而概念
> 則基於功能（functions）。所謂功能，我意即把各種不同的
> 表象帶至一個共同表象之下這種活動所成之統一。〔案：此
> 所謂「功能」亦可直說為是「思能」，知性之思能〕。概念
> 基於思想之自發性上，感觸的直覺則基於印象之接受。現
> 在，知性所能使用這些概念的唯一使用便是因著這些概念去
> 判斷。因為除那是一直覺的表象這種表象外，沒有表象是直
> 接地關聯於一對象，所以沒有概念能是直接地關聯於一個對
> 象，但只是關聯於這個對象底某些其他表象，不管這其他表
> 象是一直覺，或其本身即是一概念。因此，判斷是一個對象
> 底間接知識，即是說，是一個對象底表象之表象。在每一判
> 斷中，總有一個概念它綜持（holds）許多表象，而在這許
> 多表象間，有一個特定的表象它是直接地關聯於一個對象。
> 這樣，在「一切物體是可分的」這一判斷中，「可分」這一
> 概念可應用於各種其他概念，而在此則特用於物體之概念，
> 而此物體之概念又應用於那些把其自己呈現給我們的某些一
> 定的現象。因此，這些對象是通過「可分性」之概念而間接
> 地被表象。依此一切判斷是我們的許多表象間的統一之功
> 能；它不是一直接的表象，而是一較高層的表象，它綜攝這
> 直接的表象以及種種其他的表象，它是被用來以知這對象
> （在知對象中被使用），而因此，許多可能的知識可被集和
> 成一個知識。（士密斯譯本頁105-106，〈純粹概念底發見之線

索〉章第一節〈論知性之邏輯使用〉文）。

康德此段文是論「知性之邏輯的使用」，是就邏輯使用所成的辨解判斷（discursive judgement）說的，所以也是說的「概念」之通義，其實就是經驗的概念。

但是若以經驗概念來綜括許多表象而成一較高層的共同表象，由這共同表象示現出「對象」義，所謂以之來「知這對象」，以之來間接地表象這對象，這所示現的「對象」尚不真能貞定得住。因為經驗概念是抽象成的，它總可以被拆掉而層層歸於直接的表象上。當其歸於直接的表象上，這還只是些表象之閃來閃去，而「對象」義亦被拆掉。表象總有它們的對象，總涉及對象，這還是虛說，而「對象」義終未出現。是以經驗概念所成的決定的對象只是經驗地決定的對象。經驗地決定的對象不真能成為一個對象，不真能使這些表象涉及對象而客觀化或對象化。因此此時的對象可能只是一個虛名。它在存在方面的「根」終未透露出來，有沒有這個根尚不得知。

是以康德說：

如果經驗概念不基於統一之一超越的根據上，則依照這些概念而來的綜和之統一必一起皆是偶然的。如果不說是偶然的，則現象之群集於靈魂上而又不允許對之有經驗，這必是可能的。因為缺乏依照普遍而必然的法則而來的連結，所以一切「知識之關聯於對象」必塌落（would fall away）。現象實可沒有思想而即可構成直覺，但不能構成知識；而結果

現象對於我們必等同於無（as good as nothing）。（士密斯
譯本頁138，即〈超越推述〉第二節4，〈範疇底可能性之初步說
明〉中文。）

以經驗概念來綜括許多現象（表象）都是以特定的經驗概念來
綜括某類特定的現象而成一經驗的對象。這是經驗知識底對象，是
相應的，對題的對象（thematic object）。我們的經驗知識就是要
知這個對象。但是如適所說，若只是經驗概念所成的這個綜和統一
並不真能使這對象成為一對象。這綜和統一只是偶然的，而對象亦
可只是虛名。對象底作用就是使我們的知識不為「偶然的或隨意
的」（haphazard or arbitrary）。但光只是經驗概念底綜和所成之
對象則不能達此目的。是以經驗概念底經驗綜合必須有一「超越的
根據」方能真使對象成為一對象。這個意思是說：經驗對象（由經
驗概念底經驗綜和而示現者）要真成為一對象，而不只是一虛名，
則它必須密切連繫於一個「超越的根據」上。

這超越的根據是由統覺以範疇所成的綜和統一（由範疇去統
思，統就一切現象即現象之全體而思之）而展現。但範疇是先驗的
純粹概念。所以對象之真成為一對象是寄託在先驗概念底綜和上。

但是先驗概念（範疇）底綜和，嚴格講，實只是由先驗概念去
統思一切現象，統就統攝一切現象（現象之全體）而普思其普遍的
性相，並不是一特定的綜和，因而亦不成一特定的對題的對象。但
這卻是特定的對題的對象之超越的根據，使之真成為一「決定的對
象」者。康德所謂「某物一般＝x」所謂「對象＝x」，所謂「一
對象一般」，所謂「非經驗的對象，即超越的對象＝x」，即從這

「超越的根據」上說的。

　　依此，某物一般，對象一般，所謂「一般」這個籠統詞語並不是就經驗概念底綜和所示現出的各別特定的對象之總說，或不限定地說，因為各別特定的對象若不密切連繫於一超越的根據上，則只有對象之虛名，而不眞能成爲一對象。在此，表象涉及對象，有它的對象，此「對象」義尙未眞能透露出。「一切『知識之關聯於對象』必塌落。現象誠可無思想而構成直覺，但不能構成知識；而結果現象對於我們必等同於無」。是以在此尙不能使我們說「某物一般」，「對象一般」，「對象 x」。這些詞語必須越過各別的特定對象（經驗概念所綜成的只有虛名的對象）而從高一層的超越根據處說。只有從這高一層的超越根據處才可以說「某物一般」，「對象一般」，才可以說「知識關聯於對象」，才可以說「一對象相應於知識而又不同於知識」。凡此所說的「對象」都是虛籠著說的。其實處是指一超越的根據而可以使經驗概念所綜成的各別對象眞成爲一對象。此時各別的特定對象便成爲一超越地決定的對象，而不只是經驗地決定者。此時的對象是一個眞實的（有實義的）對象，而不是徒有虛名之偶然的或隨意的對象，它有「必然性」。對象之實仍在此各別的特定對象，並非以那「某物一般」，「對象一般」爲對象。問題只在如何能使各別的特定對象能眞成爲一對象。康德是從一超越根據上說這「某物一般」，「對象一般」，蓋此才眞足以使各別的特定對象成爲一對象者，亦即海德格所謂「讓某物成爲一對象」者。而「讓某物成爲一對象」即是「一對象化之活動」，而此「活動」本身並非一對象。故某物一般，對象一般，實即從超越根據處說的「對象化之活動」而足以使某物（各別的特定對象）

眞成爲一對像者。因爲從「表象之有其對象」，「知識之關聯於對象」說起，所以說這虛籠義的對象，而其實指卻在說「使對象成爲對象」者。「某物一般」即使某物成爲某物，「對象一般」即使對象成爲一對象。使某某成爲某物，成爲一對象，即表示一種「統一」，反之，由這統一即可表象這「使某物成爲某物」，而康德則簡單地說爲「表象某物＝x（對象＝x）」，「統一之概念即對象＝x之表象」（此語康德原文雖就三角形說，亦可借用）。此言由這「統一」即可表象出「對象x」（即某一對象，亦即對象義），即可表象出「某物x」。然其實當該是：統一表象這「使某物成爲某物」者。此語顯然含有兩層：一層是某物，存在物，經驗概念所綜成的各別特定對象（虛名的），一層是使這某物成爲某物者。因爲這個「統一」是就範疇（先驗的純粹概念）說，它自身實不能綜成某物（某一特定對象），而康德直說這統一表象某物＝x，「這統一即是對象＝x之表象」，這好像範疇底統一亦能表象出一種對象來。這便成難解，這顯然是一種滑轉的混漫。而進而又說非經驗的對象，「超越的對象」，尤增加難解，且最易引生誤會，與「物自體」混而爲一。然而其實不是。所以「超越的對象」一詞實是不幸之名，亦即是措辭之不諦。

綜和統一底兩層義是康德書中到處流見的思想，他全書底重點即在說明先驗綜和底統一是經驗綜和底統一之超越根據。前引「經驗概念底綜和統一如不基於一超越的根據上必一起皆是偶然的」一段文即足表示此兩層義。茲再引一段文以明之。

康德略解範疇云：

關於範疇，我將略說幾句解明的話。它們是「一對象一般」底一些概念，由於它們，一個對象底直覺可以就判斷底邏輯功能之一而被認爲是決定了的。這樣，定然判斷底功能就是主詞關聯於謂詞底功能，例如，「一切物體是可分的」。但是若就知性之純然地邏輯的使用說，則主詞底功能派給此兩概念中底那一個，謂詞底功能派給那一個，是存而不決的。因爲我們也能說：「某種可分的東西是一物體」。但是當物體之概念帶至本體範疇下時，則因此即可決定說：在經驗中物體底經驗直覺必須總被認爲是主詞，而從不會被認爲是純然的謂詞。就其他範疇說，亦然。（〈超越推述〉第一節末尾）

知性之純然邏輯的使用即是辨解的使用，其中所用的概念亦可表示一種綜和的統一，如「一切物體是可分的」，「可分」一概念即可綜和關於物體的一切表象而統一之。辨解的使用若落在經驗上，其概念即是經驗的概念。就經驗概念而作定然判斷就是知性之純然邏輯的使用（辨解的使用）。但是在此邏輯的使用中，「物體」一概念不一定能見其必爲主詞。物體一概念也是一經驗的概念，它也有綜括底作用。但若把「物體」之概念帶至「本體」（常體，持續體）一範疇下，則關於物體之直覺，直覺所覺的物體，即只是作主詞，而不能作謂詞。此時的物體即密切連繫於一超越的根據上。本體範疇底綜和統一即是先驗的綜和統一；此是知性之超越的使用（即創發的使用）。此與經驗概念底綜和爲異層者。經驗概念底綜和所綜和成（示現出）的對象只有對象之虛名，並不眞能成爲一對

象。必帶至本體範疇底先驗綜和下，它始眞成爲一對象。先驗概念
（範疇）底綜和並不綜和成一特定的對象，只是使對象成爲對象，
只是展現出對象底眞實義，表象出對象底對象性。在此說「一對象
一般」，「某物一般」，只是使一般地說的對象，某物（不限定那
一個，任何一個，x）成爲一個對象，某物。綜和統一實能示現出
「對象」義，但不知卻有經驗概念底綜合統一與先驗概念底綜和統
一之不同。前者是示現出（表象出）一個特定的但只有虛名的對
象，後者則示現出（表象出）對象底道理，對象之成爲一眞實的對
象，而並不示現出一特種的對象。康德以經驗概念作類比，說純粹
概念底先驗綜和統一亦表象出某物 x，對象 x，這是由於說統一示
現對象義（對象這個意思），說滑了，遂不加簡別，因而有「對象
x」，「某物 x」，非經驗的對象，即「超越的對象＝x」之名。其
實其所表象的只是使對象 x 成爲一對象者，而其本身並不表象一
「對象」。我們只可說：任何對象 x 在此先驗概念底綜和統一處成
立，成其爲可能，而不能說：這統一表象出一對象 x，一超越的對
象＝x。這是一對象 x 底超越根據，一對象所以爲對象底道理，而
不是一對象。

　　康德亦說「它不是知識底一個對象」，見下，但其意卻是從
「它不能被直覺」說。因不能被直覺，所以說它是「非經驗的」，
因而亦即「超越的」，這就說走了，並沒意識到它不是一對象，而
只是對象底道理，扣緊這個意思而說「它不是知識底一個對象」。
若從不能被直覺說，則任何對象皆是不能被直覺的，經驗概念所示
現出的對象也是不能被直覺的，凡用概念都是思想，而不是直覺。
然經驗概念底綜和所示現的對象，雖不能被直覺，然卻亦是經驗上

的，即是一經驗的對象，而先驗概念底綜和所示現出的卻是對象底道理，而不是對象，這自然亦是不能被直覺的，但卻不能因此就說它是一個「非經驗的即超越的對象＝x」。這也是不審不諦處。

以上的種種分際，康德一時未能想透，故未能表現清楚。茲綜列如下：

經驗直覺：現象（未決定的對象）。

經驗概念：特定對象（經驗地決定的對象，只有虛名）。

先驗概念：特定對象底超越根據，非對象；

「超越對象 x」＝對象底超越道理＝使對象成為對象者，使之成為一「超越地決定了的 對象」者。

此或可圖示如下：

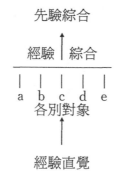

把這些分際弄清楚，則康德關於此「對象 x」的正面說明便很容易明白。

首先，「因為我們只要處理我們的表象之雜多，又因為與我們的表象相應的那個 x（對象）對於我們是一無所有（是無）——是某種應與一切我們的表象區別開的東西——所以對象所使之為必然的那個統一不會是別的，不過就是在表象底雜多之綜和中意識之形

的那個統一不會是別的，不過就是在表象底雜多之綜和中意識之形式的統一。」〔五〕此中「那個 x 對於我們是無」，「對象 x」是對象底道理，超越根據，它不能被直覺，自然是無；它不是一個對題的對象。「對象所使之爲必然的那個統一」，此語中的「對象」即是虛說（籠統說）的各別對象，對象要成其爲對象必預設一種「統一」，此即「對象」義使「統一」爲必然，反之，「統一」亦表象這「使對象成爲對象」者，在康德則皆直說爲表象「這對象 x」。此統一「不過就是……意識之形成的統一」，此即超越的統覺（統思）以範疇去綜和而形成的超越的統一，因爲是經由純粹形式概念（形式條件）而成的，故曰「形式的統一」。「意識」就是統攝一切現象（表象）於一整一意識中之「意識」，也就是常住而同一的「自我」之意識這個「意識」。「只有當我們……有這樣產生出的綜和統一時，我們始能說：我們知道對象。」〔五〕此語中的對象即是眞實化了的決定的對象，乃依形式的統一而然的。

其次，以三角形爲例，在三角形方面，「這種統一之概念就是對象＝x 底表象，此對象就是我通過一三角形之謂詞（如上所已提及者）思之者。」〔五〕「通過一三角形之謂詞（三條直線之結合）而思之」，此所思者是三角形這個特定的對象，儘管有銳角，鈍角，或直角之異，還是特定的對象。以此爲例表示「對象 x」並不恰。此雖然可以示現出一個對象，但卻是特定的對象。就三角形說，是形式的特定對象；當其被直覺，便是一決定的對象，直角的或銳角的等。但以範疇去統思的卻不是特定的對象，而只是使對象成爲一對象者。對象 x（超越的對象）只應在此處的「統一」上表示。即使應用於三角形，這依特定概念（三角形）而成的特定構造

亦須預設直覺公理廣度量處依量範疇所成的綜和統一，此仍是統覺底統一，此是康德所說的「現象底數學」所必依據的超越根據。「對象 x」只應在此「超越的根據」上說，不應在特定的三角形處說。此點，康德亦未簡別清楚。光知從「統一」處說，而不知統一有各分際的統一，這是說滑了。

又，「……這一根據（超越的根據），若沒有它，那必不可能去為我們的直覺思考任何對象；因為這個對象不過就是某種東西其概念足以表示這樣一種綜和底必然性者。」〔七〕此根據即是「超越的統覺」。有此根據，我們始可以「為直覺思考對象」，此對象是「雜多之綜和」中特定的對象。有此根據（統覺底統一），此特定對象始真能成為一對象，此是就對象之繫屬於「根據」而說的，即繫屬於對象底道理，對象之所以為對象者，而說之。康德亦可簡單地逕直地說這「對象」就是「對象 x」。其實，如果「對象 x」是從統覺底統一處說，則「對象 x」必須是對象底道理，使對象成為對象者，而此語即函「使對象成為對象者」與「對象」之區別。凡對象總是特定的對象，是多，而對象底道理是一（one and the same）。康德說對象 x 是一，則其為對象底道理無疑。「對象不過就是某種東西其概念足以表示這樣一種綜和之必然性者，」此概念所表示的綜和，還是特定概念所表示的特定綜和。「必然性」是因為這特定綜和「有一個意識底統一之超越的根據，」以統覺底統一為其超越的根據。否則，皆是偶然的，而對象亦不成其為對象，只有對象之虛名。此時雖可以直覺而思一對象，但所思者卻並不能真實化，並不真能成為一對象。

又，「……這個意識〔自我底同一之意識，統覺底統一之意

識〕不只是使現象成爲必然地可重現的，並且亦在這樣使之重現中爲對於它們底直覺而決定一個『對象』，即，爲對於它們底直覺決定這『某物之概念』，在此『某物之概念』中，它們（現象）可以必然地相連繫。」〔十〕此中，爲直覺決定一個對象，此對象亦須作特定對象解，惟須依於那個統覺底統一之意識上。此統一之意識爲直覺決定一個對象，即使直覺現象之涉及對象爲可能，亦即使這裡的對象爲可能。在此對象或某物之概念中，我們所直覺的現象可以「必然地相連繫」，相連繫而對象化。此所決定的對象，某物，當然不是以範疇而統思所成的統一所示現的對象底道理，但必須密切連繫於這對象底道理上方能成其爲對象或某物。如果此所決定的對象，某物，就是範疇底統一所示現的，則根本沒有爲直覺決定出一個對象，而只決定出一個對象底道理，對象之超越的根據。現象在範疇下「必然地相連繫」與在「一對象或某物之概念」下「必然地相連繫」並不同。前者是齊同而普遍的，後者是各別而特定的。只有在特定概念下始能爲直覺決定一個對象。在範疇下，只決定「對象成爲對象」之條件。如果康德所說的「對象 x」（超越的對象）必須從範疇底統一處說，則對象 x 必須是對象底道理，使對象成爲對象者。而依據此統一去爲直覺決定一對象（某物），此所決定者亦必須是特定的對象，依該根據而眞成爲對象者。範疇底統一所示現的對象 x，因爲是對象底道理，所以才可轉而又說它不是一「對象」，才可以說「它對於我們是無」。若依超越的根據而爲直覺決定一對象，此所決定出既是一「對象」，則它就是對象，不能再說它不是一個對象，尤其不能說它是個「無」──這樣，便不成話！

又，「這個超越對象之純粹觀念，它通貫一切我們的知識，實際上它總是同一的（one and the same），它是那唯一能把「關聯於一個對象」，即客觀實在性，賦與於一切我們的經驗概念的。」〔十二〕「超越對象」這一概念是一個「純粹概念」，因它不能被直覺，故無內容故。「它通貫一切我們的知識，實際上它總是同一的」，它是在通貫一切知識中而為「一個同一物」。這點非常清楚，只有當它是一個對象底道理，它始能在通貫一切知識中而為一個同一物。若它是一個定然的對象，它不能通貫一切知識，亦不能為一個同一物。這就函說它是特定對象的多。現在，它不能是多，它是一，所以它必不能是一個定然的對象，特定的對象，因而又可轉說「它本身不是知識底一個對象」。如果這超越對象之一是由「某物一般＝x」，「一對象一般」而轉出，則此一般地說的「某物」或「對象」就是對象底道理。如果「一般」是綜就各別的特定對象而虛籠著說，則此一般說的某物或對象不能是一，此「一般」無實義。然則此「某物一般」，「對象一般」究竟是指什麼說呢？若指「超越對象」之為一說，則它就是對象底道理，而不是對象。如果它是綜就各別的特定對象說，不管是那個，總是個「某物」，不管是什麼，總是一個對象，則此一般虛籠著說的某物或對象不能是一，「一般」不表示它是一，「一般」無實義。康德在此是搖擺不定的，他由「某物一般」，「一對象一般」，馬上滑轉而成為超越對象之為一。

「它是那唯一能把『關聯於一個對象』，即客觀實在性，賦與於一切我們的經驗概念的」。此語亦很清楚。把「關聯於一個對象」賦與於「經驗概念」，可見此「關聯於一個對象」中之對象是

特定對象，因經驗概念皆是特定的故。此「超越的對象」之為一，它能把「關聯於一個對象」賦給經驗概念，可見它本身不是一定然的特定對象，而實是一對象之所以為一對象的道理。它能使一經驗概念「關聯於一個對象」，即使此經驗概念有「客觀的實在性」，也就是它所關聯的對象成為一對象，有實義的對象。

　　「這個純粹概念不能得到任何決定的直覺，因此，它只涉及那種統一，即那種必須在知識底任何雜多中被遇見的統一，而此雜多是關聯於一個對象的。」〔十二〕此語是接上句說下來的。超越對象這純粹概念「只涉及那種統一」，此統一必須是範疇底統一，統覺底統一。此「統一」不表象一個定然的特定的對象，只表象對象底道理。「而此雜多是關聯於一個對象的」，此中所謂的「對象」是特定對象，固亦由概念底統一而示現，但此統一是特定的統一，概念是特定的概念，與範疇底統一不同。康德因為說滑了，常把這兩層混而為一說，因而遂有「某物一般」之上下（對象與非對象）搖擺著說，而鬧成一種夾逼的狀態。

　　「雜多關聯於一個對象這種關聯到之關係不過就是意識底必然的統一，……。因為這種統一必須視為先驗地必然的〔不然，知識必無對象〕，所以『關聯於一超越的對象』之關係，即是說，我們的經驗知識之客觀實在性，是依於這超越的法則的，即：一切現象……必須居於綜和統一底那些先驗規律之下，……。換言之，經驗中的現象必須居於統覺底必然統一底一些條件之下。〔十二〕此三長句是承上句說下來的。此中先說「雜多關聯於一個對象這關聯到之關係」，後又說「這關聯於一超越的對象之關係」，而表示這關係的「統一」卻是一，即皆是範疇底統一，統覺底統一，（意識底

必然的統一，先驗地必然的統一）。這充分表示統一是統覺底統一，這是一定的，而對象卻是上下搖擺著說。如果照統覺底統一說，「雜多關聯於一個對象」就是「關聯於一超越的對象」，而超越的對象是對象底道理，不是對象。但「雜多關聯於一個對象」此中的「對象」不能是「對象底道理」，而卻是特定的對象；亦猶把「關聯於一個對象」賦給「經驗概念」，此對象亦必須是特定對象。如果對象有不同，一是對象，一是對象底道理（對象成為對象底根據），則統一必須分別說。如果統一只是就統覺與範疇說，則所表象的只是對象底道理，而不是對象；如是，則「雜多關聯於一個對象」即是關聯於一個對象之所以成其為對象者，而不是關聯於一個特定的對象。把「關聯於一個對象」，即客觀實在性，賦給與一切經驗概念，亦是把「關聯於一個使對象成其為對象者」賦給經驗概念，而不是把「關聯於一個對象」賦給經驗概念。此即等於說，把經驗概念（經驗知識）繫屬於一超越的根據上，如是它始有客觀實在性。如此說，當然可通，超越推述底主要目標即是說明此義。但是在此超越根據上說了許多「對象」字，則卻鬧成糊塗，搖擺不定。康德在此說對象，其實所說的都是「對象之成其為對象底根據」，而不是「對象」，因為統一是統覺底統一，這是已經十分明確了的。所以按照不同的分際而有不同的措辭，予以恰當的表示，這當該是必要的。

是以〔十一〕那段文，康德所說的，「更恰當地去決定我們的『一對象一般』之概念」，實則並未能「恰當地」表示出。恰當的表示當該如下：

一切經驗直覺所直覺到的現象都是一些表象——一特定的表象或一特定類的表象，一類一類不同的表象。順時空之純雜多而來的表象是齊同而普遍的，而經驗直覺中的現象之為雜多則必須是特定的，類類不同的。這些現象是經驗直覺所直接關聯到的對象，此名曰尚未決定的對象。

表象不能只是主觀的表象，必有它們的對象，即必涉及對象。此對象相應特定的或類類不同的表象，亦必為特定而各別的對象。此對象義是由經驗概念底綜括性而示現出。經驗概念亦必是特定的概念，因為是「經驗」故；其綜括作用所成的綜和統一亦是特定的綜和統一，綜和地統一之而表象出一特定的對象。此是經驗地決定的對象。

但此經驗地決定的對象尚可只是一虛名，而並無對象之實義，即，尚不能真成為其對象。它，不管是那一個，亦可以一般地說之，如果要真成為其對象，則必須預設一超越的根據以使其真成為一對象，有對象之實義，如是，表象之涉及對象方是真地涉及，因而亦可以對象化，而吾人之經驗概念，經驗知識亦方可有其客觀實在性。此時之對象是超越地決定的對象，不是說是超越的對象。

那使之真成為一對象的超越根據是由統覺底統一（範疇底統一）而表象出（展現出）。統覺底綜和統一不是特定的，範疇是純粹概念，所以亦不是綜括特定類的現象的特定概念，所以亦不能表象出一特定的對象。統覺以範疇去綜和實即是綜攝一切現象（現象之全體）而統思之，以顯露現象界底最普遍的性相，以為一切特定對象之成為對象之超越的根據。

　　然則，此統一所表象的不是對象，亦無所謂超越的對象＝
x，乃是一般說的對象之成為對象之原則。此原則可名曰
「認知地物『物』之原則」。（物「物」有是認知地物
「物」，有是存有論地或本體-宇宙論地物「物」，康德所
說的是認知地物「物」）。海德格從統覺之指向活動方面說
為「對象化底活動」，「讓某物成為一對象」底活動。讓
「某物」成為一對象，這「活動」本身不是一對象。

以上可以把康德的意思「恰當地」表示出，一點沒有遺漏或歪曲康
德所原有的主張，只是把「超越的對象＝x」一名給消解了。康德
實在是由「對象一般」（一般說的特定對象）而意想其所以為對象
之超越的根據，把這兩層混而為一，將「超越的根據」中的「超越
的」與「對象一般」中的「一般」（滑視為有實義的一般）混合，
遂滑轉而為一「超越的對象＝x」。此是一不諦而別扭之名。此中
的一切別扭皆由此成。第二版略而不提非無故也。

十三、超越的對象與物自體

以上是〈超越推述〉中論「超越對象＝x」的文字之釐清。康德在〈一切對象劃分爲感觸界的現象與純智界的純智物物自體之根據〉一章，第一版亦涉及超越的對象＝x，而第二版亦全略去。第一版關此之文如下：

> 一切我們的表象實是因知性而涉及某一對象；而因爲現象不過是表象，所以知性把它們關涉到「某物」上去，以此某物作爲感觸直覺底對象。但此某物，如此思之，只是這「超越的對象」；其意是「某物＝x」，關於此某物 x，我們不知道什麼，而以我們的知性之現有的構造言，我們對之也不能知道點什麼，但是若當作統覺底統一之一「相關者」看，它只能爲感觸直覺中的雜多之統一而服務。因著這種統一，知性把雜多結合於「一個對象之概念」上去。這個超越的對象不能與感覺與料分離開，因爲若分離開，便沒有什麼東西被遺留下來它可以經由之而被思想。結果，它本身不是知識底一個對象，但只是在「一對象一般」之概念下現象底表象——這一個「對象一般」之概念是通過這些現象之雜多而爲

可決定的。

正爲此故，範疇不表象「特殊的對象」，以之單給與於知性，但只是用來去決定「超越的對象」（此是這某物一般概念），通過那給於感性中者而決定之，如此決定之，爲的是要想在對象之概念下去經驗地知道現象。

案：以上兩段不出「超越推述」中之所說。但有幾個新語詞，(1)某物 x 是統覺底統一之一「相關者」，只爲雜多之統一而服務；(2)此「相關者」不是知識底一個對象，範疇不表象「特殊的對象」以之單給與於知性；(3)此「相關者」只表示在「一對象一般」之概念下現象底表象，（此語不甚通順，意即只表示「一對象一般」之概念，在此概念下，可以去表象現象爲一對象）；(4)此「相關者」自身是空洞無物的，因爲它只爲統一而服務，實即它只表示這統一，反之，這統一亦示現一對象性以爲一相關者（爲主觀地視之的統覺底統一活動之一相關者）；(5)此空洞無物只作爲「一對象一般」看的「相關者」不能與感覺與料分離開，它通過這感覺與料（即現象之雜多）而爲可決定的，所謂「可決定的」意即由感覺與料以實化之，實化之不是實化之爲一對象，乃是使它密切連繫於現象以彰其用，彰其使現象成爲一對象之用，是則此「一對象一般」之概念實即一「對象性」，不是一對象，是使對象成爲一對象底對象性，然而康德卻籠統地說爲「某物 x」，又進而說爲「超越的對象 x」。

康德對此觀念沒有想得透澈圓熟，故措辭多混合籠統。以上是較明確而意自顯者，吾人可順其實意而釐清之。以下又關聯著「物自體」（noumena 純智界底純智物）說，益顯混亂，不只是混含籠

統而已。

> 我們所以不以感性底基層（substrate）爲滿足，因而也就是
> 所以要在現象上加上「物自體」（此物自體只純知性能思
> 之），其原因只是如下所說。感性（以及它的領域即現象
> 界）其自身是在這樣一種樣式中爲知性所限制，即：它無關
> 於「事物之在其自身」（things in themselves），但只有關
> 於那模式，即由於我們的主觀構造之故，「事物必在此模式
> 中顯現」之模式。全部超越感性論〔攝物論〕中之所說已引
> 至此結論；而此同一結論自然也可從「一現象一般」之概念
> 中而推出；即是說，那個「其自身不是現象」的「某物」必
> 須與現象相應。因爲現象若外於我們的表象模式，其自身便
> 什麼也不是。因此，除非我們永遠要轉圈子，否則，「現
> 象」一詞必須被視爲早已指示一「對於某物之關係」〔關聯
> 於某物〕，對於此「某物」之直接表象自是感觸的，但它即
> 使離開我們的感性之構造，（我們的直覺之形式即基於此感
> 性之構造上），其自身也必須是「某物」，即是說，是一獨
> 立不依於感性的「對象」。

案：此段開始所提出的論點是「所以要在現象上加上物自體，其原
因只是如下所說」，而「如下所說」的卻是現象「關聯於某物」，
此所關聯到的某物「即使離開我們的感性之構造，其自身也必須是
某物，即是說，是一獨立不依於感性的對象。」這說法與說「超越
的對象」者似乎完全相同。然則如果超越的對象不即是「物自體」

（noumenon），則說超越對象的「某物」與說物自體的「某物」如何區別呢？康德對此未曾有一語簡別的話，這就使人陷於迷亂。康德在〈超越的感性論〉（〈超越的攝物學〉）§8「對於超越的感性論之一般的觀察」中曾論及現象與物自身（物之在其自身＝物自體）之分是超越的，即不同於來布尼茲底混濁知覺與清明知覺之分之只是邏輯的，亦不同於拉克底初性次性之分之只是經驗的。在批評拉克底分法時說，「於是，我們知道不只雨點只是現象，即使它們的圓狀，不，即使它們所落於其中的空間，亦不是什麼『在其自身』者，但只是我們的感觸直覺之變形（modification）或基本形式，而超越對象（transcendental object）則總不被知於我們」。此處顯然又以「超越對象」一詞說「物自身」（物之在其自己）。物自身既可說「超越的對象」，則以上所說的「超越對象 x」亦可是物自身。然康德於下文又明說超越對象不是物自體。這益增加混亂。如果超越對象 x 是一獨立的概念，則用「超越對象」一詞說「物自身」便是不諦之詞。康德未能貫通照顧以作簡別或審慎使用。如上錄文所說：此所關聯到某物（即物自體）「即使離開我們的感性之構造，其自身亦必須是某物，即是說，是一獨立不依於感性的對象」。假定「是一獨立不依於感性的對象」，很自然地也可以說成是「超越的對象」（transcendental object）。其實，在此不當用「transcendental」，用「transcendent」一詞是否較好呢？假定可說是「對象」，則「transcendent object」依中文當該是「超絕對象」，而不是「超越的對象」。「超絕」者超越乎經驗而又隔絕乎經驗（獨立不依於感性）之謂。

　　「物自體」，如康德所解釋，是與現象相對而言，現象是感觸

界底對象，物自體是純智界底對象；現象可以由感觸直覺而給與，物自體則只能由純智直覺（ *intuitu intellectuali* ＝ intellectual intuition ） 而 給 與， 是 以 物 自 體 即 是 一 個 純 智 物（ *intelligibilia* ），純智界底純智物。這是第一版所說。第二版則如此說：如果說它不是我們的感觸直覺之一對象，則是物自體之消極意義；「如果說它是一非感觸直覺之一對象，則是物自體之積極的意義，而非感觸的直覺則預設其為一特種直覺模式，即智的直覺，而此非吾人所有者，甚至我們也不能理解其可能性。」此與第一版所述無大異。然則，超越的對象（一對象一般 x）是否即是這種純智界底純智物而單可由吾人所不能有的純智的直覺來給與呢？當然不是，而康德本人亦明說其不是。因為就這物自體底說明，亦可得到一點分別的消息。物自體是純智直覺底一個對象，而超越對象卻可以不是一個對象。但康德本人並未從此點上加以區別。下文康德仍就「物自體」之概念說。

> 這樣，這裡結成了「物自體」之概念（ the conecpt of a noumenon 單數，noumena 是多數）。這個概念無論如何實不是積極的，也不是關於任何東西底一種決定的知識，但只指示「某物一般」之思想 ，在此思想中，凡屬於感觸直覺之形式者我皆抽去之。但是要想一個物自體可以指表一真正的對象（ a true object ），與一切現象區別開，則我把我的思想從一切感觸直覺底條件中解脫出來，這並不足夠；我必須也要有根據以預定另一種直覺，此另一種直覺不同於感觸直覺，在此另一種直覺中，這樣一個「真正的對象」可以被

給與。否則我的思想〔案：即關於物自體或某物一般之思想〕雖實可無矛盾，然亦總是空的。我們實不能證明感觸直覺是唯一可能的直覺，但只能證明在我們這裡是如此。但是，我們同樣也不能證明另一種直覺是可能的。結果，雖然我的思想能抽去一切感性，然而一物自體之觀念是否不是一個概念之一純然形式（a mere form of a concept），而當這種分離〔案：即抽去一切感性〕已作成時，是否還有任何東西遺留下來，這仍然是一敞開的問題〔待決的問題〕。

案：此段總說物自體要想成為一「真正的對象」，必須預定另一種直覺，即純智的直覺。而我們人類這有限的存在並沒有這種直覺，所以「物自體」之概念只指表「某物一般之思想」。在說「超越對象」時，也用「某物一般」去說明。指表物自體與指表超越對象的「某物一般」究竟有無不同呢？只用「某物一般」去說「物自體」是否足夠？是否恰當？物自體，假定預設一智的直覺時，它可以為一「真正的對象」，然而超越的對象則又可轉而實非一對象。物自體是實，超越對象是虛。這當是一個重要的區別點。又，在預設一純智的直覺中，物自體是否可以「對象」論，亦有問題。「物自體」（noumenon）與「物之在其自己」（thing in itself）為同意語。依康德，「物之在其自己與現象之分是主觀的，不是客觀的。物之在其自己不是另一物，但只是同一對象的表象之另一面相」。（見前第八章）。自其關聯於感性言，就是「現象」，自其不關聯于感性而回歸於其自身言，便是「物之在其自己」（物自體）。這樣，物之在其自己與物自體實有其殊義，而非「某物一般」所能恰

當地表示者。超越對象與物自體都需要有一種恰當的表示，而康德卻籠統地都以「某物一般」說之，此其所以為混亂。此蓋由於其對於超越對象與物自體（物之在其自己）都未能明透故。對於超越對象之未能明透，可能只是對於有關之各分際未能明審，故措辭多不諦，而其實義自明確，因為此是屬於統覺範圍故。至於對於物自體之未能明透，則因其不承認人類可有純智的直覺，無如中國之學術傳統以支持而實之，故只成一種概念上的想像籌度，故措辭亦多猜卜料度，未能真實見到證到，故多不諦。然其正視此概念以與現象劃分，肯定有此一層境，亦實重要，在究極智慧上為最有意義之舉。

> 我把「現象一般」關聯到一個對象上去，此所關聯到的對象是超越對象，即是說，是完全不決定的「某物一般」之思想。這個對象不能被名曰「物自體」（noumenon）；因為我對於那「在其自身」者它是什麼一無所知，而除它只是作為「感觸直覺一般」底對象外，因而也就是除在一切現象上是那同一者之外，我對於它亦無概念可言。我不能通過任何範疇而思之；因為一個範疇只在經驗直覺上有效，當把這經驗直覺帶到〔或置於〕「一對象一般」之概念下之時。範疇之一種純粹的使用自是邏輯地可能的，即無矛盾；但它卻沒有客觀的妥實性，因為那樣純粹的使用，範疇並未被應用於任何直覺，以去把「一對象之統一」賦與此直覺。因為範疇只是思想之功能，沒有對象是通過它而被給與於我者，我只是因著它而思想那可以被給與於直覺中者。

案：此段明說超越對象不是物自體。「因為」什麼呢？可是「因為」以下的說明卻只說對於那「在其自身」者（物自體）是什麼一無所知，範疇不能應用於其上，而卻沒有反過來再說超越對象為如何，這就顯得混沌；而「因為」云云是就「物自體」方面說，亦賓主顛倒，不合普通行文之習慣，這亦顯得彆扭。而此中說「物自體」的辭語又與說超越對象的辭語相同，這尤增加混亂。「把現象一般關聯到一個對象上去」，在此，用此辭語說超越對象，而在上文則用與此相同的辭語「把現象一般關聯於某物」說物自體。在此，說物自體是「感觸直覺一般之對象」，是「一切現象上那同一者」，而在上文以及〈超越推述〉中也用此同一辭語說超越對象。此甚足以令人陷於迷亂。

　　現在，我可以把那些說「超越對象」與說「物自體」的相同辭語綜列如下，以資比觀：

第一組

　　a.說「物自體」者：

　　a.1　「那個其自身不是現象的某物必須與現象相應」

　　a.2　「現象一詞必須被視為早已指表一對於某物之關係（關聯於某物）」。

　　a.3　「對於此某物之直接表象自是感觸的，但它即使離開我們的感性之構造，它自身也必須是某物，即是說，是一獨立不依於感性的對象。」

　　a.4　「這個概念（物自體之概念）無論如何實不是積極的，……但只指表某物一般之思想……。」

a.5 「……因為我對於那在其自身者它是什麼一無所知，而除它只是作為感觸直覺一般底對象外，因而也就是在一切現象上是那同一者（one and the same）之外，我對於它亦無概念可言。」

b.說「超越對象」者：

b.1 「當我們說一個對象相應於我們的知識而結果又不同於我們的知識，這是什麼意思呢？」

b.2 「這個對象必須只被思想為某物一般＝x。」

b.3 「一切表象是因知性而涉及某一對象；而因為現象不過是表象，所以知性把它們關涉到某物上去，以此某物作為感觸直覺底對象。但此某物，如此思之，只是這超越的對象，其意是某物＝x。」

b.4 「我把現象一般關聯到一個對象上去，此所關聯到的對象是超越的對象，即是說，是完全不決定的某物一般之思想。」

b.5 「這個超越對象之純粹概念，它通貫一切我們的知識，實際上它總是這同一者（one and the same）。」

對此兩者同說某物，某物一般，關聯於某物，關聯到對象上去，而此某物又同說為「感觸直覺底對象」。照以上的釐清，我們以為超越對象之為某物，某物一般，實只表示對象之所以成為對象之超越根據（對象底道理，認知地物物之原則）；而對於「物自體」，則實不可以「某物」，「某物一般」說之，因為在純智直覺底預設下，「物自體」是有實義殊義的自在物，它籠統的抽象的某物，某物一般，說之，實不諦當。又，同為「感觸直覺底對象」，

此「底」字須注意，其意當該是同是感觸直覺上所預設的一個對象，並非眞能爲感觸直覺底對象，爲感觸直覺所覺到的對象。不但物自體不能爲感觸直覺底對象，因爲物自體是自在體（e-ject），根本不能爲對象（ob-ject）故，即使勉強說爲對象，亦是純智直覺底對象，而在純智直覺上則是對象而亦非對象，即亦無對象義（此義詳見下）；就是超越的對象亦不能爲感觸直覺底對象，其不能是因爲它實非知識底一個對象（對題的對象），它只是對象性，對象底道理，對象成爲對象之超越根據，它是虛而非實，它亦不能是純智直覺底對象，它不是一「自在物」。但是爲什麼說此某物是感觸直覺底對象呢？若釐淸其義，在超越對象方面，只是說在感觸直覺上須有這對象成爲對象底超越根據，直覺現象始能對象化而爲一實對象；在物自體方面，須肯認有這樣一個自在物以爲感觸直覺底底子，否則「對他（感性主體）而現」的現象亦不能說，現象眞成識心之所變現了。又，兩者又同說爲「同一者」。超越對象是對象成爲對象底超越根據，是範疇底統一所表象的最普遍的性相，在此，說它通貫一切知識而爲一「同一者」，是恰當的，因爲對象底道理（認知地物物之原則）不是特定的對象，當然它有普遍性與同一性——通貫一切對象的同一性；但是物自體則是有實義的個個「自在物」。如何能說「在一切現象上是那同一者」呢？此顯然是不諦之辭。「物自體」與「物之在其自己」俱可有單數與多數兩表示，則不能說爲「同一者」甚顯。康德只是由「某物一般」聯想到它是「同一者」，殊不知「某物一般」在此根本不能用，即用之，「一般」一字亦無實義。

第二組

a. 說「物自體」者：

a.1 「對於此物之直接表象自是感觸的，但它即使離開我們的感性之構造，其自身也必須是某物，即是說，是一獨立不依於感性的對象。」（此條亦見第一組）

a.2 「這個概念（物自體之概念）無論如何實不是積極的，也不是關於任何東西底一種決定的知識，但只指表某物一般之思想，在此思想中，凡屬於感觸直覺之形式者我皆抽去之。但是要想一個物自體可以指表一真正的對象，與一切現象區別開，則我把我的思想從一切感觸直覺底條件中解脫出來，這並不足夠；我必須也要有根據以預定另一種直覺，此另一種直覺不同於感觸直覺，在此另一種直覺中，這樣一個真正的對象可以被給與。」

a.3 「……因為我對於那在其自身者它是什麼一無所知，而且除它只是作為感觸直覺一般底對象之外，因而也就是除在一切現象上是那同一者之外，我對於它亦無概念可言。我不能通過任何範疇而思之；因為範疇只在經驗直覺上有效，當把這經驗直覺帶到對象一般之概念下之時。」

b. 說「超越對象」者：

b.1 「與表象相應的那個 x（對象）對於我們是一無所有（是無）——如其所是，是與一切我們的表象不同的

某物。」

b.2 「這個對象其自身不能為我們所直覺，因此，它可以名曰非經驗對象，即超越的對象＝x。」

b.3 「這個概念（超越對象之純粹概念）不能含有任何決定的直覺，因此，它只涉及那種統一，即那種必須在知識底任何雜多中被遇見的統一，而此雜多是關聯於一個對象的。」

b.4 「關於此某物 x，我們不知道什麼，而以我們的知性之現有的構造言，我們對之也不能知道點什麼。」

b.5 「這個超越的對象不能與感覺與料分離開，因為若分離開便沒有什麼東西被遺留下來它可以經由之而被思想，結果，它本身不是知識地一個對象……。」

這一組是對此兩者同說為不能被直覺，我們對之一無所知。但這一組似不如第一組混同之甚，似比較容易簡得開。首先，「物自體」自不能為感觸直覺所直覺，但它可以為一設想的純智的直覺所直覺。康德在超越對象方面未曾說它可以為純知直覺所給與。超越對象所以對於我們是「無」，如海德格所說，是因為它不是一「存在物」（essent），不是一對題的對象。不是存在物，就是無——無物；但它又是「某物」，不是絕對的虛無，它是對象成為對象底超越根據，是對象底道理（認知地物物之原則）。它所以不能被我們所直覺，也正因它是一個道理，一個原則，是範疇底統一所表象的最普遍的性相，並不是具體的現象（存在物），所以這是可思而不可感的。在這裡，亦不能說它可以為純智的直覺所給與，因為它不

是一個實物（有實義的自在物），它是統覺底統一之所施設，以範疇去統思之所投射，這是由反顯我們的知性之超越性而可以先驗地知之者。這不是純智直覺上的東西，乃是思想之自發性上的東西。但是，康德說：「關於此某物 x，我們不知道什麼，而以我們的知性之現有構造言，我們對之也不能知道點什麼，」（b.4）這話在此是不恰當的，用來說「物自體」倒可，說「超越對象」則不可。我們先驗地知道它是超越的根據，它是統覺底統一之所表象（相關者），何以說對之無所知，亦不能有所知？這是順它不能被直覺說滑了，說得太重，與物自體相混。

其次，超越對象不能與感覺與料分開，因為它是感覺與料成為對象底超越根據，它只能通過感覺與料而被思，思其「物物」之作用。若與感覺與料分離開，它再沒有別的東西可以讓我們通過之以去思它。但「物自體」則可以完全與感性分離開，它是知識以外的，它根本不能是知識之對象，它是不現於感性的自在物。超越對象之非知識底對象乃是因為它是一個原則，不是一個存在物，而物自體之非對象乃因為它不顯現於吾人之感性，它是一實物，只是不在對某某別的東西的關係中顯現而已，不是對著某某而為對象，乃是收歸到其自身而為一自在物（e-ject）。超越對象經過一恰當的理解，終於為一「認知地物物之原則」，乃純是就表象之如何能統一而成為一對象而說者，這純是統覺底統一之範圍內事，而物自體則並不表示此統一之作用。其本身亦不待於吾人之統一作用，所以他亦非現象。物自體與現象之分，依康德，只是主觀的，只是同一存在物之兩面觀（兩個面相）。此所觀的兩個面相之間是沒有什麼積極的關係可言的。

康德以爲吾人不能有純智的直覺，復以爲此種直覺底可能亦不能證明。如此，物自體亦很可能只是「一概念之一純然形式」，而當與感性脫離時，亦很可能一無所有。這只是因他的不透而來的猜卜料度之辭。假若純智的直覺可能，不但可能，而且是一呈現，則物自體之實義便可確定。關此有許多妙理玄理可說。俟下文正式論之。

以上是把康德的混同辭語一一予以簡別，把物自體與超越對象劃清，把超越對象底實義予以恰當的陳述。

康德第一版所述實未精透。第一版序文表示超越推述最爲重要，亦費了他很大的力氣。但關於超越對象方面，則畢竟未能思之精熟明透。第二版予以重述，則完全略而不提，即〈現象與物自體〉章關於此義者亦皆略去。第二版是比較簡潔。但此義並非不可說，只要照顧到各分際，更換辭語，予以恰當的陳述便可。此義特重視對象義，從對象之所以爲對象說上去，這亦很重要。第二版則只從範疇之統一說下來，此義倒反不顯，故其略之，雖非無故，然亦非最佳之重述。兩版並存亦好。但第一版之述此義又有這許多隱晦混同之處，所以需要重新予以釐清。海德格很重視第一版，以「對象化底活動」解之，一語點破，可謂精當。惜未能一一簡別釐清，故吾得進而詳之。

康德說「超越推述」中的問題是植根很深的問題。其所以深不單是知性本身底問題，乃因爲由此牽連到自我，超越對象，物自體，與純智的直覺。若非對此全部綱維有一精熟明徹之知見，則很難對於此中任何一面的義理有一恰當而諦當之陳述。

十四、物自身與現象之分之意義

現象（appearance）與物自身（物之在其自己 thing in itself, or things in themselves）底區別這個思想是通貫《純理批判》一書之全部的，而「物自身」一概念幾乎每一頁都有，可見此是批判哲學中一個最基本的概念。但它的確定而充分以及所應有的全部意義究竟是什麼卻歷來很少有能弄清楚的。這亦由於康德本人對此並不能全部透澈。這是有關於「道德的形上學」是否能充分作成的事。大體康德本人對此概念只有消極的清楚，而並無積極的清楚。這是因爲他不承認我們人類這有限的存在可有「純智的直覺」之故。因爲不承認「純智的直覺」在人類身上之可能，所以他的「道德的形上學」之規劃亦不能充分作得成。「道德的形上學」不能充分作得成，則對於「物自身」一概念亦不能有積極地清楚的表象。

康德在〈超越的攝物學〉（transcendental aesthetic）中，最後寫了一段「對於超越的攝物學之一般的觀察」，在此一整段中有四個副段，其中第一副段即先將他的現象與物自身之區別與來布尼茲的混濁知覺與清明知覺之區別對比，再進而與拉克的初性次性之分對比。在此對比中，他說來布尼茲的分別只是邏輯的，拉克的分別只是經驗的，而他的現象與物自身之分則是超越的。作此對比

訖，再進而由數學知識特別是幾何知識方面說明他的「超越的攝物學」有必然性與確定性，不只是一可稱許的假設。其辭如下：

> Ⅰ.要想避免一切誤解，則盡可能清楚地去說明我們關於感觸知識一般之基本構造的觀點是什麼，這是必要的。
>
> 我們所要想去說的是：一切我們的直覺不過是現象之表象；我們所直覺的事物並不是那「在其自身」我們直覺之為一實有者〔並不是那在其自身我們當作實有而直覺它們〕，而它們的關係也不是在其自身就像其顯現於我們那樣而被構造成〔現象間的關係也不是在其自身就這樣構造成的，即像其顯現於我們那樣而構造成〕；如果主體，或甚至只是感覺一般之主觀構造〔組構〕，被移除，則時間與空間中對象之全部構造以及一切關係，不，甚至空間與時間自身，必消失。作為現象，它們不能在其自身而存在，但只存在於我們。對象在其自身，離開我們的感性之接受性，是什麼，是完全不被知於我們的。除我們的覺知它們之模式，我們不能知道什麼（我們所知的不過是我們的覺知它們之模式，除此以外，別無所知）──模式是特屬於我們的，不必然為每一存有所分得，雖然確為每一人類的存有所分得。單是這模式才是我們所關心的（我們所關心討論的單只是這模式）。空間與時間是這模式底純粹形式，而一般說的感覺則是它的材料。單是前者，我們能先驗地知之，即是說，先於一切現實的知覺而知之；因此，這樣的知識就叫做純粹直覺。後者是那在我們的知識中使知識被叫做後天的知識者，即被叫做經驗的直覺

者。前者以絕對必然性附存於我們的感性中，不管我們的感覺是什麼；後者能以各種模式〔樣式〕而存在。即使我們能把我們的直覺帶至最高度的清晰，我們也不能因此即更接近於對象在其自身之構造。我們必仍然只知道我們的直覺之模式，即只知道我們的感性。我們實應完全地知之；但總是只在空間與時間底條件下完全地知之──這條件它們根源上是附著於主體的。對象在其自身所可是的是什麼從不能被知於我們，即使通過那單是給與我們者即它們〔對象〕底現象之最明朗的知識，亦不能被知於我們。

如果我們承認這觀點，即：我們的全部感性不過是事物之混濁的表象（confused representation of things），這表象含有那只是屬於事物之在其自身者，但我們這樣去表象它們，是在一種我們不能自覺地分別清楚的「符號與部分表象」之集和下去表象它們，〔如果是如此〕，則感性之概念以及現象之概念必是虛偽了的，而我們關於它們〔感性與現象〕的全部主張也必弄成空洞的，而且是無用的。因為混濁表象與清明表象間的差別只是邏輯的，並無關於內容。無疑的，「正當」（right）之概念，在其常識的使用中，是包含有一切能從它那裡發展出的最精微的玄思（the subtlest speculation），雖然在其通常與實踐的使用中，我們並不能意識到包含於這種思想中的種種表象（manifold representations）。但是我們不能說這個普通的概念是感觸的，它含有一種只是現象者。因為「正當」永不能是一現象；它是知性中的一個概念，它表象一種行動底特性（道德

的特性），這特性是屬於行動自身者。另一方面，在直覺中的一個物體底表象並不包含那屬於一對象在其自身者，但只包含某種事物底現象，以及包含「我們於其中為該某種事物所影響」的模式；而我們的知識機能底這種接受性就叫做是感性。縱使那現象對於我們能完全成為透明的（transparent），這樣的知識也必仍然完全（*toto coelo*）不同於「對象在其自身」之知識。

來布尼茲與沃爾夫底哲學，其在這樣視感觸的〔知覺〕與理智的〔知覺〕間的差異為只是邏輯的差異上，對於一切關於我們的知識之本性與起源的研究給了一完全錯誤的方向。這種差異〔即感觸的與理智的間的差異〕顯然完全是超越的。它不只是討論它們的〔邏輯的〕形式是清明的，抑還是混濁的。它討論它們的起源與內容。那不是說，用我們的感性，除在一混濁的樣子中，我們不能在任何其他樣子中知道「事物在其自身」之本性；我們在任何樣子中，不管是什麼，〔清明的或非清明的〕，總不能了解它們〔在其自身〕。如果我們的主觀構造被移除，則這被表象的對象連同感觸知覺所賦與其上的性質是無處可被發見的，亦不是可能地被發見的。因為就是這主觀的構造決定它〔對象〕底形式（form形態）為現象。

案：以上是說明物自身與現象底區別與來布尼茲的混濁知覺與清明知覺之分之不同。前者的差異是超越的，而後者則「只是邏輯的，並無關於內容。」康德以為：在來布尼茲與沃爾夫，不管是混濁的

知覺或清明的知覺，俱是表象事物之在其自身，但有混濁與清明之異。是則混濁與清明之異只是理解底程度之異，所以這種差別只是邏輯的，並無關於內容。但依來布尼茲，這種差別亦有關於內容，並非「只是邏輯的」。依來布尼茲，混濁知覺表象世界，清明知覺表象上帝。混濁知覺之所以爲混濁是因爲這是感觸的知覺，它有物質性，並有廣延性，進而亦可以說它是套在一時空底連繫中，所以說它表象世界。是則混濁知覺底知識就是經驗知識，也就是我們現在所謂自然科學底知識，而在來布尼茲即名之曰混濁的知覺（confused perception）。混濁之所以爲混濁即因其與物質性與廣延性牽連在一起。是以 “confused” 不可譯爲混亂，只可譯爲混濁。這種知覺無所謂「亂」，它只是濁——重濁。當然在重濁中，它不能十分清明，它有濁氣。因爲不能十分清明，所以這種知覺之表象對象是部分的，偏面的，不能全盡，亦可以說是若隱若顯的，不能明確。在來布尼茲底說統中，這種表象世界的混濁知覺就是關於偶然（具體而現實的）存在物之知識，這自然不能十分全盡而明確。例如現在量子論裡所謂「不定原則」（principle of indeterminate），即是關於光子底速度與位置不能同時有確定的知識。這是笨拙的科學知識之本性就是如此。依來布尼茲，就是這種有物質性與廣延性而表象世界（表象偶然存在）的知覺之本性就是如此，此就是所以爲混濁。依是而言，混濁不只是主觀的程度問題，亦有關於對象之層面問題。簡單言之，這是關於「存在」（existence）的知識。存在（偶然的存在物）是須要有「充足理由原則」以說明之的。而對於存在物本身的知識就必須是感觸的，混濁的。

但存在物亦有其「本質」底一面。就「本質」一面說，則是服從矛盾原則（principle of contradiction）的。關於這一方面的知識是必然的，分析的，這就是清明知覺之所對。清明的知覺就是純理智的知識，關聯着其所對說，亦就是純形式的知識，此則完全可以符號化，數學化，此則自然是全盡而又明確的，並無所謂偏面的，若隱若顯的，因爲它無物質性與廣延性，它無濁氣，此其所以爲清明而表象上帝（神性）。來氏所夢想的普遍的代數學即是這種知識。是則清明知覺亦有其對象之異。清明者本質上就是清明，混濁者本質上就是混濁。其所知之層面有異，並不是對於同一對象的知識之程度之異。康德只視之爲「邏輯的差異」，恐有不盡。

當然，康德可以說：這種存在與本質底兩層面之知識都是屬於「對象在其自身」者，因此，那種差別還只是邏輯的。雖可以這樣說，然亦究有層面之異，有其本質的差別，雖不是超越的差別。來布尼茲無康德所說的「物自身」之概念。若依康德之說統，不管是存在或本質，俱屬於現象範圍之內，俱非其所說之「物自身」。「物自身」是一個新的概念，康德以前是沒有的。康德常以其新創的「物自身」一義說來布尼茲所說的對象（知覺所表象的對象）是物自身，這是不恰當的。來布尼茲既無「物自身」一義（不只是無此詞），即不能以此新義視其所意謂之對象。我們只能說來氏所意謂的對象還是現象範圍內的，不過有層面之異而已。這種「異」，我們可以恰當地說爲感觸的與理智的之異；若說爲邏輯的，則應廣義地說爲辨解的，即只是辨解（分解）思考上所立的差異，不能籠統地視爲對於同一對象的知識之程度之異，尤其不能把對象視爲「對象之在其自身」。來氏的這種分別當然不含有「超越的」意

義,因為他並無「物自身」一義故。現象與物自身底分別是「超越的」,是因為「物自身」根本不在知識範圍內,根本不能是知識底對象。來布尼茲那些說法,如通過一反省的自覺,都可以轉成是關於現象的。說他那種分別把知識底研究導引到「一完全錯誤的方向」上去,這話亦太重。一個人不能一時全意識到,問題是在層層深入中釐清的。「物自身」一義之提出實有釐清之作用。

以下康德進而說明拉克的初性次性之分「只是經驗的」。

我們通常在現象中把「那本質地附著於對象底直覺中,而且在一切人類的感覺上皆成立者」和「那只偶然地屬於現象底直覺而且不是在關聯於感性一般上妥當有效,但只在關聯於一特殊的立場或只關聯於這個或那個感覺中的構造之特殊性上有效者」區別開。依此,前一種知識是被宣稱為表象「對象在其自身」者,後者則只表象對象底現象。但是這種區別只是「經驗的」。如果如普通一樣,我們停止在此點上,不再如我們所應為的,進而視經驗直覺為其自身只是現象,在此經驗直覺中,沒有屬於「物自身」者能被發見,則我們的超越的分別即泯沒。如是,我們相信我們能知道「事物在其自身」,而且這相信是毫不顧在感覺世界裡,無論我們如何深入地研究其對象,所研究的亦不過只是現象,這事實。在太陽底反射中,虹可以叫做是一純然的現象,而雨是「物自身」。如果雨這概念只取其物理的意義,則此看法自是正確。於是,雨將只被看為在一切經驗中而且在一切它的關聯於感覺的種種位置中,只這樣而不能有別樣被決定於我們的

直覺中。但是，如果我們把這經驗概念自其一般特性而視之，不必考慮它是否對一切人類的感覺皆相同，而問它是否表象「一對象之在其自身」（此所謂「對象在其自身」不能意謂兩點，因為這些兩點，當作現象看，早已是經驗的對象），則關於表象對於對象底關係這一問題頓時即變成是超越的。如是，我們知道不只是兩點只是現象，即使它們的圓狀，不，即使它們所落於其中的空間，亦不是什麼「在其自身」者，但只是我們的感觸直覺之變形（modifications）或基本形式，而超越的對象（transcendental object）則總不被知於我們。

案：以上說明拉克的初性次性之分是經驗的，易明。惟最後一句中，康德用「超越的對象」一詞說「物自身」，此顯與超越推述中說「超越對象＝x」相混，此後者並不是「物自身」。用「超越的對象」說「物自身」顯是措辭之不慎。或者說：物自身是超越的對象，而超越的對象不必是物自身，有是，有不是，如是，以此詞說之，亦未嘗不可。但當康德論「超越的對象＝x」時，並未說超越的對象有是物自身者，有不是物自身者，他直說「超越的對象不能被名曰物自體」。是則超越的對象顯與物自身（物之在其自己）有別，是兩個絕異的概念，不能發生肯定的連結。或者「超越的對象＝x」不能以「對象」說，或者物自身雖可以對象說，而不能用「超越的」（transcendental）一形容詞，似當用「超絕」（transcendent）一形容詞。「物自身」是超絕境中的一個概念（即不在知識範圍內），雖然它亦不即是「實體」（reality）如自

由意志，上帝，梵天等。

以下康德再從幾何知識方面說明物自身一概念之建立。

關於我們的超越攝物學〔感性論〕底第二重要點是：它決不是只當作一可稱許的假設而被認為可取，它決有那種確定性以及其可免於懷疑性（懷疑是在任何想要充作一工具organon 的學說上是需要的）。要想使這種確定性完全足以使人相信，我們將選取一例案以使所採取的立場之妥當性成為顯然的，而此例案亦將可用來去把§3中所已說者〔§3空間之超越的解析〕置於一較清楚的光明中。

讓我們設想空間與時間其自身是客觀的，而且是「物自身」底可能性之條件。第一，在關於空間與時間中，顯然有大量先驗地必然的而且是綜合的命題。這點在空間方面尤其特別是真的，因此，在這研究中，我們的主要注意將被指向於空間這方面。因為幾何學底命題是先驗地綜合的，並且以必然的確定性而被知，如是，我問：你從何處得到這樣的命題？知性在其努力去達到這樣絕對地必然的而且普遍地妥當的真理是依靠著什麼呢？這除通過概念或通過直覺外決沒有其他路數可言；而概念或直覺或是先驗地被給與，或是後驗地被給與。在它們〔概念或直覺〕的這後一種形態裡，即，當作經驗概念看，而這些概念所基於其上的直覺也是當作經驗直覺看，則無論概念或直覺其所產生者除其自身也只是經驗的〔即一經驗底命題〕外，它們不能產生任何〔別樣的〕綜和命題，而亦正因此故，這經驗的〔綜和〕命題亦從不能有必

然性與絕對普遍性，此必然性與絕對普遍性，是一切幾何命題之特徵。在關於達到這樣的知識〔案：即有必然性與絕對普遍性的知識〕之第一而唯一的方法〔手段〕上，即在先驗的樣式中，通過純然的概念或通過直覺而達到之上，顯然，從純然的概念（mere concept）裡，只有分析的知識可被得到，並無綜和的知識可得。例如，「兩條直線不能圍一空間，而單用兩條直線亦不可能有一圖形。」試取此一命題為例，且試想從直線概念以及數目「兩」底概念引伸出此命題。或取另一命題，如「設有三條直線，一圖形是可能的」，試想在與上相同的樣子中，從所含的概念裡引伸出此命題。〔這樣試想〕，一切你的勞力俱是白費；你見出你被迫要回返到直覺，如在幾何中所常已作者。依此，你在直覺中給你自己以對象。但是這直覺是何種直覺？它是一純粹的先驗直覺，抑還是一經驗的直覺？假定它是後者，則沒有普遍地妥當的命題能從它那裡發生出來，尤其一必然的命題不能從它那裡發生出來，因為經驗從未產生過這樣的命題。依此，你必須在直覺中先驗地給你自己一個對象，並把你的綜和命題基於這個對象上。

如果在你這主體中不曾存有一種先驗直覺底力量；如果那個主觀條件，就其形式而言之，不同時也就是這普遍的先驗條件，只有在此普遍的先驗條件下，這外部直覺底對象其自身才是可能的；如果這對象（三角形）是某種「在其自身」的東西，對於你這主體沒有任何關係，則你如何能說：那必然地存在於你這主體中而為一三角形底構造之主觀條件者必須

是必然地即屬於那三角形之自身？於是，你不能把任何新的東西（三角形）當作是某種在這對象中所必然要遇見的東西而加到你的概念（三條直線之概念）上，因為（在那個觀點上），這個對象是先於你的知識而被給與的，而不是因著你的知識而被給與。依此，如果空間（時間亦然）不是只是你的直覺之一形式，它含有一些先驗的條件，只有這些條件下，事物才能是你的外部對象，而若沒有那些主觀條件，外部對象其自身實一無所有，〔如果不是這樣的〕，則在關於外部對象中，你不能以一先驗而綜和的樣子決定任何事，不管是什麼。因此，空間與時間，當作一切外部與內部經驗底必然條件看，只是一切我們的直覺之主觀條件，而且在關聯於這些條件中，一切對象因而只是現象，而並不是當作以「在其自身」之樣子而存在的「物自身」而給與我們，這意思不只是可能的或或然的，且是不可爭辯地確定的。亦為此故，當關於現象底形式能先驗地說許多時，而對於物自身卻無一可說，物自身可以居於這些現象之下〔而為其底子〕。

案：以上由幾何命題底必然性說明幾何對象（如三角形）底構造必須是在主觀條件（普遍的先驗條件）下而直覺地被構造成。三角形亦不是什麼「在其自身」者，即不能脫離主觀條件而與主體無任何關係。由此進而說明空間與時間只是「直覺底主觀條件」，「在關聯於這些條件中，一切對象因而只是現象，而並不是當作……物自身而給與於我們」。通過與來布尼茲及拉克的區分之比較以及此最後之說明，我們很可以知道「物自身」（物之在其自身）一詞之意

義。至少我們消極地知道所謂物自身就是「對於主體沒有任何關係」，而回歸於其自己，此即是「在其自己」。物物都可以是「在其自己」，此即名曰「物自身」，而當其與主體發生關係，而顯現到我的主體上，此即名曰「現象」。現象才是知識底對象，所謂「對象」就是對著某某而呈現於某某，對著主體而呈現於主體。對象總是現象。物自身既是收歸到它自己而在其自己，便不是對著主體而現，故既不是現象，亦不是知識底對象。它不是對著某某而現（ob-ject），而是無對地自在著而自如（e-ject）。故康德說現象與物自身之分是超越的；又說「只是主觀的，不是客觀的，物自身不是另一對象，但只是關於同一對象的表象之另一面相」。說「同一對象」不如說「同一物」。這同一物之另一面相就是不與主體發生關係而回歸於其自己，而那另一面相便是對著主體而現。物自身不是通常所說的形而上的實體（reality），如上帝，如自由意志，如梵天，如心體，性體，良知等等，乃是任何物在兩面觀中回歸於其自己的一面。即使是三角形，亦可設想其「是某種在其自身的東西」，不過這種設想不能說明三角形為一直覺的構造而已。（嚴格說，三角形無所謂現象與物自身）。即使是上帝，自由意志，不滅的靈魂，亦可以現象與物自身這兩面來觀之。依此，物自身是批判方法上的一種概念，它可以到處應用，因此，在使用此詞時，可以是單數，亦可以是多數。一草一木一可以如此說，上帝亦可以如此說。上帝之父位是物自身，上帝之子位是現象。（康德曾依此分說及靈魂與自由意志，未曾說及上帝）。如是，

　　1.現象與物自身之分是超越的，主觀的，批判方法上的；

　　2.物自身不是形而上的實體；

3.物自身不是超越推述中所說的「超越的對象＝x」；

4.物自身只是一物之不與感性主體發生關係；

5.物自身既不對感性主體而現，它根本不是經驗知識底對象，它根本無「對象」義，它是無對自在而自如，它是知識外的，它超絕於知識。〔「物自身是順俗譯，嚴格說，即是「物之在其自己」，「在」（in）字不能少。因為「在其自己」與光說「自身」實有不同。「現象」亦可以自身（itself）說之，但現象不是「物之在其自己）。有以「物如」譯之者，此雖或可聯想到佛家之空如真如，而有誤會，但此譯實亦不錯，只要我們把這「如」字理解為實如，而非空如，它是表示一物之自在而自如。〕

十五、物自身之消極的意義與積極的意義

　　但當康德作完〈範疇之超越的推述〉以及〈一切綜合原則之系統的表象〉後而結之以〈一切對象分為現象與純智物（物自體）底根據〉一章時，則又以「對象」視物自體（＝物自身，物之在其自己）。然則物自身之為「對象」是何意義？是面對著什麼主體而為對象？在其對著某種主體而為對象究竟能成為對象否？茲將此章之主要文字譯於下，看物自身之消極意義與積極意義，以及在積極意義下物自身之意義究為何。

　　　　從上面所述的一切，不可避免地隨之而來者是：知性底純粹
　　　　概念從不能允許有超越的使用，但只允許經驗的使用，而純
　　　　知性底原則只能在一可能經驗底普遍條件之下應用於感覺底
　　　　對象，從不能應用於「事物一般」（things in general）而不
　　　　關涉到「我們在其中能去直覺它們」的模式。
　　　　依此，「超越的分析」引至這個重要的結論，即：知性所能
　　　　先驗地達到的至多是去預測一可能經驗底形式。而因為那不
　　　　是現象者便不能是經驗底一個對象，所以知性從不能超越感
　　　　性底那些限制（limits），只有在這些限制內，對象始能被

給與於我們。知性底原則只是為現象底解釋〔詮表〕而有的一些規律；而存有論（ontology）這個驕傲的名字，它專斷地在系統的教義的方式中聲稱要去提供關於事物一般之先驗的綜和知識（例如因果原則），必須讓位給「純粹知性之分析」這個較為謙虛的名稱。

思想是把特定直覺（given intuition）關聯到一個對象上去的一種活動。如果這直覺底模式總不能被給與，則對象只是超越的，而知性底概念只有超越的使用，即只作為「雜多一般」底思想之統一（the unity of the thought of a manifold in general）。這樣，通過一純粹範疇，抽掉感觸直覺底每一條件（感觸直覺是唯一的一種對於我們是可能的直覺），便沒有對象可被決定。如是，它〔範疇〕只依照不同的模式——不同的範疇模式，不是直覺底模式——表示「一對象一般」之思想。現在，一個概念底使用含有一判斷之功能，因此判斷之功能，一個對象被歸屬於這概念之下，因而至少它也含有「在其下某物被給與於直覺中」的形式條件。如果這個判斷底條件（規模）缺少了，一切歸屬便成為不可能。因為在那種情形中，沒有東西被給與而可被歸屬在該概念之下。因此，範疇底只是超越的使用實在說來畢竟是一無使用，而且亦無決定的對象，甚至亦無一個在其純然的形式上是可決定的對象。〔甚至就其純然的形式說是可決定的這樣的對象亦不能有，意即不但沒有實際地決定的對象，即形式地可決定的對象亦不能有，此時所有的只「對象一般」之思想而已〕。因此，隨之而來的可以說：純粹的範疇對一先驗的綜

和原則說並不足夠，純粹知性底原則只是些經驗使用底原則，從不會是超越使用底原則，而在可能經驗底範圍之外亦不能有先驗綜和的原則。

因此，把這情形表示為如下，或許是適當的。純粹範疇離開感性底形式條件，只有超越的意義；縱然如此，它們也不可超越地被使用，這樣的使用其自身是不可能的，因為這樣的使用，它們正是缺乏判斷中任何使用底一切條件，即是說，缺乏「把任何虛名的對象（ostensible object）歸屬於這些概念下」底形式條件。如是，因為只是作為純粹的範疇，它們不是經驗地被使用，而亦不能超越地被使用，所以當與一切感性分離時，它們不能在任何樣子中〔不管是什麼〕被使用，即是說，它們不能被應用於任何虛名的對象上去。它們在關涉於對象一般中，即在關涉於思想中，是知性底使用之純粹形式；但是因為它們只是知性底形式〔純粹形式〕，所以只通過它們，沒有對象能被思想或被決定。

案：以上四段文是第一二版之所共。此下第一版中有七段文，涉及超越對象的，被略去，而代之以四段，此為第二版之重述，在此重述中，無「超越對象 x」一詞。但雖無此詞，而由以上四段文觀之，卻亦並非無此義。例如，「如果這直覺底模式總不被給與，則對象只是超越的，而知性底概念亦只有超越的使用，即，只作為『雜多一般底思想』之統一。」此整語中「對象只是超越的」一子句即可轉為「超越的對象」一詞。超越意義的對象是由知性底概念（範疇）之「超越的使用」而被表示，它本身實不是一對象，只是

「對象一般」或「事物一般」之思想。它既不是物自體
（noumenon 理智物），（第一版中七段文述及超越對象即聲明它
是「某物一般之完全不決定的思想」，它「不能被名曰物自
體」），亦不是超越辯證中純粹理性所提供的「超越理念」
（transcendental ideas）。它是由知性底概念（範疇）之超越的使
用而被表示。範疇只能有經驗的使用，而不能有超越的使用。超越
的使用「實畢竟一無使用，而且亦無決定的對象，甚至亦無一個在
其純然的形式上是可決定的對象」。「超越的使用」是一種錯誤，
它不能決定任何事。

〈超越辯證・引論〉論超越的虛幻中有云：

> 原則，如果它們底應用完全限於可能經驗底範圍內，我們將
> 名這些原則曰「內在的」（immanent）；而另一方面那些
> 想越過這些限制的原則，我們將名之曰「超絕的」（超離的
> transcendent）。在此後一種原則之情形中，我並不是涉及
> 範疇之超越的使用（transcendental employnent）或誤用，
> 這種超越的使用或誤用只是判斷底機能之一錯誤（當它未曾
> 適當地爲批評所醫治時），因此，它對於領域底界限並未予
> 以充分的注意，須知只有在此領域範圍內，纔允許純粹知性
> 有自由的運用。〔在此後一種原則之情形中，我並不是涉及
> 這種範疇之超越的使用或誤用〕，我是意謂一些現實的原
> 則，它們激勵我們去拆毀一切藩籬〔界域〕，而且去佔有一
> 完全新的領域，這新的領域是沒有界限的。這樣，「超越
> 的」與「超絕的」〔超離的〕並不是可以互換的詞語。純粹

知性底原則，上分解部所呈列者，只允許有經驗的使用，不允許有超越的使用，即是說，不允許有越過經驗底範圍之使用。另一方面，一個原則，如果它取消這些限制，或甚至逼迫〔命令〕我們去越過這些限制，則此原則即可名之曰超離的。如果我們的批評在揭露這些被定為確實的原則（alleged principles）中的虛幻〔幻像〕上能成功，則那些只允許有經驗使用的原則可以叫做是純粹知性底內在原則（immanent principles），以與那些超離原則相對反。（《純粹理性批判》，士密斯譯本頁298-299）。

我引這段話，一方面在表示「超越」與「超離」之不同，一方面在表示範疇之「超越的使用」一詞之確義。由此詞之確義，可以了解「超越的對象」一詞之確義。範疇之超越的使用，依康德的說明，只是一種誤用，一種錯誤；它超越了經驗對象，但卻並不想離開經驗對象底範圍而去開拓一新領域，它還是在經驗範圍內，只是「未予以充分注意」而已。然則在此說「超越者」，只是表示「離開感性底形式條件」而只一般地或籠統地想「對象」而已，故康德只是從「對象一般」，「事物一般」，或「某物一般」，來表示這「超越的使用」（非經驗的使用），甚至「超越的對象」。只表示「一對象一般」之思想，實並未決定出任何對象，亦實無「對象」之可言，此即所謂「超越的使用」，故超越的使用實「一無使用」，此即所謂「誤用」或「錯誤」，根本不能決定任何事者，而當作一種使用看，認為可以決定出什麼事，這便是「錯誤」或「誤用」。故範疇之超越的使用實並無積極的意義，並不能形成一種使用，此與

理性之依「超離原則」提供「超越的理念」不同，此後者中雖有幻像，即足以引出超越的辯證，然卻有積極的意義，只要通過一種批評，把那「幻像」（超越的幻像）揭穿，即可提供一新的領域，雖在思辨理性上無客觀妥實性，然對實踐理性言，卻甚有意義。故超離原則與內在原則相對反而可以形成一種原則，而範疇之超越的使用與其經驗的使用並不足以形成兩種相對反的使用，認為各有其意義與作用。是以超越的使用只是一種誤用。

範疇之超越的使用既只是一種誤用，它什麼也不能決定，所以「超越的對象＝x」（「某物＝x」）一詞便可不立。上譯文中關此只說：「如果這直覺底模式總不被給與，則對象只是超越的，而知性底概念亦只有超越的使用，即，只作為雜多一般底思想之統一。這樣，通過一純粹範疇，抽掉感觸直覺底每一條件，……便沒有對象可被決定。如是，它〔範疇〕只依照不同的模式〔不同的範疇模式〕表示一對象一般之思想」。又只如此說：「純粹範疇，離開感性底形式條件，只有超越的意義；縱然如此，它們也不可超越地被使用，這樣的使用其自身是不可能的……」。此語中「超越的意義」其實即是懸空的意義。雖有超越的意義，但「也不可超越地被使用」。此表示「超越的意義」與「超越的使用」不同。「超越的使用實畢竟一無使用」。若把這「超越的意義」置定之，勉強視為一種使用，（「……對象只是超越的，而知性底概念亦只有超越的使用」），則此使用亦「無對象可被決定」。「無對象可被決定」是說沒有感性條件下的對象可被決定，這是因為根本沒有「給與」故。它雖無所決定，但亦不能說它一無所表示，它表示「一對象一般」之思想，它表示「雜多一般底思想之統一」。「對象一

般」實不是一個對象，只是一個籠統的思想。在這裡若說對象亦只是「虛名的對象」，而不是一眞實的對象。「雜多一般」也不是在感性條件下給與的實雜多，而只是「雜多」之思想。在這裡可以出現兩面底畸輕畸重說。第一版是偏重「對象一般」之思想，順「對象只是超越的」一語，積極地立「超越的對象＝x」一詞；而第二版底修改則偏重「無所決定」（超越的使用只是誤用）一義，不再正面立「超越的對象」一義，而「虛名的對象」一詞卻仍保留，而「對象只是超越的」一語亦仍保留。第一版雖順「對象只是超越的」一義進而正面立「超越的對象＝x」一詞，但亦知「超越的對象 x」對於我們是「無」。於是，進而向裡收，把「超越的對象」融解而爲「統覺底統一之相關者」，實只表示「統覺底統一」而已，並非眞有一種對象曰超越的對象也。此亦仍只是虛名的對象。故吾人得進而將「超越的對象」一詞再轉爲只是一種「認知地物物之原則」。如是，第一版原初的思想實較有更多的曲折，雖足以令人困惑，然亦足以引人深思，若弄清了，則關於此問題以及其所牽連的可有更 確定的了解，而與第二版之修改亦無以異。第二版實比較逕直，亦無許多枝蔓。但第一版亦非有什麼錯處，故兩版並存合觀足以使人有透澈的了解。

以上的譯文是兩版之所共同的。此下是第二版之修改文：

但是在這裡，我們要遭遇到一種幻像，那是很難逃避的。範疇，就它們的根源說，並不是置基於感性的，就像直覺底形式空間與時間那樣；因此，它們似乎允許一種越過一切感覺底對象之外的使用。事實上，它們不過是思想底形式，它們

只含有「把給與於直覺中的雜多先驗地聯合統一於一個整一意識中」底邏輯機能；因此，若離開了那唯一對於我們是可能的直覺，則它們甚至比純粹的感觸形式（pure sensible forms）更為無意義。通過這些純粹的感觸形式〔空間與時間〕，一個對象至少可被給與，但是一種結合雜多底模式——即特屬於我們的知性的模式——，在沒有那種「雜多只因之而被給與」的直覺中，其自身實一無所指表。同時，如果我們名某種對象，當作現象看，曰感觸物（sensible entities, phenomena），則因為我們把「我們於其中直覺它們」的模式與那「屬於它們自身」的本性區別開，所以在這種區別中就函著：我們把這後者（以它們自己之本性視之，雖然我們不能這樣去直覺它們），或把其他可能的東西（這其他可能的東西不是我們的感覺之對象，但只通過知性而被思為對象），置於與前者相對反的地位，而在這樣置對中，我們名它們（後者或其他可能的東西）曰理智物（智思物 intelligible entities, noumena）。如是，我們的知性之純粹概念在關於這些理智物（智思物）方面是否有意義，因而是否能夠是知道它們底一種道路，這問題便發生。（頁266-267）

案：照此段文說，康德所說的與「感觸物」相對反的「理智物」（智思物）是包括兩種說的：一是「屬於對象自身（即物自身、物之在其自己）的本性」，一是「不為感覺之對象但只通過知性而被思為對象」的「其他可能的東西」。這兩種，康德是用「或」字來

表示的，即，把「物自身」或「其他可能的東西」（不是感覺之對象但只通過知性而被思為對象者）置於與「感觸物」相對反的地位，而統名曰「理智物」。這種「其他可能的東西」究竟意指什麼說呢？是「物自身」一義之轉換表示呢？抑還是別有所指呢？康德下文並未就兩項分別說，只就「物自身」一義說，如是，這又好像只是一義之轉換表示。但這裡卻又似乎確有兩項的意義。如果別有所指，則它當指什麼說呢？這很難確定。「只通過知性而被思為對象」，此語可有兩指：一指「物自身」說，因為「物自身」亦可以通過知性而被思；一指如第一版所說的「超越的對象＝x」說，但此時之「對象」只是「對象一般」或「某物一般」。如指物自身說，則「其他可能的東西」不能別有所指，而康德下文亦常以「對象一般」或「某物一般」說物自身，故超越的對象是「某物一般」，物自身亦可以是「某物一般」，不能只因「某物一般」就想它是別有所指。如果在物自身以外別有所指，指如第一版所說的「超越的對象x」說，則第二版不立此義，而依第一版，康德又聲明「超越的對象x不能被名曰noumenon」，此即表示超越的對象不能概括在此處所說的「理智物」中，是以此種「其他可能的東西」不能指如第一版所說的「超越的對象x」說。

如果不指「超越的對象」說，是否可以指上帝，靈魂不滅的靈魂，以及自由意志說呢？這似乎亦不像。因為這三者是「理性」順範疇要求一絕對完整時所提供的超越的理念，而不是知性通過範疇之所思。此處言「理智物」是就知性之離開感性條件說，故只云它「不是感覺之對象，但只通過知性而被思為對象」。此種「其他可能的東西」所代表的「理智物」可能是完全不決定的，只是一個通

過知性範疇而思的對象之空洞概念，吾人尙不能決定其卽爲上帝
（絕對存有），不滅的靈魂，或自由的意志等。當然當「理智物」
這個概念建立起時，吾人亦可把理性依超離原則所提供的超越理念
（上帝、靈魂、自由意志等）視爲理智物，或劃歸於理智物中，因
爲這些亦不是「感觸物」，又因爲康德本人亦以現象與物自身兩觀
點來看單一不滅的靈魂與自由的意志，依此推之，卽使是上帝，亦
可以此兩觀點觀之：以現象觀之，它們是感觸物；以物自身觀之，
它們卽是理智物。但現在從知性範疇之卽或離感性條件而劃分，或
從對象之在感性條件下與否而劃分，則此處所謂「其他可能的東
西」很難使吾人說它們卽指上帝等說。康德只說了這麼一句寬泛的
交替語，他亦未明指或暗示卽指上帝等說，而依下文，他亦未就交
替的兩端分別說，只就物自身一端說，因此，我們尙不能把這「其
他可能的東西」卽混指爲理性所提供的超越理念。因此，康德這一
空洞的交替語實是多餘的，我們可以簡單化單就「物自身」想這
「理智物」卽可。

　　康德所以有此交替語，我想是因爲從知性範疇之卽或離感性條
件而劃分之故。若單從對象是否在感性模式下而劃分，則只有現象
與物自身之對反，無由有「其他可能的東西」之提出。只因從知性
範疇之卽或離感性條件而劃分，遂有此「其他可能的東西」一交替
語之提出。依此方式而劃分，我們直接所知的是知性範疇之經驗的
使用與超越的使用不同：「卽」是經驗的使用，「離」是超越的使
用。在經驗的使用下，其所應用於其上而決定之的對象自是感觸物
（現象），但在超越的使用下，則依康德之聲明，此種使用只是誤
用，是一種錯誤，它並不能決定什麼，卽使在此使用下，我們憑籍

知性範疇而思的雖是理智物,並不就是物自身,很可只是籠統的
「對象一般」,而實不是對象,其為理智物實只是邏輯的理智物,
而不是存有論的理智物。康德所說的理智物,由之以定 noumena,
是存有論的理智物,是實的,物自身亦是實的。康德虛實不分,又
依知性範疇之即或離感性條件而劃分感觸物與理智物,遂於「物自
身」一義外,復置一「其他可能的東西」一交替語。如是,遂使人
迷惑,一方不能確指此「可能的東西」究指什麼說,一方又使
"noumena" 一詞弄成纏夾不清的。

　　我們現在可以這樣疏通:

　　(1)只依對象是否在感性模式下而劃分現象與自身,感觸物與理
智物,只以此物自身之理智物規定 noumena,noumena 可譯為「物
自體」,意同于物自身(事物之在其自己)。「物自身」不能以
「對象一般」說之。康德亦以「對象一般」或「某物一般」說之,
遂與範疇之「超越的使用」以及「超超的對象 x」纏夾不清。

　　(2)依知性範疇之即或離感性條件而區別範疇之經驗的使用與超
越的使用之不同。超越的使用是誤用,並不能決定什麼。它只是通
過知性範疇而思出「一個對象一般」,這當然不能有任何決定,故
「超越使用實一無使用」。把這樣的「思」用在「物自身」上,尤
其虛妄,即根本不能用;用於物自身而思之為「對象一般」,則物
自身即成不是存有意義的物自身,而轉成邏輯意義的「對象一
般」。「對象一般」是虛,故第一版由此說「超越對象 x」,結果
卻向裡收攝而只成為統覺之統一。物自身是實,不能收攝而為統覺
之統一,因為統覺之統一只統一現象之雜多,不能統一物自身,物
自身無所謂雜多。「對象一般」不能預設一「智的直覺」以覺之,

不能設想其可為智的直覺之對象。假定真有一智的直覺,則在此種直覺面前,「對象一般」便被拆掉而星散。但「物自身」可預設一智的直覺以覺之,而在此種直覺面前,物自身正好可以朗現並證成其為「物自身」。故物自身與範疇之超越的使用是兩個層次上的概念,我們不能以超越使用所表示者亦劃歸於存有意義的理智物中,即物自體中。

吾人這樣疏通,可以使康德的思想弄清楚。以下諸文亦依此疏通隨文衡正。

> 但是,首先我們遭遇了一種模稜的歧義(ambiguity),可以引起嚴重的誤解。知性,當它把在一定關係中的對象名曰只是現象(mere phenomenon)時,同時,離開那種關係,它即形成一「對象在其自身」(an object in itself)之表象,因而要去表象它自己亦為能夠去形成這樣的對象〔即對象在其自身的對象〕之「概念」。而因為知性在範疇之外不能再多給出概念,所以它〔知性〕亦設想:對象自身必至少可以通過這些純粹概念而被「思想」,因而遂被誤引去視一理智物之完全「不決定的」概念,即一外於我們的感性的「某物一般」之完全不決定的概念,為一物之決定的概念,即「在一種〔純粹理智的〕樣子中因著知性而允許為被知」這樣一個物之決定的概念。(頁267-268)

案:對象在「一定關係」中名曰現象,所謂「一定關係」即是在感性模式下而與感性主體發生關係,即顯現到感性主體上來。不在此

種關係中，而回歸於其自己，即名曰物自身，物之在其自己，或對象在其自己。此即是作為物自體的理智物，而非在一定關係中作為現象的感觸物。我們可以這樣去思對象，即依在或不在一定關係中之方式而思之；在一定關係中，名曰現象；不在一定關係中，即名曰物自體，對象在其自己。我們這樣便形成「物自身」之概念（形成一對象在其自身之表象）。這樣思之而形成「物自身」一概念是並無過患的。這所形成的概念即是「物自身」這個概念，「物自身」一義。但「因而要去表象它自己（知性自己）亦為能夠去形成這樣的對象之概念」，此語中所說的「概念」，康德是意在表示通過範疇而思的關於這樣的對象（即對象在其自己這樣的對象）之決定的概念，即關於「物自身」進一步再作一決定，依範疇之超越的使用再作一決定，此則便有過患。「對象自身（物自身）必至少可以通過這些純粹概念（範疇）而被思想」此中「被思想」之思想是依範疇之超越的使用而思之之思想。如此思之，它實只是「一理智物 之完全不決定的概念，即一外於我們的感性的某物一般之完全不決定的概念」。因為範疇只是決定經驗現象的一些普遍的形式條件。它們足以表示經驗存在的一些普遍的性相。若離開經驗，它們便無所決定（無雜多可被決定），它們所決定的只是它們自身所表示的一些普遍性的東西，此即所謂「某物一般」（某種一般的東西），實無對象可資決定，根本不能決定出一個對象。即用於「物自身」，亦只把物自身轉成「某種一般的東西」，並不能相應物自身而決定其可為一被知之對象，此即物自身成為「某種一般的東西」，而非「物自身」之自己。「某種一般的東西」即是完全不決定的東西。我們不能以此「完全不決定的東西」視作物自身之一決

定的概念。此即表示「物自身」根本不能通過範疇之超越的使用而被知，超越的使用所知的只是「某物一般」，而非「物自身」。（其經驗的使用所知的是現象，當然更非物自身）。

以「某物一般之完全不決定的概念」視作物自身之一決定的概念，此即所謂由模稜歧義而引起誤解。

「物自身」依不在「一定關係」中而思之，如此思之的「物自身」自是一「理智物」，此是實的，作為物自體（noumenon）的理智物。但依範疇之超越的使用而思之的物自身，則轉成「某物一般」，此時其為理智物只是「某物一般」之理智物。此理智物是虛的，不能作為「物自體」的理智物。假定我們一旦知道超越的使用為誤用，而取消之，則此「某物一般」之理智物即消解而不存，所剩下的只有「物自身」一義之理智物。然則前段文於「物自身」一義外，復列一「其他可能的東西」這一交替語，統名曰「物自體」的理智物，顯然不妥。此是由於對於理智物之虛實兩義未能予以檢別之故。而所以未能檢別虛實兩義，亦正由於對於思「物自身」之兩方式（依不在一定關係中而思之與依範疇之超越的使用而思之）未能鑒別故。

康德此段文所說的模稜歧義，視不決定的為決定的，即是就「依範疇之超越的使用思物自身」而說的。把這歧義弄清，視超越的使用為誤用而取消之，是第二版重述之主旨。第一版由「某物一般」這一關節說「超越的對象＝x」，並進而說此 x 是無，不過是統覺之統一，這亦可說是由範疇之超越的使用，不直接說它是誤用，卻轉而說「超越的對象＝x」。第二版則取消此「超越的對象」一義，直視超越的使用為誤用，則逕直而簡單。吾人再順此逕

直而簡單的思路，把作為物自體的理智物一義弄清楚如上。

> 如果物自體（noumenon），我們意謂一個東西當它不是我
> 們的感觸直覺之一對象，因而也就是當抽去我們的「直覺
> 之」之模式時，這便是「物自體」一詞之消極意義。如果
> 我們理解它是一「非感觸直覺」底一個對象，則我們因此
> 就預設一特種的直覺模式，即，智的直覺之模式，此種直
> 覺不是我們所能有的，而我們甚至也不能理解它的可能
> 性。〔如果我們這樣理解物自體時〕，這便是「物自體」
> 一詞之積極的意義。（頁268）

案：康德言物自體是只取其消極的意義，因為他不承認我們人類能
有「智的直覺」（intellectual intuition）。我以中國哲學為背景，
認為對於這種直覺，我們不但可以理解其可能，而且承認我們人類
這有限的存在實可有這種直覺。這是中西哲學之最大的差異處。我
們以「人類可有智的直覺」為背景，故對於「物自體」一概念可有
親切而清晰之理解，不似康德處之籠統與空洞。

> 關於感性底主張同於消極意義的物自體之主張，即是說，同
> 於關於「知性所必須思之而沒有涉及我們的直覺模式，因而
> 也就是不是只當作現象而是只當作物自身看的東西」之主
> 張。同時，知性也很知道：以這種態度觀事物，觀之為離開
> 我們的直覺模式，則它〔知性〕對於範疇不能作任何使用。
> 〔案：若作使用，便是超越的使用，此是知性通過範疇而思

之。超越的使用是誤用,實畢竟一無使用。〕因為範疇只在
關聯於空間與時間中的直覺之統一中始有意義;而即使範疇
能夠決定這統一〔直覺底統一〕,因著一般的先驗的連結概
念而決定這統一,也只因為空間與時間底純然觀念性
(mere ideality)始能這樣決定之。在不能見有時間底統一
的情形上,因而也就是說在「物自體」底情形上,範疇底一
切使用,實在說來,即範疇底全部意義,必完全消逝;因為
在那種情形中,我們無法決定與範疇相諧和的事物是否甚至
是可能的。關於此點,我只須請讀者參看前章附注底開首幾
句便可。〔案:前章附注開首句子是如此:一物底可能性不
能只從範疇來決定,要想顯示知性底純粹概念之客觀實在
性,我們必須有一直覺,這是一十分值得注意的事。〕一物
之可能性從不能只從「它的概念不自相矛盾」這事實即可證
明,但只有通過它的為某種相應的直覺所支持始能被證明。
因此,如果我們一定要想把範疇應用於那不視之為現象的對
象上去,則我們必須要假設一種不同於感觸直覺的直覺,而
這樣,則對象必是一積極意義的物自體。但是,因為這樣的
直覺,即智的直覺,並不形成我們的知識機能之一部分,所
以範疇底使用從不能越過經驗底對象以外。實在說來,確有
與感觸物相對應的理智物;也可以有理智物,我們的感觸直
覺機能對之無任何關係;但是我們的知性之概念,由於只是
為我們的感觸直覺而效用的思想之形式之故,所以它們決不
能應用於那些理智物。因此,我們所名曰「物自體」者必須
理解為只是消極意義的。 (頁268-270)

案：「在物自體底情形上，範疇底一切使用，實在說來，即範疇底全部意義，必完全消逝」。此即表示範疇根本不能應用於「物自體」。因為旣是物自體，便是我們對之不能有直覺（感觸的直覺），不能有「時間之統一」，即，不能有「雜多」。旣不能有雜多，範疇便無所統一，不能決定什麼，即一無所決定。是以只憑範疇不能決定什麼是可能的。「一物底可能性不能只從範疇來決定」，此所謂「一物」是泛說，亦可指「物自體」說。在物自體處，旣無直覺，自亦無雜多，故亦無「與範疇相諧和的事物」，即無範疇底決定所決定的事物。此所決定的事物必須靠直覺來供給。光範疇並不能決定它的可能。範疇可以籠統地表示其所要決定之事物，但此只是一籠統的事物之概念，光形式地說這事物之概念亦並不能表示此事物之可能。是以說「一物之可能性從不能只從它的概念不自相矛盾這事實即可證明」。此所謂「可能性」是指「眞實的可能性」說。「它的概念不自相矛盾」是只表示它的「形式的可能性」。它的「眞實的可能性」必須靠直覺。但是，我們對於物自體沒有感觸的直覺，是以不能有範疇底決定所決定的事物之眞實的可能性。範疇要應用於物自體上，則物自體必須有因感觸直覺而來的「呈現」，此「呈現」即是範疇所決定的事物，但旣是呈現，便不是物自體。故旣是物自體，範疇根本不能用得上。

對於物自體，我們不能有感觸的直覺，那麼，是否可有另一種直覺，即智的直覺呢？康德答曰不能有。又，假定我們對於物自體可有一種智的直覺來直覺之，則範疇是否即能應用於物自體呢？假定我們對於智的直覺與物自體有明晰的理解，則對於物自體即使有智的直覺以覺之，範疇亦根本不能應用於其上。旣是智的直覺矣，

何須用範疇？因此，康德說：「如果我們一定要想把範疇應用於那不視之為現象的對象上去，則我們必須要假設一種不同於感觸直覺的直覺，而這樣，則對象必是一積極意義的物自體」。此語便不妥了！智的直覺所朗現的還是物自體，不是現象。物自體是不需要有範疇來決定的。又，智的直覺是無待於概念以及其他條件的；智的直覺既非感觸的直覺，亦非普通所謂「知性」。即使可說為知性，亦是直覺的知性，而不是辨解的知性（discursive understanding）。直覺的知性是不用概念的。因此，康德那句話是不諦之語。

　　試設想我們實可有一種智的直覺，我們以此直覺覺物自體，覺真我（真主體，如自由意志等），覺單一而不滅的靈魂，覺絕對存有（上帝等），我們在此直覺之朗現上，豈尚須於範疇來決定嗎？範疇能應用於上帝，靈魂，自由真我乎？康德自然知道不能用。在此等等上既不能用，何便能應用於物自體？在此等等上，不但因我們對之不能有感觸的直覺，故範疇不能用，且亦不因我們對之有智的直覺，範疇即能用。康德在此未加諦審，故有那不諦之語。康德不認我們人類可有智的直覺（這是因為他無中國那樣的哲學傳統作背景故），這便影響他對於物自體的了解之明晰，他只對之有一籠統的，形式的概念（消極意義的限制概念）置於彼岸而已，故措辭多有不諦，亦多纏夾。關於智的直覺之意義與作用，下專章論之。

　　以上四段原文為第二版之重述，以代替第一版中之七段，第一版七段中之五段，論及超越的對象者，已疏解之於前第十三章。此下為兩版之所共同者。

如果我從經驗知識中移除一切思想（通過範疇的思想），則無任何對象底知識可以留存。因爲單只通過直覺，沒有東西可被思想，而「這感性底效應是在我心中」這一事實其自身亦並不能等於這樣的表象之關聯到任何對象上去。但是，另一方面，如果我離開一切直覺，思想底形式仍然可以留存——即，「爲一可能直覺底雜多決定一對象」底模式仍然可以留存。依此，範疇便越過感觸的直覺而前擴了一步，因爲它們思及「對象一般」，而沒有顧及「對象在其中可以被給與」的特種模式（即感性模式）。但它們並不能因此即可決定一較大的對象範圍。因爲如果我們不預設另一種不同於感觸直覺的直覺之可能性，我們便不能預定這樣的對象能被給與；而預設另一種直覺之可能性，卻正是無法極成的〔案：意即無合法的根據足以證成這種預設〕。（頁270-271）

案：此段文中康德是以範疇之「思及對象一般」表示物自身（嚴格說範疇本身實不能思，實只是知性通過範疇或以範疇而思）。在第一版中，康德是由「對象一般」或「某物一般」說「超越的對象＝x」，但在此卻是說「物自身」。此段文是兩版之所共同者。在第一版行文之係絡裡，說超越的對象與說物自身康德本已有混同辭語，本已同用「對象一般」或「某物一般」說之，關此吾已詳檢於前第十三章。此段文第一版亦有，此中即以範疇所思（所表示）的「對象一般」說物自身。第二版重述後「超越的對象」一義已取消，而此段文仍保留，仍是以「對象一般」說物自身。

「某物一般」或「對象一般」可有兩指。(1)只表示離開感性而

不被知但可被思的某物或對象。此時「某物」即指物自身言,「某物」者言其離開感性而不被感觸的直覺所覺;「對象」者只是虛說,實不成其為對象;「一般」者只是籠統地思之,因無直覺之特指故,然此「一般」實可散開而仍歸於個個「物自身」之自身。是以此義的「某物一般」或「對象一般」只是綜說的個個物自身而已。(2)不但是離開感性而不被知但可被思的某物或對象,且其被思是知性通過範疇而思之,即依範疇之「超越的使用」而思之。如是,「某物一般」或「對象一般」不只是籠統地綜說的個個物自身,而且是進一步對於綜說的個個物自身依範疇之「超越的使用」有所決定。此所決定的,依第一版,即是超越的對象=x,此 x 實是「無」,不過是表示統覺之統一,是經驗對象所以可能底超越根據。依此,通過範疇而思的「對象一般」或「某物一般」只是範疇所表示的存在方面的普遍性相以為現象之成為對象之可能的條件,其本身實不是一對象。「範疇實不能表象一特種的對象,單給與於知性」。(第一版〈現象與物自體〉章中之語)依第二版,此只是範疇底超越的使用,實一無使用,只是誤用,不由此立「超越的對象」一義。但卻由此說「物自身」。此即是不妥處。

如果「對象一般」取上列第一意指,指「物自身」說,則物自身不須要甚至不能通過範疇而思之,只依離開感性不在「一定關係」中之方式而思之即可。如果通過範疇而思之,則「物自身」即轉成「非物自身」,只成第二意指的「某物一般」,此或只是範疇之超越的使用,誤用,它什麼亦不是,或如第一版說之為「超越的對象」,而超越的對象不是物自身。

康德在此段文中,由「對象一般」說物自身,而又通過範疇之

思之而表示，此即成不諦之語，而且增加混亂。至於即使「預設另一種直覺之可能」爲合法，我們亦不能由此另一種直覺（智的直覺）來覺此範疇所表示的「對象一般」，此則前文已論及。即使已有智的直覺，範疇亦不能應用於物自身。智的直覺只能覺具體的，特殊的，個個物自身，不能覺範疇所表示的「對象一般」。以範疇所表示的「對象一般」爲物自身仍是不諦之語。

依以上的分疏，我們可作以下的斷定：

(1)只依「離開感性，不在一定的關係中」，說物自身。

(2)不能以「通過範疇之思」說物自身。

(3)由通過範疇之思而思的「對象一般」，是範疇之超越的使用，此是誤用。

(4)此「對象一般」不可說爲物自身，亦不能由所預設的智的直覺以覺之。

(5)智的直覺只覺物自身，並不能覺範疇所表示的「對象一般」。在智的直覺面前，「對象一般」正好被拆散。

(6)由「對象一般」或「某物一般」可以說第一版所說之「超越的對象 x」。如是，說超越的對象與說物自身的辭語可以不混同。範疇之超越的使用與物自身亦可以不混同。（超越的使用是誤用，而「物自身」一義不能是誤立）。

(7)依智的直覺之有無而說的物自身一詞之消極的意義與積極的意義，此則可以成立。但「有了智的直覺，範疇即可用於物自身」，此命題不能成立。由範疇所表示的「對象一般」固不能「決定一較大的對象範圍」，即使有智的直覺，亦不能使範疇所表示的「對象一般」成爲對象，而增加對象底範圍。智的直覺使吾人增加

了直覺的知識——知物自身，並不能使吾人擴大知性範疇應用底範圍，以為此等範疇不只用於現象，且可用於物自身。

我以上的斷定一方是順康德的辭語而剔剝出，以為如此斷定始能免除康德那些纏夾與不諦，而亦不悖康德之思理；另一方面，是以中國哲學為背景，心中對於智的直覺與物自身有一種親切的呈現，因而對於其實義有一種明澈的了悟，以為必如此始合理。這樣，我與康德的差別，只在他不承認人有智的直覺，因而只能承認「物自身」一詞之消極的意義，而我則承認人可有智的直覺，因而亦承認「物自身」一詞之積極的意義，而以智的直覺之有無決定「物自身」一詞之或為積極的意義或為消極的意義，則總成立。

> 如果一個概念之客觀實在性不能以任何路數被知，然而此概念亦不含有矛盾，同時，且亦與其他知識模式相連繫（這其他知識模式含有一些特定概念，這些特定概念是該概念所要去限制的），我名該概念曰或然的（problematic）。一物自體底概念——即是說，一個不被思為感覺底對象但只通過純粹知性而被思為一個物自身的東西之概念——無論如何不是矛盾的。因為我們不能說感性是惟一可能的一種直覺。復次，一物自體底概念亦是必要的，它足以阻止感觸直覺擴展到物自身，因而亦足以限制感觸知識之客觀妥實性〔案：即限制之於現象界〕。感觸直覺所不能應用於其上的其餘的東西則名曰物自體，這樣名之，為的是要表示這感觸知識不能把它的領域擴展到知性所思的每一東西上去。但是縱然如此，我們也不能理解這樣的物自體如何能是可能的〔案：此

可能是指真實的可能說，不指形式的可能說〕，而那處於現
象範圍之外的領域對於我們來說是空的。那就是說，我們有
一知性它或然地可以向前擴展一步，但是我們卻沒有一種直
覺，實在說來，甚至亦沒有一可能直覺底概念，通過此種直
覺，外於感性領域的對象能被給與，並且通過此種直覺，知
性能夠實然地（assertorically）越過那個領域而被使用。這
樣，一物自體底概念只是一限制概念（limiting concept），
它的作用只是去抑制（to curb）感性底要求（過分要求
pretensions）；因此，它只是屬於消極的使用。同時，它決
不是隨意的發明；它是要與感性底範圍相緊接的〔緊繫的
bound up〕，雖然它不能在感性領域之外肯定任何積極的東
西。（頁271-272）

案：此段所說無問題，亦不出前文之範圍。⑴物自體底概念並不自
相矛盾，不矛盾的概念是可能的，此種可能只是形式的可能，形式
地可能的概念亦曰或然的概念。⑵「知性它可以或然地向前擴展一
步」，只表示它可以離開感性而思一「物自身」，不要想為它通過
範疇去思一物自身，因為這樣，便與範疇之超越的使用以及超越的
對象諸義相混。⑶我們不能說感觸直覺是唯一可能的一種直覺，因
此，「物自身」一概念是或然地可能的概念；但我們也不能證明有
一種智的直覺可以使「物自身」成為一對象而被給與，因而使知性
「能夠實然地越過感性領域而被使用」。所謂知性因智的直覺而能
實然地越過感性領域而被使用，其被使用也只表示它對於物自身有
一種直覺的知解（intuitive understanding），而不是辨解的知解，

故其被使用不要想為是通過範疇而被使用,因為如果是通過範疇而被使用,則此時知性便不是直覺的,而其所知所思的亦仍是「物自身」上的現象,而不是「物自身」之當體自己。依康德,我們並無智的直覺,故知性亦不能這樣被使用。因此,(4)物自身只是一消極意義的限制概念。

因此,對象之分為現象與物自體,世界之分為感覺底世界與知性底世界(world of the understanding),若以積極意義視之,這是完全不可允許的,雖然概念之區分為感觸的與理智的(intellectual)則卻是確然合法的。因為沒有對象能夠為理智的概念而被決定出,所以這些理智的概念不能被斷定是客觀地妥當的。如果我們捨棄了感覺,我們的範疇,此時必是唯一剩下的為物自體而有的概念,它們還仍要繼續去指表某物,我們將如何能使這為可思議的呢?因為在它們對於任何對象的關係上,必須有比只是思想之統一更多的東西被給與,即是說,在思想底統一之外,要加上一種可能的直覺,以便它們可以應用於此種直覺上。縱然如此,如果一個物自體底概念只以或然的意義視之,則它不只是可允許的,而且因為對於感性置一限制之故,它同樣亦是不可少的。但是,這樣,一個物自體便不是我們的知性上〔為我們的知性而有〕的一種特殊的對象,即,不是一種理智的對象(intelligible object);而它〔物自體〕所可屬於的知性其本身就是一問題。因為我們絲毫不能把一種「不是通過範疇辨解地知道它的對象,而卻是在一非感觸的直覺中直覺地知

道它的對象」這樣的一種知性之可能表象給我們自己。我們
的知性通過一物自體之概念所獲得的只是一種消極的擴張；
即是說，知性不是通過感性而被限制的；反之，它自己因著
把「物自體」一詞應用於物自身（事物之其自己，事物之不
被視爲現象）而限制了感性。但是，這樣，它同時亦對於它
自己置一限制，即它認識了它不能通過任何範疇而知道這些
物自體，而且因此亦認知了它必須只在「一不被知的某物之
名稱」下思考它們。（頁272-273）

案：此段中所謂「知性底世界」不是指「知性」本身說，乃是指知
性離開感性單以其所自具之範疇（理智的概念）去指表不被知的
「某物」說。這樣孤立地形式地去指表某物即形成一個世界，此即
曰知性底世界，與感性底世界相對反的世界，此亦曰智思世界
（intelligible world）。這世界，依康德，只能有消極的意義，而
不能有積極的意義。範疇這些理智的概念（intellectual concept）
離開感性，是沒有對象可決定的。此義本即是範疇之「超越的使
用」（實一無使用之誤用）之義。超越的使用之所以爲一無使用或
誤用，只因無感觸直覺故。（不知此故，而以爲仍可用範疇決定什
麼，便成誤用）。是以範疇只能爲現象而有，不能爲「物自身」而
有。依此，離開感性，範疇還仍要繼續去指表不被知的某物（物自
身），這自然成爲不可思議的——矛盾的。若只這樣便無過患。但
康德說：「如果我們捨棄了感覺，我們的範疇，此時必唯一剩下的
爲物自身而有的概念，它們還仍要繼續去指表某物，我們將如何能
使這爲可思議的呢？」此中「必是唯一剩下的爲物自身而有的概

念」一插語便有毛病。範疇根本不能「為物自身而有」。如果真能為物自身而有，則在無「感觸直覺」之情形下，範疇固不能應用於物自身，（繼續去指表某物），但若在一設想的「非感觸直覺」之情形下，此將如何？依康德，在此情形下，似又可以應用。既可以為物自身而有，則在無感觸直覺下不能繼續應用，而在有一非感觸直覺之情形下，它們又可以應用。如是，範疇底應用便成兩可能。如是，捨棄感覺，其繼續應用，便不必一定不可思議。如果範疇根本不能「為物自身而有」，則捨棄感覺，其繼續應用便一定不可思議。康德之所以說其不可思議，只因他不承認我們人類有非感觸的直覺之故。但他並不能證明「感觸直覺是唯一可能的一種直覺」。我們之沒有只是事實上沒有；我們「甚至不能了解非感觸直覺之可能」，亦只是不能了解其事實上的可能，並非不能了解其邏輯上的可能。如是，範疇既可「為物自身而有」，則在捨棄感覺之情形下，其繼續應用當是可思議的。吾並不主張在非感觸直覺下，範疇仍可繼續應用。吾只反對「為物自身而有」一語而已。而範疇根本不能為物自身而有。「非感觸的直覺」之預設是單就我們之要覺物自身說。此種直覺覺物自身，並非使物自身成為現象。在非感觸直覺之情形下，範疇亦根本不能應用。如是，方可極成物自身不能被我們的知性所知之義。物自身只能被思，不能被知，只被思並不須通過範疇而被思。康德在此總有纏夾。「智的直覺」即是「直覺的知性」。而直覺的知性之知其對象「不是通過範疇辨解地知之，而是在一非感觸的直覺中直覺地知之」。此是康德所深知者。然則何以又說範疇「為物自身而有」耶？若如此，知物自身之知性豈非又是「通過範疇辨解地知之」之知性？此則成矛盾！

在現代哲學家之著作中，我見出感覺底世界與知性底世界
（ *mundus sensibilis and intelligiblis* ）這兩詞之使用其意義
完全不同於古人使用之之意義，他們使用此兩詞所表示的
一種意義是很容易被了解的，但結果卻是只在空玩字眼。
依照這種使用，有些人很想去名現象底綜和或全體（ the
sum of appearances ）曰感覺底世界，當它們被直覺時；而
當它們的連繫思之爲依順於知性之法則時，則名之曰知性
底世界。觀察的天文學，只教以對於天體之觀察，此自當
是論述前者的；另一方面理論的天文學，由於是依照哥白
尼的系統或依照牛頓攝引律而教，此則自當是論述後者
的，即論述一「智思世界」（ an intelligible world ）的。但
是這樣的繳繞字眼（ a twisting of words ）只是一種詭辯的
遁詞（ sophistical subterfuge ）；它想因著改變問題之意
義，去適合於我們自己的方便以避免一麻煩的問題。知性
與理性，實在說來，是被用來處理現象的；但是要解答的
問題乃是：當對象不是一現象（即，是一物自體）時，知
性與理性它們是否就有另一種使用；而當對象被思爲只是
智思的（ intelligible ），即是說，被思爲單只給與於知性，
而不給與於感覺時，這對象便是物自體（不是現象）底意
義。因此，問題乃是：在知性之經驗的使用外（甚至在牛
頓式的宇宙結構中的使用之外），是否有一種超越的使用
（以物自體爲對象）亦同樣是可能的。此問題我們已答之
以否。（頁273-274 ）

案：關於 *mundus intelligiblis*，康德有一注云：「我們決不要像德國人的解析中普通所作的，使用『一理智世界』（an intellectual world）以譯之。因為只有知識之模式才或是理智的（intellectual）或是感性的（sensuous）。凡只能是這一種直覺或另一種直覺之對象的，則必須名曰『智思的』（intelligible）或『感觸的』（sensible），不管這樣名是如何刺耳（harshsounding）。」依此分別，「理智的或感性的」是從主觀方面說，「智思的或感觸的」是從客觀（對象）方面說。為感觸的直覺之對象者名曰「感覺底世界」或「感觸世界」（sensible world），為智的直覺之對象者，則名曰「知性底世界」，或「智思世界」（intelligible world）。

　　觀察天文學固屬感覺之世界，即依哥白尼系統或牛頓之攝引律而成的理論天文學亦仍是屬於感覺之世界。知性在此方面的使用亦仍是經驗的使用，尚不能說為超越的使用。依此，在理論天文學處名曰知性底世界或智思世界，依康德，此只是玩弄字眼，詭辯的遁詞。這好像在拉克的學說中，虹是現象，雨是物自身。但依超越的感性論，虹與雨俱是現象，物自身是不能被經驗的。故拉克的區分，依物理學說是對的，此只是經驗的，而康德的區分則是「超越的」。

　　物自身所代表的智思世界是可以思的，但只是消極的意義。知性以其範疇在此不能有所決定，故於知性（同著範疇）之經驗的使用外不可能還有其超越的使用。

　　　　因此，當我們說感覺表象對象是「如其顯現」（as they appear）而表象之，知性表象對象是「如其所是」（as they are）而表象之，此後一陳述，所謂「如其所是」並不是超越的意義，乃只是經驗的意義，即，意指對象必須被表象為經驗底對象，即是說，被表象為互相通貫連繫中的現象，而並不是把它們表象為可以離開其對於可能經驗（結果也就是對於任何感覺）的關係，表象為純粹知性之對象。這樣的純粹知性之對象總是不被知於我們的；我們甚至從不能知道這樣的一種超越的知識或例外的知識是否在任何條件下是可能的──至少它不與處於我們的普通範疇下的知識為同類。知性與感性只有當它們在結合中被使用始能決定對象。當我們分開它們，我們有直覺而無概念，或有概念而無直覺，在這兩種情形裡，我們俱不能把表象去應用於任何決定的對象上去。

經過一切這些說明之後，如果人們仍然遲疑不去放棄〔取消〕範疇之只是超越的使用，則讓他試一試從範疇去得到一綜和命題，〔看是否可能〕。一分析命題不可能使知性進一步；因為它只關涉於那早已思之於概念中者，至於這概念本身對於對象是否有任何關係，或只指表思想一般之統一（完全抽去一對象在其中可以被給與的模式），這是分析命題所存而不決的。知性〔在其分析的使用中〕是只知那處於概念中者；關於概念所可應用的對象，它是不關心的。因此，要試一試，必須以綜和使用試之，以綜和的而又宣稱為是超越的原則試之，例如：「每一東西它存在，它或是當作本體而存在，或是作為附著於本體中的一個決定而存在」，又如：「每一偶然的東西是當作某一其他東西之一結果而存在，即

是說，作為它的原因之一結果而存在。」現在，我問：知性從那裡能得到這些綜合命題，當概念不在它們對於可能經驗的關係中被使用，而在對於物自身（物自體）的關係中被使用時？此處那第三者之「某物」〔即上例中「每一東西」所表示的某物〕在那裡？此一第三者之某物在一綜和命題上是需要的，要想由於它的媒介，使那沒有邏輯的（分析的）引曳（affinity）的概念可以帶入互相連繫中，這第三者總是需要有的。設不訴諸知性之經驗的使用，完全從純粹而非感觸的判斷出發，那綜和命題決不能被建立，不，甚至任何這樣純粹斷定底可能性也不能被展示出來。這樣，純粹而只是智思的對象之概念完全缺乏使它的應用可能的一切原則。因為我們不能想出任何路數，這樣的智思的對象可以在其中被給與。或然的思想，它為這些智思的對象設立〔敞開〕一地位，好像一空的空間，只用來為經驗原則底範圍而服務，其本身並沒有在那些原則底範圍之外包含有或顯露出任何其他的知識對象。（頁274-275）

案：〈現象與物自體〉章至此完。第二版之重述完全重在範疇之超越的使用之取消。以上末後三段即在順成此義。第一版立「超越的對象 x」一義，第二版不立此義，完全集中於「超越的使用」之不可能上說。兩版合觀，亦不衝突，文辭之纏夾處已釐清之如上。

　　由以上之分疏，我們已充分顯露出，「智的直覺」是一重要之關鍵。

十六、智的直覺之意義與作用

以上是〈現象與物自體〉章綜論物自體與智的直覺之關係。但物自體（事物之在其自己）是一廣泛的名詞，它可以到處應用。它可以應用於萬事萬物，亦可以應用於「自我」。康德在〈對於超越的攝物學之一般的觀察〉（"General Observations on Transcendental Aesthetic"）中，論及內部感覺與「自我」的關係時，對於智的直覺之意義與作用，即已有更爲特殊的規定。此段文如下：

> Ⅱ 在穩固內外感覺底觀念性（ideality），因而亦即作爲現象的一切感覺底對象之觀念性這種學說中，特別相干的便是去觀察出在我們的知識中凡屬於直覺的那每一東西（苦樂之感以及意志因爲不屬於知識，故除外）其所包含的不過就只是一些關係；即是說，不過只是在一直覺中的位置（廣延）之關係，位置底變換（運動）之關係，以及這種變換所依以被決定的法則（運動力）之關係。那現存於這個或那個位置中者之「是什麼」，或者說，那離開位置之變換而運作於物自身中者是什麼，這並不是通過直覺而可給與的。現在，一個物自身不能通過純然的關係（mere

relations）而被知；因此，我們可以說：因爲外部感覺所給
我們的不過只是關係，所以這種感覺在它的表象中只能包
含一個對象對於主體之關係，而並不包含對象自身之內部
的特性。此義在內部感覺上亦是眞的，這不只是因爲外部
感覺之表象構成我們的心所由之以充塞的適當的材料，且
因爲時間（在此時間中，我們安置這些表象，時間自身是
先於經驗中這些表象之意識而存在，而且它居於它們之下
而爲「我們在其中安置它們於心中」的模式之形式條
件），其自身只包含相續、共在之關係，以及那與相續共
在者，即久歷（持續 enduring）之關係。現在，那當作表象
而能先於「思考任何物」這種思考之任何活動以及每一活
動而存在者是直覺；而如果時間所包含的不過只是關係，
則它便即是直覺之形式。因爲這個形式〔時間〕除當某種
東西被安置〔置定〕於心中外不能表象任何東西，所以它
亦不過就是心通過它自己的活動（即通過它的表象之置定
這種置定活動）而被影響，因而亦即爲它自己所影響，其
所依之以被影響的模式〔案：即心在此模式中被影響〕；
換言之，它不是別的，它不過就是一種內部感覺之就這內
部感覺之形式說。

凡通過一感覺而被表象的每一東西至今總只是現象，因
此，我們必須或者不承認有一種內部感覺，或者必須認
知：那作爲這內部感覺底對象的主體（subject）能夠通過它
之只爲現象而被表象，而不是通過它之判斷它自己而被表
象，即不是通過該主體之爲這樣的而被表象，即：如果該

主體所具有的直覺只是自我活動（self-activity），即是說，只是理智的（intellectual），則該主體必是只判斷它自己（that subject would judge of itself）。這全部的困難就是關於一個主體如何能內部地（inwardly）直覺它自己；而這是一個共同於每一學說的困難。自我底意識（統覺）就是這個「我」之單純的表象，而如果那一切在主體中是雜多的東西是爲「自我之活動」（the activity of the self）所給與，則內部的直覺（inner intuition）必只是智的直覺。在人這方面，這種意識要求對於「在主體中先在地（antecedently）被給與」的雜多有一內部的知覺，而「這雜多在其中被給與於吾心」的模式，當作非自發的看，必須名之曰感性。如果這「要去意識一個自我」底機能想去尋求出（去攝取）那處於心中者，則這機能必須影響這心，而亦只有在此路數中，它始能對於它自己有一直覺。但是這種直覺底形式，（此形式先在地存在於心中），在時間之表象中，它決定「雜多在其中集聚於心」的模式，因此，那機能直覺它自己不是當作「如果它是直接地自我活動的，它必只表象它自己」〔這種它自己之自體〕而直覺之，而是當作「它爲它自己所影響」而直覺之，因此，也就是當作「它現於它自己」（as it appears to itself）而直覺之，而不是當作「它之如其所是」（not as it is）而直覺之。

案：此段文在原文爲一整段，茲爲便於領悟起見，方便分爲兩段。

首段開頭所謂「內外感覺底觀念性，因而亦即作為只是現象的一切感覺之對象底觀念性」，此所謂「觀念性」是取柏克萊的意義，但卻並不表示現象只是幻象。此所謂「觀念性」只表示「感覺在它的表象中（感覺所具有的表象）只能包含一個對象對於主體之關係，並不包含對象自身之內部的特性」。「那現存於這個或那個位置中者之是什麼，或者說，那離開位置之變換而運作於物自身中者是什麼，這並不是通過直覺而可給與的」。依此而言，那「通過直覺而可給與的」對象就是現象，（現於我，而不是在它自身），是依存於主體的，是在與主體的關係中的，此同於柏克萊所說的「存在即被知」（凡現實而具體的存在即特體物就是依存於心而被覺知的，不能和任何主體不發生關係而孤存，而尚是具體而實現的存在）。不過柏克萊在此並未意識到「物自身」一觀念，也未於此想到現象與物自身的分別。他說此義是在表示那抽象的「物質」之不存在，凡是存在都是具體而現實的特體物之存在。這些特體物彼雖名之曰「觀念」，卻並不是幻象。康德推進一步說柏克萊把現象貶視為幻像，就柏克萊的本義說，是不相應的。康德的辨論是說如果把時空移向於物自身，那現象便成幻象，即，只是主觀的遊戲，並無客觀的形式以決定之。此義在康德的自義中可說，直以之說柏克萊則不諦。柏克萊並未討論到時空究是現象底形式，抑還是屬於物自身者。因此，以時空之移向於物自身。便說「不能責怪柏克萊把物體貶低到只是幻像」，此是不諦之語。此義是康德承上面所譯的一段文的下一段文所討論的「現象不是幻像」一問題中所表示的。這裡只由「觀念性」一詞而牽涉及，不正式討論此問題。

　　一切內外感覺底對象既只是現象，皆在時空之超越的決定中，

所以經由這種感覺而成的感觸直覺中的每一東西所含有的不過只是一些關係：位置底關係，位置變換底關係，以及這種變換所依之以被決定的法則之關係，即運動力所成的關係，此皆由時空所決定者。這些關係，我們換一個說法，也可以說就是相續底關係，共在底關係，與相續共在（同時存在）即久歷底關係，凡此皆可由時間來表象，因為時間是一切現象底條件。分別說，空間是外部感覺底條件，時間是內部感覺底條件。但總起來說，「因為一切表象不管它們有無外部的東西為其對象，此等表象本身作為心底一些決定看，皆屬於我們的內部情態（inner state），而又因為這種內部情態是居於內部直覺底形式條件之下，因而即屬於時間，所以時間是一切現象（不管是什麼）底先驗條件。時間是內部現象（我們的靈魂底現象）底直接條件，因而也就是外部現象底間接條件。恰如我先驗地能說：一切外部現象是在空間中，而且依照空間之關係而先驗地被決定，所以我從內部感覺底原則也能說：一切現象，不管是什麼，即，一切感覺底對象，皆在時間中，而且必然地皆處於時間關係中」。（〈超越的攝物學〉講時間處，士密斯譯本頁77）。一切現象，即使是外部現象，皆可收攝為心底一些決定，（通過現於吾心而為主觀的形式條件所決定，因此即可視為心底一些決定），所以皆在時間中。同樣，我們也可以說，一切現象，即使是內部現象（我們的靈魂底現象），它既是現象，它亦有其方所，所以「心態」我們首先意識到它在時間中，其實亦有空間相，所以它亦在空間中。心態就是心象，其實是一種物，實非心也。所以我們可以綜說：一切現象，不管是內部，或是外部的，皆處於時空關係中。因此，凡屬於感觸直覺的每一東西其所含有的不過只是一些時空關

係。這是水平地說。若是橫對直覺（不管是內部的或是外部的）而垂直地說，則凡屬於直覺的每一東西其所含有的不過只是一些關係，這一陳述亦函著說：凡是直覺底現象皆表示「一個對象對於主體的關係」，並不表示「對象自身之內部的特性」。不但外部感覺在它的表象中所含的是如此，即內部感覺底表象所含的亦是如此。內部感覺所直覺的也只是靈魂底現象，而不是那不滅的純一的靈魂自己。

「一個對象對於主體的關係」就等於「在與主體的關係中的對象」，而此即是「現象」（appearance）一詞之意義。「主體」就是認知的主體，即認知心。「在與認知心的關係中」即表示對象感動〔影響〕吾心而顯現於吾心（appears to me），而吾心即隨彼之來感而有以應之，譬如說以先驗的形式條件去表象之，此即成為表象。故現象亦得曰表象。從其現於吾眼前言，名之曰現象；從吾心之應之而有以處之言，名之曰表象。這種來往的關係在外部感覺方面甚顯明而易了解。但在內部感覺方面，雖不難解，但卻不易說，說起來有點咬口。

既然隨內部感覺而有內部直覺，則當然亦有其所直覺的對象。能直覺的心知活動就是主體。所直覺的對象是在與此主體的關係中。但此所直覺的對象，即作為內部直覺這主體底對象者，是遙指「靈魂」或「我」（真我）說。那麼，我們的認知心能相應如如地直指那「靈魂」或「真我」自己（或自體）而直覺之嗎？這當然不能，因為內部直覺亦是感觸直覺。既是感觸直覺，則亦必有感動而影響之者，其直覺之也亦必隨彼之來感而有以回應而處之。如是那來感而影響於吾認知心者亦必現於吾而轉成現象，而非那對象（靈

魂）之自體。如是，我的認知心要去直覺那作爲對象的靈魂，而又覺不到它，所覺的是它的現象，而不是它自己。那麼，那作爲對象的靈魂如何感動而影響我們的認知心呢？關此，康德並沒有說明。當然，外物如何影響吾人的認知心，康德亦未有說明。此似不必有說明，「如何」的問題似不必要。但外物方面不必要，而作爲對象的靈魂如何影響吾人的認知心，如何在與「認知心這主體」的關係中而成爲現象，這卻需要說明以助吾人之了解，不能依外物方面像套公式一樣籠統地套過去就算完事。

須知認知心所直覺的那作爲對象的靈魂也就是心，此即等於說心 直覺心，直覺它自己；而如果它的直覺是感觸的，則它所直覺的心，所直覺的它自己，必須影響它而現於它，即心影響心而現於心；反過來，即直覺之之心爲其所直覺的心所影響，即爲它自己所影響，它始能直覺之，而它所直覺的心始能作爲它所直覺的對象而被直覺。這裡只是一物之迴環，但有許多分際不同，所以說起來非常咬口。

所直覺之心如何能影響直覺之之心而成爲現象（心象）呢？關此，康德不但在上譯文中沒有說明，即在他處亦無說明。但在第二版之超越推述中，當論及內部直覺之以我們自己的主體爲對象時（§24末）有一底注云：「承認我們的內部感覺爲我們自己所影響，我不覺這有什麼困難。這樣的影響可以在每一注意底活動中找得例證。在每一注意活動中，知性依其所思之結合把內部感覺決定到那個內部直覺上，這內部直覺與知性底綜和中之雜多相應。心經常這樣被影響有多少，每一人將可在其自身上去覺察。」（士密斯譯本頁168）。但我以爲這樣輕輕交待尚不夠。須有進一步之說

明。

我們所要直覺的心意許為「靈魂」，而在直覺之之關係中，靈魂又意許為有兩義：一定它現於能直覺的心而為心象，此即靈魂作心象觀；一是它不現於能直覺的心而收歸於它自己，此即靈魂之在其自己，靈魂之自體，此即靈魂作單純不滅的本體觀。只有在前者，始能說靈魂影響於直覺之心而為心象，而直覺之之心之直覺亦是感觸的。如果是後者，則靈魂既收歸於其自己，即不能說影響於直覺之心。既不能說來感而影響於直覺之之心，而吾人又要如其為一自體而直覺之，此直覺即非感觸的，而當是另一種直覺。依康德，吾人只有感觸的直覺，至於非感觸的直覺雖非邏輯上不可能，然而總非吾人所能有。是以靈魂之作為自體觀是不能被直覺的，因而亦是不能被知的。

現在，吾人可順感觸直覺說。在感觸直覺下，靈魂如何影響於直覺之之心而成為心象，因而始可被直覺呢？

靈魂既是心，它自是一個活物，它能思、能識、能覺、能意。但是思、識、覺、意可有兩觀：一是心象觀，一是自體觀。心象觀，則順思、識、覺、意之活動而想其有思時，亦有不思時，思時思起，不思時思滅，是以思有起有滅，此即思為一心象，識覺與意亦復如此。但如作自體觀，則思識覺意收歸於靈魂心體之自己，思即如如常思而無起滅，覺亦如如常覺而無起滅，識與意亦復如此；此即思之動一動而無動（無動相），亦即思而無思（無思相）；既無動相，亦無思相，則思即是靈魂心體之自己，而非一心象。識與覺意亦復如此。

所謂靈魂影響於直覺之之心，並不是靈魂心體真能影響或不影

響，猶如外物之來感那樣。靈魂心體起思識覺意之相，因而成為心象，常是隨緣而起，由環境之刺激而起。環境刺激它，使它現為思識覺意之心象，而其覺識活動遂即反而覺此心象，遂儼若靈魂心體影響於此覺識活動之認知主體（直覺主體）而現為此等心象。實則並不是如此，而只是靈魂心體之隨環境（緣）之刺激而現為此等心象，而其覺識活動復反而覺之而已。反而覺之，即是其覺識活動之覺其自己，覺其靈魂心體之現為覺識等心象。靈魂心體自然是活的，但並不是由於它是活的，即說它影響於覺識主體而現為心象；它之現為心象是由環境之刺激而起，起而現於直覺心前，（注意活動亦然），並不是它影響於直覺心而現於直覺心前而為心象。這不能與外物之現於我而為現象一律說。若說靈魂心體既是活的，則它的覺、識、意、思等活動即震動自己，使此覺識活動自己轉為認知主體（直覺主體），反而覺識它的覺識意思等活動，此即感動影響它自己而為心象矣。但是這個 說法太籠統，並不能由於它的覺識意思等活動之震動性即可馬上說此覺識意思等活動即是心象。因為很可能由於它的覺識意思等活動之震動性使它的覺識活動驚醒反而自覺此覺識意思活動之自己並不是如一心象而自覺之，乃是收歸於靈魂心體而覺之。光說它的活動之震動性並不函它的活動即是心象。依此，它的活動之成為心象只是由環境之刺激而起而滅時始然，此即靈魂心體之逐境而遷。只有當它逐境而遷時，它始成為心象，它始是以心象之身分現於覺識主體（直覺的認知主體）而為現象（內部現象），而此時吾人之直覺之之覺識亦因它的逐境而遷（起滅）而為感觸的。它感於物而起，所以直覺之覺識主體亦隨其感於物而為感觸的，此即名曰感性主體。它既成為心象，而直覺之

之覺識又是感觸地直覺之，則它必有時相與空相，而感觸的直覺亦必以時空爲形式條件以處理之。所以感觸直覺之覺心象必在時間（乃至空間）條件下始可能，即在一定的模式下始可能。

說至此，我們可以接上康德這句話：

> 因爲這個形式〔時間〕除當某種東西被安置〔置定〕於心中外，不能表象任何東西，所以它不過就是心通過它的自己的活動（即通過它的表象之置定這種置定活動）而被影響，因而亦即爲它自己所影響，其所依之以被影響的模式；換言之，它不是別的，它不過就是一種內部感覺之就這內部感覺之形式說。

時間不過就是一種模式（mode）。什麼模式？就是心在其中被影響的模式（心所依之以被影響的模式）。心如何被影響呢？心是通過它的自己的活動而被影響。何謂它的自己活動？即「它的表象之置定這種置定活動」就是它的自己的活動。因爲心是通過它的自己的這種置定活動而被影響，所以也就是心「爲它自己所影響」。時間不是別的，不過就是心在其中爲它自己所影響的模式，換言之，就是內部感覺之就這內部感覺之形式說。由內部感覺而成的內部直覺也是感觸直覺。感觸的直覺必在一定的樣式下始可能。所謂「心在其中被影響的模式」，模式即樣式義，猶普遍所謂樣子（manner）。此模式爲時間所決定或所表示，所以簡單地直說時間不過就是「心在其中被影響的模式」，也簡單地直說爲內部感覺之形式。模式是虛說，時間（形式）是實說。以上是康德那句話底

主要語脈。但我們如何了解「心通過它的自己的活動而被影響，即，通過它的表象之置定這種置定活動而被影響，因而亦即為它自己所影響」這些辭語呢？何謂「它的自己的活動」？何謂「它的表象之置定這種置定活動」？何謂「為它自己所影響」？康德只這樣說，並未詳細展示。這些辭語，初次見之，好像亦很表意。但若細按之，其確意究如何，則又不甚明白，而且甚至很不明白。

　　「心之自己的活動」，依康德之進一步的確解，就是「它的表象之置定這種置定活動」。但為什麼「通過這種活動」就可以說「心被影響」呢？又可以因而說「亦即為它自己所影響」呢？這都是極其隱晦的。又，「它的表象之置定這種置定活動」語中「它的」，康德原文為「它們的」（ihrer），凱爾巴哈（Kehrbach）校讀為單數「它的」（seiner），士密斯是根據此校讀而譯。海德格於其講康德一書中，指出此種校改為對於原文之誤解。他仍保存原文「它們的」（ihrer）而對於該語予以完全不同的解析。這尤增加麻煩。我細讀上下文，覺得這種校改是較為順適。茲依前文我對於「靈魂心體對於直覺之之心之影響」之解析，順此種校改，再將此一隱晦的整語確解如下：

　　「心通過其自己的活動，即通過它的表象（心底表象）之置定這種置定活動，而被影響，因而亦就是為其自己所影響」；當其如此為其自己所影響時，它即反而直覺其所置定之表象；時間就是心為其自己所影響而又反而直覺其如此受影響所呈現之現象（內部現象），即直覺其所置定之它的表象（關於心自己的表象）之模式或形式。在此，吾人須知：它置定它的表象之置定活動，直接所表示的就是它的直覺活動。直覺必具有時空形式（就內部直覺言，如康

德,單說時間可,其實再加上空間亦無不可),以時空形式去直覺
之,即函有一種置定活動在內。所直覺而置定之的就是關於心自己
的表象(心底表象),也就是所謂「心象」。這些「心象」不是從
外物來的,乃是從心自己來的,因為這是內部直覺之所直覺故。所
以當心置定它的心象而直覺之時,即表示它為它自己影響所而呈現
出這些心象。它如果不為它自己所影響,即不能呈現出心象,因而
它無所置定,亦無所直覺。所以康德說「心通過其自己的活動,即
通過它的表象之置定這種置定活動,而被影響,因而亦就是為其自
己所影響」。這話雖簡略,然而其實義卻就是如此。蓋心通過這種
置定活動就函它被影響,否則它無所置定,而其被影響既不是為外
物所影響,當然就是為其自己所影響。這樣補充一下,方能使那語
句豁順。至於「心為其自己所影響」,若確定地實指地說出來,那
就是內部直覺這直覺主體為靈魂心體所影響。這句話若依外物之影
響於吾心而類比地說,似乎有意義,而細按之,實無意義。這只是
靈魂心體為環境或外物所刺激,隨緣而起,逐境而轉,所呈現出之
心象,而為其感觸的覺識活動所直覺,並無所謂靈魂心體來感動而
影響於這覺識活動,因而現為心象。是以「心為它自己所影響」只
是虛比浮辭,並無實義。我們可以去掉這種虛浮無實之辭語。我們
這樣說就夠了,即:「因為這個形式(時間)除當某種東西被置定
於心中時,它不能表象任何東西,所以時間不過就是靈魂心體隨緣
而起逐境而轉所呈現之心象亦即心之表象而為感觸的覺識活動所直
覺(所置定),其直覺之之時所依之模式;換言之,它不是別的,
它不過就是一種內部感覺之就這內部感覺之形式說。」

　　海德格不贊成以「心之表象」(它的表象)代替原文之「它們

的表象」。他說這是對於原文之誤解。他說：「它們的表象不表示這表象是心底一種表象，但只表示這表象為心所置定，是表象今茲序列（now-sequence）之相續底那些純粹關係，並把這些純粹關係提薦（proposes）於接受性之前」（《康德與形上學問題》頁196，底注）。據此，海德格是把「它們的表象」意解為那些純粹關係底表象，「它們的」這一多數的領格代名詞是遙指前文「不過只是一些關係」中之「關係」而言。但是這遙指太遠了！我們看康德的語脈，很難在文法結構上找出使用「它們的」一領格代詞之根據，亦很難見出它是遙指前文的「關係」言。「它們的」一詞實是無端而來的。康德此語不過是講內部直覺所直覺的心象（內部現象）是來自「心為其自己所影響」，以及內部直覺之直覺這心象或置定這心象必以時間為其形式條件，時間所表象的就是直覺心所置定的心象，無此置定，它不能有任何表象；並不是置定那些純粹關係而表象之也。海德格維持原文之「它們的」，是想進一步說時間是「純粹的自我感應」（自我影響 pure self-affection）。康德說「心為其自己所影響」（心自己感應）是在說心象，內部直覺之所直覺者，而海德格則把這意思滑轉而為說時間自身，遂立「時間為純粹的自我感應」一義。此義固很新鮮，亦可成立，但非康德之原意。此即卡西勒（Cassirer）所謂篡奪，不是以疏解者底身分說話，而是以「篡竊者」（usurper）底身分說話。（關於海德格所講的「時間為純粹的自我感應」一義，請參看其講康德的書§34，頁193-201）。

　　內部直覺之所直覺的既只是心自己感應（心為其自己所影響）所呈現的心象，則此直覺自不能直覺到靈魂心體之自己，乃是只直

覺到它的逐境而轉所現的生滅心象，此即是上譯文後半段之所說。
上譯文之整段，康德主要目的是在辨說作爲現象的我（主體）與作
爲物自身的我之分別。內部直覺只能及現象的我，而不能及物自身
的我，由此說到那能及物自身的我者乃是智的直覺，而不是感觸的
直覺，並進而說智的直覺之意義與作用。海德格由康德之「心爲其
自己所影響」而呈現心象，心現於它自己，而不是在其自己，轉而
說「時間是純粹的自我感應」，以之說時間，並因而說自我之時間
性，以及其有限性，而絲毫不及現象與物自身之分別，此即將康德
所說之「心爲其自己所影響」一義埋沒。將「物自身」一層割掉，
而只由「自我影響」說時間，說有限的我，這顯然喪失康德的語
脈。

　　康德接上所疏解之語句，即說：

> 凡通過一感覺而被表象的東西至今總只是現象，因此我們必
> 須或者不承認有一種內部感覺，或者必須認知：那作爲這
> 〔內部〕感覺底對象的主體（subject）能通過它〔主體〕之
> 只爲現象而被表象，而不是通過它之判斷它自己而被表象，
> 即不是通過該主體之爲這樣的而被表象，即：如果該主體所
> 具有的直覺只是自我活動（self-activity），即是說，只是理
> 智的（intellectual），則該主體必是只判斷它自己（that
> subjcet would judge of itself）。

此一長句表示的非常清楚。我們確有一種內部感覺，因而亦確有一
種內部直覺，然而內部感覺所表象的主體，亦即內部直覺所直覺到

的主體，只是那作爲現象的主體，而不是那作爲物自身的主體。內部直覺只是感觸的直覺，所以它所表象的只是那主體之現象。「如果該主體所具有的直覺只是自我活動，即只是理智的」，而不是被影響的，接受的，「則該主體必是只判斷它自己」。所謂「判斷它自己」即是發自該主體的那「只是自我活動」的，「只是理智的」直覺只表象一不，只呈現該主體自己，只如其「在其自己」之所是而呈現之，不是離散之爲一些生滅的心象而表象之，如感觸的直覺然。康德在這裡是以「該主體判斷它自己」表示該主體之「在其自己」義。如果主體所發的直覺是感觸的直覺，此直覺所及只是心象，則便不是「該主體判斷它自己」，乃是通過感觸的直覺而只判斷它的心象，即不是如主體之爲「在其自己」而判斷之，而是把它視作現象而判斷之。

我們期望對於我的眞主體有一直覺，但所直覺的卻只是該主體之現象，而不是該眞主體之自己，是即等於說對於該眞主體自己不能有直覺，因爲吾人 的直覺不是「理智的」故。這就是一個困難。這困難就是「一個主體如何能內部地直覺它自己」。照康德的說法，它能內部地直覺它自己，但只是依感觸的內部直覺它自己爲一現象，而不是依智的直覺直覺它自己爲一「在其自己」者。但如果只是直覺之爲一現象，就等於未能直覺之。那眞主體自己仍未能呈現，所呈現的只是生滅心象。這困難仍未解消。這困難底解消，依吾人的說法，必待智的直覺之出現。但康德不承認人有智的直覺。

康德進而說：

　　自我底意識〔統覺〕就是這個「我」（I）底單純表象，而
　如果那一切在主體中是雜多的東西是爲「自我之活動」
　（activity of self）所給與，則內部直覺必是理智的。在人這
　方面，這種意識要求對於那「先行的（antecedently）被給
　與於主體中」的雜多有一內部的知覺，而「這雜多於其中被
　給與於心」的模式，當作非自發的看，必須名曰感性。

案：康德在範疇之超越的推述中提出「超越的統覺」
（transcendental apperception），由此統覺攝直覺所給的一切雜多
而統屬於「我」以爲我之所思。故此統覺亦反而表象一個常住而不
變的「我」，吾人由此統覺可以意識到一個我，故此處康德云：
「自我底意識（統覺）就是這個我底單純表象」。但吾人意識到
「我」並不表示即知道「我」。是以由統覺所意識到的常住而不變
的「我」只是一個「我」之概念，一個形式意義的我。要想對於此
「我」有一知識，我必須對之有直覺。直覺給與吾人以「雜多」
（manifold）。所謂「雜多」意即特殊而具體的象，就「我」這主
體言，便是「心象」。如果在這主體是雜多的東西只爲「自我之活
動」所給與，即，單由自我之自發的活動即可給出，而不須經由其
受影響而被感動，則內部直覺必純是理智的，而不是感觸的，接受
的。但是在人這方面，並無這種直覺。我意識到「我」，我亦要求
對於此我有一「內部的知覺」（說內部直覺亦可）。知覺所覺知的
當然是雜多。但此雜多之給與於心（給與於主體）是心之受影響被
感動而呈現出，此即雜多給與於心之模式是被動的，而非自發的，
因此，此模式即是感性之模式。「雜多給與於心」之模式是感性

的，故直覺此雜多的直覺亦是感觸性的，而非理智的。

心如何受影響而給出雜多？康德說這是心為其自己所影響。這是一句糊塗話，至少也是一句籠統的恍惚話。究其實，只是一句虛比浮辭。這已明之於前。康德在此復如此云：

如果這「要去意識一個自我」底機能（faculty）想去尋求出（去攝取）那處於心中者〔案即處於心中的雜多〕，則它（這機能）必須影響這心，而亦只有在此路數中它始能對於它自己有一直覺。但是這種直覺底形式，（此形式是先行地存在於心中），在時間之表象中，決定「雜多在其中集聚於心」的模式，因此，它〔那機能〕直覺它自己不是當作「如果它是直接地自我活動的，它必只表象它自己」〔這種它自己之自體〕而直覺之，而是當作「它為它自己所影響」而直覺之，因此，也就是當作「它現於它自己」而直覺之，而不是當作「它之如其所是」而直覺之。

「這要去意識一個自我底機能」，簡單地說，就是「意識自我底機能」，此「機能」是虛籠著就「心」而綜說。心通過它的統覺作用意識到一個常住而不變的自我；但光意識到自我不表示知道自我。如果它要想進一步知道自我，它必須去攝取那處於心中的雜多。攝取心中的雜多就是心對於自己有一直覺，就是心直覺它自己。在此，康德隨「心攝取心中的雜多」籠統地混含地說「它必須影響這心」。此就是說「心必須影響心」，那意識自我底機能（心）要想去攝取那處於心中的雜多，它必須影響它自己。這是一個十分含糊

的說法。如果清楚地表示出來，當該是如此：意識自我底機能要想
進一步去攝取那處於心中的雜多，此機能必須轉成一種直覺，去直
覺那雜多，攝取雜多就是直覺底作用；但是它要想去攝取雜多，轉
成直覺去直覺雜多，則它必須爲它自己所影響。綜起來，總只是心
影響心，但卻要分賓主。在此，只能說「它必須爲它自己所影
響」，而不能說「它必須影響這心」。因爲這個「它」是承那機能
之去攝取雜多說，這已變成一直覺主體了。一變成直覺主體，則它
即是被動的，接受的。旣是被動的，接受的，則它只能被影響，而
不能影響。康德在此含混地說「它必須影響這心」，豈不是不分賓
主，而且混被動爲主動？這就增加了糊塗。這機能變成直覺主體，
是被動的，接受的，則它所接受的雜多就是現於它眼前的心象，而
這心象就是那靈魂心體來感動而影響於這直覺主體而呈現出者。這
只是虛比地說，其實只是那靈魂心體之逐境而遷之所呈現出者。直
覺主體所直覺的就是這些逐境而遷的心象，並未直覺到那靈魂心體
之自己。康德的目的只在說此義。此即最後一句之所說。

　　不管是作爲感性主體的直覺，抑或是想像，抑或是知性主體底
知解（判斷）以及其統覺，我們可以說都是靈魂心體在認知關係上
所顯的一些作用或形態。我們由「統覺」作用意識到一個常住而不
變的「自我」，此即靈魂心體之自己，亦可以說是眞主體，眞我。
依康德，我們要想對於此眞我自己有知識，不只是意識到，則必須
仍依感性主體底方式去直覺它。但是依感性底方式去直覺它，所直
覺的仍只是些心象（內部現象），而不是這眞我之自己。要想直覺
到這眞我自己，這直覺必須是理智的，而不是感性的。對於這智的
直覺底特性與作用，康德所繼承於傳統的說法者是：

⑴就其為理解言，它的理解作用是直覺的，而不是辨解的，即不使用概念。

⑵就其為直覺言，它的直覺作用是純智的，而不是感觸的。

順此兩線說，聖多瑪已有很好的體會（就神智說）。康德亦繼承之而不悖。但康德在此還有進一步的體會：

⑶智的直覺就是靈魂心體之自我活動而單表象或判斷靈魂心體自己者：「如果該主體所具有的直覺只是自我活動，即只是理智的，則該主體必只判斷它自己」；「如果它是直接地自我活動的，它必只表象它自己」。

⑷智的直覺自身就能把它的對象之存在給與我們，直覺活動自身就能實現存在，直覺之即實現之（存在之），此是智的直覺之創造性：「如果那一切在主體中是雜多的東西是為自我底活動所給與，則內部的直覺必是智的直覺。」

有這四種特性的智的直覺，康德以為不是我們人心所能有的，只當歸諸神心。於是，康德說：

> Ⅵ.在自然神學裡，當思考一個對象〔上帝〕，祂不只是從未對我們而為直覺底一個對象，且甚至對祂自己亦不能是感觸直覺之一對象，〔案：上帝無感觸直覺，「感觸」一詞對於上帝根本不能說〕，當如此思考之時，我們很小心地把時間與空間之條件從祂的直覺上移除——因為一切祂的知識必須是直覺，而不是思想，因為思想總包含著限制。但是，如果我們先已使得時間與空間成為「物自身」之形式，而且當作事物底存在之先驗條件看，縱使事物本身被移除，而它們

（時間與空間）亦必仍然自持而留存，〔如果是這樣〕，我們以什麼權利能去把時間與空間從祂的直覺上移除呢？當作一切存在一般〔一般說的一切存在〕之條件看，它們必須也是上帝底存在之條件〔案：此句有問題〕。如果我們不能這樣視它們為一切事物之客觀形式，則唯一另樣的想法便是去把它們視作我們的內部與外部直覺之主觀形式，這直覺〔無論是內部或外部〕是叫做感觸的直覺，即以其是感觸的，所以它不是根源的直覺（not original），即是說，它不是像「其自身就能把它的對象之存在給與我們」那樣的直覺——這樣的一種直覺，只要當我們能判斷時〔即只要當我們能說這樣的直覺時〕，它只能屬於「根源的存有」〔元有 primordial being〕。至於我們的直覺模式則是依靠於對象之存在，因而亦只有當主體所有的表象機能為那個對象所影響時，它才是可能的。

這種在空間與時間中行其直覺的直覺模式不需限之於人類的感性。一切有限的，能思考的存有在這方面皆必然地與人類相契合，這或許也是可以的，雖然我們不能判斷這是否現實上是如此。但是，不管這種感性底模式可是如何地普遍的，它不能因此就不是感性。它是次級的直覺（derivative intuition, intui tus derivativus），而不是根源的直覺（original intuiti on, intuitus originarius），因而也不是一智的直覺（an intellectual intuition）。依上面所述的理由，這樣的「智的直覺」似乎只屬於根源的存有〔元有 primordial being〕，從不能歸給一依待的存有（dependent being），依待是在其存在以及在其直覺兩方面皆依待的依待，而這依待的存有通過那種直覺決定它的存在是只在關聯於特定對象中的存在。〔Smith 在此注云：「或可較自由地譯爲：通過那種直覺，意識自己的存在是只在關聯於特定對象中的存在。」〕但是，這層注解必須只可視作我們的「感性說」（aesthetic theory）之一說明，而不可視作足以形成論證〔證明〕之部分者。

案：此段文是〈對於超越的攝物學之一般的省察〉中最後一段，即標識之爲Ⅳ者。此Ⅳ段以及上所譯之Ⅱ段皆爲第二版所增加者。第一版之〈省察〉原只有Ⅰ段，（Ⅰ，Ⅱ，Ⅲ，Ⅳ之標識亦爲第二版所增加），在此Ⅰ段中，康德一方面說明他的現象與物自身之分與來布尼茲的清明知覺與混濁知覺之分之不同，以及與拉克的初性次性之分之不同，一方面藉幾何學的知識之說明，證明他的時空說爲必然。第二版的〈省察〉更爲詳盡而完整。就所加的Ⅱ與Ⅳ言，Ⅱ是就內部直覺與「自我」的關係說明現象與物自身之分，並說明作爲物自身的自我是不能被知的，要想知道，必須有一種智的直覺。在此，特顯了智的直覺與作爲物自身的自我（廣言之，與物自身）之關係，並特顯了智的直覺之意義與作用。就Ⅳ言，此段正式說明智的直覺，即「其自身就能把它的對象之存在給與我們」的那種直覺，非感性的直覺，創造性的直覺，根源的直覺，只能屬於上帝（元有），而不能屬於人類，即不是我們人類這有限的存在，依待的存在，所能有的。這一完整的〈省察〉是一綜綱。第二版的〈現象與物自體〉章亦簡潔地宣稱此義，與此綜綱相呼應。第二版所重

寫的〈超越的推述〉亦隨時提醒此義。這並非說第一版無此義,但不如第二版之鮮明與完整。

我現在再摘譯第二版重述的〈範疇之超越的推述〉中文以明康德隨時區別我們的知性與直覺的知性之不同,我們的直覺與智的直覺之不同。

康德首明「統覺底綜和統一之原則是知性底一切使用之最高原則」。直覺所給的雜多必須服從「統覺底根源的綜和統一」,這樣,雜多才能統攝於一起而成為一個對象。這種統攝是以純粹概念(範疇)去統攝,也就是去統思,在這裡表示了「我思」,也表示了這「同一自我」,也表示了一切直覺中的表象皆被歸給於這同一的自我而綜和地結合之於一個統覺中而為我的表象(my representations),即隸屬於「我」的表象。在此情形下,「我思」就是「我知」,以範疇去思之,就是對之先驗地有所知,因為有直覺供給雜多故。知性底作用是「思想」,但是因為有直覺,即是有所思,有所知。若無直覺,則是空思,空思不能成知識。知識是知性與感性(直覺)合作底成果。在此種合作中顯出我們人類的知性與直覺之特色:知性是辨解的,而非直覺的;直覺是感觸的,而非理智的。知性只能思,而不能供給雜多,直覺能供給雜多,而又不能思。就知性言,因為它只能思,而不能供給雜多,所以它必須用概念去綜攝來自感性的雜多以成其思,這裡就顯出它的綜和統一底作用,也就是它的統覺作用。統覺不是直覺的,而是概念的,這就是所謂辨解的(discursive),這是我們的知性活動之特色:它必須利用或憑藉一些形式條件或形式概念這些虛架子始能成其思解的活動。在它的經驗的使用中,它要利用經驗概念以及一些邏輯

手術邏輯形式以成功一經驗的知識。在它的純粹使用中，它要利用純粹概念（範疇）以成功一純粹的先驗知識，此是它的經驗使用以及經驗使用中的邏輯使用之超越的根據。不管在它的經驗使用中或純粹使用中，它總是有憑藉概念以形成一種「綜和統一」的作用。它必須呈現這種作用，也就是說，在此種方式下，它始能成功其知解底活動，也就是說，能有知識。這種作用或方式，我曾名之曰知性之曲屈性，此是相應英文" discursive "一詞而說的，也是對它不是「直覺的」而說的。直覺的知解是直而無曲，辨解的知解是曲而能達——藉概念而達（伸展）。這種藉概念而達就是它的封限性（ finitude ），曲屈性必然地函著封限性。它對應著非它自身所能提供的雜多而活動，因此它呈現了它這種曲屈性與封限性；它服務於直覺，它不是創造的知解，只是認知的知解，因此，它呈現了它這種曲屈性與封限性。康德是很能認識知性這種特性的。他作〈範疇之超越的推述〉，是就知性之純粹使用說，故說「統覺底綜和統一之原則是知性底一切使用之最高原則，」但他於說明這原則後，即繼之點醒說：

> 但是，這個原則不是可取來應用於每一可能的知性的，但只可應用於那種知性，即通過它的純粹統覺，（在「我在」之表象中的純粹統覺），沒有雜多可被給與的那種知性。一種知性，若通過它的自我意識就能把直覺底雜多提供給它自己，那就是說，一種知性，若通過它的表象，對象底表象即同時存在，則此種知性就意識之統一說，必不需要有一種關於雜多之特殊的綜和活動。但是，就人類的知性說，它只是

思,而並不能直覺,那種活動才是必要的。實在說來,我們
對於任何其他可能的知性,或是其自身就是直覺的那種知
性,或是它可以有一種居於其下的感觸直覺模式,但這感觸
直覺模式不同於那在空間與時間中的感觸直覺模式,這種知
性,不管對於那種可能的知性,我們實不能形成一點概念,
〔即對之無些微概念〕,這一層意思是人類知性底第一原
則,因而也就是對人類知性是不可少的原則。(《純理批
判》,士密斯譯本頁157)。

案:此最後一句說「人類知性底原則」,此「原則」實只是限制原
則,即限制人類知性底特性的原則。人的知性只是這種有曲屈性與
封限性的知性,即需有一種「特殊的綜和活動」的知性。除此以
外,再沒有其他可能的知性可被思議。不能形成概念,即是不可思
議。那些「其他可能的知性」,既是可能的,當然是可思議的,但
不屬於人類所有。人類實際上實無此種知性,故就人類言,我們對
於此種可能的知性不能形成些微的概念,即不可思議。那或是屬於
神的,或是屬於其他有限存在的,但不屬於人類的。所以這一種限
制(排除)乃是人類知性底第一原則,對人類知性言,也是不可少
的原則。

　　就「知性」言,人類的知性只是辨解的(曲屈的),而不是直
覺的。人類知性需要一種對于雜多之特殊的綜和,綜和必須用概
念。若是先驗的綜和,便須用純粹概念(範疇)。此在人類知性上
亦不可少。但是,若是直覺的知性,則範疇便無意義。康德說:

但在以上的證明中，有一特色我不能抽掉，即是說，被直覺的雜多必須先於知性底綜和而被給與，而且獨立不依於知性底綜和而被給與，這個特徵（feature）我不能抽掉。如何有這情形，這裡且存而不論〔留而不決〕。因為假定我思一知性它自身就是直覺的（例如一神的知性，它決不是把一些特定的對象表象給它自己，但卻是通過它的表象，即神知所具有的表象力，那些對象本身一定可被給與或被產生），則就這樣一種知識模式說，範疇必無任何意義。範疇只是為這麼一種知性而有的規律，即其全部能力只在思想，即是說，只在一種活動，由於此活動，它把一雜多之綜和（雜多是從別處在直覺中而給它的）帶到統覺之統一，這麼一種知性，只為這樣一種知性而有的規律。因此，統覺之統一這一機能其自身不能知道任何事，不管是什麼，但只結合並排列知識之材料〔即直覺〕，而這材料則必須為對象所給與——給與於它〔……〕（同上，頁161）。

案：此段首句所謂「在以上之證明中」，即證明「一切感觸直覺皆服從於（隸屬於）範疇，以範疇為條件，只有在這些條件下，感觸直覺底雜多始能集和於一整一意識中」。這是純粹概念（範疇）底超越推述之開始。「在此推述中，因為範疇單只在知性中有它們的根源，獨立不依於感性，所以我必須把一經驗直覺方面的雜多於其中被給與的模式抽掉（即把經驗直覺處的雜多所依以被給與的模式即感性模式抽掉），而必須只注意於那統一，即藉著範疇，由於知性，而進入直覺中的統一」。（同上，頁160-161）。在知性憑藉

先驗範疇而成的綜和統一處，我們是注意感觸直覺底雜多之隸屬性
（上屬性），是以知性底綜和統一為主的，這是從上說下來。所以
這樣說，乃為的要顯示這統一單由範疇而成，故必須抽掉雜多被給
與的模式。但是知性底綜和統一並不是創造性的，雜多並不是由它
的統一而創造出，故其所綜和之雜多必須先於其綜和而早已存在，
「雜多必須先於它的綜和而被給與，而且獨立不依於它的綜和而被
給與」，「雜多是從別處在直覺中而給與它的」。這一點是不能抽
掉的。要說知性底統一之純粹性，先驗性，自發性，即說它獨立不
依於感性。要說雜多之給與，感觸直覺之接受性，就說它獨立不依
於知性，先於知性底綜和而給與。此後者何以會如此，康德說「在
這裡存在不論〔留而不決〕」。其實很簡單，只因我們的知性非創
造故，我們的直覺是感觸故。

　　「假定我思想一知性其自身是直覺的，……則範疇必無任何意
義，」也無所用其統一。直覺的知性就是創造的知性，「它不是把
現成的特定的對象表象給它自己，乃是通過它的表象，對象自身即
被給與或被產生。」所謂「通過它的表象」，意即通過它自身底表
象力，表象活動，並不是意謂它所有的自外來的表象。「通過它自
身底表象力，表象活動，對象自身即被給與或被產生，」那就是
說，在直覺的知性之表象活動中，對象自身即存在，它直覺地知之
即存在之，並不是先有存在，然後它去綜和之。在這裡，沒有綜和
統一，也無所用於概念。此即謂創造性的知性。直覺的知性與理智
的直覺是同意語，都是創造性的。在這裡，範疇自無任何意義，即
失其作用。

　　這樣一種創造性的知性如何可能呢？康德說，在我們人類是不

可能有這樣的知性的,我們對之不能形成些微概念。這是屬於上帝的,故曰「神的知性」(divine understanding 神知)。

　　三十年前,我在西南聯大哲學系有一次講演,講建立範疇、廢除範疇。當時聽者事後竊竊私語,範疇如何能廢除呢?我當時覺得他們的解悟很差。我說此義是以中國哲學為根據的。我當時亦如通常一樣,未能注意及康德隨時提到智的直覺,與直覺的知性,我只隨康德所主張的時空以及範疇只能應用於經驗現象而不能應用於物自身 (這是大家所知道的),而宣說此義。現在我細讀康德書,知道兩種知性,兩種直覺底對比之重要,即從此即可真切乎此義。此為康德所已有之義,只是他不承認人類有此直覺的知性而已。但在神智處,範疇無任何意義,範疇即可廢除。假若在人處亦可有此直覺的知性、智的直覺,範疇亦可廢除。廢除範疇有何不可思議處?於以一見一般讀哲學者,甚至讀康德者,解悟與學力之差!

　　至於在人類認知的知性處何以定須有範疇,此須覆看前文第五及第六兩章。若只順邏輯的涉指格說,康德所說的存在論意義的範疇亦不必要。但人類認知的知性 (辨解的知性) 總需要有些形式概念則是必然的。此則無可疑。

　　我們的知性需要概念,而概念又只能應用於經驗現象,即應用於感觸直覺之雜多。就內部感觸直覺說,牽涉到「自我」底問題。我如何能以範疇而知自我?此則必須有內部直覺以為底據。但內部直覺既亦是感觸的,則以此直覺為底據而知的「自我」亦只是現象,即現於我自己的「我」,而非在其自己的我。在康德那時以為認知「自我」乃是一困難的問題。因為自我,大家皆意許為一真常純一不變的我,是一真主體,亦即靈魂不滅的那靈魂心體。我如何

能認知這眞主體呢？這自我之意識是由「我思」而意識到，依康德的說法，是由統覺底統一而意識到。但意識到不等於知道。

康德說：

> 思的我（the I that thinks）如何能不同於直覺它自己的我
> （the I that intuits itself）（因爲我仍能表象其他種直覺模
> 式爲至少是可能的），〔雖然不同〕，而因爲是同一主
> 體，又能與這後者〔即直覺其自己的我〕爲同一〔這如何
> 可能呢？〕；因而又，我如何能說：當作一審智體與思維
> 主體看的我，在當我之被給與於我自己是當作某種不同於
> 或超出於我之被給與於我自己於直覺中的東西而被給與
> 時，〔這個審智體的我它〕知道我自己，即把我自己當作
> 一對象〔其本身是思想這種對象〕而知之，但知我自己又
> 像其他現象一樣，只是當作「我現於我自己」而知之，而
> 不是當作「我是於知性」（I am to the understanding）而
> 知之，〔我如何能這樣說呢？〕──這些問題其困難適同
> 於「我如何能對我自己爲一對象」，或更特殊地言之，
> 「我如何能是直覺底一個對象以及內部知覺底一個對
> 象」。（士密斯譯本，頁167）

開頭那兩個表示問題的長句頗爲隱晦，須要清理一下。

關於第一個問題，「思的我」（the I that thinks）意即能思或在思的那個我，此亦即等於「我思」的另一種說法，此即是作爲「思想主體」（thinking subject）的我。思想主體不是思想底主體

（subject of thought），乃是思想即主體，思所表示的我即主體。
「直覺它自己的我」（the I that intuits itself）意即去直覺它自己
的那個我，此即等於說「我直覺我自己」。「我思」之我與「我直
覺我自己」之我是有點不同的，可以區別的。「我直覺我自己」
（直覺其自己的那個我），此中所謂直覺，是康德通常所說的直
覺，意即感觸的直覺，吾人現有的直覺。因是這種意義的直覺，所
以「我思」之我（思的我）與「我直覺我自己」之我（直覺其自己
的那個我）當該有點不同。而在此康德附以注語云：「因為我仍能
表象其他種直覺模式為至少是可能的」。此其他種直覺模式，康德
心目中是指「智的直覺」說。何以要加此注語以增加麻煩？其意似
乎是：如果是智的直覺，則「直覺其自己的那個我」與「思的我」
便沒有什麼不同。因為智的直覺是主體之自我活動，而在此自我活
動中，雜多即可被給與，此是創造性的直覺，非是在能所關係中被
動的直覺，感觸的直覺。然則此種直覺即是思，而思是直覺的思，
非概念的思。如是，兩者便沒有什麼不同，不能有區別。現在康德
是想說這兩者不同，可以區別開，所以直覺意許為感觸直覺，思意
許為概念的思（辨解的思），而感觸地直覺其自己的那個我（我感
觸地直覺我自己）與概念地辨解地思的那個我（我概念地辨解地
思）當該有不同而可以區別開。雖然可以區別開，而因為是同一主
體（我思之我與我直覺我自己之我是同一主體，同一個我），所以
「我思」之我又可以與「我直覺我自己」之我為同一。這一轉折無
甚重要。

　　如是，這一個長句子所表示的問題可以如此說：

　　「我思」之我與「我感觸地直覺我自己」之我有不同，雖然不

同，而因為是同一主體，所以前者又能與後者為同一，我如何能就此同一個我而將前者與後者區別開呢？

依康德後文的表示，由思所表示的「我」，由統覺底統一所表示的「我」，亦即所意識到的「我」，乃單純地只是「我在」（I am），單純地只是意識到有一個我，既不表示是「我之在其自己」，亦不表示是「我之現於其自己」，此即是「我思故我在」一語之實義。依康德，「我之在其自己」與「我之現於其自己」是關聯著兩種直覺而說的，是有決定意義的。前者是關聯著智的直覺而說，後者是關聯著感觸直覺而說。而由思所表示的我卻單純地只是「我在」，只是意識到（不是知道）有一個我，是沒有決定性的。這樣，我思之我與我直覺我自己之我當然有不同。我思之我是空頭的，抽象的，沒有任何決定的；而直覺我自己的我則是有決定的，㈠它要直覺它自己，它落於主客關係中而為主位，㈡它感觸地直覺它自己，它自己又落於客位中而為現象，綜起來，在直覺關係中的「我」是有決定性的我：就被直覺言，是現象，就能直覺言，是感性主體。康德問：這兩個我如何能區別開？當作如上的疏解時，其辭意中已函著有區別。所以這問題等於說：從「我思」之我如何能轉成「我感觸地直覺我自己」之我？這又等於說：我意識到的那個空頭的「我」如何能是感觸直覺底一個對象？（因為康德不承認人有智的直覺，所以他並不問「我如何能是智的直覺底一個對象？」）這又等於說：所意識到的那個「我」如何能是認知底對象？我如何能知之？我如何能知我自己？這就轉到第二問題。

第二問題我如何能說：「我知道我自己」這話呢？這是簡單的說法，康德表示的非常複雜。「作為睿知體與思維主體的我知道我

自己，而其知我自己又像其他現象一樣，是只當作『我現於我自己』而知之，而不是當作『我是於知性』而知之，」這意思如何能說呢？康德的長句子，其主要脈絡只是如此。但於「知道我自己」下又有附加語。「知我自己」即把「我自己」作一對象而知之。這對象是什麼意義的對象呢？即其本身是「思想」。我即以這思想主體爲對象。作爲思想主體的我知道這思想主體，即知道它自己。當說以它自己爲對象時，是虛擬這「思想主體」爲對象。以此「思想主體」爲對象，此對象之給與於我自己（即原文之「我給與於我自己」）是設擬地給與，而非在直覺中之給與，故原文云：「是當作某種不同於或超出於『我之給與於我自己於直覺中』的東西而被給與」。這不同於「給與於直覺中」的給與顯然是設擬的給與，即設擬此「思想主體」以爲對象。然則康德的原文可如此表示：

作爲思想主體的我，在當「此我給與於我自己」是當作某種不同於或超出於「此我之給與於我自己於直覺中」的東西而被給與時，我即設擬此思想主體的我以爲對象而知之，此即是我知我自己，而我知我自己也與其他現象一樣，是只當作「我現於我自己」（I appear to myself）而知之，而不是當作「我是於知性」（I am to the understanding）而知之，這如何可能呢？

「我是於知性」即我之單對於知性而爲「我在」（我之是什麼）。這個「我在」是絲毫沒有具體的規定，它既不是在感觸直覺中的「我現於我自己」──現象，亦不是不在感觸直覺中而爲「我之在我自己」（I am in myself）──物自身。它是與所設擬的思想主體之我相應。「不是當作『我是於知性』而知之」，意即不是如其爲一思想主體之我而知之，而是如其具體地感觸地現於我而知

之。

以上兩個表示問題的長句已弄明。康德說這兩個問題其困難適同於「我如何能對於我自己是對象」，或「我如何能是直覺底一個對象？」這問題之困難。但實亦並無困難，我實可知我自己。我如何能知我自己？康德進而答說：

如何必須如此，實在說來，這是很容易因以下之事實而表示，（如果我們承認空間只是外部感覺底現象之純粹形式時），即：除在一條線之形象（image）下，我們不能為我們自己得到一時間之表象（時間之表象不是外部直覺底一個對象），我們描畫這線之形像，而且只有因此描畫線底模式，我們始能知道時間底度向之單一性〔時間是一度〕。〔因此事實，我們可以表示「我實能知我自己」〕。同樣亦可因以下之事實而表示，即：在一切內部知覺上，我們必須從那於外部事物所顯示給我們的變化引生出時間長度決定或時間點底決定，因此，內部感覺底一些決定必可當作現象被排列在時間中，這恰如我們把外部感覺底那些決定排列之於空間中一樣。〔因此事實，我們可以表示「我實能知我自己」〕。因此，就外部感覺方面說，如果我們承認只有在當我們是外在地被影響時，我們始能知道對象，則就內部感覺說，我們也必須知道：只有在當我們是內在地為我們自己所影響時，我們始能憑由著內部感覺而直覺我們自己；換言之，就是：當論及內部直覺時，我們知道我們自己的主體是只當作現象而知之，而並不是當作「它是在其自己」而知

之。（士密斯譯本，頁168）

這意思很簡單，但康德說的這麼囉嗦！這只是說，只有當內部感覺底現象（決定）被表象於時間中時，我們始能知我們自己；也就是說，只有當我們為我們自己所影響，我們自己的「我」顯現到內部感覺這感性主體前而為現象（心象）而且被排列於時間中時，我們始能知道我們自己的主體。只有在此方式（模式）下，我始能知我自己，除此以外，再無其他方式。但在此方式下所知的「我自己」只是當作現象看的「我」，而非「在其自己」的我。但是即因此故，我們同樣亦可以說：在此方式下所知的「我」只是一個假我，一個由時間串所貫穿的心象而結構成的我，一個結構的我，而非是那純一常住而不變滅的真我。即「在其自己」所表示的真我，此「在其自己」之真我仍是不可知的，此即等於說我仍未知我之真我。

依中國哲學底傳統說，知心象的假我，並不困難。問題是單在如何能知真我。而康德卻把知我之困難落在感知上說，以內感之被表象於時間中來解消此困難，以為如此便可以說明我之知我自己。如果知我自己只是這種感知，即可以說這種知自始即是沒有困難的，用不著如此張皇。這是把一個真困難的問題滑轉成一個假困難的問題，而為真問題者卻被置諸「六合之外」而在「存而不論」之列（永不可知）。

所以最後的問題乃在：我如何能知真我？我如何能以智的直覺來直覺那作為「在其自身」的真我？智的直覺如何可能？而不是：我如何能內部地為我自己所影響而感觸地知心象之假我，這問題。

（康德說成這問題，所以只答之以只要承認時間爲內部感覺之形式即可。這實不是解答，只是同語重複地對於一事實之陳述。因爲當說感知地知心象之我時，既是心象，自然有時相，甚至有空相，中國哲學中所謂有方所。但「我如何能知眞我」，這卻眞是一問題而需要有一解答。康德心中有一成見，以爲這眞我是不能知的，所以把問題轉成「我如何能知我」，答之曰我只能感觸地知之。當其設問「如何能知」時，其心目中之知即是感觸地知，故其解答只是同語重複。可是當我們意識到「我」時，其函意卻是意許爲純一不變的常體。所以原初的問題單只是如何能如其爲一純一不變的常體而知之，而不是如其爲一現象，爲一串心象，而知之。）

關於意識到我與知道我之不同，康德進而說明如下：

> 另一方面，在表象底雜多之超越的綜和中，因而亦就是在統覺之綜和的根源的統一中，我意識到我自己，不是當「我現於我自己」而意識之，亦不是當作「我在我自己」而意識之，但只是當作「我在」而意識之。「我在」（I am）這一個表象是一種思想，不是一種直覺。現在，要想去知道我自己，則須在思想底活動以外，（思想底活動是把每一可能直覺底雜多帶至統覺底統一上），需有一決定的直覺模式，雜多可因之而被給與。因此，雖然我的存在實不是一現象（當然亦非是純然的幻象），然而我的在在之決定只在依照「我所結合的雜多所依以被給與於內部直覺」的特殊模式而與內感之形式相契合〔相符順〕中始能發生。依此，我對於作爲「我在」的我自己是沒有知識的，但只對於作爲「我現於我

自己」的我自己而有知識。如是，自我之意識是很不同於我之知識的，縱然一切範疇，通過一整一統覺中的雜多之結合，它們可以用來去構成一對象一般之思想，〔縱然是如此，自我之意識亦不同於自我之知識〕。恰如在一「不同於我」的對象之知識上，除（在範疇中）一對象一般之思想外，我需要有一直覺以決定那一般的概念，所以在對於我自己的知識上，除那意識以外，即除我自己底思想外，我亦需要有一我心中的雜多之直覺，藉以決定這個思想。我作一智思體（as an intelligence）而存在，它只意識到它的結合力；但是就它所要去結合的雜多說，我須服從一限制條件（此名曰內部感覺），即是說，這個結合只有依照時間之關係始能成為可直覺的，這些時間關係嚴格地視之，是完全處於知性底概念之外的。因此，這樣一個智思體其知其自己只有當作「它現於它自己」始能知之，〔「它現於它自己」是就一種不是智的而且亦不能為知性自身所給與的直覺而現於它自己〕，不是當作「如果它的直覺是智的直覺，則它必知它之在其自己」這樣而知之。〔原譯文是「則它必知它自己」，只說「它自己」不清楚，故改為「則它必知它之在其自己」〕。（士密斯譯本，頁169）

案：此段文正式表示由統覺之統一所意識到的「我」既不是「我之現於我自己」，亦不是「我之在我自己」，而乃單純地只是「我在」。意識到只是思到，所以「我在」這個表象只是一種思想，不是一種直覺。因此，意識到我，思到我，並不即等於知道我。要想

知道我，必須在思想底活動之外，有一種決定的直覺模式。直覺模式或爲感觸的，或爲非感觸的即理智的。感觸的直覺足以使我知道「我現於我自己」，智的直覺足以使我知道「我在我自己」。前者是康德所許可的眞正的知識，後者則認爲不可能，因爲我們人類沒有智的直覺，所以亦無知「我在我自己」那種知識。現在我說，我依中國哲學底傳統，我承認人可有智的直覺，所以亦可有知「我在我自己」，擴大言之，知「物物之在其自己」，那種知識；但即使有此種知識，而依智的直覺之知亦與那依感觸直覺之知不同。此不同，依康德所已恰當地表明的說，即在依感觸直覺之知是直覺與思想兩絕異成分之合作，而思想亦需要有概念以及由概念所表示的統一；而依智的直覺之知，則直覺即思，思即直覺，旣不需要有概念，亦無所用於統一，是以此種知是創造的知，非認知的知，亦可以說知而無知，無知而知，是謂一切知，（此一切不是由概念所表示的），旣無知相，亦無知的意義，仍是具體地朗照一切朗現一切，體物而無所遺——依在其自己而朗照而朗現，用於「我自己」，即依「我之在我自己」而朗照而朗現。

康德旣只承認依感觸直覺之知，故此知所知的我只是一現象的我，一假我，一結構的我。雖是假我，卻是眞正地具體地知道了的我。由統覺底統一所意識到的我，亦即所思的我，旣單純地只是「我在」，則此「我在」即只是一種抽象的思想，旣只概念上意識到有一個我，除此以外，再沒有任何特殊的（具體的）決定。此單純地「我在」不是一個現象，因爲它只是一種思想故；亦不是一種幻象，因爲依思而必有故。它雖然不是一現象，亦不是一幻象，但是要對於它（我的存在）要有一種特殊而具體的決定卻必依感觸的

內部直覺之模式與內部感覺之形式（時間）相契合始可能。此即是
說，它不是現象，我們必須這樣決定之，始能使它轉成客觀的現象
而爲吾人所知的對象。此時，它既不是一思想，亦不是一「在其自
己」。

康德在此「我的存在之決定」處有一附注云：

> 「我思」表示決定我的存在之活動。存在早已因此「思」而
> 被給與，但是「我依以（或於其中）決定這存在」的模式，
> 即是說，屬於此存在的雜多，卻不因此思而被給與。要想此
> 雜多能被給與，自我直覺（self-intuition）是需要的；而這
> 樣的直覺則是爲一先驗形式即時間所制約，時間是感觸上
> 的，且是屬於對於我心中可決定的東西之接受這接受上的。
> 〔案：時間是內感之形式，故是屬於感觸上的東西，時間本
> 身並不是可感觸的。感性即是接受性，故時間是屬於接受上
> 的東西〕。現在，因爲我並沒有另一種自我直覺，它在決定
> 底活動以前，給以對於我的存在之決定這決定（the
> determining in me），〔我只意識到它──這決定──底自
> 動性〕，就像時間在可決定的東西方面所作的那樣，所以我
> 不能決定我的存在爲一自我活動的實有之存在；一切我所能
> 作的就是把我的思想之自動性（自發性）即決定之自動性表
> 象給我自己；而我的存在仍然只是感觸地可決定的，即是
> 說，只是一現象之存在。但是亦即由於這自動性，我始名我
> 自己爲一智思體（an intelligence）。

案：「因為我並沒有另一種自我直覺」云云一句不甚清楚。康德於思與直覺俱說決定，這就易於令人糊塗。其實這兩方面底決定是不同的。開頭兩句表示的很清楚。照此開頭兩句話，「我思表示決定我的存在之活動」，此是思想底決定。但思想底決定是一個空洞的決定。「存在早已因此思而被給與」，此思所給與的「存在」（我的存在）只是形式意義的存在，或者著實一點說，只是「存在」底觀念或概念，並不是具體，真實，而呈現的存在。康德說：「存在早已因此思而被給與，但是『我於其中決定這存在』的模式，即是說，屬於這存在的雜多，卻不因此思而被給與」。「我於其中決定這存在」的模式，這「模式」就是隱指感觸直覺底感性模式說。康德說「直覺」就是一定模式下的直覺，而在人類言，這模式就是感性。形式意義的存在因此思而被給與，而「依以決定這存在的模式」，即直覺，卻並因不因此思而被給與。直覺不因此思被給與，就是「屬於這存在的雜多」不因此思而被給與，那就是說，存在不是一具體，真實，而呈現的存在。所以下文接著說，「要想此屬於存在的雜多能被給與，自我直覺是需要的」。但人類的「自我直覺」就只能是一定模式下的直覺，即感性模式底直覺，而此是必須以時間為條件的。除此以外，我再沒有另一種自我直覺以具體地決定我的存在。此另一種自我直覺意許為非感觸的，即智的直覺。此種直覺足以「決定我的存在為一自我活動的實有之存在」，那就是說，不是自我影響而被動的實有之存在。在這裡，說「決定」，其實說「表象」亦可，說「具體地呈現」亦許更好。但是我並沒有這種自我直覺以給出這種決定，「在決定底活動以前給出這決定」。「在決定底活動以前」意即在思底決定活動以前。因為在思底決定

活動以前，我並沒有另一種非感觸的自我直覺給以〔具體地〕決定我的存在之「決定」，所以我不能決定我的存在為一自我活動的實有之存在。我既沒有這種非感觸的自我直覺先給以「具體地決定我的存在」這決定，所以此時我對於「這決定」只意識到它的自發性，而實際上並沒有一個具體的直覺決定，此就是括弧中一夾注語「我只意識到它底自動性」一語之意。康德在此用個「它」字亦隱晦。這個「它」當然是指「具體地決定我的存在」這「決定」說。其實既沒有這種決定，亦無所謂這決定底自動性。依下文，決定底自動性只是順思底決定活動而意識到的，並不是智的直覺所給的「這決定」。既沒有智的直覺，自沒有這種決定；既沒有這種決定，自亦無所謂「這決定底自動性」。沒有具體的智的直覺之決定，而只意識到決定底自動性，這決定當然是思底決定。所以接著說：「一切我所能作的就是把我的思想之自動性，即決定底自動性，表象給我自己」。故括弧中語只用「它」字實不清楚。

我既沒有智的自我直覺，所以對於這單純的「我在」，即「我思」或「統覺底統一」所表示的「我在」，我只能說這只表示我的思想決定之自動性，並不能表示「我」為一具體的存在。它的具體存在之決定只有通過感觸直覺始可能，此即是所謂「感觸地可決定的」。「我思」雖不能決定我為一具體的存在，但由於「我的思想之自動性」，我可以名我自己為一「智思體」。對於這智思體，若想如其為一智思體之「在其自己」而具體地朗現之，則須靠一智的直覺始可能。

十七、「自我」之釐定

　　以上徵引康德的原文對於兩種直覺對遮對顯之宣示已足表明智的直覺之意義與作用。現在不必再廣肆搜求這類的語句。但由以上所徵引的原文觀之，兩種直覺都是就「自我」底知識而言。因此，對於「自我」一概念還有進一步的釐清之必要。因為由「我思」或「超越的統覺」（純粹的統覺）所表現或我所意識到的「自我」究竟與作為本體的自我（真我）是同層的同一物呢？抑還是異層的不同物呢？

　　關於這一點，康德似乎沒有意識到是一個問題，因而也就沒有明確的表示。但就有關的文獻而統觀之，他似乎是意想其為同層的同一物，不過從主觀方面說，有「意識到」與「知道」之不同，從客觀方面說，有「只作為邏輯的我」與「且亦作為本體的我」之不同。如其如此，則「我」只是一個「我」，只因接近之之路有不同，所以始有此兩種不同的意義。例如在「超越的攝物學之一般的觀察」中講到「一個主體如何能內部地直覺其自己」時，康德就說這只有通過心之自我影響（感動）而感觸地知之，因此亦只有當作現象而知之。這裡所謂心，所謂主體，就是指「自我」說。「自我之意識（統覺）就是『我』之單純的表象，而如果一切在主體中是

雜多的東西皆為自我之活動所給與，則內部直覺必是智的直覺」。
如果是這樣，則主體顯然就是作為「物自身」的主體，不但是作為
「物自身」，而且亦顯然就是作為真體，實體，真我的主體。不過
主體中的雜多不能這樣給，即不能單由自我活動而給與，所以我們
也沒有這種智的直覺。照此段文而說，由統覺所意識到的「自我」
就只是這一個我，而且亦客觀地意許其為一真體的我，以感觸的直
覺知之它是現象，以智的直覺知之，它就是作為物自身的真體，真
我。此即是由統覺所意識到的我與作為本體的我為同層的同一物。

　　又如在〈超越的推述〉中，康德說：「在表象一般底雜多之超
越的綜和中，因而亦即在統覺之綜和的根源的統一中，我意識到我
自己，不是當作『我現於我自己』而意識之，亦不是當作『我在我
自己』而意識之，但只是當作『我在』而意識之。這個表象是一思
想，不是一直覺」。在統覺底統一中所意識到的自我就只是一個
「我在」（I am），即上文所謂「我之單純的表象」。「這個表象
只是一個思想，不是一個直覺」。思想所表象的「我」是很籠統
的，抽象的，形式的，它既不是現象，亦不是物自身（我之在其自
己），乃只是一個單純的「我在」。依康德，「我思」與「我在」
為同一，不是由我思推到我在。但與我思為同一的我在是思想上的
一個單純的表象，所謂「在」既不是現象意義的在，亦不是物自身
意義的在，那就是說，其在是不決定的。依此，我有三個面相，由
統覺所表示的（所意識到的）是單純的我在；依感觸直覺，則為現
象；依智的直覺，則為物自身。固只是這同一個我也。

　　依此，由「我思」或「統覺」而意識到我，其意不是意識到
「統覺」或「思」以上的一個客觀地說的真我以為其高一層的底

子。若如此,則一下子即分開思或統覺與作為底子(本體)的真我為異層的異我。在思或統覺處,我們自亦意識到一個「我」,但這個我,我們意許其有一種特殊的規定(姿態),意即是形式的我,邏輯的我,架構的我,我們不意許其是真我,真我是它後面的一個底子,一個支持者,真我與它之間尚有一段距離,尚有一種本質的而又可辯證地通而為一的差異:它們兩者不一不異,不即不離,但卻不是同層的同一物。但如康德所表示,則不是如此。他似是表示在思或統覺處所意識到的我亦客觀地意許其即是這本體的我,只是這一個我,惟單由思所表象的不能表象(達至)其本體性而已。這樣,單純的我在,現象,以及物自身,這三者只是同一個我對應表象之之路不同而有的三個不同樣相。假定由「我思」所表象的我即意想其是一個本體,一個自存的實有,那是想的太快,是一種滑轉,若視為推理,則是一種謬誤推理(paralogism)。這只表示由「我思」之我不能即知其為一本體而已,但卻不能不說這只是同一個我。我們的意思是想把它拉開,叫它成為異層的異物,而分別地觀之。這樣,對於「我」底不同理境當可有更清楚的了解,而其意義與作用底重大亦可有充分的表示。這是經過康德的批判工作,推進一步說。

康德根據〈超越的攝物學〉與〈超越的推述〉中所表示的關於「自我」的思想,即進而作成〈超越的辯證〉中關於「超越的靈魂論」(理性的心理學)之批判,此即他所叫做的「純粹理性之誤推」(paralogisms of pure reason)。

思維主體(thinking subject)是理性心理學底對象,它指表一絕對的(無條件的)統一,它是一個最後的單一,平常以「靈魂」

名之。這是一個「超越的理念」（transcendental idea）。康德說：「所謂理念，我意即是理性之一必然的概念，對此概念，沒有相應的對象能在感覺經驗中被給與。這樣，理性底純粹概念，現在所要考慮的，即是的超越的理念」。「因此，理性底純粹概念之客觀的使用總是超離的（超絕的 transcendent），而知性底純粹概念（範疇）之客觀的使用，依照它們的本性，並當它們的應用只限於可能經驗時，則必須是內在的（immanent）」。（士密斯譯本，頁318）這樣，理性為理性心理學供給一超越的理念，此理念之客觀的使用是「超離的」，言「無有相應的對象能在感覺經驗中被給與」，故是超離而隔絕的，言離越而隔絕乎經驗。「一切知性純粹概念關論表象之綜和統一，但是那些是純粹理性底概念（超越的理念）者則關論一切條件一般之無條件的綜和統一。一切超越的理念可排成三類：

第一，思維主體之絕對的（無條件的）統一；

第二，現象底條件串之絕對的統一；

第三，思想一般之一切對象底條件之絕對的統一。

思維主體是心理學底對象；一切現象底總集（sum-total），即世界，是宇宙論底對象；那含有『一切能被思想者底可能性之最高條件』者（即一切有之有）是神學之對象。這樣，純粹理性為超越的靈魂論（transcendental doctrine of the soul，理性心理學），超越的世界學（transcendental science of the world，理性的宇宙論），最後並為關於上帝底超越知識（超越的神學），供給理念」。（士密斯譯本，頁323）

在〈超越的靈魂論〉中，我們關于「思維主體」這個理念，意

許：

　　⑴它是一個本體，一個自存的實有（a substance, a self-sub-sistent being）；

　　⑵它是一個單純的本體（a simple substance），即它須有單純性（純一性 simplicity）；

　　⑶它是自身同一的，它指表「人格底同一」（identity of person），它是單一（unity），而不是衆多（plurality）；

　　⑷它離開外物（包括我的身體）可以永恆自存，即不存在於人的形態而只作爲一「思維的實有」而存在，這是它的「不滅性」。

　　然則單由「我思」所表示的這個「思維主體」是否就能知道它是一個本體，一個單純的本體，一個自身同一的東西，一個永恆常存的東西，即是否能知它的實體性，單純性，同一性，以及不滅性。康德以爲不能，說這是「誤推」（paralogism）。關於「純粹理性之誤推」，康德於第二版中作了一個較簡約的重述。茲譯第二版之重述如下：

　　⑴在一切判斷中，「我」是構成判斷的那種關係底決定主體（determining subject）。「我」，思考的「我」，總被認爲是主體（主詞），而且總被認爲是某種不能被思爲一純然的謂詞者，這一點必須首先承認。它（思考的我是一個主詞）是一個必然的命題，實在說來，亦是一個自身同一的命題（identical proposition）；但它卻並不意謂：「我」（作爲對象）是爲我自己而有的一個「自存的實有或本體」（self-subsistent being or substance）。這後一陳

述越過前一陳述甚遠，並且在它的證明上要求一些在思想
中不能被遇見的材料〔根據 data〕，或者說，總比我在思
想中所見到的要更多一點的材料〔根據〕，〔當我視這思
維的我只如其爲思維我而視之時。〕

案：這一項是說：「思考的我是一主體（主詞）」≠「我是一自存
的實有或本體」。前者是一分析命題，後者是一綜和命題。要想決
定思考的我（思維主體）爲一本體還須要有一點更多的東西，這更
多的東西不能在純然的思想（mere thought）中被給與。此即暗指
須在直覺中被給與，思想外須有直覺。但是直覺只能或是感觸的，
或是智的。吾人只能有感觸的直覺，而不能有智的直覺，所以我不
能知道（或決定）這個「我」爲一「在其自己」之本體或自存的實
有，我只能如其爲一現象而知之。所以由思考的我直接說它是一本
體，乃是一種滑轉的跳躍，亦是所謂「誤推」。我們在感觸直覺中
所覺的關於自我的現象，要想使其成爲客觀的決定，固亦須要有一
個常住的持續體，但此常住的持續體（permanence）是範疇所決定
者，簡單地說，也就是一個範疇，「本體」這個範疇，而不是那個
作爲自存的實有的本體（實體）。這兩者不可混。是以思考的我之
爲一自存的實有或本體是一「超越的理念」，是理性底一個純粹概
念，是並無直覺對象與之相應的。我們由「我思」或「統覺」只意
識到一個「我」，但對於此「我」除依感觸直覺把它當作現象而知
之外，不能再知道點什麼。

(2)統覺底「我」，因而在思想底每一活動中的「我」，是一

（one），它並不能被化解為眾多的主體，因此，它指表一邏輯地單純的主體，這一點是某種早已含於「思想」這概念中的東西，因而也就是一分析命題。但這並不意謂：這思維的我是一單純的本體（a simple substance）。因為這個命題是綜和的。本體之概念〔the concept of substance，案：本體這範疇〕總是關聯到直覺，這直覺在我身上不能不是感觸的，因而它們完全是在知性以及知性底思想範圍之外的，即屬於感性的。但是，當我們說：在思想中的我是單純的，我們所說的卻正是這種「思想」〔案：意即只是思想而無關於直覺〕。如果在別處需要費如許勞力始能決定的——即是說，在呈現於直覺中的一切東西上，什麼是本體，進而，此本體是否能是單純的，（例如在物質底部份中），這是需要很大的勞力始能決定的——而在這裡一定要直接地給與我，好像在一切表象底最貧乏中〔案：意即在無任何表象中〕，依天啟而給與我，這實在是很可驚異的。

案：這是說「統覺底我是一」≠「這個我（思維的我）是一單純的本體」。這是說「我」之單純性，是一個最後的單一。統覺底我之為一是「指表一邏輯地單純的主體」，這是直接為「思想」這個概念之所含，因而是一分析命題，但這並不表示它就是一「單純的本體」，因為由「它之為一」進而說「它是一單純的本體」，這是一步跳躍，因此，「它是一單純的本體」這命題是綜和的。那就是說，統覺底我之為一與它是一單純的本體之一，其意義並不相同。

前一個「一」是「思想主體」之一，後一個「一」是「單純的本體」之一，是意許其為不可分，不可破，非是一組合或結構的實體之一 或純一。思想主體既不等於單純的本體。故其為一之「一」底意義亦不同於單純的本體之單純性之一。前者是邏輯的，形式的，亦很可能是架構的，即，由思想或統覺之使用概念，即由此概念而撐架成一個「我」之為一整一；而後者則是實體之一，實體不是一架構，故其為一亦不是架構的一，而只是實體之單純性（純一性）。如果我們由思想主體之為一馬上想到它是一個單純的本體，這便是滑轉得太快，因而遂形成一種誤推。由康德的這一批判檢定，我們很可以說統覺底我（作為思想主體的我）與單純的主體之為我根本不同，而且很可以拉成為兩層的異物。但是關於這一點，康德並未明確地表示出。他只說「本體底概念總是關聯到直覺」，而我們的直覺「不能不是感觸的」。因此，在此感觸的直覺（直覺底現象）上說本體，那本體只是個範疇。但是作為「單純的實體」的我，其實體性並不是一個範疇，即，並不是本體一範疇所釐訂的，而如果它要關聯到直覺，那直覺只能是智的，即，此實體，我們只能以智的直覺與之相遇，而智的直覺是不需要概念的。因此，關於我，我們有三層意義：一、統覺底我；二、作為單純實體的我；三、感觸直覺所覺的我（現象的我）而為「本體」一範疇所釐定者，此則只是一個組構的假我。此三層各有不同的意義，當分別說為三種我：一、統覺底我是邏輯的我，是認知主體；二、作為單純實體的我是超絕的真我，此唯智的直覺相應；三、組構的假我乃是真我之經由感觸直覺之所覺而為認知我所設立之範疇所控制而釐定的一個心理學意義的我。而康德則只就「我思」之我（統覺底

我）這一個我說三層意義：一、只是單純的「我在」；二、作為現於我而知之；三、作為「在其自身」而知之。這便成了三我之混漫，即，將三層不同意義的我混漫而為同一個我之三層意義。而因為吾人並無智的直覺，所以「我之在其自身」是不能被知的。實則「我思」之我（統覺之我）既只是表示一個單純的「我在」，是一思想，而不是一直覺，則此「思想」之我既不可以現象視，亦不可以「物自身」視。這個我是由純知性之使用純概念而架構成，由這一架構而形成的一個純形式的，邏輯的認知我，它是不能以內部的感觸直覺覺之的，因此它不能是一個現象，這正如時間空間乃至範疇之不能以感觸直覺覺，因而亦不能是現象；它既不能是現象，則它亦自不能有「物自身」之意義，亦正恰如時間空間乃至範疇之不可以「物自身」視。它後面所預設以支持之的那個超絕的真我方可以現象視與以物自身視；但若以現象視，以感觸直覺遇，則它便不是真我，而乃轉成一個心理意義的「假我」。此所以分別地立為三個我（異層異物），而不是同一個我之三層意義（同層一物而有三面不同的意義）。此層意思先簡述於此，下文再詳明其分際與貫通。

(3)「在一切我所意識的雜多中我同一於我自己」這一命題亦同樣是函蘊在這些概念中，因而也是一分析命題。但是這個主體底同一性（自同性），我能意識之於一切我的表象中者，並無關於這主體底任何直覺，〔因着這直覺，它可以當作對象而被給與〕，因而也不能指表人格底同一（identity of the person），如果這「人格同一」一詞是意

謂一個人自己的本體〔作爲一思維的實有〕在它的情變底
一切變化中之同一性之意識。光只分析「我思」這命題決
不足以證明這樣一種命題；對於這樣的命題，我們一定需
要有基於特定直覺上種種綜和判斷。

案：這是說「在所意識的雜多中我自身同一」≠「我自己的本體之
同一性」，因而也不能表示「人格底同一性」。「我思」之我之同
一性，在雜多之流變中「常住而不變」（abiding and
unchanging），這並不表示「我」這主體即是一本體之同一性。前
者只是形式我之自同性，其常住而不變只是其形式的有（formal
being）之自持，亦如現象在時間中流變而時間自身常住而不變；
後者則意許其爲一本體或實體之自同性，此是實體之眞實的有
（real being）之自同性，此亦可說恆常而不變，但與說形式我以
及說時間者其意指不同，此如說涅槃眞我之爲「常」。但一說到實
體之眞實的有之自同或常則必須有直覺。如果是感觸的直覺，則常
住不變是「本體」一範疇之所決定，這是基於感觸直覺上的先驗綜
和判斷，這還是關於現象的「常」。如果相應眞體之在其自己說，
即與眞體相應如如而知之，則須有智的直覺以證之，此則不須有綜
和。在此，與上文說(1)及(2)兩點同，亦可分別地立爲三個我，而不
是同一個我之三面不同的意義。

　　(4)「我把我自己的存在與其他外於我的東西（其中如我的身
　　　體亦是外於我者）區別開，把它顯著爲一思維的實有之存
　　　在，」這亦同樣是一分析命題；因爲「其他」東西就是我

想爲不同於「我自己」者。但是我卻並不能因此分析命題
就可知道這個「我自己」之意識離開外於我的東西（通過
這些外於我的東西，表象可以被給與於我）是否甚至是可
能的，因而，是否我能只作爲一「思維的實有」而存在
〔即是說，不以人的形態而存在，而只作爲一「思維的實
有」而存在〕。

案：此是說「我作爲一思維的實有不同於外物如身體」≠「我自己
作爲一思維的實有可以離開外物而永恆自存」。這是說「我」之不
滅性。「我思」之我是一思維主體，它自然可以與其他外物區別開
而不同於其他外物，而其他外物自亦不同於這思維主體。但這「不
同」並不表示這思維主體就可以離開外物（包括身體）而獨立地永
恆自存。說「不同」是分析命題，說「……可以離開外物而自存」
則是綜和命題。由前者並不能直接推至後者。如果我想知道「我自
己作爲一思維的實有是否可以離開外物而自存」，這必須有直覺始
可能。直覺亦仍然可分兩種說。如果是感觸的直覺，則它的「存
在」是一程態範疇所軌約的（程態範疇是軌約原則，非構造原
則），這仍然是有關於現象的，因而這現象的我自亦無所謂離開外
物而自存，因爲只有通過外於「我」者，「我」之表象始能被給與
於我。但是，如果是智的直覺，則可與思維主體之在其自己相應如
如而證知其爲一獨立的自存，但這裡卻並不須要範疇來綜和，而它
的獨立自存之存在亦不是「存在」一程態範疇之所軌約。但依康
德，吾人並無智的直覺，因此，思維主體（思維的實有）離外物而
獨立地永恆自存（即不滅之靈魂實體），這是一「超越的理念」，

是並不能被知於我們的，甚至是否可能亦不得而知。依此，在這不滅性上，「我」之問題仍可分別建立為三個我：第一，「我思」之我（認知主體）；第二，感觸直覺所覺範疇所決定的現象的假我；第三，智的直覺所相應的超絕的真我。

依此，由「我思」之我馬上想它是一本體，是一單純的本體（此本體具有單純性），而且具有自同性與不可滅性，這是一種誤推式的誤認。因此，康德繼上四點而綜結之曰：

> 依是，思想一般中「我自己」底意識之分析並不能產生一點什麼有關於作為對象的「我自己」之知識。「思想一般」底邏輯解析已被誤認為一種關於對象底形而上的決定了。

案：「我思」之我是一思維主體，是一「整一」，是自身同一，是不同于外物如身體，這些都是分析辭語，因而也就表示是一種「邏輯解釋」，吾人並不能把它們置定為一種關于對象（我）之「形而上的決定」。那些分析辭語所表示的我既不是一現象的我，亦不是一物自身的我。此後兩者的我都是對于我這對象之形而上的決定。就現象的我說，是內在形上學的決定（immanent-metaphysical determination），就物自身的我說，是「超絕形上學的決定」（transcendent-metaphysical determination）。就「內在形上學的決定」說，「我思」之我這個對象須通過感觸直覺以及我思之我自身所設立的範疇（純粹概念）而被決定。就「超絕形上學的決定」說，則須通過智的直覺但不須通過範疇而被決定。但吾人只有感觸直覺而無智的直覺，故如對于我思之我想作一形上學的決定，則只

能作一「內在形上學的決定」，而不能作一「超絕形上學的決定」。康德所謂「誤認為一種關於我對象之形而上決定」，此形而上的決定是指「超絕形上學的決定」說。康德的批判檢定只表示我思之我之邏輯的解釋不可誤認為一種關于我這對象之〔超絕〕形上學的決定，如要想對之作一超絕形上學的決定。則除「思想」外，還需要有多一點的東西，此即是直覺，而此直覺必須是智的直覺；但未致疑這我思之我究是否還可進而以現象與物自身論，究是否還可以感觸直覺遇與以智的直覺遇。他既說邏輯解釋不可誤認為形上學的決定，因為只是思想，並無直覺故。但若有智的直覺，便成物自身的我，是則對于我這對象便可作一超絕形上學的決定，而我思之我亦可以物自身論。這樣就無異于表示：只是一個我（只我思之我這同一個我），只因接近之之路不同而有三種不同的面相（至少有這意味）。吾人以為如果如此，這未免于混漫，有許多未安處。吾人由「我思」或「統覺」來意識到一個我，這個我很可能就是思或統覺之自身，思維主體自身就是我，那些分析辭語所表示的邏輯解釋就可以表示此意；但亦可由「我思」或「統覺」而越進地意識到一個「超絕的真我」以為思維主體這個我之底據或支持者，這樣，便成為兩層的兩個我。康德未曾意識到這分別，這就不免于混漫。我們以為由「我思」或「統覺」來意識到我很可有此兩層意識。如果有此兩層，則思或統覺自身以為我，這個我便只是形式的我，邏輯的我，由設施範疇以及先驗綜和而成的一個架構的我，這就是認知主體之自身。這個我既不能以現象視，亦不能以物自身視，因而既不可以感觸直覺遇，亦不可以智的直覺遇。因此，必須開為三個我，方清楚而透澈；一、認知我；二、超絕的真我，此真

我若以智的直覺遇,即爲物自身的我;三、若以感觸直覺遇,即爲現象的假我,此即認知心所決定的我。

> 如果眞有一種可能性,即先驗地證明一切思維的實有其自身皆是單純的本體,結果〔隨此同一證明之模式〕,人格性與此單純本體不可分,而且它們(思維的實有)意識到它們的存在是與一切物質相分離,而且不同於一切物質,這種先驗地證明之可能性,則對於我們的全部批判必是一很大的障礙(a great stumbling block),不,必是一不可解答的反對。因爲因著這種程序〔證明底程序〕,我們一定要越過感覺世界,一定要進入物自體之領域;而且亦無人能否決我們進至此領域之權利,實在說,無人能否決我們安住於此領域之權利,而如果我們的有名氣的證明(star prove)是幸運的(auspicious),亦無人能否決我們對於永久所有建立要求之權利。「每一思維的實有之如其爲一思維的實有是一單純的本體」這命題是一先驗綜和命題,其爲綜和是這樣的,即:它越出它所由之以開始的概念,並於思想一般上〔即,於一思維的實有之概念上〕增加之以存在之模式;其爲先驗的是這樣的,即:它們一個不能給與於任何經驗中的謂詞〔即單純性這謂詞〕增加到這概念上。依是,隨之必可說:先驗綜和命題不只是如我們所已主斷的,在關聯於可能經驗底對象中而爲這種經驗底可能之原則,是可能的而且是可允許的,抑且它們還可應用於事物一般以及事物之在其自己(物自身),這也是可能的,而且是可允許的──這一結果

必使我們的全部批判皆終止無效（倒塌 make an end of our whole *Critique*），而且亦必強使我們去同意那老式的程序〔案：即由獨斷主義的程序〕。但若仔細觀之，我們見出並無這樣嚴重的危險。

案：先驗綜和命題只可應用於可能經驗底對象，而不可應用於「物自身」，這話無問題。但說「每一思維的實有是一單純的本體」這命題是一先驗綜和命題，這話因有混漫而不能無問題。「思維的實有是一單純的本體」如果是一先驗綜和命題，則它只能在經驗底對象上說，如是，思維的實有之為「我」便成一感觸直覺之對象，而「單純的本體」亦成範疇之所決定，如是，這「形上學的決定」便成為「內在形上學的決定」。但當我們說那「先驗綜和命題」時，我們意許那思維的實有之為我是超絕的真我，不可能作為感觸直覺底對象；而如果我們只能預設一種智的直覺來覺它，則在智的直覺上既不須要有範疇，亦不須要有綜和，如是，「思維的實有是一單純的本體」這一命題便不是一先驗綜和命題，如是，便成自相矛盾。蓋康德說「形而上學的決定」常涉指「內在形上學的決定」與「超越形上學的決定」這兩者而游移於其間，因都可說「本體」故。實則若說先驗綜和命題，則只能就「內在形上學的決定」說；若就「超絕形上學的決定」說，則並無先驗綜和命題可言。康德說邏輯解釋被誤為形而上的決定，此形而上的決定是指「超絕形上學的決定」說，即把思維的實有之為我決定為「物自身」的我。但在此「超絕形上學的決定」上而說「思維的實有是一單純的本體」是一先驗綜和命題，這是自相矛盾的。人或可說並不矛盾，因為那個

先驗綜和命題實不能應用於物自身。但依康德，其所以不能應用，是因為無智的直覺故，如其有之，便可以應用。但依我們的疏導，於物自身的我根本不能說先驗綜和命題，不能說而又說之，這便成矛盾。如是，於物自身的我上，如其可以說先驗綜和命題，則所決定的便是現象的我，而不復是物自身的我；如果想如其為一物自身的我而決定之，則不能說先驗綜和命題，先驗綜和命題與物自身的我是不相容的。如果想解消這矛盾，即把先驗綜和命題與物自身的我拉開，不讓它們糾纏在一起，則只有把「我」這個概念拉開為三個我，而不能由「思維主體」只說一個我。只因康德只說一個我，而又因接近之之路不同而有三種不同的面相，所以才有這許多纏夾。假定拉開為三個我，則思維主體只是形式的我，邏輯的我，乃是認知主體，由此，我們躍進地意識到一個超絕的真我以為其底據或支持者。此超絕的真我與邏輯的我（認知主體）之間有一距離，於邏輯的我上，我們不能形成任何「形而上的決定」是即根本已無先驗綜和命題可言。在超絕的真我上，則根本不可說先驗綜和命題，在此真我上，說它是單純的本體，是一自同而不可破滅的本體，乃至有種種說，俱是分析辭語，只待有無智的直覺以朗現之。只有對此真我而以感觸直覺來覺它，以範疇來決定它，此時始有先驗綜和命題可說。是則先驗綜和命題所決定者只是一現象的假我，它既不是那認知主體（邏輯的我），亦不是那超絕的真我。只有當把那認知主體（思維主體）意許為即是超絕的真我，因有此混漫，遂有「先驗綜和命題」上的纏夾與矛盾：因兩種形上學的決定之游移，遂鬧成纏夾；因超絕的真我不可以先驗綜和說，但因有那種纏夾，遂形成矛盾。若拉開，則無此毛病。

理性心理學底全部程序是爲一種誤推（paralogism）所決定，此誤推是顯示於以下的三段推理中：

那不能不當作主體而被思想者不能不當作主體而存在，因而它亦就是一本體。

一思維的實有，只如其爲思維的實有而觀之，不能不被思想爲主體。

所以它亦只有當作主體而存在，即是說，當作本體而存在。

在大前提中，我們說實有是那能一般地在每一關係中被思想的實有，因而它也可以是給與于直覺中的實有。但在小前提中，我們說實有是只當它視其自己（當作主體）只在關聯於思想以及意識底統一中，而並不是亦同樣在關聯於直覺中，通過此直覺，它可以當作對象而被給與於思想。這樣，這結論是謬誤地推到的。〔此處，康德有底註云：「思想」一詞在兩前提中其意義完全不同。在大前提中，當作關聯於對象一般看，因而亦可當作關聯於一個可以給與於直覺中的對象看；在小前提中，只當作關聯於自我意識看。在此後一意義，沒有對象（不管是什麼）被思想；一切被表象者只是關聯於作爲主體的自我（作爲思想之形式的自我）。在前一前提中，我們是說「事物」（things），它們不能不當作主體而被思想；但在後一前提中，我們不是說「事物」，而是說「思想」（抽去一切對象），在此「思想」中，「我」總是用來充當意識之主體的。因此，結論不能是：「我不能不當作主體而存在」，但當只是：「在思考我的存在中，我除把我自己當作〔這裡所包含的〕判斷底主體外，我不能使用我

自己」。這是一個自同的命題，在「我的存在」之模式上並沒有投射任何一點光明。〕

案：以上正式以三段推理方式表示「誤推」。光只是一「思維的實有」之為我，實不能表示這「我」之存在之模式。說到「存在之模式」是表示具體而決定的存在，這或是感觸直覺的，或是智的直覺的，總之，須有直覺，不管是那一種。但是「思維的實有」只是一個思想，而不是一個直覺，它既不是現象，亦不是物自身。所以它的存在之模式是不決定的，因此，我不能說它是一個本體，一個單純的本體，乃至說它是自同的，不可破滅的本體。那個誤推的三段推理，大前提中「不能不當作主體而被思的」，這被思的「主體」函義廣，它很可能亦包括那給與於直覺中者，此即底注中所謂泛言之的「事物」。但小前提中的「思維的實有」卻有限制，只限制於「思想」。因此，主體底意義不同，亦即中詞底意義不同，不是一個詞，而是兩個詞，這樣，自不能有結論了。那個推理式可以簡單化如下：

凡主體皆有其存在（因而是一本體），

一思維的實有是一主體，

∴一思維的實有有其存在（是一本體）。

大前提中的主體是廣言之的「事物」，而小前提中的主體則是「思想」，即思想主體，中詞顯然不一致了。大前提中的主體可能是給與於直覺中者，故亦可能有具體的存在，因而是一本體，但小前提中的主體則有限制，只是思想，故不可能有具體的存在，因而亦不可能是一本體。故結論說「思維的實有有其存在（具體而決定

的存在），是一本體」，這顯然是謬誤。

「思維的實有」，旣是實有（being），自然不是一個虛無。但只是一個形式的實有（a formal being），而不是一具體的存在（a concrete existence），這恰如點，線，面，體之爲幾何學的有，而不是一具體的存在。這分別只是「有」與「在」底分別。但康德弄的非常複雜。這只因要符合笛卡兒說的「我思故我在」之一語。故云「我思」之我只是單純的「我在」；旣不是現象之在，亦不是物自身之在，只是一思想，而不是一直覺。那麼，「思維的實有」雖然有「在」底意義，但是這個「在」卻只是不決定的「在」，只是「在」於思想，「在」於知性，而不是「在」於直覺。這如果照現在看，這只能說「有」，而不能說「在」。但因笛卡兒說了「我在」，故康德經由其批判的考察，遂有這許多曲折的說法。關於「我思故我在」，康德曾有一底注云：

> 「我思」，如所已陳述者，是一經驗命題，而且即在其自身內含有「我在」這命題。但是我不能說：「每一會思的東西皆存在」。因爲這樣說，則思想之特性必使一切有這思想的實有成爲必然的實有。因此，我的存在不能看成是從「我思」這個命題而來的一個推理，如笛卡兒之所想，（因爲若視爲一個推理，則必須先以「每一會思的東西皆存在」爲大前提），但實是與「我思」爲同一的東西。「我思」表示一不決定的經驗直覺（知覺），這樣，它也表示屬於感性的感覺是處在這個存在命題底基礎地位的。但是「我思」是先於那「用以決定知覺之對象（通過範疇就時間來決定）」的經

驗的；而這裡所涉及的存在（即我思中所含的「我在」之存在）卻不是一範疇。範疇並不應用一「不決定地被給與的對象」，但只應用於我們對之有概念而且想知道它在此概念之外是否存在或不存在的對象。一個不決定的知覺只指表某種被給與的真實的東西，此所謂被給與，實則說來，只被給與於思想一般，因此，既非當作現象而被給與，亦非當作物之在其自己（物自體）而被給與，但只當作某種實際存在的東西而被給與，某種在「我思」這命題中被指示為如此的東西而被給與。〔案：意即只在「我思」中當作一形式的實有，實有這麼一個東西，而被給與〕。因為必須知道當我說「我思」這命題是一經驗命題時，我並不是說在此命題中的「我」是一經驗的表象。恰相反，它純粹是理智的，因為它只屬於思想一般。設無某種經驗的表象以為思想供給材料，「我思」這活動（actus）實不能發生；但是經驗的東西只是純粹理智的機能之使用或應用底條件。（士密斯譯本，頁378）

此底注見之於〈門得森的靈魂常住底證明之反駁〉中（ "Refutation of Mendelssohn's Proof of the Permanence of the Soul" ）。在批評門得森的證明中，康德仍用以上所述的思想。當他說到「理性心理學源於誤解，意識底統一被誤認為作為對象的主體之直覺」時，他附有此底注。此底注之所說不出以上所論述者之範圍，惟有一點新的增益即說到「我思」這一命題是經驗命題。「說這命題是經驗命題並非說其中的『我』是一經驗的表象，恰相反，它純粹是

理智的，因為它只屬於思想一般」。然則說這命題是經驗命題，只因「我思」中即含有「我在」，「我在」不是從「我思」中推出，（因為若如此，則必須先以「每一會思的東西皆存在」，「每一思維的實有皆存在」，為大前提，這樣，必使一切思維的實有成為必然的實有，肯斷了它的絕對必然性），乃實是與「我思」為同一。我的存在是當作給與（given）而即含于「我思」中，即因此作為「給與」的存在，「我思」一語始有經驗上的意義。但亦只是有經驗的意義（一說到存在，即函有一被經驗的意義），並非說這含于「我思」中的「我的存在」是已實際被經驗了的。因為「我思」中的我只是一「思想」，一「意識底統一」。因此，說「我思」含有經驗的意義等於說它含有一「不決的經驗直覺」（知覺）。這等于第二版〈超越推述〉中一底注所說：「我思表示決定我的存在之活動。存在早已因此思而被給與，但是我依之以決定這存在的模式，即，屬於這存在的雜多，並不因此思而被給與」。（士密斯譯本，頁169，上節已引過）。此即是說，「我思」中含有一「不決定的存在」。凡是決定的存在都是特種模式下的存在，或是對感觸直覺而為現象的存在，或是對智的直覺而為物自身式的存在。但是「我思」中的「我在」卻只是一不決的存在，這對於「我的存在之模式」並不能投射任何一點光明。「我思」是一經驗命題，即因它含有一不決定的存在，一不決定的經驗直覺（知覺）。因此，我們也可以說，「我思」所表示的我只是一個「形式的有」，如果說它含有「存在」的意義，亦只是一不決定的存在。我們不能由這不決定的，籠統的存在，即可推斷說我是一本體，是一單純的本體，等等。

以上是關於那個誤推的三段推理之說明。此下康德即綜結云：

如果我們回想「原則之系統底表象」章末之「通注」中所已
說的，以及論「物自體」章中所已說的，則我們之把這有名
的論據化解爲一種誤推，其爲完全正當是很清楚地可以見出
的。因爲在那裡已證明：一個其自身只當作主詞而從不當作
謂詞而存在的事物之概念是並不帶有客觀實在性的；換言
之，我們不能知道是否有任何對象可以爲這概念所應用——
關於這樣一種存在底模式之可能性我們是無法決定的——因
此，這概念亦不能產生任何種知識。如果「本體」一詞意謂
一個能被給與的對象，又如果它可以產生知識，則它必須是
基於一「持久性的直覺」〔常住性的直覺 permanent
intuition〕上，只有通過這樣的持久性的直覺，我們的概念
底對象始能被給與，因而此持久性的直覺也就是這概念底客
觀實在性之不可缺少的條件。現在，在内部直覺中，並無什
麼是持久性的東西，因爲這個「我」只是我的「思想」之意
識。因此，只要當我們不超出這「純然的思維」之外，則我
們便沒有這必要的條件以爲本體底概念（即一自存的主體之
概念）之可應用於作爲一思維實有的自我上。而隨同本體底
概念之客觀實在性之消逝，這相聯的單純性底概念之客觀實
在性亦同樣消逝；它轉成思想一般中自我意識底純然邏輯的
質的統一，此純然邏輯的質的統一必須是有的〔必然是現存
的〕，不管這主體是否是組合的抑或不是組合的。（頁371-3
72）

案：此段文是綜結語，並無新義。第二版關於〈純粹理性底誤推〉之重述，其主文至此止。此下便是對於門得森的證明（靈魂常住的證明）之反駁，此處不再譯述。以上綜結語雖無新義，但卻有一新詞，此即「持久性（常住性）的直覺」是。一個思維的主體（即只作主詞而不作謂詞者）既只是一思想，而不是一直覺，則光由它，自然「不能知道是否有任何對象可以為這概念所應用」。此所謂「對象」即指為直覺所契接的作為「單純的本體」的真我或實我而說。故康德接此義即說：「如果本體一詞意謂一個能被給與的對象，又如果它可以產生知識，則它必須是基於一『持久性的直覺』上」云云。此所謂「持久性的直覺」，字面上，「持久」是形容直覺的，而其實義卻是關於「持久常住體」底直覺。「本體」即是常住不變的體。關於此「常體」的直覺即叫做是「常住性的直覺」。在此直覺面前，此常體即作為對象而被給與於我們。能夠因著這種直覺而被給與，則此常體即可得其具體而真實的存在。如果這常體即指作為物自身的真我自身說，則此「常住性的直覺」即是智的直覺。但康德不承認人類可有這種智的直覺，所以顯然這常體不能作為物自身而被給與；而吾人所有的內部直覺（inner intuition）又只是感觸的，感觸的直覺只能覺攝現象之雜多，並不能覺攝常體，所以康德說：「在內部直覺中並無什麼持久性的東西。」在此種直覺上，要用本體，那「本體」只是一個範疇，並不是把真我當作單純的本體的那個本體；而在此直覺現象上所鑒定的 常住體以使現象能成為客觀的對象者正是「本體」這一範疇之所決定，就「我」說，此實是一個現象的假我。因此，在「我思」之我上，實無本體一對象可被給與，在此，本體底概念以及單純性底概念之客觀實在

性俱已消逝。那個作為「單純本體」的物自身的我實不能被知——超出知識之外的。

以上是對於康德原義底疏導,由這一疏導,我意在一正面的開示。此開示如下:

(1)「我思」之我,或統覺之我,只是一形式的我,邏輯的我,或架構的我,它根本不表示是一形而上的單純本體,它是一認知的主體。它之為架構的我是由於它的辨解性與使用純粹概念(範疇)而撐架起;它雖亦常住而不變,但不同於形而上的實體之恆常不變,它之常住不變是由概念以及其思之形式意義而定住,此則恰如時間自身亦常住不變,但我們不能說時間是形而上的實體。如此,我們對於它根本不能有誤推。

(2)由此思維主體(認知主體)意識到一個形而上的單純本體式的我乃是意識到此思維主體背後有一真我以為其底據或支持者,不是內在於此「思維主體」本身意識其為一形而上的實體性的我。如是,由思維主體到形而上的真我乃是一躍進的遙指,由真我到此思維主體亦有一轉折的距離。此兩者是異層的異質物。如此,我們不能像康德那樣以此「思維主體」為一超越的理念,但只能以「真我」為超越的理念。康德順其傳統,並未分別為兩層,這是一種混漫。因有此漫漫,所以有誤推底論斷。

(3)認知主體(架構的我)不可以現象與物自身視,因為它既不是感觸直覺底對象,亦不是智的直覺底對象。它是認知地駕臨而控制經驗乃至經驗對象。它的超越性是認知的超越性,這就是海德格所謂「對象化底活動」這自由地帶——自由是超脫了感性底束縛而駕臨乎感性。如果這也是超越的我,則只是認知地超越的,而不是

形而上地（存有論地）超越的；前者是橫列的，非創造的，正是人的成就經驗知識的知性之所以爲有限者，後者則是縱貫的，意許其有創造性與無限性，正是人之所以有無限性者。「認知地超越的」必預設主客之對立，且由其主動地施設範疇網以及對象化之活動而見，此認知主體之所以爲架構的。我們如果通著眞我來說，此正是眞我之一曲折（自我坎陷），由此曲折而擰成這麼一個架構的我（認知主體）。其所以要如此，正爲的要成經驗知識（聞見之知）。時間空間以及範疇正是這架構的我所必憑藉的一些形式條件，以顯其爲架構者。此架構的我是虛結（不必說幻結），不是實物（形而上的或形而下的），所以它既不可以感觸直覺遇（因爲它不可感，正如時空形式之不可感），亦不可以智的直覺遇（因爲它不是一形而上的實體），因而既不可視爲現象，亦不可視爲物自身。可是，另一方面，若通著眞我之縱貫（形而上地超越的縱貫）說，則此架構的我亦可以說是那眞我之示現，示現爲一虛結，因而亦可以說是那眞我之一現相，是眞我之通異呈現或發展中之一現相，不過此現相不是感觸直覺所覺的現象，而其本身亦不可感。此架構的我在認知關係上必然被肯定，但在超過那種認知關係上，又可以被化除，被消解。在眞我之通貫的呈現過程中，它時時被肯定，亦時時被消解。在被肯定時，時間空間範疇一齊俱現；在被消解時，時間空間範疇一齊俱泯。

(4)「眞我」可以如康德所說，以現象與物自身視。以現象視，它就是感觸直覺底對象（經驗對象）。但感觸的內部直覺實覺不到它，所覺的只是它的逐境而遷（康德所謂心之自我感動）所現的心象（心理情態），而不是它自己。如果要如其爲一眞我而覺之，那

覺必不是感觸的直覺，而是智的直覺，此即是物自身的我。但吾人無此智的直覺，故物自身的我總不能被知於我們。物自身的我只是一「超越的理念」，如說爲對象，亦是「超絕對象」。在中國的哲學傳統裡，是允許有這種「智的直覺」的，見下章。是以「超絕」只對感觸直覺而爲超絕；但對智的直覺言，則亦並不擴大吾人之知識，因爲智的直覺之知與感觸直覺之知並不同質同層，此即儒者所分別的德性之知與聞見之知，以及佛家所分別的性智與量智。但承認有智的直覺，則眞我可以朗現，而不復是一設準。

(5)通過感觸的內部直覺所覺的心象，如果這些心象貫穿起來亦可以成一個「我」，則此我便是一個構造的我（此與認知主體之爲架構的我不同），或組合的我。構造或組合之之可能，從認知底立場說，依康德，只有靠認知主體之架構的作用（對象化底活動），即其所施設的「本體」一範疇之決定作用，此純是以認知主體之超越活動來決定，來逼顯，逼顯一連串心象底常性。「本體」是知性所自立的範疇，由此「本體」一範疇之超越的決定來逼顯現象底常住體。此所逼顯的常性只是知性底先驗綜和判斷（對象化活動）之所形構地施設展布的，至於客觀方面是否眞有一個常體，而此常體又是否不可分，則不得而知，即不從客觀實在方面肯定，只從認知主體之施設或形構作用來肯定，此亦可說是超越邏輯的常體論，亦如羅素之邏輯分析所肯定的邏輯原子論，而羅素亦有「準常體」之設準（postulate of quasi-permanence），所謂「準常體」者，只是假設上如此設定，至於客觀實在方面是否眞是一常體，則在經驗知識上無人能知。由「本體」一範疇來決定成一個現象的我，此即是作爲知識對象的我。若依佛家之心理分析說，這個「我」顯然是未

那之執著,是一個虛構的我,所謂「常」者只是對於「識之等流」之妄執。康德從認知上說,則不說是妄執。作爲認知主體的那個形式的,邏輯的,架構的我,如依佛家說,亦可以說只是第六意識之籌度執著;但從認知上說,則不如此說,因爲要保持或成就知識底獨立意義與價值故。大抵要這樣保持而又能超脫而運轉之,則套於儒家系統中去說比較妥貼而順適。

(6)眞我,如以智的直覺來印證,則其爲單純(純一)的本體不復是一綜和命題,對之所有的種種說都是分析的。因爲這只是智的直覺之所印證,而智的直覺亦不須要概念,亦不須要綜和。因此,在此說它是本體,這「本體」亦不是一範疇,它的恆常不變性不是本體這知性範疇之所決定,亦不是羅素所謂「準常」之設定,它在客觀實在上就是眞常。此唯智的直覺相應,它即如其爲遍,常,一之眞體而在此智的直覺面前朗現。說它是遍,是常,是一,是眞體,是眞我,乃至種種說,都是對於它本身的體會描述——分析式的展轉伸明,甚至亦不可說是一命題,乃至分析命題,當然更無所謂綜和。只有當我們就這空洞的「我思」說這「形式的我」時,說它是本體才是綜和的;只要一拉開,躍進地遙指一眞我或意識到一眞我,則對此眞我即使沒有智的直覺,我們在理念上亦意許說它是本體等不是綜和的,乃是分析的。至於一旦在智的直覺面前如如朗現,則甚至連命題都不可說。

(7)康德順西方的傳統,名此眞我爲靈魂不滅的靈魂,因此,只說它的實體性,單純性,自同性,以及離開外物(包括身體)的永恆自存性,但很難說它的普遍性。吾人以爲這只是爲傳統所限,不是這眞我底理念本自如此。這眞我亦可以是靈魂獨體;亦可以是本

心仁體，性體，良知，乃至自由意志；亦可以是心齋，靈府；亦可以是如來藏自性清淨心。它並非耶教傳統所能獨佔與制限，而且只以不滅的靈魂說眞我，未達眞我之極境。這眞我在儒家如何說，在道家如何說，在佛家如何說，這只要看他們的系統即可了解。大要以儒家爲最正大而充其極。

如是，吾人這一拉開，便可由康德的批判而接上中國的傳統。所剩下的問題只是：「智的直覺如何可能？」

十八、智的直覺如何可能？儒家 「道德的形上學」之完成

直覺，就概念的思想說，它是具體化原則（principle of concretion）；就事物之存在說，如果它是感觸的直覺，則它是認知的呈現原則（principle of cognitive presentation），（此時它是接受的，不是創造的，亦須有思想之統一，而統一須假乎概念）如果它是智的直覺，則它是存有論的（創造的）實現原則（principle of ontological or creative actualization）。

現在只就智的直覺說。

張橫渠《正蒙·大心篇》有云：

> 天之明莫大於日，故有目接之，不知其幾萬里之高也。天之聲莫大於雷霆，故有耳屬之，莫知其幾萬里之遠也。天之不禦莫大於太虛，故心知廓之，莫究其極也。

這幾句話很可以表示耳屬目接是感觸的直覺，「心知廓之」是智的直覺，而且耳屬目接之感觸的直覺之為認知的呈現原則，「心知廓之」之智的直覺不但為認知的呈現原則，且同時亦即創造的實現原則，甚顯。

　　日光遍照，是天地間最大的物理光明，此曰「天之明」。此中所謂「天」可看成是自然的天，有形的天。一切有限形物所放的光明莫有比日光還大的。然這亦只是客觀地說其大，究竟如何大法，吾人尚不能知。假定吾人是生而盲者，吾人亦可依他人之所告，構思成一個「日明之大」之概念；但這只是思，而不是知。即使一般通常的觀點亦方便說這是知，其實這只是思知，而不是覺知。是以光客觀地說「日明之大」還不能具體地知其究竟如何大法，這仍只是屬於思想邊事。要想依「日明之大」之概念而具體地知之，則必須有目之接，即必須有感觸的直覺。目之接是證實而具體化其大者。「有目接之，不知其幾萬里之高也」，此即由目之接以證實日明之高遠而為最大者。此言「最大」亦只是有限的。「不知其幾萬里之高」實只言其高遠，並不表示它是無限的，因它是有形之物之光故。耳屬雷霆之聲亦然。

　　但「天之不禦莫大於太虛，故心知廓之，莫究其極也」，此「莫究其極」卻表示是無限的。「天之不禦」即天道創生之無窮盡。此言「天」是指天之生德說，即指天道說，此是無形的，是指目天為一道體——形而上的實體。「不禦」是來自《易傳》「夫易廣矣大矣，以言乎遠則不禦」。易道即生道，生道之創生廣大無邊，從「遠」處說，無有能「禦」之以終之者，此即是無窮無盡，亦孟子所謂「沛然莫之能禦」也。天之生德之創生何以能如此無窮無盡（不禦）？以其體為「太虛神體」故也。天道至虛而神，故能妙運無方而無窮地創生萬物。「天之不禦莫大於太虛」，此句是順「天之明」，「天之聲」而類比地如此說，其實是不很通順的。既云「天之不禦」，無所謂「莫大」。「不禦」即是無窮盡，亦無所

謂「莫大」。當該說爲「天之不禦本乎太虛」。天道生德之所以無窮盡地創生萬物，即本乎其自體之至虛而神。此是一切創造中最高的創造，一切其他的創造皆是有限的，唯此太虛神體之創造是無限的。這樣說，可以有個比較（莫大）的意味。橫渠語實即此意。（順通語句，原語當該爲「天下之明莫大於日……天下之聲莫大於雷……天下之不禦莫大於太虛……。」或：「天之明……天之聲……天道生德之不禦本乎太虛……。」）

天道生德之創生之所以不禦（無窮盡），乃不禦於（無窮盡於）其自體之至虛而神，此是客觀地說，亦只是思的事。客觀地如此思之，其不禦只有形式的意義，並無具體而眞實的意義。「心知廓之，莫究其極」，此是主觀地說，是以「心知」之誠明形著此「不禦」而證實之，亦即具體而眞實化之。「莫究其極」是如其「不禦」而證實其爲不禦。「廓之」即相應如如範圍而形著之之意。「範圍」不是圈限之，乃是如如相應而印定之之意，即如其「不禦」而印定之。此種如如相應而印定之的「心知之廓之」即是一種智的直覺。既是智的直覺，則不但如如相應而印定之，即不只如如相應而認知地呈現之，形著之，且同時亦即能客觀地豎立起來與那天道生德之創生之不禦爲同一而其自身即是一不禦的創造。客觀說的天道生德之創生之不禦究竟落實處即在此主觀說的「心知之誠明」之創生之不禦。何以能如此說？

蓋「心知廓之」之「心知」既不是感觸的直覺之知，亦不是有限的概念思考的知性之知，乃是遍、常、一而無限的道德本心之誠明所發的圓照之知。此「心知」之意義乃根據孟子所謂「本心」而說。非認知心，乃道德創生之心。創生是豎說，其遠不禦；圓照是

橫說，周運無外。創生是重其實體義，圓照是重其虛明（直覺）
義。此兩者是指目同一本心而言的。它的創生是這圓照心底創生，
它的圓照是這創生的圓照，非只靜態地照之而已也，亦非只在能所
對立中以此照彼也，其所照者即其所自創生也，此雖虛有能所，而
實無能所，此即所謂「合內外」。故橫渠繼「莫究其極」即云：

> 人病其以耳目見聞累其心，而不務盡其心。故思盡其心者，
> 必知心所從來而後能。耳目雖爲性累，然合內外之德，知其
> 爲啓之之要也。

人能「盡其心」（充分實現他的本心），則耳目不爲累，正是啓發
此本心之機要，陽明所謂「良知之發竅」，而本心良知亦運乎此機
竅而以耳目爲其所用，而彼不爲耳目所制；此即本心良知「合內外
之德」。

橫渠於〈大心篇〉又云：

> 人謂己有知，由耳目有受也。人之有受，由內外之合也。知
> 合內外於耳目之外，則其知也過人遠矣。

耳目見聞之知是被動的接受的，這亦是「合內外」，但這種合內外
是感觸的，有限的，有能所關係的，此可謂在能所關係中之認知地
關聯的合。「知合內外於耳目之外，則其知也過人遠矣」。此「過
人遠矣」之知不只是遠近之程度問題，乃根本是另一種知，此在橫
渠即名曰「德性之知」。吾人今日可隨康德名曰「智的直覺」之

知。在此知上之「合內外」不是能所關係中認知地關聯的合，乃是隨超越的道德本心之「遍體天下之物而不遺」而爲一體之所貫，一心之圓照，這是攝物歸心而爲絕對的，立體的，無外的，創生的合，這是「萬物皆備于我」的合，這不是在關聯方式中的合，因而嚴格講，亦無所謂合，而只是由超越形限而來之仁心感通之不隔。若依明道之口吻說，合就是二本，而這卻只是一本之無外。在此，合是虛說，言其並無兩端之關係的合之實義，因而亦可以說這是消極意義的合。但自道德的形上學言，這消極意義的合卻是眞實不隔的合，此眞達到「一」的境界，故又可說是積極的合，此合不是兩端底關係，而只是一體遍潤而無外之一。德性之知即隨本心仁體之如是潤而如是知，亦即此本心仁體之常潤而常照。遍潤一切而無遺，即圓照一切而無外。此圓照之知不是在主客關係中呈現，它無特定之物爲其對象（ob-ject），因而其心知主體亦不爲特定之物所限，故既非感性主體，亦非知性主體，而乃是圓照主體。它超越了主客關係之模式而消化了主客相對之主體相與客體相，它是朗現無對的心體大主之圓照與遍潤。

在圓照與遍潤之中，萬物不以認知對象之姿態出現，乃是以「自在物」之姿態出現。既是自在物（e-ject），即非一對象（ob-ject）。故圓照之知無所不知而實無一知，然而萬物卻盡在其圓照之明澈中，恰如其爲一自在物（由本心自身所自生者）而明澈之，既不多亦不少，不是通過範疇而思之（思其曲折的普遍的性相）與通過感觸直覺而經驗地知之也（知其特殊的內容）。此後者之思與知亦只是思之與知之，而不能創造之，故其所思所知者亦確是一對象，此即所謂「現象」。而圓照之明澈則如其爲一自在物而明澈

之，即朗現其為一「物之在其自己」者，此即物自體，而非經由概念以思經由感觸直覺以知所思所知之現象；而且其圓照之即創生之，此即康德所謂「其自身就能給出這雜多」，「其自身就能給出其對象（實非對象）之存在。」此顯無普通所說的認知的意義。

橫渠於〈神化篇〉云：

> 虛明照鑑，神之明也。無遠近幽深，利用出入，神之充塞無間也。

太虛神體之「虛明照鑑」既圓照，亦創生（遍潤），此即是其「充塞無間」（遍體萬物而不遺）。此雖是客觀地自太虛神體說，其義一也，而主觀地自本心仁體說，正足以證實此義，而最後兩者為同一而為「一本」。故「心知廓之」不只是印證（形著）太虛神體創生之不禦，而且其本身即與之為同一亦為一創生不禦之實體，落實說，實只此一本也。

「心知廓之」之心知即是遍常一而無限的道德本心之誠明所發之圓照之知，則此知是從體而發（本心之誠明即是體），不是從見聞而發，此即康德所謂「只是心之自我活動」的智的直覺（如果主體底直覺只是自我活動的，即只是智的，則此主體必只判斷它自己）。它的直覺只是此主體之自我活動，即表示說它不是被動的，接受的，此顯然是從體而發，不從見聞而發之意，也就是說，它不是感觸的直覺。因不是感觸的，所以是純智的，在中國即名曰「德性之知」，言其純然是發於誠明之德性，而不是發於見聞之感性也。故橫渠於〈大心篇〉云：

> 見聞之知乃物交而知，非德性所知；德性所知不萌于見聞。

見聞之知與德性之知之分別始於橫渠。自有此分別以後，宋明儒無不遵守之。「德性所知」意即德性之知，或德性所發之知，不是指德性所知的東西說。此德性之知亦曰「天德良心」。明道亦說：

> 良知良能皆無所由，乃出于天，不繫于人。

此即純然是天德誠明之自我活動，不是由於什麼其他東西之影響而活動，此即所謂「純出於天，不繫於人」。此在中國是宋明儒共許之義，幾乎是家常便飯，然而康德處於西方學術之背景下，卻反覆說人不可能有這種知。此足見中西兩傳統之異。

橫渠於〈誠明篇〉又云：

> 誠明所知乃天德良知，非聞見小知而已。天人異用，不足以言誠。天人異知，不足以盡明。所謂誠明者，性與天道不見乎小大之別也。

「誠明所知」不是指誠明所知的東西說，乃即是誠明之知，或誠明所發之知之意。《中庸》云：「自誠明謂之性，自明誠謂之教。誠則明矣，明則誠矣」。又云：「誠則形，形則著，著則明，明則動，動則變，變則化。唯天下至誠爲能化。」誠體起明，明即全澈於誠。故明即誠體之朗潤與遍照。誠明一體即窮盡本心性體之全蘊，亦即窮盡性與天道之全蘊。（「唯天下之至誠爲能盡性」云

云)「 誠則形著明動變化 」云云意即誠明之體既創生，又圓照。從圓照方面說，其圓照之知「 自身就能給出這雜多 」，「 其自身就能給出其對象之存在 」。誠明起知即是天德良知。良知之知用亦不過就是誠明自己之一天人，合內外，而「 不見乎小大之別 」而已。

　　分解言之，「 天德良知 」是大，「 聞見之知 」是小。然天德良知非是隔離的抽象體，乃必由通天人，合內外，一小大，而見其為具體而真實的誠明之知用。天德良知具體流行，則雖不囿於見聞，亦不離乎見聞。如是，聞見之知亦只是天德良知之發用，而聞見之知不為小矣。聞見之知之所以小乃由於其不通極於天德良知，而自桎梏於見聞，遂成其為識心（感性之知）而小矣。小即是人（人為的，自限的），大即是天。「 天人異用，不足以言誠 」，誠則通天人，而人亦天矣。一切人事皆是天行。「 異用 」者，天是天，人是人，如是，則誠體即隔絕而為抽象體，而非具體而真實之真誠也。「 天人異知，不足以盡明 」，明則通天人，而屬於人之聞見之知亦大而同乎天德良知矣。「 異知 」者，天是天，人是人，如是，則誠體之明即是孤明，而不能盡其具體而真實之全體大用矣。通天人，合內外，而盡其誠明之體之真實義，則無小無大，小大之別亦泯，遂化而為渾然一體流行矣。故云：「 所謂誠明者，性與天道不見乎小大之別也 」。性與天道不外一誠明之體。自其渾然一體而化言，（ 所謂體用不二 ），則不見有小大之別，有天人之別。

　　以上由橫渠之言「 心知廓之 」，「 誠明之知 」，「 天德良知 」，「 德性之知 」，以見此知即是一種智的直覺。此雖以橫渠之語來表示，然凡真能相應地體悟《 論 》、《 孟 》、《 中庸 》、《 易傳 》，在通而一之中所表示之道體、性體、心體、仁體、誠體、神

體者皆可有此義。以濂溪《通書》中之言誠、言神、言寂感、言
「無思而無不通」，亦可表示此義；以明道之一本論，象山之本
心，陽明之良知，蕺山之「知藏於意」，胡五峰之「盡心成性」，
亦皆可表示此義。惟伊川與朱子所言之德性之知，則不能有此義，
以其析心與理爲二，心性不能一，所言之心非「本心」故也。凡此
請參看《心體與性體》便可知。（吾在該書中並未言智的直覺，故
在此藉橫渠之語重述以點之）。

　　但以上所述只是就原有之語句以伸明其所應有之涵義，此還只
是一概念之分析，人可說此仍是獨斷的，尚不能明「智的直覺」如
何可能。今再進而正式解答此問題。誠明心體所發的那種智的直覺
式的天德良知如何可能？此問「如何可能」不是就這一概念本身而
思之。如果只就這一概念本身而思之，則此概念並不矛盾，不矛盾
即是可能的。康德亦知此種意義的可能。他說不可能是說有限的人
類不可能有這種智的直覺。是以現在問「這種直覺如何可能」等於
問「我們人類這有限的存在如何能有這種直覺」，在什麼關節上理
論上必肯定這種直覺，在什麼關節上不但是理論上必肯定，而且是
實際上必呈現。

　　現在先說在什麼關節上，理論上必肯定這種直覺。答曰：這關
節是道德。講道德，何以必須講本心，性體，仁體，而主觀地講的
本心，性體，仁體何以又必須與客觀地講的道體，性體相合一而爲
一同一的絕對而無限的實體？欲答此問題，須先知何謂道德。道德
即依無條件的定然命令而行之謂。發此無條件的定然命令者，康德
名曰自由意志，即自發自律的意志，而在中國的儒者則名曰本心，
仁體，或良知，而此即吾人之性體，即發此無條件的必然命令的本

心，仁體，或良知即吾人之性，如此說性，是康德乃至整個西方哲
學中所沒有的。性是道德行為底超越根據，而其本身又是絕對而無
限地普遍的，因此它不是個類名，所以名曰性體——性即是體。性
體既是絕對而無限地普遍的，所以它雖特顯然於人類，而卻不為
人類所限，不只限於人類而為一類概念，它雖特彰顯於成吾人之道
德行為，而卻不為道德界所限，只封於道德界而無涉於存在界。它
是涵蓋乾坤，為一切存在之源的。不但是吾人之道德行為由它而
成，即一草一木，一切存在，亦皆繫屬於它而為它所統攝，因而有
其存在。所以它不但創造吾人的道德行為，使吾人的道德行為純亦
不已，它亦創生一切而為一切存在之源，所以它是一個「創造原
則」，即表象「創造性本身」的那個創造原則，因此它是一個
「體」，即形而上的絕對而無限的體，吾人以此為性，故亦曰性
體。何以能如此放大？須知儒者所講的本心或良知，都是根據孔子
所指點以明之的「仁」而說的。仁心底感通，原則上是不能有封限
的，因此，其極必與天地萬物為一體。仁心體物而不可遺，即客觀
地豎立起來而為萬物之體，無一物或能外，因此名曰仁體，仁即是
體。是以仁心不但直接地彰顯之於道德行為之創造，且以其絕對無
限的普遍性同時即妙潤一切而為一切存在之源，是以歷來都說仁為
一「生道」也。主觀地講的本心，仁體，良知，或性體既如此，所
以它必須與客觀地講的道體為同一而為一實體，以道體說性體，它
亦必與此客觀地說的性體為同一，即以主觀地說的本心，仁體，或
良知去形著之以成其為同一。何以必須如此？蓋只有如此，始能成
就其命令為一無條件的定然命令，此在儒者即名曰性體之所命。

　　今試設想性體是一有限的概念，未達此絕對而無限的普遍性之

境，還能有此無條件的定然命令否？性體是一有限的概念即表示本心仁體其本身即是受限制而為有限的，（此不是說其本身無限，而在具體的表現中為具體機緣所限而為特定的表現）；其本身既受限制而為有限的，則其發布命令不能不受制約，因而無條件的定然命令便不可能。復次，本心受限制而為有限的，則本心不復是本心，本心轉成習心或成心而受制於感性（梏於見聞），則即喪失其自律性；仁體受限制而為有限的，則其感通原則上即受限，原則上受限，則其感通無必然性，無必然性之感通為性癖性好（脾性）之感通，此則全為氣質之偶然的，其本身就是被動的，如是仁體便不復是仁體。復次，本心，仁體受限制而為有限的，則由本心仁體所說的「性體」必為一類概念，類概念的性體中的理性其本身就是有限的，是與感性動物性和合的理性，因而必是受制約的理性，如是性只是定義之性，而不復為性體之性，即性不復能即是體。如是，當吾人由無條件的定然命令以說本心仁體或性體時，此本心仁體或性體本質上就是無限的，這裡沒有任何曲折，乃是在其自身即絕對自體挺立的。唯有如此絕對自體挺立，所以才能有無條件的定然命令。此皆是由分析即可獲得者。

又，當吾人就無條件的定然命令而說意志為自由自律時，此自由自律即表示其只能為因，而不能為果，即只能制約別的，而不為別的所制約。而當吾人由條件串的絕對綜和以提供「第一因」這宇宙論的理念時，第一因亦表示只為因而不為果，只制約別的而不為別的所制約。如是，這第一因與發布無條件的必然命令的自由意志其性質完全相同。如果第一因是絕對而無限的（隱指上帝言），則自由意志亦必是絕對而無限的。天地間不能有兩個絕對而無限的實

體，如是，兩者必同一。如果只認第一因為絕對而無限，自由意志
處不承認其為絕對而無限，則自由便成為非自由、自律便成為非自
律，而只能為因者而又為別的所制約，如是，便成自相矛盾。如
是，當吾人由無條件的定然命令說本心、仁體、性體，或自由意志
時，這無條件的定然命令便證成發此命令者之為絕對而無限。如
是，或者有上帝，此本心仁體或性體或自由意志必與之為同一，或
者只此本心、仁體、性體，或自由意志即上帝：總之，只有一實
體，並無兩實體。康德於自由意志外，還肯認有一絕對存在曰上
帝，而兩者又不能為同一，便是不透之論。如果兩者真不能為同
一，則自由意志必受委屈而處於自我否定之境，必不能在其自身即
自體挺立者。由此作論據，亦可證發布無條件的定然命令者必必然
地（分析地）即為絕對而無限者，決不能有絲毫之曲折與委曲。康
德只講一個作為設準的自由意志，於此並不透澈。而儒者講本心、
仁體、性體，則於此十分透澈。如是，本心仁體或性體雖特彰顯於
人類，而其本身不為人類所限，雖特彰顯於道德之極成，而不限於
道德界，而必涉及存在界而為其體，自為必然之歸結。

　　本心仁體既絕對而無限，則由本心之明覺所發的直覺自必是智
的直覺。只有在本心仁體在其自身即自體挺立而為絕對而無限時，
智的直覺始可能。如是，吾人由發布無條件的定然命令之本心仁體
或性體之為絕對而無限，即可肯定智的直覺之可能。此肯定尚只是
理論上的。以上的一切論證都是分析的。惟此分析的，理論上的肯
定必須視性體為本心仁體始可。若性體視為只是理，而心傍落，仁
亦視為只是理，而不復是心，如伊川與朱子之說法，則智的直覺亦
不可能。蓋智的直覺即是無限心之妙用。無限心即本心，即仁體，

而此即是吾人之性體。若心與性不能一，心不復是本心，而為氣之靈而屬於氣，則自不能有此智的直覺。此亦是「性即理」系統與「心即理」系統之重要差別，而有無智的直覺亦成一個有嚴重影響的問題。

現在再說在什麼關節上，智的直覺不但是理論上必肯定，而且是實際上必呈現。

這個關節即在本心仁體之誠明，明覺，良知，或虛明照鑑。本心仁體不是一個孤懸的，假設的絕對而無限的物擺在那裡，因而設問我們如何能智地直覺之。當吾人說「本心」時即是就其具體的呈現而說之，如惻隱之心，羞惡之心，是隨時呈現的，此如孟子之所說，見父自然知孝，見兄自然知弟（這不是從生物本能說，乃是從本心說），當惻隱則惻隱，當羞惡則羞惡，等等，此如象山之所說，這都表示本心是隨時在躍動在呈現的。當吾人說「仁體」時，亦是當下就其不安，不忍，悱惻之感而說之，此亦是其具體的呈現，此如孔子之所說以及明道之所說。這亦表示仁心隨時在躍動在呈現，感通周流而遍潤一切的。潤是覺潤，以不安不忍悱惻之感這種「覺」去潤生一切，如時雨之潤。是以本心仁體是一個隨時在躍動的活動，此即所謂「活動」（activity），而此活動是以「明覺」來規定。只有當吾人鄭重正視此明覺義、活動義，始能知本心仁體是一呈現，而不是一假設（不只是一個理論上的設準），因而始能知智的直覺亦是一呈現而可為吾人所實有，不只是一個理論上的肯定。

當康德說自由意志（自主自律自給法則的意志）是一「設準」，吾人既不能以感觸直覺知之，而吾人亦無一種智的直覺以知

之，是以它總不能被認知，因而亦總不是一具體的呈現，當其如此
思維時，他是把自由意志只看成一個理性體（純粹的實踐的理性，
毫無感性經驗的成分，如此籠統說之為一理性體自無不可），而忘
記意志活動就是一種心能，就是本心明覺之活動。它當然是理性
體，但同時亦即是心體，明覺體，活動體。既如此，它如何不是具
體的呈現？既是具體的呈現，它的明覺活動如何不能反身自覺，
即，如何不能即依其明覺活動反而純智地直覺它自己而使其自己為
一呈現？純智的直覺即在此「明覺之活動」上有其可能之根據。何
以必否認此種直覺，而只以不能被感觸直覺所覺，故視之總不能呈
現，而只為一設準？是以當本心仁體（自由意志是其良能）隨時在
躍動，有其具體呈現時，智的直覺即同時呈現而已可能矣。只有當
把自由意志只看成是一孤懸的抽象的理性體，而忘記它本身就是一
種心能，就是本心仁體之明覺活動，才認為智的直覺不可能，不能
為吾人所有。這是把已可能的東西說死了，遂成為不可能。康德把
道德感看成是形而下的，感性的，純主觀的，不能為道德之基礎，
這就是把心之明覺義和活動義完全從意志上脫落下來，而意志亦只
成一個乾枯的抽象的理性體，而不知意志活動就是本心仁體之明覺
活動，道德感（道德之情）就是這本心仁體之具體表現。道德感固
可有屬於氣性的，但亦可上提而從本心仁體上說。如果只下屬於氣
性，上面意志處不能說道德感，則意志處便無心義，無明覺義，無
活動義，如是道德便成一死概念，而永不能是呈現之實事。道德感
上提而自本心仁體說，則意志之心能義，本心之明覺活動義始能恢
復，而意志之活動就是道德感之呈現，如是道德才是一實事。道德
是一實事，智的直覺無法不可能。

　　當本心仁體或視爲本心仁體之本質的作用（功能良能 essential function）的自由意志發布無條件的定然命令時，即它自給其自己一道德法則時，乃是它自身之不容已，此即爲「心即理」義。它自身不容已，即是它自甘如此。它自甘如此即是它自身悅此理義（理義悅心）。本心仁體之悅其自給之理義即是感興趣於理義，此即是發自本心仁體之道德感，道德之情，道德興趣，此不是來自感性的純屬於氣性的興趣。自由自主自律的意志是本心仁體之本質的功能，當它自給其自己一法則時，它即悅此法則，此即它感興趣於此法則，它給就是它悅，這是本心仁體之悅。它悅如此，這就是生發道德之力量。康德把悅與感興趣完全視爲感性的，這就表示意志處無「心」義，無「悅」義，意志成爲死體。然意志本是心能，本不是死體，這只是康德把本是活的東西忘記其本義而說成死的，這也表示抽象思考之遺漏性。孟子說理義悅心就完全是從本心仁體上說，並不視之爲感性的。這就救住了道德，使道德成爲一實事。因爲康德把悅理義或感興趣於道德法則視爲感性的，所以才有「人何以能直接感興趣於道德法則？」「純粹理性如何能是實踐的？」這問題之不可能被說明，不可能被理解之說。因爲悅既是感性的，則所悅的必不是那自律的道德法則，而是那感性上有條件的法則，此即不能有眞道德，而且所悅的亦是感性範圍內屬現象的東西，而不是那意志自體之自律。我既不能悅到它，不能感覺到它可悅，所以我也不能以感觸的直覺去覺它，因此「純粹理性其自身如何就能是實踐的？」這就成爲完全不可解明的事。這就函著說意志理性體不能是具體的呈現。因爲我們既不能經由感觸直覺以覺之，又無另一種智的直覺以覺之，它總不能被直覺，所以它不能是一具體的呈

現。（以上所說，請參看《心體與性體》〈綜論部〉第三章「論康德」處）。

但是如果從本心仁體發悅，則自給法則即自悅法則，純粹理性其自身如何就能是實踐的，這是完全可解明的事。惟此解明是依據智的直覺，而不是依據感觸的直覺。它給它悅，它自身就是生發道德行為的力量，這就是它的創造性；同時，它給它悅，它的明覺活動即反而非感觸地（智地）直覺之，它既悅而覺之，此本心仁體連同其所發布的無條件的定然命令（道德法則）如何不是具體的呈現？智的直覺即在此本心仁體之悅與明覺中有它的根源，因而有其可能。

本心仁體之悅與明覺活動，反而自悅自覺其所不容已地自立之法則，即是自知自證其自己，如其為一「在其自己」者而知之證之，此即是「在其自己」之本心仁體連同其定然命令之具體呈現。當其自知自證其自己時，即連同其所生發之道德行為以及其所妙運而覺潤之一切存在而一起知之證之，亦如其為一「在其自己」者而知之證之，此即是智的直覺之創生性，此即是康德所謂「其自身就能給出它的對象（實不是對象）之存在」之直覺。

此義可分三層詳細說明之。

(1)本心仁體之明覺活動反而自知自證其自己，如其為一「在其自己」者而知之證之，此在中國以前即名曰逆覺體證。此種逆覺即是智的直覺，因為這純是本心仁體自身之明覺活動故，不是感性下的自我影響，如康德之所說。就此智的（非感觸的）直覺說，所直覺的本心仁體自己亦可方便說為是它的對象，但其實這對象只有名言的意義，並無實義。明覺活動之反覺亦無「能」義，反而所覺之

本心仁體亦無「所」義。明覺活動之反覺其自己即消融於其自己而只為一「體」之朗現，故此逆覺體證實非能所關係，而只是本心仁體自己之具體呈現。在此，亦不能說「此直覺自身就能給出它的對象之存在」，因為此直覺活動就是此本心仁體自己之具體呈現故，本心仁體不是它所給（所產生）的對象，體既不是一對象，亦不能被產生。此即是康德所說「如果主體底直覺只是自我活動，即只是智的，則那主體必只判斷它自己（意即表象它自己）」。我這裡所說的逆覺只是本心仁體（這主體）之明覺活動之自知自證，故只是判斷它自己，即其自體之具體呈現。此種逆覺是根據本心仁體隨時在躍動在呈現而說，縱然其躍動或呈現是在駁雜中。隨時躍動反而覺其自己，即如其自體而覺之。其躍動在駁離中，而其自體並不駁雜。復次，縱不在駁雜中呈現，而在當機作純天理地呈現（如見孺子入井等），此機亦是一限制，如是，其隨時在躍動在呈現總是在曲圍中呈現，然而隨其當機呈現而當下逆覺體證之，乃即如其一為自體而體證之，而其自體本身則並無所圍，因此，故為絕對的，無限的，亦即絕對地普遍的。當下逆覺體證之，此雖在曲圍中逆覺體證，然此逆覺卻不是感性的。成為曲圍的機緣（occasion）是感性的，而逆覺之根卻不是被動地從感性而發，乃是從本心仁體之當機躍動之明覺而發，此只是其明覺活動之反照其自己，故是純智的。愈這樣逆覺體證，本心仁體之自體即愈是具體的呈現，因而亦愈有力。

(2)有力者即有力發為道德行為是。此即本心仁體連同其定然命令之不斷地表現為德行，即引生道德行為之純亦不已，孟子所謂「沛然莫之能禦」者是。孟子說：「舜之居深山之中，與木石居，

與鹿豕遊，其所以異於深山之野人者幾希？及其聞一善言，見一善行，若決江河，沛然莫之能禦也」。「聞一善言，見一善行」，這是特殊的機緣。在此特殊的機緣上，大舜一覺全覺，其心眼全部開朗，即表示其本心仁體全部呈現，無一毫隱蔽處，無一毫不純處。故其發為德行，能「若決江河，沛然莫之能禦」，此即孟子所謂「堯舜性之也」。言其德行純是由性體自然流露。德行是一件一件的。每一德行都是由本心仁體發出。見父自然知孝，見兄自然知弟，當惻隱則惻隱，當羞惡則羞惡。凡此皆是德行，皆是奉行本心仁體之所命，亦即皆是性體之不容已。見父則表現孝行，此是一件行為。「自然知孝」即其本心仁體之明覺自然地知道當孝，即自然地發布一「當孝」之命令（此即所謂理，法則）。知孝即孝，當孝即能孝，此即性體之不容已。性體不容已地發布命令，亦不容已地見諸行事，不是空懸的一個命令。此即孟子所謂良知良能，亦即本心仁體之創造性。王陽明言「知之眞切篤實處即是行，行之明覺精察處即是知。」此言甚善巧，「知之眞切篤實」即是本心仁體底明覺之知，此知（例如知當孝）發之於性體之明覺，故無虛假，因此，故「眞切篤實」，眞切篤實即函不容已地要見諸行事，因而也就是行了。行不是冥行，就是那明覺之知在貫注，此就是「行之明覺精察處即是知」。知行是一個，此只表示性體之創造性。一切德行由性體之明覺而發，此亦可說「主體中之雜多即為自我之活動所給與」。德行即雜多，自我之活動即性體之明覺活動。在此，明覺之活動不是逆覺體證本心仁體之自己，乃是逆覺其命令之不容已地要見諸行事。逆覺即是「內部的直覺」，此直覺不是別的，就只是那明覺活動自身之反照，因而也就等於是「自我之活動」，等於明

覺活動這個自我自身之活動，因此它是純智的，而非被動的感性的。明覺活動（承體說者）不容已地要見諸行事，此是順說本心仁體之創造性；而明覺活動這個自我自身反照其自己之不容已地發布命令，不容已地見諸行事，總之是反照其自己之不容已，此種反照之直覺既即等於明覺活動這個自我自身之活動，故此直覺亦是創造性的，它直覺此不容已，即實現此不容已中之雜多（諸德行），此不是被動也接受外來之雜多，如感觸直覺處那樣，而是此直覺自身即生發此雜多。此雜多是德行，如果剌出去說，這些德行亦好像是對象，即以德行為對象，如王陽明之以「行為」（如事親、讀書等）為「物」，這是本心仁體所要實現之目標（對象 object），亦即良知所要正之，成之，而實現之者。如其如此，亦可以說「此直覺自身就能給出它的對象之存在」，此對象是德行，行為。此是順直覺而說直覺之創造性，亦即就直覺而反說本心仁體之創造性，即從直覺反回去，返到本心仁體自身之創造性。智的直覺之創造即是本心仁體之創造。順說本心仁體之創造是縱貫地說，承體起用地說；就直覺而反說是橫說，是就智的直覺之認知說。所以要有此橫說，為的是要表明此本心仁體之創造不只是理論的，形式的意義，乃是可以直覺而認知之的，亦即是可以具體呈現的具體而真實的創造。惟此直覺既非感觸的，接受的，則其自身即為創造的自無疑。其所創生的諸道德行為雖可以對象視，而實無對象義。智的直覺覺之即創生之，是把它引歸於其自己而由其自己所引生之自在物（eject），不是把它看成是一在彼之現成物而在能所關係中為一認知的對象，如其為一現象而認知之。所創生出的德行自在現象界中而為可見的，但統於智的直覺，則只是此直覺之所生，自智的直覺而

觀之，則它只是此直覺上之內生內在物，亦只是此本心仁體所實現而貫注之實德，而不是在感觸的直覺與辨解的知性所成之認知關係中之現象義的對象。智的直覺亦只能如其為一內生內在物而覺之，實現之，除此以外，再無所知。此義是就道德行為說。擴大而可以應用於一切物（一切存在）。

(3)本心仁體本是無限的，有其絕對普遍性。它不但特顯於道德行為之成就，它亦遍潤一切存在而為其體。前者是它的道德實踐的意義，後者是它的存有論的意義；前者是它的道德創造，引生道德行為之「純亦不已」，孟子所謂「沛然莫之能禦」，後者是它的「生物不測」，引發宇宙秩序，《易傳》所謂「以言乎遠，則不禦」。總之，它是個創造原則。就聖德之圓滿化境說，這兩面之創造不能有異，此即明道所謂「一本」（只此便是天地之化，不可對此個別有天地之化」），而孟子所謂「萬物皆備於我矣，反身而誠，樂莫大焉」，亦函此義，象山所謂「萬物森然於方寸之間，滿心而發，充塞宇宙，無非斯理」，已十分明顯此義，而陽明所謂「良知是造化的精靈，這些〔猶言這點〕精靈生天生地，成鬼成帝，皆從此出，真是與物無對」，亦是此義。在道德的形上學中，成就個人道德創造的本心仁體總是連帶著其宇宙生化而為一的，因為這本是由仁心感通之無外而說的。就此感通之無外說，一切存在皆在此感潤中而生化，而有其存在。此仁心之感通無外就是其覺潤無方，故亦曰覺潤。仁心之明覺活動覺潤一切，同時即照了一切。此照了活動即是它的「虛明照鑑」，在此說「智的直覺」。它的虛明照鑑覺之即潤之，潤之即生之。故智的直覺本身即給出它的對象之存在（對象是方便言，實無對象義），此即智的直覺之創生性。

橫渠云：「虛明照鑑神之明也。無遠近幽深，利用出入，神之充塞無間也」。神明即誠明，即本心仁體之明。神明之虛明照鑑是智的直覺義，直覺地照了一切；「神之充塞無間」是此神明之存有論的意義，妙運一切。橫說的「直覺地照了一切」即是豎說的「充塞無間」實現（創生）一切。一切存在在智的直覺中，亦即在本心仁體之覺潤中，都是爲一「在其自己」之自在自得物，（萬物靜觀皆自得），都不是一現象的對象，如康德所認知地規定者。如是，物自體（每一物之在其自己）是可以由此智的直覺而被認知者，即在此智的直覺前朗現，如其爲一「在其自己」者而朗現之。智的直覺所直覺地認知者亦只是此「在其自己」之意義，即只如其爲一「自在物」（e-ject）──由其自己所潤生所實現之物之在其自己──而直覺地認知之，除此以外，它再無所知。如果對感觸的直覺與辨解的知性（概念的思考）說，它就是現象，此時它始有對象（object）的意義。如是，同一物，對智的直覺說，它是一物之在其自己（物自體），此即康德所說「物自體」一詞之積極的意義，（唯彼不取此意義而已），對感觸的直覺與辨解的知性說，它是現象，因而也就是一對象。智的直覺直覺地認知之，同時即實現之，此並無通常認知的意義，此毋寧只著重其創生義。因此，即使承認有此智的直覺，亦並未擴大吾人之知識，如康德之所警戒者。吾人隨康德之思路，承認有此智的直覺，只不過是重在表示本心仁體乃至自由的意志實可爲一具體的呈現而已。如非然者，則康德關於道德所說之一切，俱是廢話。是以本心仁體爲一具體呈現並非知識之擴大，而吾人承認智的直覺以使其具體呈現爲可能，並無過患，亦非誇奢。莊子云：「聞以有翼飛者矣，未聞以無翼飛者也。聞以有知

知者矣，未聞以無知知者也」。（〈人間世〉）智的直覺之知即是
「以無知知」。此種弔詭必須承認。康德於此實不透澈。

智的直覺既可能，則康德說法中的自由意志必須看成是本心仁
體底心能，如是，自由意志不但是理論上的設準而且是實踐上的呈
現。智的直覺不過是本心仁體底誠明之自照照他（自覺覺他）之活
動。自覺覺他之覺是直覺之覺。自覺是自知自證其自己，即如本心
仁體之為一自體而覺之。覺他是覺之即生之，即如其繫於其自己之
實德或自在物而覺之。智的直覺既本於本心仁體之絕對普遍性，無
限性以及創生性而言，則獨立的另兩個設準（上帝存在及靈魂不
滅）即不必要。此本心仁體即純一不滅永恆常在之本體（實體）。
要說靈魂不滅，此即靈魂不滅，不能於此本心仁體外，又別有一個
靈魂不滅。如其真別有一個個體式的不滅之靈魂，那必是形而下的
氣的存在，因而亦必不是真正的純一與不滅，這只是一個幻結或習
氣凝聚的假我。康德視不滅的靈魂與自由的意志為兩個設準，而又
視前者為真我。如果前者真是真我，則與自由意志無以異，因自由
意志即真我故。既無以異，則只有一個，並無兩個。如果它是真我
而與自由意志有異，則後者必不能是真我，即必不能真是自由的。
反之亦然。是以靈魂不滅或者只是自由意志處所表示之本心仁體自
己，或者只是形而下的氣的存在，而不是一真我。關於上帝存在亦
復如此。此絕對普遍而無限而又有創造性的本心仁體即上帝──最
高的主宰。此在中國以前即說此即是天命天道之真體──客觀說的
天命天道必須與主觀說的本心仁體合一，甚至是一。如是，不能於
本心仁體外別有一個上帝。如真別有一個上帝，則或者本心仁體不
是真正的最高者，或者上帝只是一幻結，總之，不能有兩個最高

者。如果知道兩者只是一個，則依宗教之情把本心仁體凸立而為一
人格神，視為信仰祈禱之對象，亦無礙。因為在中國以前的儒者雖
視天命天道與本心仁體為一，然不礙其事天敬天，對於天之崇奉。
同樣，如果靈魂不滅即本心仁體之真我，則依宗教方式把本心仁體
之真我視為個體式的不滅之靈魂以慰宗教之情，亦無礙。因為儒者
亦自本心仁體之成德處說不朽。然至理則必須如上說，不能原則上
有三個設準。

　　此而既打並為一，則道德界與自然界之懸隔不待通而自通矣。
本心仁體之創生直貫焉有懸隔不通之理？而由「我思」（統覺底統
一）所意識到的「自我」並非本心仁體之真我，而兩者之關係為如
何亦可得而言。前者是一個邏輯的我，結構的形式的我。雖不能說
成是一個幻結，然對本心仁體言，可以說為是本心仁體之一曲。曲
而成此結構的我為的是要成知識。吾人不能只依智的直覺只如萬物
之為一自體（在其自己）而直覺地知之，因為此實等於無知，即對
於存在之曲折之相實一無所知，如是，則本心仁體不能不一曲而轉
成邏輯的我，與感觸直覺相配合，以便對於存在之曲折之相有知
識，此即成功現象之知識。即在此知識之必須上，吾人不說邏輯的
我為一幻結，而只說為一結構的我，由本心仁體之一曲而成者。
（曲是曲折之曲，表示本心仁體之自我坎陷）。如是，兩者有一辯
證的貫通關係。主體方面有此因曲折而成之兩層，則存在方面亦因
而有現象與物自體之分別。對邏輯的我言為現象、為對象；對本心
仁體之真我言，為物自體、為自在相。

十九、道家與佛教方面的智的直覺

　　以上所說是就儒家說智的直覺，現在再就道家與佛教說。道家所隱藏的智的直覺（隱藏者含有此義，而無此名），不能從道德底真實可能來辨說，但只能從「由有至無」來辨說。因道家本是直接地從有為之有限定，相對待，與造作不自然，化除而上越之，以至無為之無限定，絕對與自然之境。有為之有限定，相對待，造作不自然之最顯著猛利而足以累吾心，蕩吾德（道家義的），以困惱吾人者在「知」與「名」。故《莊子‧人間世》篇云：

> 且若亦知夫德之所蕩，而知之所為〔以〕出乎哉？德蕩乎名，知出乎爭。名也者相札〔軋〕也。知也者爭之器也。二者凶器也，非所以盡行也。

名器與賢智之知乃禮文社會之所崇尚。崇尚之至其極，則一切皆流於虛偽造作，而人間相軋相爭亦由此出。道家本是由感於周文之虛偽而發其義的。故道家直接從名與知說，一方面顯著地有反知之意識，一方面智的直覺之浮現亦較儒家為顯明，而說之亦較易。

　　老子首先說「絕聖棄智」，「絕仁棄義」，「絕巧棄利」，

「絕學無憂」。聖智，仁義，巧利與學皆知與名之事。崇知以取名，要歸之於學。「為學」與「為道」是相反的。故老子云：「為學日益，為道日損，損之又損，以至於無為。無為而無不為」。「為學」底目的是在獲得經驗知識，故一天多其一天，每天皆有所增益。此將陷於無窮的追逐而無止境。而莊子亦云：「吾生也有涯，而知也無涯。以有涯隨無涯殆已」（〈養生主〉）。此根本是無與於道的。「為道」底目的是在反身自證自知自明以求洒然自適，所謂「自然」。故為道底方向是與為學相反的。為學是向外取，向前追，而為道則是向內歸，向後返。向內歸以反為學之外取，則不傾注於對象而洒然無所得（一無所有）；向後返以反為學之前追，則不疲於奔命而洒然自適自在矣。此即所謂「為道日損」。這是一個減損的精神，是只求減損不求增益的。減損就是消除那些向外取。向前追中的矢向（徵向）而一起把它們消化掉，也就是把它們無掉。無（作動詞看）就是無那些矢向。有矢向即是有，有有即是有所傾注，有所傾注即是有所住，有所住即是有所得，有所得即有所不得，而不能無得無不得。所無的就是那些矢向上的有所得。無至乾乾淨淨就是「無為」，而這種無為就是「無為而無不為」。（《般若經》「應無所住而生其心」與此為同一形態之理境）。故在為道上，必是「其出彌遠，其知彌少」。言對於道之知必愈少也。在為學上，是「其出彌遠，其知彌多」，此知是經驗知識，非對於道之知也。「是以聖人不行而知，不見而名，不為而成」，此即「無為而無不為」，「無見而無不見」，「無行而無不行」即「無知而無不知」。因為不需要經驗，故無知，因無特定對象故。無知自亦函無知相。無知而又無不知，此無知之知即智的

直覺之知，即泯化一切而一無所有之道心之寂照，即寂即照，寂照為一。在道心底寂照下，一切皆在其自己，如其為一自在物而一起朗照而朗現之。故老子又云：「道常無為而無不為。侯王若能守之，萬物將自化。化而欲作，吾將鎮之以無名之樸。無名之樸，夫亦將無欲。不欲以靜，天下將自定」。「化而欲作」，作，興起之謂。在道守之下，萬物將自生自在自化。化而要有興起紛馳之傾向，將懼其離其自己，一往而不返，故「鎮之以無名之樸」，使之不自覺欲求之可貴而渾化其欲求，而復歸於其自在之自己，如是，則浮動者靜矣。靜而歸於其自己（不是離其自己），則自安定矣。此雖就侯王之治天下說，亦通哲學之理境。此即智的直覺之理境。

　　智的直覺是在泯除外取前逐之知而歸於自己時之無所住無所得之「無」上出現。此並無不可能者。只康德無此理想，只空想一智的直覺之概念，當然要向那裡想其可能呢？郭象注「吾生也有涯，而知也無涯」句云：「知之為名生於失當，而滅於冥極」。此言甚美。「失當」者無窮追逐而永無止境之謂。就「為學」以取得經驗知識說，此正是得當，而並非失當。然就「為道」說，則此種知根本就是「失當」，故云「知之為名生於失當」。「知之為名」猶言知之得名曰知（或知之為知）。知之所以得名曰知正在由於向外取向前逐而永無滿足之期。「滅於冥極」者泯除此向外取向前逐而歸於自己之謂。「冥」者玄合之謂，「極」者「在其自己」之至分之謂，亭亭當當在其自己而無一毫之歧出與馳騖，不瞻前顧後，不依待於他，此即一人之「至分」，甚至每一物之至分，此至分即曰「極」。極即是一絕對之自體。與此絕對之自體（至分）玄合為一，則知之名即不復存在，此即為「滅於冥極」。滅於冥極而無知

相，則自適自在自然自足而道心呈現，道亦在此。此無知相之道心同時亦即玄照一切而無不知。此無不知之知是無知之知，非有知之知。無知之知玄照一切即玄冥一切。在無知之知之玄照下，一切皆在其自己而「任其自分」（郭象語），所玄照者即此「在其自己」，亦即與此物物之「在其自己」玄冥爲一。此即郭象注《莊》所發揮之逍遙，齊物，自爾，獨化之境。一切皆自爾，獨化，則不復有依待遷流之相。此根本是一個「止」，一止一切止。止即照。此即智的直覺呈現，而物之在其自己亦朗現，而不復有現象之知矣。是以現象之知即是失當。智的直覺之寂照即是莊子所謂「以無知知」。

《莊子·人間世》篇云：「瞻彼闋者，虛室生白，吉祥止止〔後一止字是語詞〕。夫且不止，是之謂坐馳。夫徇耳目內通，而外於心知，鬼神將來舍，而況人乎？是萬物之化也，禹舜之所紐也，伏戲几蘧之所行終，而況散焉者乎」？此言「以無知知」即是虛，虛則一切吉祥皆來集於此。虛即止（寂），不虛無，則不能止。不止，則曰「坐馳」。「徇耳目內通，而外於心知」即是止。順耳目以內通，不以心知之造作以使之外通而逐於物，此之謂「止」。一止，則一切皆來矣。此即「無爲而無不爲」之意。「虛室生白，吉祥止止」，「鬼神將來舍，而況人乎」？鬼神且來集於此，人豈能離開此道以成爲人？所以這一個止照之虛無是萬物之所以化（萬物之成其爲萬物），是舜禹所以應物之綱紐，是伏戲几蘧之所行以終其身者。舜禹伏戲等尙不能離此以成其爲聖王，而況其餘不及此等聖王者能離乎此道以別有巧門乎？此即此道「神鬼神帝，生天生地」之謂，亦即老子所謂「天得一以清，地得一以寧，

神得一以靈，谷得一以盈，萬物得一以生，侯王得一以爲天下貞」
之意。此即智的直覺玄照一切，玄冥一切，亦即玄成一切。

郭象於此闡發之曰：「言物無貴賤，未有不由心知耳目以自通
者也。故世之所謂知者，豈欲知而知哉？所謂見者，豈爲見而見
哉？若夫知見可以欲而爲得者，則欲賢可以得賢，爲聖可以得聖
乎？固不可矣。而世不知知之自知，因欲爲知以知之，不見見之自
見，因欲爲見以見之，不知生之自生，又將爲生以生之。故見目而
求離朱之明，見耳而責師曠之聰，故心神奔馳於內，耳目竭喪於
外，處身不適，而與物不冥矣。不冥矣，而能合乎人間之變，應乎
世世之節者，未之有也」。

郭象此注是由「耳目內通」進而言自見，自知，自生之自在
義。自見自知之「自」不是「自己」之意，乃是對有爲造作而言。
自與爲相對，則「自」是「在其自己」之自然自爾之意。無待於他
而自爾獨見謂之「自見」，自爾獨知謂之「自知」，自爾獨化謂之
「自生」。其所謂「物無貴賤，未有不由心知耳目以自通者」；此
並非說順心知耳目追逐以自通，而乃「滅於冥極」以「自通」，
《莊子》原文「徇耳目內通而外於心知」，即停止意必固我之造作
（此皆心知之用），使耳目不順刺激而向外用，此之謂「內通」。
此處耳目之內通即〈人間世〉篇前文之「心齋」之聽——「無聽之
以耳，而聽之以心，無聽之以心，而聽之以氣。耳止於聽，心止於
符。氣也者虛而待物者也。唯道集虛，虛者心齋也」。「心齋」之
聽即「坐忘」之聽（坐忘見〈大宗師〉），亦即寂照之聽。「無聽
之以耳」，此耳是生理器官之耳。「耳止於聽」（原文作「聽止於
耳」，倒），此聽是被動有待的聽，非心齋之聽。言生理器官之耳

止於被動之聽，此是滯於物之聽也。「無聽之以心」，此心即心知造作之心，非心齋坐忘之心也。「心止於符」，言心知造作之知止於與外物相符合，此能所關係中之知也。以此種心知去聽乃有意去聽，仍不得不用耳，非心齋之聽也。「聽之以氣」，「氣者虛而待物者也」，意即聽之以氣之自然流通。勿用心意去造作，勿用耳官去接觸，只是一氣之自然流通，此即所謂「虛」，即心齋之聽。從心齋之心說，即寂照之聽。唯心能止，氣始不滯。「虛而待物」，待物即應物，非有待於物。故由氣之虛以示心齋。心齋即心之寂與虛。聽之以心齋即聽之以「無」也。此即謂「耳目內通」。

　　耳目之內通即郭注所謂耳目之「自見」。「自見」者非「為見以見之」。「為見以見之」即是有心知之造作，意即有意造作這個見（使見兩腳不貼地，這樣又想那樣）以去見。造作去見，則耳目不能內通，而「竭喪於外」矣。耳目就其為生理器官說，是普通所謂自然界的東西，它的聞見有一特定的模式，即康德所謂感性。若再加上心知之造作，「為見以見之」，則感性的耳目之用更不舒坦，此即所謂「竭喪於外」也。去此造作之「為」不是想去順成那感性的自然生理器官之被動的視聽，而是上提而歸於內通之「自見」，即把聞見上提而繫屬於心齋，脫離其感性之被動。（此與儒家踐形義亦異，注意）。心知，就其為實然的心官說，亦是普通所說的自然物，它亦有其自然之明，此即康德所謂「知性」。順其自然之明而冥之，化除其能所對待中之追逐，以及使用概念之模式，則心知之知即是「自知」。「自知」者非「為知以知之」。「為知以知之」即是有意造作這個知以去知（使知兩腳不貼地，顧此失彼）。造作去知，則心知之明亦不能內通而「自知」，而落於追逐

之外知，此所謂「心神奔馳於內」也。推而廣之，萬物之生亦是
「自生」（在心齋之寂照下）。「自生」者非「爲生以生之」。
「爲生以生之」意即造作地欲生以使之生也。如是，則生即落於依
待之條件中而非自爾獨化之謂，此亦即非內通之「自生」。故知是
自知，見是自見，生是自生，則一切皆內通而不喪於外矣。此之謂
「虛室生白，吉祥止止」。亦即「冥極」也。冥極，則知是自知，
自知之知即無知而無不知；見是自見，自見之見即是無見而無不
見；生是自生，自生之生即無生而無不生。無知之知無知相，無見
之見無見相，無生之生無生相。何謂知相？主客對待關係之撐架即
知相。何謂見相？有見與被見，即見相。何謂生相？有生與被生即
生相。無此諸相，則一切自爾。見目不求離朱之明，則目之見「無
成與虧」，而目明圓矣。見耳不求師曠之聰，則耳之聽「無成與
虧」，而耳聰圓矣。見心不求聖智之耀，則心之知「無成與虧」，
而心明圓矣。此之謂玄冥，亦曰心齋，亦曰坐忘。在坐忘之下，一
止一切止。一止者即我之在其自己，一切止者即一切皆在其自己。
就坐忘之寂照說，此即智的直覺。在智的直覺下，一切皆在其自己
之自爾。此智的直覺即是寂虛之心齋之自我活動，「動而無動」之
動。

　　在此，智的直覺之創生性與在儒家處所表現的不同，不及儒家
之顯明。蓋儒家自道德言，其本心仁體之誠明之道德的創生性甚
顯，而天道亦直說爲「生物不測」之道，故由誠明所發的虛明照鑑
之智的直覺，其創生性亦甚顯。但在道家，其心齋之道心只就消化
學知之依待與追逐後之止、寂、虛、無說，並無道德的內容，亦不
爲道德實踐之可能而建立此道心，彼雖不必反道德，但亦不積極地

爲道德立可能之根據，且由遮撥道德之德目而顯（如絕仁棄義，大道廢有仁義等），一往視道德爲外在物，並未意識到如何內在化之以開悟道德可能之超越根據（本心仁體），是則其言道心在道德方面即落空，故其道心之寂照之創生性亦不顯。但是止、寂、虛、無之無爲必然地函著無不爲，這裡亦有一種創生性，惟其形態特別，須予以特別之了解，此可名曰消極意義的創生。「虛室生白，吉祥止止。〔……〕鬼神將來舍，而況人乎？是萬物之化也，禹舜之所紐也」，「神鬼神帝，生天生地」，皆由於此，此豈非「無不爲」，亦即「無爲」之創生性？老子言「道生之，德畜之」，「天得一以淸，地得一以寧，神得一以靈，谷得一以盈，萬物得一以生」云云，此豈非道（無）之創生性？然此中之創生性卻是不生之生，我無爲，「萬物將自化」，「無不爲」是歸於萬物之自生自化，自爾獨化，惟由「無爲」始能開出。故王弼注「生之，畜之，生而不有，爲而不恃，長而不宰，是謂玄德」云：「生之」，「不塞其原也」；「畜之」，「不禁其性也」；「不塞其原，則物自生，何功之有？不禁其性，則物自濟，何爲之恃？物自長足，不吾宰成，有德無主，非玄而何？凡言玄德，皆有德而不知其主，出乎幽冥」。我無爲，不亂動手腳，不騷擾干禁，則萬物自生，非謂有一創生之體以生之也。然亦確由我之「無爲」而開出，是亦不生之生，消極地生之也。此與由本心仁體之誠明發布無條件的定然命令以使吾不容已地去行之道德創造絕異。此後者之創造性是承本心仁體之所命而來，是由性分之命汝必然地要去實現之而表示，是向一方向而創造的。此若就判斷說，即康德所謂「決定判斷」。（認知判斷與道德判斷俱是決定判斷。認知判斷決定外物之質量與關係，

道德判斷是決定吾人行爲之方向，由定然命令而表象者）。而道家之創生性卻類乎康德所謂「反身判斷」（reflective judgement）。審美判斷是反身判斷，是無所事事，無所指向的品味判斷（judgement of taste）。故決定判斷亦可曰有指向的判斷，反身判斷亦可曰無指向的判斷。故道家之主體可以開藝術性關鍵即在此。儒家到成於樂之化境亦可融有向於無向，命令性不顯，然此只是「自然」義，行之若無事然，所謂「堯舜性之」，非謂無定然命令之定向也。故「自然」，「無爲」，「無心而成化」，雖亦可說，然其底子不同於道家。關鍵即在道家自始即不對應道德創造而說。故其無向就只是無向，它的自然，無爲，就只是一個止、寂、虛、無，而無任何規定者。此若落實了，就只是一個圓照，而非方中之圓者。此非方中之圓之圓照，其創生性就只能是消極意義的生——我無爲，「萬物將自化」。一止一切止，一止而自在自化即一切皆止而自在自化。止是在其自己，自在自化是如其爲一「在其自己」而自在自化，無論如何生，化，皆永遠是在其自己者，是即所謂「自爾獨化」。一切皆在一虛寂止照之心之虛涵下爲自爾獨化，此即謂「生之畜之」也，亦即所謂「虛室生白」也。

　　道之創生性既如此，則由道心之圓照而說智的直覺，其創生性亦當如此了解。道心之虛寂圓照本由學、知（或名、知）之滅於冥極而顯示。當我實感到學知追逐之不自在而「爲道日損」時，則學知之「失當」即消滅，而道心之虛寂圓照即有具體的呈現，此固非只是一虛擬之形式概念。當道心之虛寂圓照具體呈現時，它即了了其自己，此即所謂內外明澈，未有只照他而不照己，於自己方面反冥若夜遊而不知其爲何物者。是以它了了其自己，就等於它的圓照

之自照，自己明澈而具體呈現。它的自照就是它的智的直覺之反而直覺其自己。它的智的直覺就是它的圓照之自我活動（動而無動之動），若非如感觸的直覺之為被動的接受。此時既是道心之自照，故除此道心自己之具體呈現外，並無雜多可言，因道心圓照本身永遠是常是一故，其本身之自我活動就是其本身之具體呈現。同時，此道心之自照，除以它自己為對象外，亦並無其他對象可給，因為就是它自己之具體呈現，而說「對象」亦無實義，只是一主之朗現；說對象只是隨「直覺它自己」而為名言的施設，實則能直覺即融於所直覺而為一主之朗現，而能所之分泯。

以上是說道心圓照之自照。但既是圓照，則可知並非空懸之道心。是以道心必總在具體之因應中，因而成其為圓照。在此圓照中，它的自我活動即是雜多之呈現。〈大宗師〉篇說真人云：「其好之也一，其弗好之也一。其一也一，其不一也一。其一與天為徒，其不一與人為徒。天與人不相勝也，是之謂真人」。其好無心於好，故不逐物；其弗好無心於弗好，故不拒物。逐物與拒物皆表示自己本身有破裂，皆非圓照。不逐物與不拒物，則其本身總是一。其一也固是一，其不一也亦是一。其一與天為徒，即其圓照之自己。其不一與人為徒，即順物而有差別。但我無心於差別，則雖差別亦不礙其本身圓照之一，此所謂「不一也一」。此「不一也一」最能表示圓照之所以為圓照。「天與人不相勝」即不相凌駕。不相凌駕，則天人相融為一，此仍是「不一也一」一語之所示。圓照之自我活動必然地要引出此「不一」之雜多，但此引出並非創生義，自亦非被動的接受義，只是在虛寂之圓照中既不離物，亦不逐物，而同時是圓照同時即物物皆如其自己而呈現，呈現於圓照之一

心以使圓照成其爲圓照（爲具體的圓照），此即謂圓照之自我活動即帶出「不一」之雜多，此亦可說此「不一」是圓照之一之內容，實德——自其統屬於「一」言，名曰實德，自其本身言，名曰「自爾獨化」之在其自己，喜怒哀樂，揚眉瞬目，一色一香，是非美醜，皆是在其自己，無依無待，而自爾獨化。此種「不一」之雜多實非感觸物之實雜多，只是具體圓照中物物皆「在其自己」之理境。物物在其自己實非一對象，只是一理境。圓照之所照只是此理境，除此以外，再無所知，此之謂「無知而無不知」。此「無知而無不知」之智的直覺並不創生此虛雜多（物物在其自己），此謂靜態的「智的直覺」，亦可曰「非決定判斷」的智的直覺。此是道家之獨特形態的智的直覺，隨其道之創生性之獨特性而來者。但此靜態的智的直覺亦爲智的直覺所應有之一面。道家只意識到此一面，因其自始即非對應道德之可能而說故。

以上是道家義。現在再進而看佛家的智的直覺爲如何。

佛家言成佛其極必以一切眾生得度爲內容，有一眾生不成佛我誓不成佛。是以佛心無外即是無限，因而必函有一智的直覺在內。此智的直覺即寄託在圓教之般若智中。

般若本以證空爲其殊義，與一般所說之智慧不同。空是諸行無常，諸法無我，緣起無性之空，即一切現象（法）並無「在其自己」之自體。能如此觀空而不起執便謂之般若智。起執是識，般若與識對反，故曰智。但具體而眞實的般若並不在破滅諸法，亦不在抽象地單觀空之自己，而是即於緣起法中觀其實相。緣起無性即空，此之謂諸法實相。《中論》云：「因緣所生法，我說即是空，亦爲是假名，亦是中道義」。於同一緣生，空假者皆在其中，同時

是空,同時亦即是假,不能分離開作偏滯的了解,不能離緣生之假外別求一空,亦不能離緣生無 性之空外別求一假。蓋空是抒意字,非指體字。假是緣起事,空是此緣起事無性之意義,此蓋是同一詞之分析語:從緣起可以說空說假,從空亦可以說緣起說假,從假亦可以說空說緣起。如此了解,便是不滯一邊之中道。而如此所了解者便是諸法之實相。如此實相而了解便是般若。故僧肇云:「漚和般若者,大慧之稱也。諸法實相,謂之般若;能不形〔一作取〕證,漚和功也。適化眾生,謂之漚和;不染塵累,般若力也。然則般若之門觀空,漚和之門涉有。涉有未始迷虛,故常處有而不染。不厭有而觀空,故觀空而不證。是謂一念之力,權慧具矣。」(《肇論‧宗本義》)。此中所云「漚和」即方便義。般若固在了解「諸法實相」,但不能只停住於這諸法實相。若只停住於此,便是所謂「取證」或「形證」。如實相而了解當然就是證實相。但證而不能取著於證,亦不能表現出證底樣子(形證)。取或形皆是有心,因有心之取而即空即假之實相亦成實有之物而即非實相,而吾人之生命亦即吊掛在此實相上而成停滯之境,此則便是死慧或乾慧,而非具體而眞實的般若。如是,雖證而不取著此證,便是漚和,此之謂方便或權。有此方便,始能「適化眾生」。適化眾生就是過現實生活,此自然要處於域中而不能蹈空,此之謂「涉有」。「涉有」是方便,涉有而「不染塵累」是般若。觀空(即空即假之實相)是般若,「觀空而不證」是方便。所以漚和般若方是具體而眞實的般若,亦曰圓智或活智。

此種圓智與識知相反。識之認知是取相的,因此它有固定的對象,有能取所取之分,有能所的對待;因此,它是有所知的,有所

知即有所不知，它受經驗底限制；它有所知，即是有知，亦曰有知相；總之，識知是屬於緣起的。圓智則反是。它觀照即空即假之實相，實相非對象，故無所取相，它不取證此實相，故此實相亦不能對象化；假若它取證此實相，則實相即轉成對象而非實相，而其本身既取證，則其本身即轉成識而非般若。它觀即空即假之實相，既不是分拆地單觀那個空，若如是，則空便對象化而非空（空非實體字，不能對象化，對象化之是一種妄執），亦不是分拆地單觀那些假，若如此，則般若之觀便成比知（比量）或識知，而假亦成對象而爲實亦即非假（假名本無實，在般若之觀下，假亦非是一對象）。它觀即空即假之實相，此實相是就緣生無性（故假故空）這一個虛意說。故實相是一個虛意，非是一個對象，既非指體字，亦非指事（物）字，而虛意亦不能對象化或實體化而爲實。若不然，則虛意便成一投置之光景，此是一種妄執。故實相這一個虛意只能在非識知的圓智觀照下始能如如呈現。實相既如此，則能觀照之般若既不取，亦不執，（取執即變成緣生之識），亦非緣起法，而只是無依無待之「獨覺冥冥」，它既不是被動的（感性的），亦無待於概念（即不是辨解的）。實相既非對象，它即無客體與之相對；無客體與之相對，它之主體義亦不存在，此即示它不在一能所對待之架構中。無此能所之架構，它不能有所知，因而亦不能有知，亦即無知，亦曰無知相。雖無知，而又朗照一切假名法之實相。在此朗照中，空意即於緣生無性中呈現，而緣生無性之假名法亦一一朗現而無遺（不是作爲一對象而朗現），亦即一一如其爲一假名法而宛爾呈現，法爾如此，不增不減。在此圓照中，一切法皆如，不見有生相，亦不見有滅相，乃至不見有常、斷、一、異、來、去等

相。一切法皆在如中宛爾呈現，此之謂無知而無不知。僧肇〈般若無知論〉九難九答，無非反覆伸明此義。

此種「無知而無不知」即是智的直覺。若單從此般若智之本性言，則與道家之玄智無以異，因俱是「無知而無不知」故也。然其底子有不同。道家只從學、知之「滅於冥極」而說道心之虛寂圓照，無知而無不知。在此圓照下，一切皆是「在其自己」之自爾獨化，對於萬物並無緣起性空之分解，此則合於康德現象與物自體之分。但在佛家，就諸行無常，諸法無我說，諸行諸法並無所謂「在其自己」者，而卻只是緣起無性之現象，不只是現象，且是幻象、假名，因此，正是無「自體」者。相應此緣起無性即空即假而如實了解之，即謂之般若，此固亦是消化而超越乎學知或識知以上者，但不只是如此，且亦依「緣起性空」之理定。依此理而純如（相應）此理而觀照之，謂之般若，不是依感性而識知之，故謂之為智的直覺。依此，道家純依學知之消化說，無緣起性空之分解，故有「在其自己」一義，此是藝術性的，而佛家有此分解，故無「在其自己」一義，而只能說在般若智之圓照下，一切皆「如」。此「如」不是在其自己（因正是無自己），而是不執不取，一切皆是即空即假宛爾呈現之「如」相，而「如」相無相，故亦無生相，無滅相，乃至無常斷一異來去相。僧肇之〈物不遷論〉當如此了解。此固亦是超越時空之表象，但卻不是超越時空之表象而為在其自己之物自體，而卻是超越時空之表象如其即空即假宛爾呈現而如之的「當體即如」之如相。此是滅度的智的直覺，而不是帶有藝術性的智的直覺。道家可以直接開藝術境界，其故即在此。普通文士禪取禪趣以為詩境，那是以道家心態看禪趣，並非禪之本義。那是道家

對於在其自己之自爾獨化之觀照，並非佛家之如相。但進一步，此無相之如相亦正是無自己之「在其自己」，此是虛意的在其自己。由性空故，說無「自己」；由如相故，說無自己之「在其自己」。

佛道雖有此異，但就般若智無知而無不知之本性言，則與玄智無以異。從佛家方面說，般若智之無知而無不知是一普遍而共同的模式，可以隨教義之昇轉而到處表現。

依以上所說，般若智既是圓照，其本身就含有一種無限性。智心圓照不能有外，因非識知故。但此只是圓照之無外，尚不能表示一切法皆源於「照」這個一。因為般若智只是就緣起性空而起與識知相反之觀照，其本身尚不能表示一切緣起無性之假名法皆是其圓照之所創生。在佛家，圓照之創生義是不容易說的，因為它與儒家的本心仁體之就道德的創造說不同。但雖不能直接說創生，是否也可以由其圓照之無外，將一切法收進來，皆源具於此圓照之一，而為此圓照之一所本具而起現呢？「獨覺冥冥」，即寂而照，是否不可以說這即是一切法之源？吾愧未能詳讀《大般若經》及《大智度論》，但就《中論》及一般的稱述而觀之，空宗似尚不能至此。大抵能表示此義而極圓者是天台宗。華嚴宗根據《大乘起信論》之以如來藏自性清淨心統攝一切法而言「大緣起陀羅尼法」（法界緣起），似亦可謂圓融之至，但這個「別教一乘圓教」是「偏指清淨真如」的「唯真心」，被天台宗評為「緣理斷九」，此即並非真圓。至於唯識宗是以阿賴耶識為中心說明一切法，此尚不及華嚴宗。是故真正圓教當在天台。

須知只有達到真正圓教，智的直覺始能充分朗現。然則天台宗如何表示這般若智自身就是一切法之源呢？它並不是劈頭就從般若

自身說，它不走分解的路先反顯一超越的根源，如唯識宗之言阿賴耶識那樣，或如華嚴宗之言如來藏自性清淨心那樣。它是從「一念三千」開始，這是大家所周知的；但「一念三千」底經典根據是《維摩結經》底「從無住本立一切法」，這是大家所不甚能注意的。天台宗就是「從無住本立一切法」，再進而消化而為「一念三千」。「一念」是煩惱心，剎那心，不是清淨心；但「一念三千」就是智具三千，這如何可能呢？「無住本」，無住即本。由「無住」一詞分解而為法性與無明，法性無明俱無定住，無明為本現一切法即是法性為本現一切法，而法性不只是真如空性之理，且亦即是「即寂而照」之智，智如不二之法性具而現一切法亦即是般若智自身具而現一切法，這如何可能呢？天台宗就是「從無住本立一切法」或「一念三千」而透露出這「智具三千」來。從這裡可以看出天台宗不是分解的路數，而是十分詭譎的作用的路數。但是真正的圓教卻正在這詭譎的作用的路數中呈現。這一個消化的智慧正是天台宗之不可及處。以下試詳為展示之。這樣的一個圓教若明，則智的直覺即充分朗現矣。

二十、天台宗之圓教：從無住本立一切法

A

《維摩經玄義》論無住本

《維摩詰所說經・觀衆生品第七》：

〔文殊師利〕又問：善不善孰爲本？

答曰：身爲本。

又問：身孰爲本？

答曰：欲貪爲本。

又問：欲貪孰爲本？

答曰：虛妄分別爲本。

又問：虛妄分別孰爲本？

答曰：顚倒想爲本。

又問：顚倒想孰爲本？

答曰：無住爲本。

又問：無住孰爲本？

答曰：無住則無本。文殊師利！從無住本立一切法。

案：「無住本」一詞從此《經》出。鳩摩羅什解曰：

法無自性，緣感而起。當其未起，莫知所寄。莫知所寄，故
無所住。無所住故，則非有無。非有無而爲有無之本。「無
住」，則窮其根源更無所出，故曰「無本」。無本而爲物之
本，故言「立一切法」也。（李翊灼校輯《維摩詰經集注》）

《經》文從「善不善」起步步向後追溯，至「無住爲本」止。共五
步。善不善以身爲本，即依住於「身」。進而身依住於「欲貪」，
欲貪依住於「虛妄分別」，虛妄分別依住於「顛倒想」，顛倒想依
住於「無住」。此五步各有所依住，名曰五住。「住」者依住義，
或依止義。有住即函有依住處。而最後一步顛倒想所依住的卻是
「無住」。「無住」者無所依止之謂。是則「無住」爲顛倒想之
本，而「無住」本身則無本。然則前五步之有本實皆是相對的暫時
說，非究竟說。實皆是以「無本」的「無住」爲本。以「無本」爲
本，實皆是無本，皆是「無住」。然則此無本的無住意指什麼說
呢？無本無住即無物，其本身不能有所指。如是，還而就暫時有本
有住的五住煩惱說，這究竟無本無住的五住煩惱其意義是什麼呢？
這不能是別的，只不過是「緣起性空」而已。一切法無自性，即是
無本無住。故鳩摩羅什云：「法無自性，緣感而起。當其未起，莫
知所寄。莫知所寄，故無所住。無所住故，則非有無〔意即非有非

無〕。非有無而爲有無之本。無住則窮其根源更無所出，故曰無
本。無本而爲物之本，故言立一切法也」。無住即無本，不必更說
「窮其根源」。一切法究竟說無所住，無所本，即是空無自性也。
空無自性而諸法宛然，此即「從無住本立一切法」矣。此是此語之
「形式的解析」，即剋就緣起性空而爲通義的解釋。故僧叡云：

> 無住即實相異名，實相即性空異名。故從無住有一切法。
> （同上）

而道生云：

> 所謂「顚倒」正反實也，爲不實矣。苟以不實爲體，是自
> 「無住」也。既不自住，豈他住哉？若有所住，不得爲顚倒
> 也。無住即是「無本」之理也。一切諸法莫不皆然。但爲理
> 現於顚倒，故就顚倒取之爲所明矣。以此爲觀，復得有煩惱
> 乎？（同上）

此中「無本之理」即空如實現之理。顚倒反實即不實。以顚倒概括
一切煩惱法，則一切法皆空無自性，既不自住，亦不他住，此即無
所住，反而即以無所住立一切法矣。此無所住即表示一切法無本，
無本即空也。以一切法無住無本所表示的空如之理爲「實」，此非
如通常肯認一最後的實有之體，此實有之體既是最後的，故不能再
有所本，因此，此實有之體即是自住自本。「無住」是遮詮字，所
遮詮的即是一切法之無自性，此即是「無本」矣。故無本等同無

住,亦遮詮字。此並非以「無住」為表詮字,再問其有本無本也。
文殊師利問「無住孰為本」,此只是順名言問下去,並無實義,故
維摩詰答之以「無住則無本」,不但「無住則無本」,實則無住即
是無本。「無住」不是一實體字,乃是遮狀字,其主詞是諸法。無
住即本,「從無住本立一切法」亦與普通從實有之體立一切法(例
如從仁體起用立一切法)不同。諸法無住無本,是空。若從仁體起
用,則一切法正是有住有本。是故「從空立一切法」與「從實有之
體立一切法」正是兩絕異之系統。前者是詭辭也。請記住這一點,
此正是佛家智慧之獨特處。

僧肇解云:

> 心猶水也。靜則有照,動則無鑑。痴愛所濁,邪風所扇,涌
> 溢波蕩,未始暫住。以此觀法,何往不倒?譬如:臨面涌泉
> 而責以本狀者,未之有也。倒想之興本乎「不住」,義存於
> 此乎?一切法從眾緣會而成。體緣未會,則法無寄。無寄,
> 則無住。無住,則無法。以無法為本,故能立一切法也。
> 〔案:此與道家不同,須注意〕若以心動為本,則因有有相
> 生,理極初動更無本也。若以無法為本,則有因無生,無不
> 因無,故更無本也。無住故想倒,想倒故分別,分別故貪
> 欲,貪欲故有身。既有身也,則善惡并陳。善惡既陳,則萬
> 法斯起。自茲以往,言數不能盡也。若善得其本,則眾末可
> 除矣。(同上)

僧肇此解乃申衍鳩摩羅什之解,亦與僧叡、道生之解無以異。此三

家解語大體是早期空宗之通義，即剋就緣起性空而說，故是形式的
解釋。但到智者，則將「無住本」一詞分從兩面說，即法性與無
明，無住即是「無明住地」，無住本即是無始無明更無別惑爲所依
住，而無明無住即法性，法性無住即無明，是故從無明立一切法，
亦可從法性立一切法，此則更實際而周至，故由此展開天台宗之圓
敎，不只是緣起性空之籠統說也。以下試由智者、荊溪，以及知禮
等之文獻詳爲展示之。智者《維摩經玄義》（義字《大藏經》爲
「疏」，非是，今改）卷第二：

三、明中道第一義觀者，即爲三意：一、明所觀境；二、明
修觀心；三、明證成。

一、明所觀境者，前二觀〔案：即空假二觀〕是方便，雖有
照二諦之智，未破無明，不見中道。眞俗別照，即是智障。
故《攝大乘論》云：「智障甚盲闇，謂眞俗分別」。智障
者，依阿黎耶識。識即是無明住地。無明住地即是生死根
本。故此《經》云：「從無住本立一切法」。「無住本」
者，即是無始無明更無別惑〔爲〕所依住也。〔案：原
「爲」字省〕

二、明修觀心者，若修此觀，還用前二觀雙忘雙照之方便
也。雙忘方便者，初觀知俗非俗，即是俗空；次觀知眞非
眞，即是眞空。忘俗非俗，忘眞非眞。非眞非俗即是中道。
因是二空，觀入中道第一義諦。雖觀中道而不見者，皆是無
明之所障也。當觀實相，修三三昧。《大智度論》云：「聲
聞經中說三三昧，緣四諦十六行。摩訶衍明三三昧，但緣諸

法實相」。今初，修空三昧，觀此無明不自生，不從法性生
也。不他生，非離法性外別有依他之無明生。不共生，亦非
法性共無明生。非無因緣生，非離法性離無明而有生也。若
四句檢，無明本自不生。生源不可得，即是無始空，是名空
三昧，空「無住之本一切法」也。〔案：此依《中論》「諸
法不自生，亦不自他生，不共不無因，是故知無生」，檢
「無明本自不生」。無明空，則一切法皆空矣。〕
若爾，豈全同地論師計真如法性生一切法？豈全同攝大乘師
計黎耶識生一切法也？問曰：各計何失？答曰：理無二。是
二大乘論師俱稟天親，何得諍同水火！

案：地論師、攝論師、《起信論》、奘傳唯識，以及華嚴宗，俱是
走分解的路。天台宗是「從無住本立一切法」，是走詭辭圓融的
路，這是層次更高的消化，故最為圓極。玄奘與賢首俱在智者以
後，但地論師、攝論師、《起信論》，則在智者以前，智者並非不
知，彼自不走此路耳。縱使再加上玄奘與賢首，天台宗亦仍是超過
之，蓋彼等仍在《地論》，《攝論》，《起信論》之軌路中也。在
這裡，只如此點示，對於那一條長流不詳加闡釋。

次觀無相三昧者，即觀無生實相非有相，不如闇室瓶盆之有
相也；非無相，非如乳內無酪性也；非亦有亦無相，不如智
者見空及不空；非非有，非非無相，取著即是愚癡論。若不
取四邊之定相，即是無相三昧入實相也。若爾，豈全同地論
師用本有佛性如闇室瓶盆？亦不全同三論師破乳中酪性，畢

竟盡淨，無所有性也。問曰：各計何失？答曰：若無失者，二大乘論師何得諍同水火也？

次明修無作三昧。觀真如實相，不見緣修作佛，亦不見真修作佛，亦不見真緣二修合故作佛，亦不離真緣二修而作佛也。四句明修，即是四種作義。若無四修，即無四依，是無作三昧也。若爾，豈同相州北道明義，緣修作佛？南土大小乘師亦多用緣修作佛也。亦不同相州南道明義，用真修作佛。問曰：偏用何過？答曰：正道無諍，何得諍同水火！

案：地論師依相州南道北道分為南北兩派。前言「地論師計真如法性生一切法」，即南道慧光系地論師也。又「地論師用本有佛性如闇室瓶盆」此該括南北道兩派言。此言「緣修作佛」猶如「即工夫便是本體」也。「真修作佛」猶如「即本體便是工夫」也。

今明用三三昧修一實諦，開無明，顯法性；忘真緣〔真修緣修俱忘〕，離諍論；言語法滅，無量罪除，清淨心一。水若澄清，佛性寶珠自然現也。見佛性故，即得住大涅槃。問曰：若爾者，今云何說？答曰：《大涅槃經》云：「不生不生名大涅槃」。以修道得故，故不可說。豈如諸大乘論師偏執定說也？今以因緣故，亦可得說者，若解四悉檀意，如前異說皆大利益眾生，興顯佛法也。

三、明證成者，若觀無明因緣，入不二法門，住不思議解脫也。

故此經明入不二法門，即是中道雙照二諦，自然流入薩婆若

海。此是觀因緣即一實諦，不生不生證無作四實諦，亦名一
切種智，亦名佛眼，即是入初地，見佛性，住大涅槃也。

案：以上由明中道第一義觀說「從無住本立一切法」。一心三觀破
無明，即空「無住本之一切法」也。此「無住本」是順《維摩詰
經》文直接以無明爲本立一切法也。然無明無住即是法性，亦可函
以法性爲本立一切法。

《維摩經玄義》卷第四講「本迹」處有云：

第二、明不思議本迹義者，略爲五意：一、約理事明本迹，
二、約理教明本迹，三、約理行明本迹，四、約體用明本
迹，五、約權實明本迹。
一、約理事明本迹者，此經云：「從無住本立一切法」。今
明不思議理事爲本迹者，理即不思議眞諦之理爲本，事即不
思議俗諦之事爲迹。由不思議眞諦之理本，故有不思議俗諦
之事迹。尋不思議俗諦之事迹，得不思議眞諦之理本。是則
本迹雖殊，不思議一也。

此以眞諦理爲本即以法性爲本立一切法也。
《法華玄義》卷第七上原書名《妙法蓮華經玄義》亦云：

一、約理事明本迹者，「從無住本立一切法」。無住之理即
是本時實相眞諦也。一切法即是本時森羅俗諦也。由實相眞
本垂於俗迹，尋於俗迹即顯眞本。本跡雖殊，不思議一也。

故文云：「觀一切法空如實相，但以因緣有，從顛倒生。」

案：此與上段文無以異。荊溪《釋籤》解之云：

> 初，理事中云「從無住本立一切法」者，無明為一切法作
> 本。無明即法性，無明復以法性為本，當知諸法亦以法性為
> 本。法性即無明，法性復以無明為本。法性即無明，法性無
> 住處；無明即法性，無明無住處。無明法性雖皆無住，而與
> 一切諸法為本，故云：「從無住本立一切法」。無住之本既
> 通，是故真諦指理也，一切諸法事也，即指三千為其森羅。
> 言從本垂迹者，此理性之本迹；由此方有外用本迹。是故始
> 從理事，終乎已今。〔案：「已」者前來諸教已說事理乃至
> 權實，皆是迹也。「今」者今《法華經》所說久遠事理乃至
> 權實，皆名為本。〕

以上智者兩玄義文。但「無明法性皆無住」，此義不甚易明，茲再
看荊溪之言詳解之。

荊溪湛然《維摩經略疏》卷第八〈釋觀眾生品〉，詳解「五
住」以至「無住本」一段《經》文云：

> 「又問」下，六番問答，一一正窮眾生源，即成上觀眾生入
> 空至中道之源。眾生有此不生之惡，不滅之善，為四正勤之
> 所遮持者，以何為本？即是窮研五住之本。煩惱雖多，不出
> 五住。五住之惑，無明為本。推求窮竅，不見初惑所依之

處，達其本源故。

初，文殊問：「善不善孰為本」？次，淨名答以「身為本」者，即是從末尋本。今現見，因有身故有善惡。身即身見。依此身見，具起六十二見等煩惱，起諸善惡。善惡即生六道。三界皆附我見。是以三界眾生皆為我故，起善惡行。乃至三乘初心亦皆為我修道。當知身見之我為一切本，即是「見一處住地」，雖善惡無量，計我是一，故云「一處」。

「又問」至「為本」，第二問答。初文殊問：身見為善不善本者，身見復以何為本？若身見無本而有，善惡亦應無本而有。淨名答：身見以欲貪為本。若無欲貪，則無有身。故知欲貪為身作本。故大經云：「煩惱與身前後不可。雖然，要因煩惱，方乃有身」。是故欲貪即是身本。欲貪即是「欲愛住地」。所以然者，若斷身見，猶有欲惑。

「又問」至「為本」，第三問答。初，文殊問：若為欲貪為身本故，斷身見已，猶有欲在者，欲貪以誰為本？次，淨名答：「虛妄分別為本」。所以然者，虛妄之心種種推盡，或言離心出色，或離色出心。實無色心，但以虛妄，謂色異心，故起欲貪。斷欲貪盡，猶有色心。虛妄分別即是「色愛住地」。

「又問」至「為本」，第四問答。初，文殊問：虛妄分別是欲貪本者，斷欲貪盡，有色愛住地，虛妄分別復誰為本？次，淨名答「顛倒想為本」。顛倒想者，實無有心，顛倒計有，能生虛妄分別色心異故，有色愛。若斷色愛，則不分別有色異心，但有顛倒之想計有此心。若但有心，即是「無色

愛住地」。

「又問」至「爲本」，第五問答。初，文殊問，若虛妄分別以顛倒想「有愛」爲本，斷虛妄分別「色愛」盡，猶有顛倒想「有愛」在者，復誰爲顛倒想本？次，淨名答：以無住爲本。無住即是無始無明，爲顛倒有愛無色界之本。所以然者，若斷顛倒想有愛無色界盡，猶有「無明住地」，二乘通教菩薩所不能斷。《攝大乘》說：阿黎耶識是一切世間生死之本。故彼論云：是識無始時，一切之所依。〔案：即「無始時來界，一切法等依」之偈語。「界」即指阿黎耶識說〕。此無明更無所依，故言「無住無本」。即是無始無明其力最大，佛菩提智之所能斷。

「又問」至「立一切法」，第六問答。初，文殊問：若顛倒想以「無住」爲本者，斷顛倒想有愛無色界惑盡，餘有無始無明在，此無住無明復以何爲本？豈無本而有？次，淨名答「無住則無本」者，正言無明依法性，法性即無明，無二無別，豈得性還依性？當知無明爲本，故十住見終，不見其始，諸佛如來見終見始。若觀衆生入空至「無住本」，此則澈底窮源，至中道理。既言無住無本，即是衆生虛空佛性。上來三諦皆空，又云：「從無住本立一切法」，即是世間出世間，有爲無爲，一切諸法皆從「無住本」立。何者？若迷「無住」，則三界六道紛然而有，則立世間一切諸法。若解「無住」即是無始無明，反本還源，發眞成聖，故有四種出世聖法。故因「無住」立一切法。

今用此六番問答窮竅本源，澈至無住，成上觀衆生三諦。何

者，初問答明善不善，即是觀世諦，眾生如幻，皆從身見而生，未見真也。次三番問答斷三界眾生生死，即是觀眾生，見真如，〔如〕第五大等。次兩番問答觀眾生無明覆於中道，名「無住本」若見中道道，即如「無色界色」等也。〔案：如無色界色，如第五大等等，俱見《維摩經‧觀眾生品》。〕中道無明是眾生源，解惑之本，故言「從無住本立一切法」。

問：無住即是無始無明者，何故名「無始」？

答：身見等惑皆有所依而起，起則有始。此無所依，起亦無始，故言無始無明，即是「無住」。此有二解：亦言無住；亦言有住；亦言無本，亦言有本。何故爾？若檢五住之本，前身見等皆約煩惱為本，故有始有住。今無明之外無復煩惱為無明本，故言「無本」。無本故無始無住，故言「無住則無本」。

問：無明依法性，即是法性為始，何得言「無始」？

答：若無明依法性是有始者，法性非煩惱，不可指法性為煩惱本，故言「無住則無本」，若依法性立一切法者，無明不出法性，法性即為無明之本，此則以法性為本。今經檢覈煩惱之本，法性非煩惱，故言「無住無本」。既無有本，不得自住，依他而住。若說自住，望法性為他，亦得說是依他住也。說「自住」，是別教意；依他住即圓教意。

問：若別接通明五住義，云何？

答：若言四住是界內見思，無明得是界外，由界外流入界內。今反出，先斷身見，次除欲貪等，後斷無明，歸無住

本。此是別接通意〔別敎接通敎〕。

問：別義云何？

答：別敎意者，界內見思不名「見一處」。何以故？此之四住非根本惑。如枝葉依樹，而不依地。故界內身見有種種不同，不名「一處」，亦非住地。斷枝葉盡，計有涅槃，此是迷法身而起。若見眞諦涅槃是一法，名「見一處」。此見因無明起，故名「住地」，亦名「身見」。此從法身而起見也。若於變易依正五塵，生於欲貪，即「欲愛住地」。變易色心是虛妄分別，即「色愛住地」。亡色觀心，猶見有心，即顚倒想，是「有愛住地」。此四，依「無住」起，即「無明住地」。無明之外更無可依，故言「無住無本」。

問：無住有住有開合不？

答：若合無明，祇是法性。法性無住，無明無住，故言「無住」。若開法性出無明，無明依法性，亦得言「有住」。有住者，住法性。住法性，非煩惱，即是「無住」。而約無明，明修無量四聖諦、論斷伏者，此是別敎就界外明五住義也。

問：圓敎云何分別五住？

答：圓五住者，祇界內身見等四住有爲緣集是迷「無住」而起。斷見入涅槃所生四住，亦迷「無住」，起無爲緣集。今圓觀界內外四住皆至無住之本，故窮三諦眾生之源，成上觀眾生如幻化，第五大〔地水火風空，空爲第五大〕，無色界色，皆不可得，入三諦也。如煙塵雲霧，起雖重輕，不離虛空。重如界內，輕如界外，譬依法性有界內外世間諸法。如

火星月日光照，除雲霧，暗滅，虛空像現，譬依法性有界內
外出世間諸法。故言「從無住本立一切法」。
問：此虛空譬，豈有但空，不可得空之殊？
答：空尚不一，何得有二？若約「緣盡相顯」，非不有殊。
如大乘經論有破虛空之義，即可以譬「但空」，顯「不可得
空」。

案：此上是荊溪《維摩經略疏》文。智者原有《維摩經玄疏》，共
二十八卷（一云三十四卷）。後人患其文廣，故荊溪略為十卷，此
即曰《略疏》。智者原疏，則稱曰《廣疏》。自此以後，《略疏》
盛行，《廣疏》罕傳。但北宋初年，其本尚存，但不入《大藏》。
今《大藏經》亦無此《廣疏》，但有荊溪之《略疏》。上引《維摩
經玄義》，今《大藏經》題為《維摩經玄疏》，非也。蓋該書開首
即標釋名、出體、明宗、辨利用、判教相，五重玄義，正合天台釋
經玄義之通例。此《玄義》共六卷（北宋遵式列目題為五卷）。而
《玄疏》則二十八卷，當時即不入《大藏》，蓋為荊溪《略疏》所
代替。（參看遵式《天竺別集》卷上，「天台教隨函目錄」；影印
《續藏經》第101冊）。《玄疏》是就《維摩經》各品而疏解之，
《略疏》猶如此，與《玄義》體例不同也。荊溪之略也，「言繁則
剪，帶義則存」（亦遵式語）。是則雖略，恐大體亦智者原文也。

荊溪除《略疏》外，尚有《維摩經玄疏記》六卷，此在北宋時
亦曰《廣疏記》，此亦是簡釋智者《玄疏》原文者。恐先有此記，
後有略疏。《略疏》行而《記》亦廢，今《大藏經》亦無此書。但
北宋時，《略疏》與《記》兩本並存。

知禮《十不二門指要鈔》解「因果不二門」中，有云：

問：淨名疏釋無明無住云：「説自住是別教意，依他住是圓
教意」。〔案：此即上引荊溪《略疏》中文，知禮只云「淨
名疏」。想智者原疏已有此義。知禮說疏是不分《廣疏》
《略疏》的，即《略疏》恐亦當作智者原文視〕。且隨緣
義，眞妄和合，方造諸法，正是依他，那判屬別？

答：《疏》中語簡意高，須憑《記》釋，方彰的旨。〔案：
此《記》即荊溪《維摩經玄疏記》，或曰《廣疏記》〕。故
釋「自住」：法性煩惱更互相望，俱立自他。結云：「故二
自他並非圓義。以其惑性，定能爲障。破障方乃定能顯
理」。釋「依他」云：「更互相依，更互相即。以體同故，
依而復即」。結云「故別圓教俱云自他。由體同異，而判二
教」。

今釋曰：性體具九，起修九用。用還依本，名同體依，此依
方即。若不爾者，非今依義。故妙樂云：「別教無性德九，
故自他俱須斷九」。〔案：此語見《法華文句記》卷第一
下。荊溪住常州妙樂寺，講智者大師《法華玄義》及《法華
文句》，人稱妙樂大師。《法華文句記》亦可能在此時作，
故當時知禮等即以妙樂稱此《記》〕。是知「但理」隨緣作
九，全無明功。既非無作，定能爲障。故破此九，方能顯
理。若全性起修，乃事即理。豈定爲障，而定可破？若執
「但理隨緣作九」爲圓義者，何故妙樂中「眞如在迷能生九
界」判爲別耶？〔案：此亦《法華文句記》卷第一下之

語〕。故真妄合,「即」義未成,猶名自住。彼疏次文料簡
開合,別教亦云「依法性住」。〔見上文引荊溪《略疏》文
末〕。故須究理,不可迷名。此宗若非荊溪精簡,圓義永沈
也。

案:知禮此釋,足見無明無住,法性無住,此一觀念之重要。「說
自住是別教意,依他住是圓教意」。此固「語簡意高」,但所引記
釋,亦是略引。荊溪《維摩經玄疏記》,不載《大藏經》。是否尙
有單行本亦不得知。但與知禮同時之山外智圓(孤山智圓)曾著有
《維摩經略疏垂裕記》一書,此書解釋荊溪《略疏》者,荊溪《玄
疏記》文亦多錄存于其中。《垂裕記》〈序〉云:「其荊溪舊
《記》或與《略疏》符合者,則隨段引用」。《垂裕記》卷第九解
《略疏》「無住無本」以及「自住他住」義,引荊溪《記》文云:

說自住即別教意者,荊溪云:是煩惱說法性體別〔案:
「說」字當爲「與」〕,則是煩惱法性自住,俱名爲自。
亦可云:離煩惱外,別有法性,法性爲他。亦可:法性爲
自,離法性外,別有煩惱,煩惱爲他。故二自他,並非圓
義。以其惑性,定能爲障。破障方乃定能顯理。依他即圓
者,更互相依,以體同故,依而復即。故別圓教俱云自
他,由體同異,而判二教。今從各說,別自圓他。

案:此《記》文即上知禮所略引者,今幸存于《垂裕記》中。依此
記釋,則無明無住,以及「說自住是別教意,依他住是圓教意」,

比較清楚。身見，貪欲，虛妄分別，顛倒想四住最後實皆依一「無始無明」，即根本惑。「無始」即無根、無本之意。無根無本即無住處。它不能自己停下而自住，而自成其自己；它亦不能有所依止，依他而住，而自成其自己。此即表示它無自己，它根本是一種迷惑。若一旦清醒，轉迷成悟，則它當體即空如無性。空，如，無性，即是「法性」。「法性」者諸法之性也。諸法無性，以空如爲性。從無始無明立一切法，一切法當體即空，無始無明亦當體即空。當體即空即所謂「不出法性」，言不能離乎空性也。故無始無明，無明無住無本，即函「法性」觀念之出現。故鳩摩羅什、僧肇、道生等俱以性空、實相說「無住本」也。

　　但「不出法性」，由此似乎亦可以說「無明依法性，即是法性爲始」，如是，則言無明有住有本。但此「依」字實是虛說，是不能著實的。若法性只是空如之理，則說「無明不出法性」可，說「無明依法性」，「以法性爲本」，則不可。縱使說之，亦無實義。此猶如依空說緣起，依緣起說空，此只是詮表上的「依」，並不是客觀存有上的「依」，即並不是客觀地依空而有緣起法也。若法性不只是空如之理，一切法收於心，則法性即心性，心之性是空是如，由此可以說眞如心，心眞如，則法性與眞心爲一，法性是空如之理，亦是眞常之心，如是，則可以說無明依法性，以法性爲本。但在此說「依」，此「依」是憑依之依，並非「生因」之依。無明憑依眞心而起，但眞心並不生起無明。故在此若說「無明依法性，以法性爲本」，亦可遮之曰：「法性非煩惱，不可指法性爲煩惱本」。此即表示法性非煩惱之生因也，即對無明煩惱言，法性並非其生因之本。如此，則無始無明仍是無住無本。但若就憑依之依

言，則亦可以說法性是無明所憑依的本（法性是空如之理與眞常之
心合一的法性）。如是，則亦可以說無明有住有本。荊溪云：「若
依法性立一切法者，無明不出法性，法性即爲無明之本，此則以法
性爲本」（見上所引《略疏》文）。此所謂「以法性爲本」即以法
性爲所憑依的本，而法性必是空如之理與眞常之心爲一者。此種心
理爲一之法性是天台宗所預認者，隨文可見。如《摩訶止觀》開頭
講三種止觀，說圓頓止觀處即云：「法性寂然，名止；寂而常照，
名觀」。若法性只是空如之理，不與眞常心爲一，焉能說「寂」說
「照」？是則法性亦能亦所，能所無二無別。

　　法性義旣如此，但如何能進而說無明法性兩皆無住呢？又如何
能於此兩皆無住而分判別教與圓教呢？法性與無明兩者俱可以說
「自」說「他」。就其自己說爲「自」，就其相對而言，互以對方
爲他：無明以法性爲他，法性以無明爲他。旣皆有自他，進而亦可
皆有「自住」與「依他住」兩義。但這「自他」與「自住他住」具
可有不同的說法。如果「無明（煩惱）與法性體別」，則自他是
「體別」的自他。「體別」之體不是理體之體（不是空如之理這個
體），乃是事體之體，即無明法性這兩個概念當體自己，因而亦就
是「當體」之體。這個「體」字是虛說，即兩者各有獨立的意義，
各有一獨立體。「法性」當然不是事，故於法性說「事體」亦是虛
說。但以名言出之，總有「法性」這個概念，即普遍所謂總有這回
事，因而遂籠統地亦以「事體」說之。旣可籠統地以事體說之，即
可緊接著以「當體」說之。事體、當體只表示兩者有獨立的意義，
各是一獨立體，此即所謂「體別」。此是分解地說。凡分解地說
者，總可說「體別」。雖是體別，但兩者卻並非不可有依存依待的

關係。例如無明雖非法性，但其起也，卻須憑依法性而起，此即無明之依待於法性，亦即無明之「依他住」。法性雖非無明，但為無明所覆，則隨逐於無明，此即法性之依存於無明，亦即法性之依他性。此兩「依他」實是在體別的自他下的依他，亦即是體別的依他。體別而依他實只是「眞妄合」的依他。兩者合不能算是「即」。此種依他亦是分解地說者如《起信論》與華嚴宗之所說。如此說者，天台宗即判為別教。體別的依他即是別教。「故二自他，並非圓義。以其〔無明〕惑性，定能為障。破障方乃定能顯理」。荊溪於《法華文句記》卷第一下解「別教觀無生智」中亦云：「眞如在迷，能生九界〔六道眾生加聲聞、緣覺、菩薩為九界〕。即指果佛為佛法界，故總云十〔十法界〕。是故別人覆理無明為九界因。故下文中自行化他皆須斷九。九盡方名緣了具足，足故正因方乃究顯」。又云：「但理為九界覆，而為所依。法界祇是法性，復是迷悟所依。於中亦應云：從無住本立一切法。無明覆理，能覆所覆，俱名無住。但即不即異，而分教殊。今背迷成悟，專緣理性，而破九界」。因為無明與法性體別，「法性」即是「但理」。「但理」云者意即「但只是理自己」，亦即眞如空理自己，就華嚴宗言，即眞常心自己。「但理」為九界所覆，亦為九界之所依，故破除九界，始能顯出「但理」而成果佛。「背迷成悟，專緣理性，而破九界」，此即所謂「緣理斷九」也。別教之所以為「緣理斷九」即在眞妄（法性無明）體別而依他。此依他是眞妄合，而不是「即」。故欲顯眞，必須破妄。此即所謂「即不即異，而分教殊」。「即」是圓教，「不即」是別教。故即不即的關係甚大。故依他有「即」的依他，有「不即」的依他。「不即」的依他是「體

別」的依他。「即」的依他是「體同」的依他。

然則何謂「體同」？荊溪云：「依他即圓者，更互相依，更互相即，以體同故，依而復即」。此所謂「體同」意即法性無明同一事體也，只是一個當體，並不是分別的兩個當體。法性當體即是無明，無明當體即是法性。這兩者不是分解地拉開說，乃是緊扣在一起而詭譎地圓融地說。這詭譎地圓融地說「體同」即是圓教之所以為圓教，是圓教之典型，而此一表象模式乃為天台宗所把握。嚴格地說，分解的表示不能有圓教。《起信論》與華嚴宗是超越的分解，以唯真常心故。唯識宗是經驗的分解（亦可曰心理學的分解），以阿賴耶無覆無記仍是染汙識，非真心故。經驗的分解固非圓教，天台宗判之為通教，華嚴宗判之為始教，即華嚴宗之超越的分解，雖以真心統攝一切，亦非真正的圓教。徒自佛法界自身的大緣起陀羅尼法（因陀羅網）說圓教，那只是佛果自身的分析說，緣理斷九，而頂在一層面上的分析表示的圓融，此即賢首本人所說的「別教一乘圓教」。別教者專就毘盧遮那佛法身說之謂。賢首雖說這是「稱法本教，非逐機末教」，然畢竟是隔絕。即因此隔絕，故天台宗以「緣理斷九」說之，而即依「緣理斷九」說其為別教，非圓教，此並不誤也。因賢首本人亦明標之以「別教」故。雖後面贅上「一乘圓教」，實只是就佛法身分析地說，吾可名此為「分析的圓教」，而非「綜和的圓教」。此實不真是圓教，而只是別教也。依此，吾可說在超越的分解下所表示的分析的圓教實只是別教，而在詭譎的圓融下所表示的綜和的圓教方真是圓教。這是兩個不同的模式。只有在詭譎的綜和下，方有圓教。在分解的綜和下，則只能成別教。此是了解天台圓教的根本樞紐。「體同」之依即即表示出

這個樞紐。

在「體同」上，「法性」當然亦可以說「自」，但此「自」不是「體別」的自，因而其「自」當體即是無明，此即自而非自，自即是他，並不是離開無明別有一個抽象的「但理」的法性，亦不是離開法性別求一個抽象的孤調的無明。反之，無明亦當然可以說自，但此自亦不是體別的自，因而其自當體即是法性，此即自而非自，自即是他，並不是離開法性別有一個無明，亦不是離開無明別求一個法性。自即是他，即表示兩自俱是依他住，而此依他住是體同的「依而復即」之依他住，此不是真妄和合義，乃是詭譎的「即」義。因此，「故別圓教俱云自他，由體同異，而判二教。今從各說，別自圓他」。此最後一句意即：依體同體異底差別，將自他分開各別地說，別教雖亦說依他住，而實是自住，故云「別自」，意即別教主「自住」也；圓教雖亦說自住，而實是他住，故云「圓他」，意即圓教則主「依他住」也。此即結成《維摩經略疏》「說自住是別教意，依他住即圓教意」之語。

人可問曰：既這樣的「依而復即」，然則無明終不可破乎？曰：當然可破，而且定須破，否則焉能成佛？曰：既破無明成佛，則成佛後之法性豈非無「無明」可即？焉能必說：「法性即無明」為圓教？「無明即法性」總可說，「法性即無明」則有時亦不可說，此即示此語不是一必然的命題。曰：此誠然也。但須知這「體同」的「依而復即」是關聯著迷悟說，不是一往無條件地平鋪地說。眾生無始以來即在迷，順此迷而說「法性即無明」，此語是必然的。悟時，無明即明，則「無明即法性」亦順前語之為必然而為必然的。在迷悟之低昂中，吾人即由此兩語所表示的「體同的依而

復即」表示圓教，不是離開迷悟之低昂平鋪地說此兩語為圓教也。
而且進一步，不只是法性與無明兩者相依即，當說「無明即法性」
時，法性即具帶著十法界而為法性，此即所謂性具或理具，此是悟
中的性具或理具；同時，當說「法性即無明」時，無明亦具帶著十
法界而為無明，此是迷中的性具或理具。是這樣的體同依即方是圓
教，亦必如此，方可說「從無住本立一切法」。

　　有迷悟，故須轉迷成悟。有迷悟即有染淨，故亦須轉染為淨。
但十法界之法門則常住不改，一切皆性具，即一切皆性之德。故知
禮云：「圓家，斷、證、迷、悟，但約染淨論之，不約善惡淨穢說
也。」（《十不二門指要鈔》解「總述立意」處語，詳見下 F〈論
十不二門〉）。染淨是工夫上的事，迷即染，悟即淨，斷與證亦是
淨。善惡淨穢法門是客觀本有的事，是指六凡四聖十法界說。地
獄、餓鬼、畜生，是三惡道。人、天、阿修羅，是三善道。六道眾
生通名曰穢。四聖（二乘，菩薩，佛）通名曰淨。此淨是就法類
說，並非說二乘菩薩已斷惑盡，已無無明。對佛界言，此九界俱是
穢惡。佛斷惑盡，已無無明，此是工夫之極致，是絕對的清淨，而
九界法仍不斷，佛亦不斷九而成佛。不斷九非謂不斷無明也。別教
「緣理斷九」，非圓教也。菩薩留惑潤生（從留惑方面說，是權，
從實未斷盡無明說，是實），佛無所謂留惑潤生也。佛雖無惑，亦
不留惑，然亦不礙其不斷九也。

　　明乎此，則智者與荊溪之語即可解矣。荊溪云：「若識無始即
法性為無明，故可了今即無明為法性」。（《十不二門·染淨不二
門》）。前語是實然地說，是迷；後語是理想地說，是悟。又繼
云：「法性之與無明，遍造諸法，名之為染。無明之與法性，遍應

眾緣，號之爲淨。」。前聯即法性在迷能生九界，是實然地說，是
染中之九界。後聯即佛界之任運而現，是理想地說，是淨中之九
界。「法性之與無明」，「與」者偏與也，是「吾與點也」之
「與」，「吾非斯人之徒與而誰與」之「與」。此語是承「無始即
法性爲無明」而來，實即同意語也。「無明之與法性」是承「即無
明爲法性」而來，亦是同意語也。知禮解「與」爲借與，賜與，亦
助也，謂「法性無明互有借力助成之義」。此解太著，於圓理有
礙。詳見下 F 段解染淨不二門處。

　　智者云：「若隨便宜者，應言無明法法性，生一切法。如眠法
法心，則有一切夢事。心與緣合，則三種世間，三千相性，皆從心
起。一性雖少而不無，無明雖多而不有。何者？指一爲多，多非
多。指多爲一，一非少。故名此心爲不思議境也」。（《摩訶止
觀》第七章，「觀心是不可思議境」中語）。一念三千，此一念心
即是「即法性爲無明」，亦即是「法性之與無明」。智者則說「無
明法法性」。荊溪《輔行決》（《止觀輔行傳弘決》之簡稱）解此
句云：「無明是暗法，來法於法性。如丹是藥法，來法於銅等，因
緣和合，有成金用。是則無明爲緣，法性爲因，明暗和合，能生諸
法」。此是順迷而說也。迷時，無明作主，「來法於法性」，遂成
一切染法。此是「從無明無住本立一切法」也。

　　智者又云：「無明法法性，一心一切心，如彼昏眠。達無明即
法性，一切心一心，如彼醒悟」。（同上）。前聯是迷中三千，心
是迷心，或無明心。後聯是悟中三千，心是智心，或性法心。迷悟
有殊，而三千不改。

　　智者又云：「無明即法性，法性即無明。無明亦非止非不止，

而喚無明為不止。法性亦非止非不止，而喚法性為止。此待無明之不止，喚法性為止。如《經》：法性非生非滅，而言法性寂滅。法性非垢非淨，而言法性清淨。是為對不止而明止也。」「無明即法性，法性即無明。無明非觀非不觀，而喚無明為不觀。法性亦非觀非不觀，而喚法性為觀。如《經》云：法性非明非闇，而喚法性為明。第一義空非智非愚，而喚第一義空為智。是為對不觀而明觀也。」(《摩訶止觀》第二章釋名，釋對不止明止，對不觀明觀)。無明不止，即是「法性即無明」，「即法性為無明」，「無明法法性」。不觀亦然。法性為止，即是「無明即法性」，「即無明為法性」，「法性性無明」(此吾類比「法法性」而說，智者無此語)。法性為觀亦然。

法性無明體同無住，其「依而復即」的抑揚升沈關係既如此，則以下即可展開以明「從無住本立一切法」。

B

《金光明經玄義》論無住本

智者《金光明經玄義》卷上以譬喻釋「金光明」之名中有云：

> 經言法性無量甚深，理無不統。文稱經王，何所不攝？豈止於三三九法耶？〔案：不止於三身、三德、三位這三種三法，如真諦之所說。此承前破而來，故如此云。三位即緣因位、了因位、正因位之三位。〕當知三字〔案：指金光明三字〕遍譬一切橫法門，乃稱法性「無量」之說，遍譬一切豎

法門，乃稱法性「甚深」之旨：方合經王一切遍收，若長若廣，教無不統。此義淵博，不可以言想。且寄十種三法以爲初門。復爲三意：一標十數、二釋十相、三簡十法。

言標十數者，謂三德、三寶、三涅槃、三身、三大乘、三菩提、三般若、三佛性、三識、三道也。諸三法無量，止取此十法，其意云何？此之十法賅括始終。今作逆順兩番生起。

初，「從無住本立一切法」：夫三德者名秘密藏。秘密藏顯，由於三寶；三寶由三涅槃；三涅槃由三身；三身由三大乘；三大乘由三菩提；三菩提由三般若；三般若由三佛性；三佛性由三識；三識由三道，此從法性立一切法也。

若從無明爲本立一切法者，一切衆生無不具於十二因緣。三道迷惑〔由十二因緣分說苦道、業道、煩惱道，名爲三道〕；翻惑生解，即成三識。〔智者承眞諦所傳唯識學，以菴摩羅識，阿黎耶識，阿陀那識爲三識〕。從識立因，即成三佛性。〔緣因、了因、正因爲三佛性〕。從因起智，即成三般若。〔實相、觀照、方便〕。從智起行，即成三菩提。〔眞性菩提、實智菩提、方便菩提〕。從行進趣，即成三大乘。〔理乘、隨乘、得乘〕。乘辦智德，即成三身。身辦斷德，即成三涅槃。〔性淨涅槃、圓淨涅槃、方便淨涅槃〕。涅槃辦恩德利物，即成三寶。究竟寂滅，入於三德，即成秘密藏也。〔法身、般若、解脫爲三德〕。

案：此十種三法，原文「釋十相」中有詳釋，今略。《法華玄義》卷第五下釋「三法妙」中，更有詳釋，且更有系統。讀之可知天台

宗所立之名相。以上逆順兩推,「從法性立一切法」是逆推,「從
無明爲本立一切法」是順推。前者由三德說起,是從正面說,故曰
「從法性立一切法」。從三德逆推至三佛性,皆是正面的法性法,
但三識卻不一定。菴摩羅識爲第九清淨識,固是法性法,但第八阿
黎耶識與第七阿陀那識卻是染汙識,如何能說是正面的法性法?智
者於此不順唯識系分解表示的說法說,乃直視此三識爲「智慧之異
名」,順「無明即法性」,而直從正面說。至於三道亦然。三識三
道是關鍵性的兩門,須引原文之釋明之,如下:

> 云何三識?識名爲覺了,是智慧之異名爾。菴摩羅識是第九
> 不動識。若分別之,即是佛識。阿黎耶識即是第八無沒識,
> 猶有隨眠煩惱與無明合。別而分之,即是菩薩識。《大論》
> 云:「在菩薩心,名爲般若。」即其義也。阿陀那識是第七
> 分別識,訶惡生死,欣羨涅槃。別而分之,是二乘識;於
> 佛,即是方便智。波浪是凡夫第六識,無俟復言。當知三識
> 一一皆常樂我淨,與三德無二無別。既以金光明譬三德,還
> 以金光明譬三識也。

若依分解的說法,這當然不行。人可斥爲此是一種攪混,喪失原
義。宗玄奘所傳之唯識者,欲復印度佛學之舊,故斥中國佛學,如
天台此類說法,爲迷失佛法。殊不知天台大師之所以如此說,乃是
依判教底立場,順「無明即法性」之思路而說圓教。若依通教別
教,自可分解地說。若「無明即法性」一語不悖《經》意,則視三
識爲「智慧之異名」,不得視爲攪混,迷失佛法。

知禮《金光明經玄義拾遺記》卷第二解釋智者此段文云：

九、三識，二：

初，約圓釋義：

釋通名云：識是覺了，智慧異名。

問：三識之名在本有位，又阿梨耶體是無明，阿陀那性是染惑，何得云識是智異名？

答：大聖悉檀，示諸眾生顯理名教，或存或廢，義有多途。如《大經》令依智不依識，及諸教中勸修觀智，斷諸煩惱，此以廢惡之名詮斷煩惱而成理觀也。若《楞伽經》殺無明父，害貪愛母，此以惡逆之名詮斷煩惱而彰理觀也。若《無行經》：「貪欲即是道，恚、痴亦復然，如是三法中，具一切佛法」，今家釋云：是大貪、大嗔、大痴三毒法開即與三觀無二無別，此以惡毒之名詮不斷惑而明理觀也。今以三識及下三道爲金光明所喻法者，同《無行經》，用於惡名詮不斷惑而顯妙理。良由圓教指惡當體即是法界，諸法趣惡。十二因緣非由造作，即是佛性。故陀那惑性，賴耶無明，相相圓融，與秘密藏無二無別。是故得云識是覺了，智慧異名。然若不以不斷煩惱，即惑成智，消此文者，圓意永沈！〔案：此解可謂透闢。了此，可無惑於三識即智〕。

釋別名中，存三梵語。逐一釋義，即是翻名。言「第九」等者，出《梁攝論》，眞諦所譯。故《輔行》〔荊溪《止觀輔行傳弘決》，簡稱《輔行》，或《輔行記》〕云：「眞諦云：阿陀那七識，此云執我識。此即惑性，體是緣因。阿賴

耶八識，此名藏識，以能盛持智種不失，體是無沒無明。無明之性，性是了因。菴摩羅九識，名清淨識，即是正因。唐三藏不許此識，云第九乃是第八異名。故新譯攝論不存第九。地論文中亦無第九，但以第八對於正因，第七對於了因，第六對於緣因。今真諦仍合六、七為緣因，以第六中有事善惡，亦是惑性」。

「若分別」者，為易解故，以一念中所具之法，教道權說，分對諸位，且立遠近。以第九識無染不動，故當於佛。第八屬菩薩者，以十地位，六、七二識已轉成智，正以賴耶三分為境。雖是境界，而即用此便為觀智。如初心人，亦用現前第六王數而為境觀。故引大論「在菩薩心名般若」也。第七名阿陀那者，據真諦譯。若新經論，皆云第七名為未那。今依古譯。言「訶惡生死」等者，以二乘人，人執既忘，見思所熏第六事識轉成無漏。既塵沙未破，正住第七法執之中，不了生死法空，故有「訶惡」。不了涅槃法空，故有「欣羨」。此識若於果佛位中，卻復用之而為權智，以二乘法接引小根；著蔽垢衣，執除糞器。故知諸識破後，自在為機載用也。「波浪」等者，第六識也。《楞嚴》云：「陀那微細識，習氣成暴流」。而為波浪，乃當凡夫心心數法也。此約四人，各對一識。若就漸斷，分別四相，粗必含細。凡夫具四。二乘具三，已破第六故。菩薩具二，六七已轉故。佛唯有一，第八至果已轉故也。然其第六是意家之識，乃阿陀那之枝末。若說第七，自已收之，故今不論。

上明三識分三位者，乃屬教道。若稱實論，此三種識即是三

德。何人不具？何物暫虧？若識若色，唯是一識。若識若色，唯是一色。豈可有無增減而說？且約有情一念心具一切染淨，佛究竟具，寧容獨一？若不然者，豈為三字所譬之法？

二、例餘對喻：

例三德者，

問：三德與三識無二無別者，三德修性有離有合，今明三識有離有合耶？

答：有。

又問：《不二門》云：「順修對性，有離有合」。三識之中，七八二識迷九而起，是逆修義，豈得對性辨乎離合？

答：離此逆修立順修者，則有惑可破，有智能觀。能所既存，此修名逆，何順之有？〔案：此即別教義〕。若即七八為順修者，既無所破，亦無能觀；惑智既忘，修性亦泯。而其三識一異同時，無逆順中強名為順，是故得云：識是覺了，智慧異名。今文三識，明此順修。此修對性辨離合者，九具八七名為性三，八具七九及七具八九名為修三。各三之義，是為離也。今合性三，但明第九；各合修三，但明七八：是為合也。離合既爾，故與三德及諸三法無二無別。乃以三字喻今三識。〔案：此即所謂「例餘對喻」。〕

案：知禮此解，可謂得意。說識是智慧異名，「良由圓教指惡當體即是法界，諸法趣惡」，此乃「不斷煩惱，即惑成智」，「是故得云識是覺了，智慧異名」。此是釋通名（通名為識）中之要義，極

為精采，須當注意。至于釋別名中，三識分別解說，三識分屬三人，乃是教道權說，此則易解。「例餘對喻」中言及順修逆修。「例餘」者例通三德及其他一切三法也。「對喻」者合「金光明」三字之喻也。就三識，若取分解的說法，以第九淨識為標準，破七八方顯，此正是逆修義，亦同緣理斷九，「何順之有」？若順圓教稱實而論，則三識只是一識，迷則為識，悟則為智，當體即識，當體即智。此為「即七八而為順修，既無所破，亦無能觀，惑、智既忘，修、性亦泯；而其三識一異同時，無逆順中強名為順，是故得云：識是覺了，智慧異名」。「順」者順即七八而當體即智，不必破七八單顯第九也。若謂七八迷九而起，是逆修義，離開此逆修而別立順修，「則有惑可破，有智能觀，能所既存，此修名逆，何順之有」？此則正是別立順修而並無順修也。若即七八而為順，是則逆即順，「無逆順中強名為順」。此仍是「無明即法性」，故三識即是法性法，故云「從法性立一切法」也。此是由三德法性法逆推至三識亦法性法。至此三識以及下之三道，須以「即無明為法性」（無明即法性）為綱領。若由三道三識起，而謂「從無明為本立一切法」，則在此三道三識須以「法性即無明」（即法性為無明）為綱領，由此起順修，由順修立一切法也。修性對言以及修性不二，見下荊溪《十不二門》。此處所論不以此為主。

智者於《簡十法》中，對此三識復作料簡云：

> 料簡三識：若分別說者，則屬三人。此乃別教意，非今所用。若依攝論如土染金之文，即是圓意。土即阿陀那，染即阿梨耶，金即菴摩羅，此即圓說也。

問：如《經》云：「依智不依識」，既云三識，此那可依？

答：《經》言：「不依識」者，是生死識。今則不爾。今言依識者，是智之異名，名清淨識。又，道前通名爲識，道後轉依即是智慧，未詳。

知禮《金光明經玄義拾遺記》卷第三解釋此料簡云：

九、簡三識。若分三識，陀那屬聲聞，梨耶屬菩薩，菴摩屬佛，此乃教道分張，次第斷相。若菴摩是本性，無明迷故，生業轉現，名阿梨耶，復執見分起我見，我愛，我慢，我癡，名阿陀那，此乃三識次第起相，皆是教道，非今所譬。若欲圓論，須依《攝論》〔《攝大乘論》〕金土及染三不相離，則於聲聞，菩薩，及佛三人心中，皆具三識。

大師猶恐尋此喻者，作眞妄二法相合而解，謂除土存金，至佛唯有菴摩羅識，故據《大經》「依智不依識」而爲問端。爲欲答出三識乃是三智異名，則土喻陀那，是方便般若；染喻梨耶，是觀照般若；金喻菴摩，是實相般若。至佛究竟三種淨識，豈但一耶？然若不知性具染惡，安令七八——土之與染，至果不滅？

「又，道前」等者，地前名道前，皆依煩惱及以生死，故八心王通名爲識。佛果爲道後，轉依四智菩提種子，是故八識轉名四智。轉第八識爲大圓鏡智，轉第七識爲平等性智，轉第六識爲妙觀察智，轉前五識爲成所作智，故云「轉依即是智慧」。注「未詳」者，潛斥之意耳。以彼所明道後轉依，

熏成種子，轉成智慧，不言八識性是妙智，斯是唯識一途教道，非今所譬。然是菩薩所造之論，不欲顯言，故但注「未詳」。如諸文中破古，多云「此語難解」。故知「未詳」不異「難解」。

案：言菴摩羅識是真諦所傳之唯識學，無著《攝大乘論》本身並無此義。智者言三識是智之異名是根據真諦學——即當時所謂攝論宗而說。菴摩羅識亦名無垢識，亦名自性清淨心。故真諦學猶近乎《起信論》。若依天台判教，此當屬于別教。只言八識以及轉八識成四智，（《攝大乘論》以及世親之《唯識三十頌》，奘傳之《成唯識論》，皆如此，此是奘傳之唯識學），此當屬于通教，亦不必斥之。（智者固未及見奘傳之唯識學，但《攝大乘論》，他當見及）。智者言識「是智之異名」，是依「無明即法性」之思路而談圓教，既非真諦之超越的分解，亦非奘傳唯識學之經驗的分解（心理的分解）。在「無明即法性」之思路下，只是一識一心。偏于法性說是智，偏于無明說是識。一識分三識，只是一識之三相；一智分三智，只是一智之三相。「無明即法性」，識當體是智。「法性即無明」，智當體是識。故取《攝論》金土藏之喻以明「三不相離」。「聲聞，菩薩，及佛，三人心中皆具三識」。佛不但是一菴摩羅識。若只是一淨識，仍是緣理斷九，是別教意。故知禮云：「若不知性具染惡，安令七八土之與染至果不滅？」若只是轉八識成四智，則是通教意，距圓尤遠。分解的表示無論是何方式，超越的或經驗的，其分解無論如何詳密，對於此圓教的思路皆不生影響。焉能據奘傳之唯識學而謂天台迷失佛法耶？

　　三識是智之異名，乃據「無明即法性」說，故亦屬於「從法性立一切法」。至於三道，尤其顯然。智者釋三道云：

> 云何三道？過去無明、現在愛、取，三支是煩惱道。過去行，現在有，二支是業道。現在識、名色、六入、觸、受、未來生、老死，七支是苦道。道名能通。此三更互相通，從煩惱通業、從業通苦、從苦復通煩惱，故名三道。苦道者謂識、名色、六入、觸、受。大經云：「無明與愛，是二中間，名爲佛性」。中間即是苦道。名爲佛性者，名生死身爲法身，如指冰爲水爾。煩惱道者，謂無明、愛、取。名此爲般若者，如指薪爲火爾。業道者，謂行、有，乃至五無間。皆解脫相者，如指縛爲脫爾。當知三道，體之即眞，常樂我淨，與三德無二無別。既以金光明譬三德，還以金光明譬三道也。

　　知禮《拾遺記》卷第二解釋此段文云：

> 經旨痴愛中間五果爲佛性者，蓋於報法易顯正因，故以此五果雖有觸、受，未生愛、取，就此色心，顯正因體，易成妙觀。如《摩訶止觀》初觀陰境，其意亦然。凡明觀法，初多就易。易處觀成，無難不曉。大師得意，故例惑、業，皆是佛性，即是緣了二因性也。〔惑即煩惱道，由此立了因佛性，由業道立緣因佛性〕。舉三喻者，世間物像比於妙理，皆是分譬。須將法定，方顯偏圓。如《如來藏經》九喻，止

觀喻別，餘文喻圓。今冰水等亦兼圓別。何者？若謂結佛界
水爲九界冰〔隨緣作九〕，融九界冰歸佛界水〔破九顯
理〕，此猶屬別。若知十界互具，如水；情執十界，局限如
冰。融情執冰，成互具水，斯爲圓理。薪火，縛脫，其例可
知。故知十二緣輪迴之法，謂實，則三障礭爾；情虛，則三
德圓融。於十二緣不損毫微，全爲妙境，即惑、業、苦一一
通徹法界邊底，是名三道。欲顯此三圓融義故，名從勝立，
故云法身、般若、解脫。但轉其名，不改法體。其實祇是當
體通徹耳。

案：以上引智者與知禮文以明三識三道何以屬法性法而云「從法性
立一切法」。從三德到三道，是爲逆推，此是「從法性無住本立一
切法」。「立一切法」者，知禮解爲「立一切敎法」也。從三道到
三德，是爲順修，此是「從無明無住本立一切法」。此「立一切
法」，知禮解爲「立一切行法」也。今再點之曰：前者以「無明即
法性」爲綱領，後者以「法性即無明」爲綱領。「無明即法性」，
則法性之顯不待離無明而顯，此所謂「理顯由事」。「法性即無
明」，則由無明順修，亦不待斷九界冰歸佛界水，此所謂「即妄歸
眞」。故知禮《拾遺記》卷第二解此逆順兩番生起云：

二、正生起，二：初，約施敎逆推，理顯由事。二、約立行
順修，即妄歸眞。此二生起，初，從法性無住本立一切敎
法；二、從無明無住本立一切行法。
問：法性無住立於敎法〔「立於」是主動語，非被動語〕，

依何文說？

答：此文當體章〔案：即智者原文「當體得名」章，此是對
於金光明作當體釋，非譬喩釋〕明諸聖人依眞立名，乃引淨
名「從無住本立一切法」。既引此證依眞立名，豈非法性無
住故立一切敎耶？然若具論，從無住本立一切法，不出四
重。如《妙樂》云：「理則性德緣了，事則修德三因，迷則
三道流轉，悟則果中勝用。如是四重，並由迷中實相而
立」。〔案：《妙樂》即指荊溪《法華文句記》而言，此數
語見卷第七下〕今之初番是彼第四「果中勝用」；今之後番
是彼第二「修德三因」。

問：初番生起，始從秘藏，終至三道，合當「迷故三道流
轉」，何以卻對「果中勝用」立敎法？

答：今云秘密藏顯由三寶等，豈可迷理而由三寶及諸三法等
耶？故知須作依理起敎釋之方允。況今逆順二種生起，與
《法華文句》釋開示悟入，約位、智、門、觀四義生起逆順
意同。故彼文句云：「見理由位，位立由智，智發由門，門
通由觀。觀故則門通，門通故智成，智成故位立，位立故見
理」。《記》釋云：「此逆順生起者，初明所由於能，次明
能顯於所」。今文初番豈非「所由於能」？次番豈非「能顯
於所」耶？〔案：「顯於」是主動語，非被動語。〕。得此
意已，方可消文。

初文者，三德之理是佛極證，絕乎名相，曰秘密藏。此藏得
顯，功由覺智與不覺理合，是故如來示現三寶。而其三寶立
由斷德，故說三涅槃。涅槃得成復由智德，故說三身。身由

乘至，故說三大乘。乘由行通，故說三菩提。菩提由智照，
故說三般若。般若由性發，故說三佛性。性種元由解了名
義，故說三識。識解本由三障即理，故說三道。都由三德秘
密法性無堅住性，是故大聖以此法性無住爲本，立九名相及
一切教法。此番生起爲後解釋十法〔十種三法〕立也。
〔案：此番生起即約教逆推，理顯由事〕。

釋次文者，上辨大覺證三德藏，以無住故，立諸教法，極至
三道。今辨眾生處於三道，由無住故，成諸行法，極趣三
德。三道復以無明爲始，無明明故，業苦皆轉。轉迷成解，
了別聖言，故成三識。解爲乘種，即名佛因，故成三佛性。
種熏本覺，故發智慧，名三般若。智能導行，行大直道，成
三菩提。智行契性，無不運荷，成三大乘。乘辨報智，上冥
下應，即成三身。身永離惑，不生不滅，名三涅槃。斷德自
在，施恩利物，故現三寶。利物功成，自他休息，同歸三
德。此番生起爲後十重觀心立也。〔案：此番生起即約立行
順修，即妄歸眞。十重觀心即《摩訶止觀》以十法門觀心
也，具如彼說〕。

案：以上由《金光明經玄義》詳展「從無住本立一切法」，引文明
示，至此已盡，不煩再引。以下再由《法華經》文之解釋以明之。

C

《法華經文句》論無住本

《法華經·藥草喻品》第五：

其所說法皆悉到於一切智地。如來觀知一切諸法之所歸趣，
亦知一切眾生深心所行，通達無礙，又於諸法究盡明了，示
諸眾生一切智慧。

智者《法華經文句》卷七上解此文云：

從「其所說法」下，約教述其顯實也。「地」者實相也。究
竟非二，故名「一」。其性廣博，故名為「切」。寂而常
照，故名為「智」。無住之本立一切法，故名為「地」。此
圓教實說也。凡有所說，皆令眾生到此「智地」。顯實之文
灼然如日。云何闇瘲作餘解耶？例大品廣歷諸法，皆摩訶
衍。衍即大乘，乘即實相。實相即「一切智地」。上文云：
「唯此一事實」，指此地也。「餘二則非真」，指七方便
也。〔案：七方便即人、天、二乘、及三教菩薩七種權說。
依此〈藥草喻品〉三草二木而立，非小乘之七賢位，亦非
《大經》之七眾渡河〕。此約漸頓二教述其開權顯實也。」

荊溪《法華文句記》卷第七下釋智者此文云：

「究竟」等者，此明諸權皆歸實相。是故三教，教智未會，
不名為「一」。又非明示此法從於無住本立，故不得云「究
竟不二」。今言「不二」者，始終一也。
「其性」等者，廣博之一，故名為「切」。切字並通訓
「眾」也。共顯不二，是一家之切，名「一切智」。

> 「寂而常照」者,智所依地能生諸智,故名「智地」。此從
> 境說。若智即地,能所不二,故智亦得名「無住本」,是故
> 亦得名智爲地。正顯能立,立亦生也。故此智地能生諸法,
> 故雙名智地爲無住本。
>
> 〔……〕
>
> 實相是體,智即是用。若智家之地即指實相,一切皆大。由
> 智顯地,由乘至極。亦是從始至終,依地至極。

案:「一切智地」,依《經》文,即是以「一切智」之智爲地。若
智與地分說,地是實相,智是般若,一爲所(境),一爲能
(智)。「若智即地,能所不二」,則是實相般若,此即是地也,
「故雙名智地爲無住本」。此是「一切諸法之所歸趣」,亦即「法
性」也。故「一切智地」爲無住本即是從法性無住本立一切法。
「智如不二」爲法性,法性不但是空如之理也。《摩訶止觀》開頭
明緣起中云:「法性寂然名止,寂而常照名觀」;又釋名章,對無
明不止而謂法性爲止,對無明不觀,而謂法性爲觀,皆是就實相般
若名智如不二爲法性也。

〈藥草喻品〉又云:

> 如來說法,一相一味,所謂解脫相,離相,滅相,究竟至於
> 一切種智。其有眾生聞如來法,若持讀誦,如說修行,所得
> 功德,不自覺知。所以者何?唯有如來知此眾生種,相,
> 體,性;念何事,思何事,修何事;云何念,云何思,云何
> 修;以何法思,以何法修;以何法得何法。眾生住於種種之

地，唯有如來如實見之，明了無礙。如彼卉木叢林諸藥草
等，而不自知上中下性，如來知是一相一味之法，所謂解脫
相，離相，滅相，究竟涅槃常寂滅相，終歸於空。佛知是
已，觀眾生心欲，而將護之，是故不即爲說一切種智。

《法華文句》卷第七上解云：

「如來說法一相」下，第二合無差別譬。〔案：前文已言合
差別譬〕。上開三，今合亦三，但不次第。
「一相一味」下，雙合「一地一雨」。〔案：《經》文前言
「一地所生，一雨所潤」。〕
「所謂」下，雙釋一地一雨。
「其有眾生」下，合上「而諸草木各有差別」。〔案：此前
《經》文〕。
「所以者何」下，釋於差別，如來能知差別無差別相。
「一相」者，眾生之心同一眞如相，是「一地」也。「一
味」者，一乘之法同詮之理，是「一雨」也。昔於一實相，
方便開爲七相，於一乘法，分別說有七教。佛知究竟終歸一
相一味也。
「所謂」下，雙釋一相一味。眾生心性即是性德解脫、遠
離、寂滅三種之相。如來一音說此三法，即是三味。此三相
則以爲境界，緣生中道之行，終則得爲一切智果。故言「究
竟至於一切種智」也。合草木差別譬，如前解，不重記。有
時作三意合：一、無差別意，合上一地一雨；二、差別意，

合上草木差別；三、如來能知，釋成兩意。

無差別者，謂「一相一味」。「一相」合上「一地」也。「解脫相」者，無生死相。「離相」者，無涅槃相。「滅相」者，無相亦無相。唯有實相，故名「一相」。一相即無住本立一切法。無住無相，即無差別也。立一切法，即有差別。差別如卉木，無差別如一地。地雖無差別，而能生桃梅卉木差別等異。桃李卉木雖差，而同是一堅相。若知地具桃李，即識實中有權，解無差別即是差別。若知桃李堅相，即識權中有實，解差別即是無差別。以是義故，以「一相」合上「一地」譬也。

「一味」即是實教，純一無雜。例「一相」可解。

「解脫」者，無分段、變易二邊業縛，故名「解脫相」。「離相」者，得中道智慧，此慧能遠離二邊，無所著故，名「離相」。「滅相」者，二邊因滅，得有餘涅槃，二邊果滅，得無餘涅槃，故名「滅相」。句句例作差無差別義，準「一相」可解。

「究竟至於一切種智」者，若得二邊滅相，即是通別二惑盡，入佛知見。以一切種智心中行般若，初發、畢竟二不別故，言「究竟」。此即佛之智慧，故言「一切種智」也。

從「其有眾生聞如來法〔……〕不自覺知」者，即是明差別義。從此下明差別者，眾生是山川假實之差別，亦是種子之差別。如來即是雲，聞法即是雨，讀誦修行即是潤，功德即增長。如此等差別皆不能知也。就文為五：

一、眾生不知。

二、如來能知。

三、舉譬帖合眾生不知。

四、牒前結釋如來能知。

五、釋疑。

「其有眾生」者，舉不知之人。「法」謂聞一音之法。「持」、「說」者，是正明不知。持、說不同，「修行」各異。人天作戒善之解，三乘作諦緣度解。解既不同，即是差別。「所得功德不自覺知」者，明五人雖各稟教，不知佛是一味無差別教，亦不知七種方便。各各作解，而各執己解為實，此則不知於權，亦不識實。即是差別，「不自覺知」也。

第二，如來能知。略減數，舉十境合為四意：一、約四法知；二、約三法知；三、約二法知；四、約一法知。

約四法者，謂「種、相、體、性」。種者，三道是三德種。《淨名》云：「一切煩惱之儔為如來種」。此明由煩惱道即有般若也。又云：「五無間，皆生解脫相」。此由不善即有善法解脫也。「一切眾生即涅槃相，不可復滅」，此即生死為法身也。此就相對論種。若就類論種，一切低頭舉手悉是解脫種；一切世智，三乘解心，即般若種；「夫有心者皆當作佛」，即法身種。種種差別，如來能知。一切種只是一種，即是無差別，如來亦能知。差別即無差別，無差別即差別，如來亦能知。相、體、性，約十法界十如中釋。若論差別，即十法界相。若論無差別，即一佛界相。差別無差別，如來能知。差即無差，無差即差，如來亦能知。體，性例

然，可解。

從「念何事」下，約三法明如來能知。三法者即是三慧〔案：即聞思修三慧〕，仍有三重：一、三慧境；二、三慧體；三、三慧因緣。「念何事」是明三慧用。念取於所念之事，即是三慧境。從「云何念」者，念是記錄所聞之法，正是念慧之體也。從「以何法念」下，即是三慧取境聞法是其因緣。又三慧境，境智因緣和故，得有三慧法，復名因緣也。如此三乘三慧，昔謂境、體、因緣有異，即是差別。若入圓妙三慧，即無差別。此有差別無差別，如來能知。又差即無差，無差即差，如來亦能知。

從「以何法」下，約二法明如來能知。「以何法」即是因，「得何法」即是果。五乘之因各得其果，即是差別。「眾生如，佛如，一如無二如」，唯是一因一果，即無差別。差別無差別，如來能知。差即無差，無差即差，如來亦能知。

從「眾生住於種種之地」，是約一法如來能知。七方便住於七位，故言種種之地，此即差別。如來用如實佛眼見之，如眾流入海，失於本味，則無差別。隨他意語，以智方便而演說之，則如來能知差別。「其所說法皆悉到於一切智地」，則如來能知無差別云云。

從「如彼卉木」下，第三，舉譬帖合眾生不知也。

從「如來知是」下，第四，牒前總結能知也。「一相一味」等，如前釋，一相，一味，解脫，離，滅等，爲緣分別，即是一中無量。「究竟涅槃，終歸於空」，即是無量中一。此是牒前重釋無差別也。何者？一相，一味，解脫，離，滅，

若是二乘法體，猶是差別言宣。今作大乘「究竟涅槃，終歸
於空」，即通無差別。「究竟涅槃」結前諸句皆非二乘有餘
無餘，乃是究竟涅槃也。「常寂滅相」者，結諸句非是小乘
寂滅，乃是常住寂滅。上文云：「諸法從本來，常自寂滅
相」，即此義也。〔案：此解太鑿，「常」自是副詞〕。
「終歸於空」者，非是灰斷之空，乃是中道第一義空。鄭重
抵掌，簡實異權。

〔下斥舊師解，略〕。

「佛知是已，觀眾生」下，第五，斷物疑。佛昔皆知始末皆
一，何不鹿苑即為說實？釋云：「觀眾生心欲隨三悉檀而將
護之，恐其誹謗，故不即說也。」

案：《法華經》開權顯實，會三歸一，前於〈方便品〉及〈譬喻
品〉中已屢言之。如「諸佛如來言無虛妄，無有餘乘，唯一佛
乘」。「諸佛以方便力，於一佛乘，分別說三」。「如來但以一佛
乘故，為眾生說法，無有餘乘，無二無三」。「十方佛土中，唯有
一乘法，無二亦無三，除佛方便說，但以假名字，引導於眾生。說
佛智慧故，諸佛出於世。唯此一事實，餘二則非真」。「今我喜無
畏，於諸菩薩中，正直捨方便，但說無上道」。「世尊法久後，要
當說真實。告諸聲聞眾，及求緣覺乘，我令脫苦縛，逮得涅槃者，
佛以方便力，示以三乘教。眾生處處著，引之令得出」。「佛所成
就第一希有難解之法，唯佛與佛乃能究盡諸法實相，所謂諸法如是
相，如是性，如是體，如是力，如是作，如是因，如是緣，如是
果，如是報，如是本末究竟等」。以上皆見〈方便品〉。凡此皆是

《法華經》的名句。實相就是眞實，就是諸法之這樣的相、性、體、力、作、因、緣、果、報，這樣的從本至末畢竟平等。「等」即無差別之實相。從敎方面說，說此實相者謂之一乘，謂之佛乘。從智方面說，這是佛智，實智。從行方面說，這是「無上道」。三乘乃是方便說，是權敎，並非實智，亦非實相。此即所謂開權顯實，會三歸一。反之，亦可說由一垂三，由實施權。一實是本；三權是迹。此本不是華嚴會上，譬如日出，先照高山，以毘盧遮那佛法身說佛自證，這種隔絕的本，乃是經過了幽谷平地，如日輪當午，罄無側影，無幽不照，即迹即本，即本即迹，不捨一一，一一皆實的本，此是圓滿，具體，而眞實的本。這個本，從實相方面說是如此，從智方面說，亦是圓滿，具體，而眞實的佛智，實智；從敎方面說，亦是圓滿，具體，而眞實的圓敎，這也是「稱法本敎」，但不是華嚴宗的「稱法本敎」，因此後者乃是別敎的一乘圓敎，別敎的「稱法本敎」故也。前〈方便品〉已表示此意，今〈藥草喻品〉所謂「一相一味」亦仍是鄭重宣說此義。「一相」即實相，「一味」即一乘。而智者解此「節節皆云五乘七善」（七方便，荊溪《記》語），以簡權實，「句句例作差無差別義」以明佛智之知，而「差即無差，無差即差」，即一一法皆實相也。實相一相，即是「從無住本立一切法」。此「無住本」即法性無住爲本也，亦即一切智之智地爲無住本也。法性無住，法性即一切法。一切法是差別，法性是無差別。而法性無住，即一切法，則差而無差，無差即差。三乘是方便，五乘七善亦是方便，所謂七方便；而「唯一佛乘」，則是實敎。方便是差別，佛乘是無差別。而佛乘不隔，則差而無差，無差即差。廣之，九界是差別，佛界是無差別。

而佛不斷九以爲佛，則差即無差，無差即差。是則法法皆實，法法不斷，一體平鋪，但去病不去法也。「是法住法位，世間相常住」。（〈方便品〉偈語）。「常住」者，不斷之謂。諸法即空即假即中，假名法不斷也。旣即空假中，則諸法不出如，以如爲位，是爲「住法位」。此仍是《中論》緣起性空本色，此不可以實在論說。（吾見日人有以實在論說之，非是。此詞不可用）。智者《法華文句》卷第四下釋此兩偈語云：

> 是法住法位一行，頌理一也。眾生，正覺，一如無二，悉不出如，皆如法爲位也。世間相常住者，出世正覺以如爲位，亦以如爲相，位相常住。世間眾生亦以如爲位，亦以如爲相，豈不常住？世間相既常住，豈非理一？

而荊溪《文句記》卷第五中解智者此文云：

> 眾生下，釋住法位。眾生，正覺，重出是法。法不出如，皆如爲位。眾生理是，佛已證是，故名爲住。如位一故，故名爲位。染淨之法皆名是法。染謂眾生，淨即正覺。眾生正覺是能住法，染淨一如是所住位。分局定限，故名爲位。位無二稱，同立一如。不出眞如，故唯局此；此局即通，遍一切故。局之極也，通之盛也。〔……〕世間相常住者，相可表幟，位可久居。眾生，正覺，相位無二。顯迷即理，理即常住。佛已契常，眾生理是。故正覺眾生相位常住。染淨相位既同一如，是故相位其理須等。佛依世間修成極理，驗知世

間本有斯理，故云常住。問：位可一如，相云何等？答：位
據理性，決不可改。相約隨緣，緣有染淨。緣雖染淨，同名
緣起。如清濁波，濕性不異。同以濕性爲波，故皆以如爲
相。同以波爲濕性，故皆以如爲位。所以相與常住，其名雖
同，染淨既分，如位須辨。況世間之稱亦通染淨因果故也。
今且從悟顯迷，以淨顯染，則淨悟得於常事，迷染但名常
理。〔案：佛已證是，故得於常事，不只是理。衆生理是，
故但有常理，並無事實〕。

案：此解可謂明透。不但理一之如常住，法不出如，則染淨法悉皆
是常——常住不毀。如不住，如即是法；法不住，法即是如。此即
實相，眞實，亦即一乘，佛乘。由此「是法住法位，世間相常
住」，即可直接函著天台宗所謂「性惡」。「性惡」者，法門不
改，一起皆本有之謂。本有即是性之德，惡法亦是性之德而本有。
法不出如，豈但是淨善之法不出如？即穢惡之法亦不出如。是即穢
惡之法亦爲法性所固具，此即爲性德之惡。「性惡」者性德上本有
之惡法門，一不可改，一不可捨之謂。不是法性本身爲惡也。此不
可以儒家性善性惡之詞語去了解。例如六道衆生，人天阿修羅是三
善途，地獄餓鬼畜生是三惡途。不但三善途之法不出如，不可改，
不可毀，即三惡途之法亦不出如，不可改，不可毀。六道通名爲
穢，二乘菩薩是淨。不但淨者不出如，即穢者亦不出如。六道之
穢，三乘之淨，對佛界言，悉皆是染，而此九界染法皆不出如，亦
皆不可斷。佛果亦不斷九。何以故？爲遍應衆緣，度化衆生故。此
並非說佛之正覺實智本身是惡也。依以上所說三識是智之異名，迷

則爲識，若就識說，識具十法界一切法（無明爲本立一切法），即
《摩訶止觀》消化而爲「一念三千」。此一念心即識心，亦稱刹那
心，或煩惱心。此一念即三千，即是識具。若剋就此識具而說性
具，理具，或體具，此性字理字體字是虛說，也可以是副詞，即本
質上，原則上之意，由之而說性惡性善，亦是本質上原則上當體即
具一切善法門惡法門之意。此亦是虛說。若無明無住，識當體即是
智，此是詭譎地識直通於智，即直通於法性，則說性具體具理具乃
至性善性惡，此性字理字體字便是實說，即法性性德上即具一切
法，一切善法門惡法門，一不可改，一不可毀。所具法門是惡，而
解心無染，並非惡也。解心實智具之以度化眾生，此即爲性德之
惡，仍是「世間相常住」，「去病不去法」之意。若根據煩惱，
業，苦三道即三德說，亦是如此。若分解地說，識是識，智是智，
當然不能說性惡，自性清淨心只具無量無漏功德，並不能說具惡穢
法門。惡穢法門是清淨心不守自性陷爲阿賴耶隨緣而起，仍是識
起，不能說性具。故欲悟顯清淨心，必須破九方顯。此是《起信
論》、華嚴宗之思路。此思路易把握，故人常易順此路想，而難於
了解天台宗之性惡，性具。知禮時山外諸家之所以爲山外正因纏夾
《起信論》華嚴宗之思路，而於性具性惡把握不住也。實則如上所
說，性具性惡並無難解處，亦無不順處。此正是圓教之所以爲圓
教，不可忽也。關此下文將引智者原文詳明之，在此，只總說如
此。在此所以先總說者，爲的要了解下荊溪之文也。

　　荊溪《法華文句記》卷第七下解釋智者釋「一相一味」文云：

　　一相即無住本立一切法。理則性德緣了，事則修德三因，迷

則三道流轉，悟則果中勝用。如是四重並由迷中實相而立。
此無住本具如釋籤第七已釋。〔案：此已引於前文〕。故無
明實相俱名無住。今以無相對於差別，專指實相名無住本。
無住即本，名無住本。隨緣不變，理在於斯。

前說實相只從正面直說。若關聯著理事，迷悟，性修，因果而說，
則須有四重，即「理則」云云，「事則」云云，「迷則」云云，
「悟則」云云。既有四重，則說實相須是「迷中實相」。故云「如
是四重並由迷中實相而立」。「理則性德緣了」意即：從理上說，
就是性德的緣因了因，緣因了因俱是性德之本具。了因是智，緣因
是解脫（斷德）。緣了二因俱可從正面與反面說，一切法皆可作緣
了，即是性德本具，故亦可說是性德本具之緣了。「理」者只是理
上如此，尚未修顯故，故只是理如此，而無實事。荊溪《金剛錍》
云：「眾生但理，諸佛得事」。「理則性德緣了」即「眾生但理」
語也。「事則修德三因」意即：從事上說，即是修德之三因。三因
者，正因，了因，緣因也。此相應於「諸佛得事」之一語。實則修
德三因，性德亦三因。修德是證顯，性德是本有。本有故說
「理」，證顯故說「事」。「迷則三道流轉」意即：從迷上說，即
是煩惱，業，苦三道流轉，此即眾生在迷也。亦即「無始即法性為
無明」。《金剛錍》云：「眾生唯有迷中之事理」，即此義也。三
因本有不顯，即是迷中之「理」。「三道流轉」是事，此但是惑
事，而非修事，故亦即是迷中之「事」。「悟則果中勝用」意即：
從悟上說，即是佛果中之勝用。三身朗現，俱是實相之流露。《金
剛錍》云：「諸佛具有悟中之事理」，即此義也。一切法不出此四

種。皆由迷中實相而立，亦即從實相無住本立一切法。

「隨緣不變，理在於斯」。此說「隨緣不變」與華嚴宗所說不同。華嚴宗說「隨緣不變，不變隨緣」是偏指清淨眞如心說，是「性起」系統，而荊溪說此語，則是「性具」系統。「理具事造」，理具即不變，事造即隨緣。不但是法性實相不變，即三千世間皆不變也。當體即如，即是不變；當體即諸法，即是隨緣。《金剛錍》云：「萬法是眞如，由不變故；眞如是萬法，由隨緣故」。一一皆現成，無有可更動，而當體即如，亦無有可毀棄。此仍是「法住法位，世間相常住」之「性具」義，不可濫也。

荊溪承上解「一相」，復解「一味」云：

「一味」下，約教釋者，上「相」〔意即上文釋「相」〕，但云「無生死」耳。約教乃云「無二死」者，教在分別故也。前「相」〔意即前文論「相」〕，但云「離相者無涅槃相」，此「教」〔意即今此說「教」〕，乃云「得中道智慧」，乃至離於「二邊著」也。前「相」，但云「無相亦無相」，今教中云「二邊因果滅」者，應云「通別二惑，內外二死」滅也。〔通別二惑者，通教菩薩及別教菩薩皆有惑未斷盡也。「內外二死」者界內分段死，界外變易死也〕。今對中道，中道從理，故此因果名「離二邊」。〔二邊指分段變易二死說。智者原文以「無分段變易二邊業縛」爲解脫相，又以「離二邊」爲「離相」，以「二邊因滅，得有餘涅槃，二邊果滅，得無餘涅槃」爲「滅相」。此比釋相爲進一步分別也。故荊溪如此云〕。此二涅槃〔二邊因果滅所得之

有餘無餘涅槃〕永殊小典。小典二滅必不同時，此中二滅更
無前後。

「句句例作差無差」者，既句句約教，教亦須顯差無差等
〔差別，無差別，乃至差即無差，無差即差等〕。故應具如
前「一相」中，「即無住本」至「即是無差別」之文是也。
故今對教明差無差。若不爾者，徒開浪會，虛說漫行，空列
一乘之名，終無一乘之旨。〔案：此潛斥華嚴〕。稟權教
者，尚須識權，對此終窮，安得昧實？忽都未聞性惡之名，
安能信有性德之行？〔案：此亦潛斥華嚴之別教一乘。此二
語為知禮所常引，故吾上文先對性惡略作總釋。否則此二語
無端而來，人不知其來歷也〕。

案：約理（或約法）釋「一相」，一相即實相；約教釋「一味」，
一味即一乘。開權顯實，會三歸一。差即無差，無差即差。是故實
相無住，不離諸法；實教無隔，不斷九界。此必然函有「性惡」之
義。既穢惡法門亦是性之德，如是，則一切淨穢善惡皆是性德之本
具。既是性德本具，則「全性起修」即是「性德之行」。「性德之
行」即是「諸行無作」。任運而現，非彼「緣理斷九」者，欲行權
化，須作意而現九界也。（若作意而現，則與清淨心是兩截，可有
可無，不是必然，以不本具故。此是別教，非圓教意）。「全修起
修，全修在性」（知禮解十不二門修性不二門語，見下），則一切
修行只是通過止觀，轉迷成悟，轉染為淨，轉識為智（此語與唯識
宗說法不同）。迷悟同體，依而復即（此如說法性無明同體，依而
復即）。染淨，識智，亦復如此。迷悟繫于染淨，不繫于善惡淨穢

法門。是以迷之染情可轉可斷，而善惡淨穢法門則常住不斷。即依斯義而說「性惡」。性德所具有善有惡，有淨有穢，是以「性惡」是偏稱之言，非全稱之言。知禮云：「約即論斷，故無可滅。約即論悟，故無可翻。煩惱生死乃九界法。既十界互具方名圓，佛豈壞九轉九耶？如是方名達於非道，魔界即佛。故圓家斷，證，迷，悟，但約染淨論之，不約善惡淨穢說也。諸宗既不明性具十界，則無圓斷圓悟之義。故但得即名，而無即義也。此乃一家教觀大途。能知此已，或取或捨，自在用之。」（《十不二門指要鈔》釋序文「一念」處）。此言甚諦。

以上由《維摩詰經玄義》、《金光明經玄義》、《法華經文句》，明「從無住本立一切法」，迤邐說來，牽及天台教義之全體。以下再由《摩訶止觀》之消化而言「一念三千」。須知「一念三千」即由「從無住本立一切法」而來也。若不知此義理背景，則「法性」一觀念透不出，由「一念三千」而說性具，則「性」字無根，「性德」亦不好講。故以上費如許篇幅，廣引智者、荊溪之文，詳為展示。以上明，則以下引文皆順通易明，即不煩詳解矣。

D

《摩訶止觀》論「一念三千」

智者《摩訶止觀》第七章論正修止觀。於中以十法門觀心：

一，觀不可思議境。二，起慈悲心。三，巧安止觀。四，破法遍。五，識通塞。六，修道品。七，對治助開。八，知次

位。九，能安忍。十，無法愛。

觀不可思議境中以一念心法爲所觀境。心、佛、衆生，三無差別。
然佛法太高，衆生法太廣，觀心則易。何以故，心是惑本故也。是
故「去丈就尺，去尺就寸，置色等四陰，但觀識陰。識陰者，心是
也」。(《摩訶止觀》卷第五，以下所引皆同)。此一念識心如何
是不可思議？解云：

> 觀心是不可思議境者，此境難說。先明思議境，令不思議境
> 易顯。思議法者，小乘亦説心生一切法，謂六道因果，三界
> 輪環。若去凡欣聖，則棄下上出，灰身滅智，乃是有作四
> 諦，蓋思議法也。
> 大乘亦明心生一切法，謂十法界也。若觀心是有，有善有
> 惡。惡則三品，三途因果也。善則三品，修羅人天因果。觀
> 此六品無常生滅，能觀之心亦念念不住，又能所觀悉是緣
> 生，緣生即空，並是二乘因果法也。若觀此空有，墮落二
> 邊，沈空滯有，而起大慈悲，入假化物，實無身，假作身，
> 實無空，假說空，而化導之，即菩薩因果法也。觀此法能度
> 所度皆是中道實相之法，畢竟清淨，誰善誰惡，誰有誰無，
> 誰度誰不度，一切法悉如是，是佛因果法也。此之十法〔十
> 法界之十種因果法〕迤邐淺深，皆從心出，雖是大乘無量四
> 諦所攝，猶是思議之境，非今止觀所觀也。
> 不可思議境者：
> 如《華嚴》云：「心如工畫師，造種種五陰。一切世間中，

莫不從心造。」種種五陰者，如前十法界五陰也。「法界」
者三義：十數是能依，法界是所依，能所合稱，故言「十法
界」。又，此十法各各因，各各果，不相混濫，故言「十法
界」。〔案：此就法類說十法界，界者種類義〕。又，此十
法一一當體皆是「法界」，故言「十法界」。〔此就法性實
相說法界，界者性義，因義〕云云。〔案：此略辭，示應有
詳說〕

十法界通稱陰界入〔五陰，十八界，六入〕，其實不同。三
途是有漏惡陰界入，三善是有漏善陰界入，二乘是無漏陰界
入，菩薩是亦有漏亦無漏陰界入，佛是非有漏非無漏陰界
入。《釋論》〔《大智度論》名曰《釋論》〕云：「法無上
者涅槃是」，即非有漏非無漏法也。《無量義經》云：「佛
無諸大陰界入」者，無前九陰界入也。今言有者，有涅槃常
住陰界入也。《大經》〔《大涅槃經》〕云：「因滅無常
色，獲得常色。受想行識亦復如是」。常樂重沓，即積聚
義。慈悲覆蓋即陰義。〔案：此言佛界亦有陰界入，簡言
之，亦有五陰〕以十種陰界不同故，故名五陰世間也。

攬五陰通稱眾生，眾生不同。攬三途陰，罪苦眾生。攬人
天陰，受樂眾生。攬無漏陰，真聖眾生。攬慈悲陰，大士眾
生。攬常住陰，尊極眾生。《大論》〔《大智度論》〕云：
「眾生無上者佛是」。豈與凡下同？《大經》云：「歌羅邏
時名字異，乃至老時名字異；芽時名字異，乃至果時名字亦
異」。直約一期，十時差別。況十界眾生寧得不異？故名眾
生世間也。

十種所居通稱國土世間者，地獄依赤鐵住。畜生依地水空住。修羅依海畔海底住。人依地住。天依宮殿住。六度菩薩同人依地住。通教菩薩惑未盡同人天依住；斷惑盡者依方便土住。別圓菩薩惑未盡者，同人天方便等住，斷惑盡者，依實報土住。如來依常寂光土住。《仁王經》云：「三賢十聖住果報，唯佛一人居淨土」。土土不同，故名國土世間也。」〔案：此漏掉餓鬼住處〕。

此三十種世間悉從心造。

又，十種五陰，一一各具十法，謂「如是相、性、體、力、作、因、緣、果、報、本末究竟等」。〔下總釋十如是，乃依十法界分類釋十如是，略。《法華文句》亦有詳釋，可參考〕。

夫一心具十法界，一法界又具十法界，百法界。一界具三十種世間，百法界即具三千種世間。此三千在一念心。若無心而已，介爾有心，即具三千。亦不言一心在前，一切法在後。亦不言一切法在前，一心在後。例如八相遷物，物在相前，物不被遷；相在物前，亦不被遷。前亦不可，後亦不可，祇物論相遷，祇相遷論物。今心亦如是。若從一心生一切法者，此則是縱。若心一時含一切法者，此即是橫。縱亦不可，橫亦不可。祇心是一切法，一切法是心故。非縱非橫，非一非異，玄妙深絕，非識所識，非言所言，所以稱爲不可思議境，意在於此云云。〔案：此段文是正說一念三千爲不可思議境〕。

問：心起必託緣，爲心具三千法？爲緣具？爲共具？爲離

具？若心具者，心起不用緣。若緣具者，緣具不關心。若共具者，未共各無，共時安有？若離具者，既離心離緣，那忽心具？四句尚不可得，云何具三千法耶？

答：《地人》云：一切解惑眞妄依持法性，法性持眞妄，眞妄依法性也。《攝大乘》〔師〕云：法性不爲惑所染，不爲眞所淨，故法性非依持，言依持者阿黎耶是也。無沒無明盛持一切種子。若從地師〔地論師〕，則心具一切法〔此心爲法性心，即眞如心〕。若從攝師〔攝論師〕，則緣具一切法。此兩師各據一邊。〔此說兩師是略說。地論師南道派慧光系主眞如依持，北道派道寵系主賴耶依持，此近攝論師。此皆是分解地說，故智者以四句破之〕。若法性生一切法者，法性非心非緣，非心故而心生一切法者，非緣故亦應緣生一切法，何得獨言法性是眞妄依持耶？若言法性非依持，黎耶是依持，離法性外，別有黎耶依持，則不關法性。若法性不離黎耶，黎耶依持即是法性依持，何得獨言黎耶是依持？又違《經》。《經》〔《大涅槃經》〕言：「非内非外，亦非中間，亦不常自有」。又違龍樹。龍樹云：「諸法不自生，亦不從他生，不共不無因」〔《中論》〕。更就譬檢，爲當依心故有夢？依眠故有夢？眠法合心故有夢？離心離眠故有夢？若依心有夢者，不眠應有夢。若依眠有夢者，死人如眠應有夢。若眠心兩合而有夢者，眠人那有不夢時？又眠心各有夢，合可有夢。各既無夢，合不應有。若離心離眠而有夢者，虛空離二，應常有夢。四句求夢尚不可得，云何於眠夢見一切事？心喻法性，夢喻黎耶。云何偏據法性黎

耶生一切法？

當知四句求心不可得，求三千法亦不可得。既橫縱四句生三千法不可得者，應從一念心滅生三千法耶？心滅尚不能生一法，云何能生三千法耶？若從心亦滅亦不滅生三千法者，亦滅亦不滅其性相違，猶如水火，二俱不立，云何能生三千法耶？若謂心非滅非不滅生三千法者，非滅非不滅非能非所，云何能所生三千法耶？亦縱亦橫求三千法不可得，非縱非橫求三千法亦不可得。言語道斷，心行處滅，故名不可思議境。《大經》云：「生生不可說，生不生不可說，不生生不可說，不生不生不可說」。即此義也。當知第一義中，一法不可得，況三千法？世諦中一心尚具無量法，況三千耶？如佛告德女：無明內有不？不也。外有不？不也。內外有不？不也。非內非外有不？不也。佛言：如是有。龍樹云：不自不他，不共，不無因生。《大經》云：生生不可說，乃至不生不生不可說。有因緣故，亦可得說。謂四悉檀因緣也。雖四句冥寂，慈悲憐愍於無名相中假名相說。

〔下引《經》文明四悉檀，略〕。

當知終日說，終日不說，終日不說，終日說，終日雙遮，終日雙照，即破即立，即立即破，經論皆爾。天親龍樹內鑒冷然，外適時宜，各權所據，而人師偏解，學者苟執，遂興矢石，各保一邊，大乖聖道也。〔案：亦只唯識系之思想有此偏執，因為他們俱是分解的說法，世親實不能「內鑒冷然」，即華嚴宗之別教一乘亦未達至四句破立如天台宗所運用者之境，以彼亦是分解說故。這裡就顯出兩個義理模式，

一是分解的說法，經驗的或超越的，一是詭譎的說法。從地
論師，攝論師起，中間復有一《起信論》，下屆奘傳之唯
識，以及根據《起信論》而開之華嚴宗，這一系都是採取分
解底模式。天台宗不走此路。它是根據《中論》四句破立，
再益之以「從無住本立一切法」以及「一念三千」，而「圓
談法性」，這是一真正可以表示圓教的獨特模式，故其運用
四句破立乃是在「圓談法性」之性具系統下運用，乃是總透
出之運用，亦即反而可以表示「性具」之運用，非如他宗之
只借用之以表示依他無性也。〕

若得此意，俱不可說，俱可說。若隨便宜者，應言無明法法
性，生一切法，如眠法法心，則有一切夢事。心與緣合，則
三種世間三千相性皆從心起。一性雖少而不無，無明雖多而
不有。何者？指一為多，多非多。指多為一，一非少。故名
此心為不思議境也。〔案：一念三千仍歸於法性無住，無明
無住。「無明法法性」句解見前〕。

若解一心一切心，一切心一心，非一非一切；一陰一切陰，
一切陰一陰，非一非一切；一入一切入，一切入一入，非一
非一切；一界一切界，一切界一界，非一非一切；一眾生一
切眾生，一切眾生一眾生，非一非一切；一國土一切國土，
一切國土一國土，非一非一切；一相一切相，一切相一相，
非一非一切；乃至一究竟一切究竟，一切究竟一究竟，非一
非一切，遍歷一切，皆是不可思議境。若法性無明合，有一
切法，陰界入等，即是俗諦。一切界入是一法界，即是真
諦。非一非一切，即是中道第一義諦。如是遍歷一切法，無

非不思議三諦云云。

若一法一切法，即是「因緣所生法」，是爲假名假觀也。若一切法即一法，「我說即是空」，空觀也。若非一非一切者，即是中道觀。一空一切空，無假中而不空，總空觀也。一假一切假，無空中而不假，總假觀也。一中一切中，無空假而不中，總中觀也。即《中論》所說不可思議一心三觀。歷一切法亦如是。

若因緣所生一切法者，即方便隨情道種權智。若一切法一法，「我說即是空」，即隨智一切智。若非一非一切，「亦名中道義」者，即非權非實一切種智。例上，一權一切權，一實一切實，一切非權非實。遍歷一切是不思議三智也。

若隨情，即隨他意語。若隨智，即隨自意語。若非權非實，即非自非他意語。遍歷一切法，無非漸、頓、不定、不思議教門也。

若解頓，即解心。心尚不可得，云何當有趣非趣？若解漸，即解一切法趣心。若解不定，即解「是趣不過」。〔案：此語意言一切法趣心，不過只是一心，一切法趣色，不過只是一色。趣心趣色是漸，分別說故。「是趣不過」即表不定〕。此等名異義同。軌則行人，呼爲三法。所照爲三諦，所發爲三觀，觀成爲三智，教他呼爲三語，歸宗呼爲三趣。得斯意，類一切，皆成法門。種種味，勿嫌煩云云。

如如意珠，天上勝寶，狀如芥粟，有大功能。淨妙五欲，七寶琳琅。非內畜，非外人。不謀前後，不擇多少，不作粗妙。稱意豐儉，降雨穰穰，不添不盡。蓋是色法尚能如此，

況心神靈妙，寧不具一切法耶？

又，三毒惑心，一念心起，尚復身邊利鈍八十八使，乃至八萬四千煩惱。若言先有，那忽待緣？若言本無，緣對即應。不有不無，定有即邪，定無即妄。當知有而不有，不有而有。惑心尚爾，況不思議一心耶？

又如眠夢見百千萬事。豁寤無一，況復百千？未眠，不夢不覺，不多不一。眠力故謂多，覺力故謂少。莊周夢爲蝴蝶，翱翔百年。寤知非蝶，亦非積歲。無明法法性，一心一切心，如彼昏眠。達無明即法性，一切心一心，如彼醒寤云云。

又，行安樂行人，一眠夢，初發心乃至作佛，坐道場，轉法輪，度眾生，入涅槃：豁寤只是一夢事！若信三喻〔案：即以上如意珠，三毒惑心，及眠夢三喻〕，則信一心非口所宣，非情所測。此不思議境何法不收？此境發智，何智不發？依此境發誓，乃至「無法愛」，何誓不具，何行不滿足耶？說時，如上次第。行時，一心中具一切心云云。

案：《摩訶止觀》全部綱格具于此「不思議境」一段文中，故詳錄之。於不可說中方便說爲「一念三千」，此即「若隨便宜者，應言無明法法性，生一切法」，亦即「從無明無住本立一切法」。以上所錄之全文不過闡明此一語。此語所示即以一念心爲不可思議境。「無明法法性，一心一切心」，此即是迷。「達無明即法性，一切心一心」，此即是悟。是以此一念心即無明識心，亦稱煩惱心，亦稱剎那心。後來知禮時山外諸家以「眞心」釋之，或以圭峰宗密之

「一念靈知」釋之，此顯然非是，故知禮嚴斥之。「達無明即法性，一切心一心」，此一心即法性心，此方是眞心。達者了達，通達，即止觀工夫之所在。于此不思議境，通過止觀工夫，則不思議三諦，三觀，三智，俱于焉成立。故上錄文最後結云：「此不思議境何法不收？此境發智，何智不發？依此境發誓〔四弘誓〕，乃至『無法愛』〔十門觀心之最後一門〕，何誓不具，何行不滿足耶」？了達後，即是「從法性無住本立一切法」。此時，一念心即是智心。心有染淨迷悟，而三千法門不動絲毫。故一念三千，此是念具，而同時亦可說一智三千，此是智具：此即是染淨不二，智念不二。「法性即無明」是染，「無明即法性」是淨。「無明非止非不止，而喚無明爲不止」。「無明非觀非不觀，而喚無明爲不觀」。「法性非止非不止，而喚法性爲止」。「法性非觀非不觀，而喚法性爲觀」。迷則法性當體即無明，悟則無明當體即法性。而法性爲止爲觀，「法性寂然外止，寂而常照名觀」，是則法性即如即智，智如不二始爲法性。必如此，始能「法性無住立一切法」。若如唯識宗只以法性爲空如之理，則不得言「法性無住立一切法」，以智如爲二故也。賢首名曰「凝然眞如」。但華嚴宗即使眞如理與眞心打成一片，而言眞常心，亦是「性起」而非「性具」，故仍不至「法性無住立一切法」。「智如不二」爲法性矣，而必須在「法性即無明，無明即法性」之同體依而復即上，始能言「無明無住立一切法，法性無住一切法」。（詳解見前，須諦認）。一念三千即一智三千。是之謂性具。若只就「一念三千」說性具，而透不出法性，則「性」字是虛說，非「性具」之實義，終窮義。必須一念三千即一智三千，法性透出，「性具」方是實義，即三千世間

皆是性德，皆是智如不二之法性（實相般若）之所具。此是由「一念三千」當體詭譎地透示出者。但是于初立觀境，則必須以一念識心為不思議境。而其立此不思議境實以「無住本」為背景也。人多忽之，故于「性具」乃至「性惡」終無諦解。後來荊溪與知禮惟就此予以精簡，其解不誤也。惟當時多就斷九不斷九說，法性無住，無明無住，無住本立一切法，雖散見而未集中凸出。今時時代遼遠，人多疏隔，故吾特凸顯此義以為「一念三千」之義理根據，如是性具，性惡，乃有諦解。山外諸家所以混雜著華嚴宗之思路說，亦正因于此不透，故以華嚴宗之思路說為順也。然而殊不知此正乖反其本宗。華嚴宗與天台宗之差別，若集中地說，亦甚簡單，此可以一字判，即一是「性起」，一是「性具」，只起具一字之差耳。人若只就此思之，甚不易分別。然而其背後的義理模式卻甚不同。人若知此，則其差別甚大而甚顯。一是分解的，一是詭譎的。華嚴宗之所以達至與天台宗只一字之差，乃是從地論師，攝論師，《起信論》，以及奘傳之唯識，這一大系之長期發展而至者。這一大系之思路悉是分解的。天台宗從不走此路。然則從此看，其不同不甚顯然而彰著乎？一起一具，其所牽連之不同固甚多也。此亦猶儒家朱子與陸王之差別亦只在一字（心即理，心不即理），然而其背後對于本體與工夫之講法俱不同，從此看，其不同不甚顯然而彰著乎？然而穿不透者，固難與知也。然則山外諸家之所以攪混亦無足怪矣。

于此不思議境，先知智如不二（此就法性自身說），次知染淨不二，智念不二，（此就迷悟或法性無明之昇沈說），則荊溪之「十不二門」自然成立，一起皆是此不思議境之輾轉引申，此所謂

「何法不收」也。以下試引《十不二門》之語明之。

E

《十不二門指要鈔》之精簡

　　《十不二門》乃荊溪《法華玄義釋籤》中之釋籤文。智者《法華玄義》以五門釋「妙」字：「一列名、二生起、三引證、四廣釋、五結成權實。妙有十妙：境妙、智妙、行妙、位妙、三法妙、感應妙、神通妙、說法妙、眷屬妙、利益妙。」廣釋十妙後，結之以明權實。此《十不二門》即結成權實中之釋籤文，乃以「一念三千」綜括十妙者。又應知此所釋之十妙乃迹門十妙，《玄義》下文復釋本門十妙。故荊溪《釋籤》云：

> 若解迹妙，本妙非遙。應知但是離合異耳。因果義一，自他何殊？故下文云：「本迹雖殊，不思議一」。〔……〕
> 若曉斯旨，則教有歸。一期縱橫，不出一念。三千世間即空假中。理境〔境妙〕乃至利益咸爾。則《止觀》〔案：即《摩訶止觀》〕十乘〔即以十法門觀心名為十乘妙觀〕成今自行因果，起教一章〔《摩訶止觀》第九章為起教〕成今化他能所，則彼此昭著，法華行成。使功不唐捐，所詮可識。故更以十門收攝十妙。

此下即列十不二門：色心不二、內外不二、修性不二、因果不二、染淨不二、依正不二、自他不二、三業不二、權實不二、受潤不

二。一一予以簡潔說明。說明既簡，讀者難了，故知禮復逐句科判解之，名曰《十不二門指要鈔》。其中多所詳說而示精簡者大體對山外諸家之混于華嚴而發，而最令致混者尤在「一念」之一語。故知禮即於「一期縱橫不出一念」之語先作簡別云：

> 三千妙體爲教所歸。故一期之內，五味傳傳相生，故縱。四教各各趣理，故橫。而所詮法雖有顯覆，準今經意，未嘗暫離三千妙法。又，雖諸法皆具三千，今爲易成妙解妙觀故，的指「一念」，即三法妙中特取心法也。〔案：此「三法妙」即心法、佛法、衆生法，非十妙中之「三法妙」。十妙中之三法即三德、三寶、三涅槃、三身、三大乘、三菩提、三般若、三佛性、三識、三道，十種三法〕。應知心法就迷就事而辨。故《釋籤》云：「衆生法一往通因果，二往唯局因。佛法定在果。心法定在因」。〔《法華玄義釋籤》卷第二下〕。若約迷悟分之，佛唯屬悟，二皆在迷。復就迷中，衆生屬他，通一切故；心法屬己，別指自心故。四念處〔智者《四念處》四卷〕節節皆云「觀一念無明心」。止觀初，觀陰入心九境，亦約事中明心，故云「煩惱心」，「病心」，乃至「禪見心」等，及隨自意中「四運心」等。〔《摩訶止觀》第一章論「隨自意」處以四運明心之生滅，故四運心即刹那心。四運者心念生起之四相，即未念，欲念，念，念已〕。豈非就迷就事辨所觀心？
>
> 有人解今「一念」，云是「眞性」，恐未稱文旨。何者？若論眞性，諸法皆是，何獨「一念」？又，諸文多云「觀於己

心」，豈可眞理有於已他？

更有人全不許立陰界入等爲所觀境，唯云「不思議境」。此之二師灼然違教。〔案：此二師隱指山外諸家說，如慶昭、智圓之類〕且《摩訶止觀》先於六章，廣示妙解，豈不論諸法本眞，皆不思議？然欲立行造修，須揀入理之門，起觀之處。故於三科揀去界入，復於五陰又除前四，的取識陰。《輔行》又揀「能招報心」及以「發得」，屬於下境〔屬下煩惱境，見《輔行》卷第五之二〕。此是去丈就尺，去尺就寸，如炙得穴也。乃依此心觀不思議，顯三千法；乃至貪瞋等心，及諸根塵，皆云觀陰入界及下九境。文中揀判，毫末不差。豈是直云「眞性」及「不思議」？〔案：一念三千即不思議境，說「不思議」自不錯。唯山外諸家解「一念」爲清淨眞如心，不思議是就眞心說，此則便差。此是以華嚴宗之思路解天台，故知禮斥之爲「違教」〕。

問：常坐中〔《止觀》首章論「常坐三昧」〕云：「以法界對法界，起法界」。安心中〔《止觀》第七章十法觀心第三「善巧安心」〕云：「但信法性，不信其諸」。及節節云「不思議境」。今何不許？

答：此等諸文皆是能觀觀法，復是所顯法門。豈不讀《輔行》中分科之文？先重明境，即去尺就寸文也。次明修觀，即「觀不思議境」等十乘文也。〔十法觀心，十乘即十法。每一法門是一乘，乘者車也。乘此十法門車至大涅槃，故云十乘。〕〔案：依《維摩經玄義》只云十法成乘，以別相三智三觀開三乘，十法成三乘，以一心三智三觀開一佛乘，十

法成一佛乘，並無十乘之云，《摩訶止觀》亦無十乘之云。荊溪、知禮皆云十乘，即指十法說也。〕況《輔行》委示二境之相，非不分明。豈得直以「一念」名「眞理」及「不思議」耶？應知不思議境對觀智邊，不分而分，名所觀境。若對所破陰等諸境故，不思議境之與觀皆名能觀。故《止觀》云：「譬如賊有三重。一人器械鈍，身力羸，智謀少，先破二重，更整人物，方破第三，所以遲迴日月。有人身壯，兵利，權多，一日之中即破三重」。《輔行》釋云：「約用兵以譬能所。今以身壯譬圓三諦，兵利譬圓三止，權多譬圓三觀。械等並依身力故也」。（原註：上皆《輔行》文也）。豈非諦，觀，俱爲能觀耶？今更自立一譬，雙明兩重能所。如器諸淳樸，豈單用槌而無砧耶？故知槌砧自分能所。若望淳樸，皆屬能也。智者以喻得解，幸可詳之。皆爲不辨兩者所觀，故迷斯旨。〔案：以理論之，觀一念三千是不思議境，「不思議」是指其爲妙境說，而妙之爲妙，是通過止觀而了達其爲即空即假即中，此方是不思議之妙境。達其即空假中即是淨，不達其即空假中而念念執著，則名之爲染，不得名曰不思議妙境。即空、假、中是圓三諦同時亦即是圓止觀。「對觀智邊，不分而分，名所觀境」，此是通達後高一層之能所。若對所破之陰等諸境，如一念識心，煩惱心，刹那心言，該高一層之能所俱爲能，而一念識心即爲所，此即爲對治之能所。此所謂兩重能所也，然高一層之能所實不離「一念」而顯，即就一念而當體體達之，則一念當體即是諦，即是智，即是不思議妙境。但不能直解此「一念」爲眞

心，以及眞心之不思議。此「一念」仍是煩惱無明心，不是眞常心。《摩訶止觀》原文甚顯，山外諸家顯未讀明，蓋亦根本未了天台宗之義理模式也。荊溪，知禮，皆得之矣。〕

又，若不立陰等為境，妙觀就何處用？妙境於何處顯？故知若離三道〔惑、業、苦為三道〕，即無三德。如煩惱即菩提，生死即涅槃。玄文略列十乘，皆約此立。又《止觀大意》〔荊溪著，一卷〕以此二句為發心立行之體格。豈有圓頓更過於此？若如二師所立，合云菩提即菩提，涅槃即涅槃也。〔案，此是分解的，直線的思考〕。

又，引「常坐」中「起對俱法界」者，今問：法界因何有起對耶？須知約根塵識故，方云起對法界。故《義例》〔荊溪《止觀義例》〕釋此文云：「體達（原注：修觀）若起若對（原住：陰入）不出法界（原注：成不思議）」。彼有約理，約觀，約果三義。此文正約觀行辨也。

又，〈安心〉文云：「唯信法性」者，未審信何法為法性耶？而不知此文正是於陰修乎止觀！故《起信論》云：「一切眾生從本已來未曾離念」。又下文云：「濁成本有」〔下染淨不二門語〕。若不觀三道即妙，便同偏觀清淨眞如，荊溪還許不？故《輔行》解〈安住世諦〉云：「以止觀安故，世諦方成不思議」。又云：「安即觀也」。故談圓妙，不違現文，方為正說。

今釋「一念」乃是趣舉根塵和合一剎那心。若陰若惑，若善若惡，皆具三千，皆即三諦，乃十妙之大體，故云「咸爾」。〔從境妙到利益妙咸爾〕。斯之「一念」，為成觀

故，今文專約明乎不二。不可不曉，故茲委辨。

問：相傳云：達磨門下，三人得法，而有淺深。尼總持云：「斷煩惱，證菩提」。師云：「得吾皮」。道育云：「迷即煩惱，悟即菩提」。師云：「得吾肉」。慧可云：「本無煩惱，元是菩提。」師云：「得吾髓」。今煩惱即菩提等，稍同皮肉之見，那云圓頓無過？〔案：此承上「豈有圓頓更過於此」一語而問〕。

答：當宗學者〔當宗猶言本宗，即宗天台宗者〕，因此語故，迷名失旨。用彼格此，陷墜本宗。〔此指山外諸家說〕。良由不窮「即」字之義故也。應知今家明「即」，永異諸師。以非二物相合，及非背面翻轉，直須當體全是，方名為「即」。何者？煩惱生死既是修惡，全體即是性惡法門，故不須斷除及翻轉耶。諸家不明「性惡」，〔不明性德上本有惡法門〕，遂須翻惡為善，斷惡證善。故極頓者，仍云「本無惡，元是善」。既不能全惡是惡，〔全修惡即是性惡〕，故皆「即」義不成。故第七記〔《法華文句記》卷第七下〕云：「忽都未聞性惡之名，安能信有性德之行？」

若爾，何不云煩惱即煩惱等，而云菩提涅槃耶？答：實非別指。只由性惡融通寂滅，自受菩提涅槃之名，蓋從勝立也。此則豈同皮肉之見乎？又，既煩惱等全是性惡，豈可一向云「本無」耶？然汝所引達磨印於可師「本無煩惱，元是菩提」等，斯乃圭峰〔宗密〕異說，致令後人以此為極，便棄三道，唯觀真心。若據祖堂自云：「二祖禮三拜，依位立」，豈言煩惱菩提一無一有耶？故不可以圭峰異說，而格

今家妙談爾。」（原注云：元本云：「此乃又超得髓之說
也。可師之見，意縱階此，語且未圓。問：今明圓教，豈不
論斷惑證理及翻迷就悟耶？若論者，何異持、育之解？答；
只如可師，豈不斷惑翻迷？豈亦同前二耶？故知凡分漸頓，
蓋論能斷能翻之所以爾。」）

今既約「即」論斷，故無可滅。約「即」論悟，故無可翻。
煩惱生死乃九界法。既十界互具方名圓，佛豈壞九轉九耶？
如是方名達於非道，魔界即佛。故圓家斷、證、迷、悟，但
約染淨論之，不約善惡淨穢說也。〔案：染淨是主觀工夫上
的事，善惡淨穢法門是客觀本有上的事〕。諸宗既不明性具
十界，則無圓斷圓悟之義。故但得「即」名，而無「即」義
也。此乃一家教觀大途。能知此已，或取或捨，自在用之。
故《止觀》亦云：「唯信法性，不信其諸」。語似棄妄觀
真，（原注：元云：「豈異可師之說」），而《義例》判
云：「破昔計故，約對治說」。故知的示圓觀，須指三道即
是三德，故於陰等觀不思議也。若不精揀，何稱圓修？此義
難得的當，至「因果不二門」，更爲甄之。

案：圭峰宗密原從華嚴宗之四祖清涼澄觀學華嚴，兼學禪宗，創爲
禪教合一之說，以「一念靈知」之「知」字爲衆妙之門，其思路固
是華嚴宗眞常心之思路。山外諸家以「一念」爲眞心，即是以華嚴
宗之思路說天台，故知禮斥之爲「用彼格此，陷墜本宗」。其所用
之「彼」，亦大體來自圭峰也。慧能後之禪宗大體已接近天台，惟
義理未展，教相不明。故了天台，一切圓頓皆含其中。而義理模式

則爲「煩惱即菩提，生死即涅槃」（既非菩提即菩提，亦非煩惱即煩惱），所謂「不斷煩惱，即惑成智」（見上引《金光明經玄義拾遺記》釋三識處）者是也。而關鍵則在對於「一念」之了解，故知禮盛簡之。

以上是就《十不二門》序文「一期縱橫，不出一念」，詳解「一念」。此下即正解十不二門。荊溪云：

> 一，色心不二門者，且十如境，乃至無諦，一一皆可〔一作「有」〕總別二意。總在一念，別分色心。〔……〕既知別已，攝別入總。一切諸法無非心性。一性無性，三千宛然。

知禮對此「總在一念」，復作詳解云：

> 前約諸法不失自體爲別，今明諸法同趣剎那爲總。終日不失，終日同趣。性具諸法，總別相收。緣起諸法，總別亦爾。非謂約事論別，以理爲總。又復應知，若事若理，皆以事中「一念」爲總。以眾生在事，未悟理故。以依陰心，顯妙理故。
> 問：他云：「一念即一性也。一念靈知，性體常寂」。又云：「性即一念，謂心性靈寂。性即法身，靈即般若，寂即解脫」。又云：「一念眞知妙體」。又云：「並我一念清淨靈知」。據此等文，乃直指文中「一念」名清淨靈知，是約理解。今云屬事，是陰入法。與他所指，賒切如何？
> 答：此師祇因將此「一念」約理釋之，致與一家文義相違。

且違文者:

一,違《玄》文〔《玄》文即《法華玄義》文〕。彼判「心法定在因,佛法定在果,眾生法一往通因果,二往則局因」。他執心法是真性,故乃自立云:「心非因果」。又礙「定在因」句,復自立云:「約能造諸法,故判為因。佛定在果者,乃由研修覺了,究盡為果」。今問:既將因果分判法相,何得因果卻不相對?果若從覺,因須指迷。何得自立理能造事而為因耶?既不相對,何名為判?〔案:此處所謂「他」亦指山外諸家說。他執「一念」為真性,即真常心,或真知妙體,或清淨靈知,其本身非因果,而隨染淨緣起一切染淨法,所謂不變隨緣,則又是因。此自是華嚴宗之思路,而加上靈知,則是來自圭峰宗密者〕。

又違華嚴「心造」之義。彼經如來林菩薩說偈云:「心如工畫師,造種種五陰。一切世間中,無法而不造。如心,佛亦爾;如佛,眾生然。心佛及眾生,是三無差別。」《輔行》〔卷第五之三〕釋云:「心造有二種:一者約理,造即是具;二者約事,即三世變造等」〔案:此末語是就意略引,非原語〕。心法既有二造,經以心例於佛,復以佛例於生〔眾生〕,故云:「如心,佛亦爾;如佛,眾生然」。是則三法各具二造,方無差別。故荊溪云:「不解今文,如何銷偈心造一切三無差別」?〔《輔行》卷第五之三〕。何忽獨云:「心造諸法得名因」耶?據他所釋,心法是理,唯論能具能造。生佛是事,唯有所具所造。則心造之義尚虧,無差之文永失矣。又,若約「能造」釋因,則三法皆定在因,以

皆有二造故。此文應今家立義綱格。若迷此者，一家教旨，皆翻倒也。焉將此解定教文之欠剩耶？〔案：此駁不甚逕直。只須指出釋一念爲眞性不合《摩訶止觀》原意，亦不合《法華玄義》所判之《華嚴經》偈，亦不合經偈原意，即可。又，若「一念」爲眞常心，則只能說性起，不能說性具，即完全走上華嚴宗之路。故「一家教旨皆翻倒也」。荊溪《止觀輔行傳弘決》，此可簡稱曰《輔行決》，卷第五之三釋《止觀》正明不思議境所引華嚴偈云：「不解今文，如何銷偈心造一切三無差別？」繼之即云：「言心造者，不出二意：一者約理，造即是具。二者約事，不出三世。三世又三：一者過造於現，過現造當。如無始來，及以現在，乃至造於盡未來際，一切諸業不出十界，百界千如，三千世間。二者現造於現，即是現在同業所感，逐境心變，名之爲造。以心有故，一切皆有。以心空故，一切皆空。如世一官，所見不同，是畏是愛，是親是冤。三者聖人變化所造，亦令眾生變心所見。並由理具，方有事用。今欲修觀，但觀理具。俱破俱立，俱是法界。任運攝得權實所現。如向引經，雖復種種，不出十界三世間等」。此段文甚重要，故全錄之。「理具」者，若一念爲識心，剋就此識心對事造而言「理具」，則此「理」字其直接的意思是副詞，意即原則上、本質上之意。是則理具之理是虛說。若通過無明無住，「一念」當體即是法性，亦當體即具三千，則念具即是智具，理具直通智如不二之法性，則此理字即是實說，即法性具一切法也。于此而言「性具」，性字亦是實說，即指法性說也。

即一切法皆是性德之本有，故言性具，理具。然對「聖人變化所造」——此亦是事造——而言，實說之性具理具之性字、理字亦仍有副詞之意。念具可視爲「迷中實相」具，如此而言性具，理具，性字理字亦仍有虛實兩意。如是，無論智具，念具，性理兩字皆有虛實兩意。故一切善惡淨穢法門皆不可斷，「不斷煩惱，即惑成智」，此即所謂「煩惱即菩提，生死即涅槃」。此不同于華嚴宗之「性起」也。以眞常心本不具九界故。故山外諸家將「一念」視爲眞性，因而亦不喜實即不解「性德惡」義，故必欲去之。蓋亦因走上華嚴宗之思路故也。故知禮嚴斥而力爭之。〕

二，違《大意》〔荊溪《止觀大意》〕及《金剛錍》〔亦荊溪造〕。他自引〔《大意》〕云：「隨緣不變名性，不變隨緣名心」。引畢乃云：「今言心即眞如不變性也」。今恐他不許荊谿立義。〔案：此句不順，似當爲「今恐他立義，荊谿不許」〕。何者？既云「不變隨緣名心」，顯是即理之事，那得直作理釋？若云：雖隨緣邊屬事，事即理故，故指心爲不變性者，佛法生法豈不即耶？若皆即理，何獨指心名不變性？故《金錍》〔《金剛錍》〕云：「眞如是萬法，由隨緣故。萬法是眞如，由不變故」。故知若約萬法即理，則生佛依正俱理，皆不變故，何獨心是理耶？若據衆生在事，則内外色心俱事，皆隨緣故，何獨心非事耶？他云：「生佛是因果，法心非因果」〔法心當爲「心法」〕。驗他直指「心法」名理，非指事即理。生佛二事會歸心故，方云即理，亦非當處即具三千。是知他師雖引「唯色」之言，亦祇

曲成「唯眞心」爾。〔案：荊溪言「隨緣不變，不變隨緣」，意不與華嚴宗同。此兩語本賢首所說，隨緣與不變兩義俱指眞常心說。眞常心即如來藏自性清淨心，亦名眞性或眞實性，此對依他起與徧計執而言，乃修改唯識宗之三性而說者。故眞性有「隨緣、不變」兩義，依他起有「似有、無性」兩義，徧計執有「情有、理無」兩義。眞常心雖隨染淨緣起一切染淨法，而其自性不變，雖不變而亦隨緣起一切法。故此兩義俱指一眞心說，無所謂「隨緣不變名性，不變隨緣名心」之分別說。荊溪如此說，是性具理具系統下之說法。「隨緣不變名性」即《金剛錍》「萬法是眞如，由不變故」，其意是隨緣而起之萬法當體即法性（眞如），故變而無變，差即無差，故「不變名性」也，亦正由此不變故，而隨緣之萬法即是眞如也。「不變隨緣名心」即《金剛錍》「眞如是萬法，由隨緣故」，其意是法性無住，當體即是萬法，而萬法趣心，故「隨緣名心」也。實則亦可萬法趣色、趣聲、趣香、味、觸，而隨緣名色聲香味觸也。故不變而變，無差而差，即由隨緣變差而名心，亦即由隨緣變差而說「眞如是萬法」也。是則一說心，籠統言之，明是指差別事而言，非眞常心也。山外諸師以華嚴宗之思路視此「不變隨緣名心」之心爲「眞如不變性」（眞常心），顯然非是。故知禮駁之云：「旣云不變隨緣名心，顯是即理之事，那得直作理釋？」眞如不變性，眞常心，眞知妙體，清淨靈知等等，皆是理。「即理之事」當該先說即事之理，然後再說「全理是事」。蓋「不變隨緣」即全法性之理當體即萬法之

事，故順此語直接是「即事之理」。理既即事，則全理是事。既全理是事，則即事名心，心顯然屬事，並非即眞常心或眞如不變性。這樣說倒更顯豁。現在說爲「即理之事」，則雖是事，而事向理注，則事輕而理重，倒反不直接指向事。此則由事返理的意味重，故不顯豁也。蓋人于此可以輕重想。若重事，則說是事，若重理，則亦可說即是理矣。如此，視心爲理不必定非。如是，知禮之駁語當該修改爲「既云不變隨緣名心，則不變隨緣顯是即事之理。理即事即全理是事。既全理是事名心，則心屬事，那得直作理釋」？反之，「隨緣不變名性」，顯是全事即理，此即即理之事。事即理，事當體即是法性，故變而不變，差而無差，故亦「不變名性」也。前句是向事流注，此句是向理流注。向事流注名心，故心屬事。向理流注名性，故性屬理。如此說方的當順適。荆溪說此兩語顯是法性無住，無明無住之義。「不變隨緣名心」即「法性無住」，「法性即無明」。「隨緣不變名性」即無明無住，「無明即法性」。兩者同體，依而復即，故是圓教。而賢首的說法，隨緣不變俱指眞常心說，而隨緣是眞妄和合，既非同體，又是自住，故屬別教。（見前講《維摩經略疏》處）。山外諸家以賢首義說荆溪語，故成「翻倒」。荆溪《止觀大意》講「觀不思議境」處有云：「境爲所觀，觀爲能觀。所觀者何？謂陰界入，不出色心，色從心造，全體是心。故《經》云：『三界無別法，唯是一心作』。此之能造具足諸法，若漏無漏，非漏非無漏等，若因若果，非因非果等。故《經》云：『心佛及衆生，

是三無差別』。衆生理具，諸佛已成。成之與理莫不性等。
謂一一心中一切心，一一塵中一切塵。一一心中一切塵，一
一塵中一切心。一一塵中一切刹，一切刹塵亦復然。諸法諸
塵諸刹身，其體宛然無自性。無性本來隨物變，所以相入事
恆分。故我身心刹塵遍，諸佛衆生亦復然。一一身土體恆
同，何妨心佛衆生異。異故分於染淨緣，緣體本空空不空。
三諦三觀三非三，三一一三無所寄。諦觀名別體復同，是故
能所二非二。如是觀時，名觀心性。隨緣不變故爲性，不變
隨緣故爲心。故《涅槃經》云：『能觀心性，名爲上定。上
定者，名第一義。第一義者名爲佛性。佛性者名毘盧遮
那』。此遮那性，具三佛性。遮那遍故，三佛亦遍。故知三
佛唯一刹那。三佛遍故，刹那則遍。如是觀者，名觀煩惱，
名觀法身。此觀法身是觀三身，是觀刹那，是觀海藏，是觀
眞如，是觀實相，是觀衆生，是觀己耳，是觀虛空，是觀中
道。故此妙境爲諸法本，故此妙觀是諸行源。如是方離偏小
邪外，所以居在十法之首〔十法門觀心之十法〕。上根一
觀，橫豎該攝，便識無相衆相宛然，即破無明，登於初住，
若內外凡。故喻云：其事高廣，乃至道場。中根未曉，更修
下法」。（即更修以下「起慈悲心」以及「安心」等等法
門。）此段文是簡述《摩訶止觀》「觀不思議境」之文。不
思議境是就陰界入不出色心而觀，而「色從心造，全體是
心」，亦即就一念刹那心而觀。一念三千即空假中，即不思
議妙境。不是離開一念陰識心而以眞常心爲不思議境也。
「如是觀時，名觀心性」。「觀心性」者觀心之性也。心是

識心，性是法性，是兩個名詞，故「不變隨緣故爲心，隨緣
不變故爲性」。心即「一念三千」之萬法，性即「即空假
中」之中道。「法性非止非不止，而喚爲止；法性非觀非不
觀，而喚爲觀」。（《摩訶止觀》釋名章）。則法性即止即
觀，即寂即照，即名中道第一義諦：「能所二非二」（諦觀
名別體復同）即是法性。此法性即是佛性，而一佛性具三佛
性。遮那佛法體遍故，三佛性（正因緣因了因）亦遍。而三
佛性「唯一刹那」，故「三佛性遍，刹那亦遍。」刹那遍即
心遍色遍也。是知三佛性不離刹那色心。故下繼之復云：
「如是觀者，名觀煩惱，名觀法身」。煩惱即心，法身即
性。是則煩惱即法身，此仍同于「煩惱即菩提，生死即涅
槃」，詭譎語也，非分解說。而「此觀法身是觀三身」，不
是單觀一隔離之法身。而「觀三身」即是「觀刹那」。刹那
是心，是煩惱，而三身則是性，是常樂我淨。法身、海藏、
眞如、實相、虛空、中道，是正面說，俱屬法性；而煩惱、
刹那、衆生、己身，是負面說，俱屬一念識心。觀不思議
境，如是兩面兼搭著說，不是攪混法相，乃是表示圓頓的獨
特模式，詭譎的模式。荊溪上文從「一一心中一切心」到
「是故能所二非二」，一連串的七字句，其中含有許多分
際，許多名相，而迴互兼搭，不是攪混，乃是不斷不離之理
具圓融。若了達明澈，眉目自朗然也。天台宗說心大體是就
實然的刹那心煩惱心說。然則還有理想的眞常心否？曰：眞
常心即在「觀煩惱即法身」處透示。法身透出即法性透出，
即智淨心透出，此即眞常心也。然不是先分解地置定一眞常

心作標準，然後再明其「不變隨緣，隨緣不變」，如賢首之所說。乃是永遠扣緊煩惱而詭譎地透示之。分解地說是拉開說，故成別教；詭譎地透示是拉緊說，故成圓教。山外諸家不明此義理模式，遂以華嚴之思路視一念心爲眞常心矣。此是其所以爲「翻倒」之總癥結。〕

況復觀心，自具二種，即唯識觀及實相觀。因何纔見言心，便云是理？又實相觀，雖觀理具，非清淨理，乃即事之理也。以依陰等顯故。

問：若爾，二觀皆依事，如何分耶？

答：實相觀者，即於識心體其本寂，三千宛然即空假中。唯識觀者，照於起心變造十界，即空假中。故《義例》〔荊溪《止觀義例》〕云：「夫觀心法有理有事。從理，則唯達法性，更無餘途。從事，則專照起心，四性叵得。亦名本末相映，事理不二」。又應知觀於内心，二觀既爾，觀於外境，二觀亦然。此皆《止觀》及《輔行》文意，非從臆說。他云眞心具三千法，乃指眞如名不思議境，非指陰入也。《金錍》云：「旁遮偏指清淨眞如」，那得特「偏指」耶？又云：「夫唯心之心〔一作「言」，案：作「言」是〕，豈唯眞心耶？須知煩惱心遍」。第一《記》〔《法華文句記》卷第一下〕云：「專緣理性，而破九界，是別教義」。那得句句唯於眞心？又，此標「一念」，乃作一性眞如釋之，後文多就剎那明具三千，亦作眞如釋耶？

問《永嘉集》既用今家觀法，彼奢摩他云：「一念即靈知自性」。他立正合於彼〔言以上所斥之他師——山外師所解正

合於彼《永嘉集》所說〕，何謂不然？〔案：唐玄覺初習天台，後至曹溪習禪，亦稱眞覺，謚號無相大師，著有《永嘉集》、《證道歌》〕。

答：彼文先於根塵體其空寂，作功不已，知滅對遺，靈知一念方得現前。故知彼之一念全由妙止所顯。不爾，何故五念息已，一念現前？祇如五念何由得息？那得將彼相應一念類今刹那念耶？況奢摩他別用妙止安心，毘鉢舍那別用妙觀安心，優畢叉方總用止觀。故出觀體中一念正是今之陰識一念也。何者？彼文序中先會定慧，同宗法爾中乃云「故即心爲道」。可謂尋流得源矣。故出觀體云：「祇知一念，即空不空，非空非不空」。言「祇知」者，乃即體（原注：止也）了（原注：觀也）理。今刹那是三諦理，不須專亡根境顯其靈知，亦不須深推緣生求其空寂，故云「祇知」。此乃「即心爲道」也。若奢摩他觀成，顯出自性一念，何用更修三觀？」〔案：念有從法性邊說，有從陰識邊說。《永嘉集》中「靈知一念」，「相應一念」，「自性一念」，是從法性邊說，乃「由妙止所顯」。智者《四念處》說「念者觀慧也」。又說：「處者境也。從初不離薩婆若〔一切智〕。能觀之智照而常寂，名之爲念。所觀之境寂而常照，名之爲處。境寂，智亦寂。智照，境亦照。一相無相，無相一相，即是實相〔云云〕。」此則以念爲智，即實相念，亦升而從法性說也。而「一念三千」之念則是陰識念，刹那念。故不可以「靈知自性」，「眞常心」說也。《永嘉集》出觀體中一念亦是陰識一念，與由妙止所顯之靈知一念異也。〕

問：彼云：若於相應一念起五陰者，仍以二空破之。那云不更修觀？

答：於真知起陰，以觀破之。不起陰者，何用觀之？彼二空觀乃是觀陰，非觀真知。故知解一千從，迷一萬惑。若欲廣引教文驗其相違，不可令盡。書倦且止。〔案：以上是說他師之解違文。以下再說「違義」。〕

二、違義者：

問：據上所引眾教，雖見相違，且如立此十門，欲通妙理，亡於名相。若「一念」屬事，豈但通事？將不違作者意乎？

答：立門近要，則妙理可通。若夐指真如，初心如何造趣？依何起觀耶？今立根塵一剎那心本具三千，即空假中。稱此觀之，即能成就十種妙法〔案：即境妙智妙乃至利益妙之十妙〕，豈但解知而已？如此方稱作者之意。若也偏指清淨真如，偏唯真心，則杜初心入路。但滋名相之境。故第一《記》〔《法華文句記》卷第一中〕云：「本雖久遠，圓頓雖實，第一義雖理，望觀屬事」。他謂圓談法性便是觀心〔觀真心〕，為害非少。今問：一念真知為已顯悟，為現在迷？若已顯悟，不須修觀。十乘觀法〔即觀心十法門〕將何用耶？若現在迷，全體是陰。故《金錍》云：「諸佛悟理，眾生在事」。既其在事，何名真淨？然誰不知全體是清？其奈「濁成本有」！〔見下〈染淨不二門〉〕應知觀心，大似澄水。若水已清，何須更澄？若水未清，須澄濁水。故《輔行》釋「以識心為妙境」云：「今文妙觀觀之，令成妙境，境方稱理」。又解「安於世諦」云：「以止觀安故，世諦方

成不思議境」。故知心雖本妙,觀未成時,且名陰入。爲成
妙故,用觀體之。若撥棄陰心,自觀眞性,正當「偏指清淨
眞如」之責,復招「緣理斷九」之譏。

且如今欲觀心,爲今刹那便具三千,爲須眞如體顯方具三
千?若即刹那,何不便名陰心爲於妙境,而須立眞心耶?又
大師親令觀於陰等諸境,及觀一念無明之心,何違教耶?應
是宗師立名詮法未的,故自別立耶?

又,若謂此中「一念」不同止觀所觀陰等諸心者,此之十門
因何重述?「觀法大體」,「觀行可識」,斯言謾設也?

又,中諦一實別判屬心,與總眞心如何揀耶?心性二字不異
而異。既言「不變隨緣名心」,即理之事也。〔案:當云即
事之理也〕。「隨緣不變名性」,即事之理也。〔案:當云
即理之事也〕。今欲於事顯理,故雙舉之。例此合云:「不
變隨緣名佛,隨緣不變名性」。生,性亦然。應知三法〔心
佛衆生〕俱事俱理,不同他解。心則約理爲通,生佛約事爲
別:此乃他家解心佛衆生之義。不深本教,濫用他宗,妨害
既多,旨趣安在?

案:以上長文是從違文違義兩方面破山外諸師之「濫用他宗」以
「眞心」解「一念」。以下正解「一性無性,三千宛然」。

「一性」等者,性雖是一,而無定一之性,故使三千色心相
相宛爾。此則「從無住本立一切法」。應知若理若事皆有此
義。故第七《記》〔《法華文句記》卷第七下〕釋此文云:

「理則性德緣了，事則修德三因，迷則三道流轉，悟則果中勝用。如此四重，並由迷中實相而立」。今釋曰：「迷中實相」即「無住本」，乃今文「一性無性」也。上之四重即「立一切法」，乃今文「三千宛然」也。第一重既以「性德緣了」為一切法，須以正因為無住本。餘之三重既將逆順二修為一切法，必以性德三因為無住本。此即理事兩重總別也。

問：既以「迷中實相」為一性，對三千為別，正當以理為總，何苦破他？

答：以三千法同一性故，隨緣為萬法時，趣舉一法總攝一切也。眾生無始全體在迷，若唯論真性為總，何能事事具攝諸法？而專舉「一念」者，別從近要立觀慧之境也。若示「一念」總攝諸法，則顯諸法同一真性。故《釋籤》云：「俗即百界千如，真則同居一念」。須知同一性故，方能同居一念，故以同居一念，用顯同一真性。非謂便將「一念」名為真諦。豈同居一塵非真諦耶？今文以「一性」為總，前後文以「一念」為總，蓋理事相顯也。此之二句正出攝別入總之所以也。由「一性無性」立理事三千故，故兩重三千同居一念也。豈同他釋直以「一念」名真性耶？

案：以上由色心與一念言總別：一念為總，色心為別。總在一念，色心不二。一念心，心即色心；一念色，色即是心色。此心本是煩惱心也。故唯心亦可唯色，亦可唯聲，唯香，唯味，唯觸。色心不二門，繼上復云：

當知心之色心，即心名變。變名爲造，造謂體用。是則非色非心，而色而心，唯色唯心，良由於此。故知但識一念，遍見己他生佛。他生他佛尚與心同。況己心生佛寧乖一念？故彼彼境法，差差而無差。

知禮《指要鈔》解云：

「心之色心」者，即事明「理具」也。初言「心」者，趣舉剎那也。「之」者，語助也。「色心」者，性德三千也。圓家明性，既非「但理」，乃具三千之性也。此性圓融遍入，同居剎那心中。此「心之色心」乃祇心是三千色心，如物之八相更無前後，即同止觀「心具」之義，亦向「心性」之義。三千色心一不可改，故名爲「性」。此一句約理明總別。本具三千爲別，剎那一念爲總。以三千同一性故，故總在一念也。

案：此解中義理分際須要疏導一下。「心之色心」表示「即事明理具」。此理具即性具，理字、性字俱是實說，直指法性而言。首「心」字表示「趣舉剎那」，則此「心」字即剎那心，亦可曰「事心」。事心爲總，三千色心爲別。事心當體直通法性，則事心之三千色心即是性德之三千，即屬法性之德之三千，即法性上本有之三千。故此理具、性具，是實說也。故知禮云：「圓家明性，既非但理，乃具三千之性也」。此明是就事心直通法性而言理具，性具。若只就事心自身說三千，則理具、性具是虛說，理字、性字是副

詞。虛說是就事心直線地分析地說，實說是就事心透出法性而曲線
地詭譎地說。此虛實兩層實有不同的意義，而以前常混而為一，故
須分別示之，以免誤解。若只虛說（人實可有此看法），則「性」
字落空，「性德」亦落空，此非天台宗之實義。天台宗看法性固然
不只是一個「但理」，亦不只是空如之理，乃是智如不二，即寂即
照，即止即觀（此可曰「實相止觀」，亦可曰「實相智」）之法
性。故此法性能具德，色心三千皆是性德。「此性圓融遍入，同居
刹那心中」，此不是說此性同居刹那心中，乃是說因此性圓融遍入
（因寂照實相智無染無執故），故能使一切法同居於刹那一念中。
此即上知禮解文所謂「須知同一性故，方能同居一念」。「三千色
心一不可改，故名為性」。此語亦有歧義。光從三千不改說性，此
「性」字亦可是虛說，此可只是說「世間相常住」，只是諸法本性
不改，亦即法門不改。此「性」字不是「法性」義。故「三千色心
一不可改」是一義，一不可改之三千皆統於法性而為法性所本具，
而為性之德，故不可改，此又是一義，此後一義方是性具，性字方
是實說。智者說「性德惡」，亦喜以「法門不改」說之。須知只如
此，並不真能表示性具惡法門。天台諸師於此虛實兩義亦常混而為
一，故令人糊塗。而其實意實在「實說」之一義。故須分別示之，
令其實意得顯。縱使「法住法位」以「如」定位，位與相之所以常
皆統於「如」上，亦仍不夠，故必須分別虛實兩義，顯出實說之一
義，方能說性具，乃至性德惡。

　　「即心名變」等者，即上具三千之心，隨染淨緣，不變而
　變，非造而造，能成修中三千事相。變雖兼別，造雖通四

〔雖通於藏、通、別、圓四教〕，今即具心名變，此變名造，則唯屬圓，不通三教。此二句則事中總別。變造三千爲別，刹那一念爲總。亦以三千同一性故，故咸趣一念也。

「造謂體用」者，指上變造即全體起用。故因前心具色心，隨緣變造，修中色心乃以性中三千爲體，修起三千爲用，則全理體起於事用，方是圓教隨緣之義。故《輔行》〔卷第五之三〕云：「心造有二種。一者約理，造即是具。二者約事，乃明三世凡聖變造」。即結云：「皆由理具，方有事用」。〔案：《輔行》此段文詳見前引。〕此文還合彼不？〔意即此處「造謂體用」之文還合彼《輔行》文義否？自然是合。所以有此問者以有本爲「造謂體同」。下文有辨。〕

問：「變」名本出《楞伽》。彼云：「不思議熏，不思議變故」。「造」名本出《華嚴》。彼云：「造種種五陰」。故《華嚴》唯有二教，《楞伽》合具四教。何故《金錍》云：「變義唯二，造通於四」？

答：部中具教多少雖爾，今約字義，通局不同。何者？大凡云變，多約當體改轉得名，故「變」名則局。若論造者，乃有轉變之造，亦有構集之造，故「造」名則通。別、圓皆有中實之性，是故二教指變爲造。藏、通既無中實之體，但明業惑構造諸法，不云「變」也。大乘唯心，小乘由心。故云：「變則唯二，造則通四」。

此下問答辨舊本「造謂體同」之非，略。

問：他云：「之猶往也。即全眞心往趣色心，則全理作
事」。此義如何？

答：非唯銷文不婉，抑亦立理全乖。何者？心不往時，遂
不具色心耶？又與心變義同，正招「從心生法」之過。況
直云心是眞理者，朗乖《金錍》釋心。既云「不變隨緣名
心」〔此《止觀・大意》中語，見上。《金錍》則說「唯
心之言，豈唯眞心」？〕，何得直云眞理？又，「造謂體
用」，方順文勢。如何以「同」釋造？〔案：舊本爲「造
謂體同」，「同」字自不通。山外諸師既以眞常心釋
「心」（心之色心之心），又訓「之」爲往，又從舊本之
「體同」，皆非是。彼等於天台經典文獻自不如知禮精
熟。〕

問：若眞心往作色心，有「從心生法」之過者，文云：
「即心名變」，亦有此過耶？

答：不明刹那具德，唯執眞心變作，灼然須招斯過！今先
明心具色心，方論隨緣變造。乃是全性起修，作而無作，
何過之有？

問：「即心名變」，此心爲理、事耶？〔案：當作：「爲
理耶？事耶」？脫「耶」字〕。若理者，上約隨緣名心。
若事者，乃成事作於事，那言全理起事？

答：《止觀》指陰入心能造一切，而云「全理成事」者，
蓋由此心本具三千，方能變造。既云心之色心，已顯此心
本具三千，今即此心變造，乃是約具名變，既非「但理」
變造，自異別教也。〔案：只由陰入心本具三千而言「理

具」，乃至「全理成事」，則理字只是副詞，適成虛說。
故必須透出實說，方能善答此問。〕

「是則」下，結成三諦者，上之事理三千皆以剎那心法爲
總。〔案：依知禮之科判，上四句明理事，「是則」下三
句結成三諦。彼之科判標數甚爲煩瑣，今只直引解文〕。
心空，故理事諸法皆空，即「非色非心」也。心假，故理
事諸法皆假，即「而色而心」也。心中，故理事諸法皆
中，即「唯色唯心」也。故《輔行》〔卷第五之三〕云：
「並由理具，方有事用。今欲修觀，但觀理具。俱破俱
立，俱是法界，任運攝得權實所現」。言「良由於此」
者，即由「心之色心」故（原注：理也），「即心名變」
故（原注：事也），「全體起用」故（原注：理事合
也），方能一空一切空，一假一切假，一中一切中也。他
解此文，分擘對當，大義全失。仍不許對三諦，而云「此
中未論修觀故」。設未修觀，立諦何妨？況此色心本是諦
境。更有人互對三諦，云得圓意，蓋不足言也。

案：知禮此解，以「非色非心，而色而心，唯色唯心」三句對空、
假、中三諦。此雖可以，然稍嫌著。此三句似亦可直就色心不二
說。蓋此門本是「色心不二門」。上半段只言總別：一念爲總，色
心爲別。光說一念之總尙不眞能充分表示出「色心不二」之義。今
言「心之色心」乃至色心之變造，體用，以及「非色非心，而色而
心，唯色唯心」，方充分表示出「色心不二」之義。「之」字是語
助詞，不誤。此言一念煩惱心，無明心，就是色心：色的心，心的

色。此是「理具」上之色心不二。此色心之變造以及說之爲體用（全體起用），便是「事造」上之三千色心，亦仍是色心不二。「非色非心」三句可統就「理具事造」而言色心不二。所以如此言者，乃是相遮相表迴環終窮以明不二。說它是色，它不是色，就是「而心」；說它是心，它不是心，就是「而色」；故「非色非心，而色而心」也。如此，終窮言之，一切法趣心而唯心，一切法趣色而唯色，亦可一切法趣聲香味觸，而唯聲，唯香，唯味，唯觸，故云「唯色唯心」也。理具事造，以實相觀與唯識觀觀之，俱是即空即假即中，但不必以此三句對空、假、中三諦也。此三句只是相遮相表迴環終窮以明色心不二。「唯色唯心」是終窮說。以之說中諦，不顯亦不順。此義見之于《四念處》。

智者《四念處》卷第四說「圓教四念處」云：

> 所言「四」者，不可思議數。一即無量，無量即一。一一皆是法界，三諦具足，攝一切法。出法界外，更無有法界。無法界具足法界；雖無法，具足諸法：是不可思議數也〔……〕。
> 「念」者觀慧也。《大論》云：「念，想，智者，一法異名。初，錄心名念；次，習行名想；後，成辦名智」。〔案：此云念即是智〕。
> 「處」者，境也。從初不離薩婆若〔一切智〕。能觀之智照而常寂，名之爲念。所觀之境寂而常照，名之爲處。境寂，智亦寂。智照，境亦照。一相無相，無相一相，即是實相。實相即一實諦，亦名虛空佛性，亦名大般涅槃。如是境智無

二無異。如如之境即如如之智,智即是境。說智及智處,皆名爲般若。亦例云:說處及處智,皆名爲所諦。是非境之境,而言爲境;非智之智,而言爲智。〔案:以上是說智如不二〕。亦名心寂三昧,亦名色寂三昧。亦是明心三昧,亦是明色三昧。〔案:智如不二即是色心不二。智是心,處就是色,此是妙色,如色或性色。此從勝義真諦說也〕。《請觀音》云:「身出大智光,如燒紫金山」。《大經》云:「光明者即是智慧」《金光明》云:「不可思議智境,不可思議智照」。此諸經皆明念只是處,處只是念。色心不二,不二而二。爲化眾生,假名說二耳。

此之觀慧只觀眾生一念無明心。此心即是法性;爲因緣所生,即空即假即中。一心三心,三心一心。此觀亦名一切種智。此境亦名一圓諦。一諦三諦,三諦一諦。〔……〕雖言三智,其實一心。爲向人說,令易解故,而說爲三。

若教道而言,所斷煩惱,如翻大地,河海俱覆;似崩大樹,根枝悉倒。用此智斷惑,亦復如是。通別〔通教別教〕塵沙無明一時清淨;無量功德,諸波羅密,萬行法門,具足無減;佛法秘藏悉現在前。《大品》云:「諸法雖空,一心具萬行」。《大經》云:「發心,畢竟,二不別」。《法華》云:「本末究竟等」。故名妙覺平等道。當知此慧即法界心靈之源,三世諸佛無上法母。以法常故,諸佛亦常。樂,我,淨等,亦復如是。亦名實所,亦名秘藏;佛及一切之所同歸。前三藏隔路,不得並行。通教共稟,共行,共入,入不能深。別教紆迴,歷別遙遠,即不能達。今此念

處，曠若虛空，際於無際。猶如直繩，直入四海。故名圓教四念處也。〔下讚嘆圓念處之高廣，略〕。

欲重說此義，更引天親唯識論。唯是一識，復有分別識，無分別識。分別識者，是識識。無分別者，似塵識〔識變似塵色，識色不二，故曰無分別〕。一切法界所有瓶衣車乘等，皆是無分別識。〔泯三識〕，成三無性。三無性名非安立諦。如彼具說。龍樹云：「四念處即摩訶衍，摩訶衍即四念處」。一切法趣身念處，即是一「性色」得有分別色，無分別色。分別色，如言光明，即是智慧也。無分別色，即是法界，四大所成皆是無分別等，是色心不二。彼既得作兩識之名，此亦作兩色之名。若色心相對，離色無心，離心無色。若不得此作分別色，無分別色，云何得作分別識，無分別識耶？若圓說者，亦得唯色，唯聲，唯香，唯味，唯觸，唯識。〔此圓說即終窮說，非表示中諦也。此是「唯色唯心」句。分別色，即是「而色而心」。無分別色即是「非色非心」，色心不二。分別識是「而色而心」。無分別識是「非色非心」，色心不二。圓說「唯色唯心」乃至唯香唯味等，更是色心不二，故是終窮說〕。若合論，一一法皆具足法界。諸法等，故般若等；內照既等，外化亦等。即是四隨逐物，情有難易。〔四隨即四悉檀：隨樂欲，隨機宜，隨對治，隨第一義〕。

《大論》曰：「一切法併空，何須更用十喻？答：空有二種。一難解空，二易解空。十喻是易解空。今以易解空喻難解空」。唯識意亦如是。但約唯識，具一切法門。而眾生有

兩種：一、多著外色，少著內識；二、多著內識，少著外色。如上界多著內識，下二界著外色多，內識少，如學問人多向外解。若約識爲唯識論者，破外向內。今觀明白十法界皆是一識。識空，十法界空；識假，十法界假；識中，十法界亦中。專以內心破一切法。若外觀十法界，即見內心。當知若色若識，皆是唯識；若色若識，皆是唯色。今雖說色心兩名，其實只一念無明法性十法界，即是不可思議一心具一切因緣所生法。一句，名爲「一念無明法性心」；若廣說四句，成一偈，即因緣所生心，即空，即假，即中。

〔……〕

《華嚴》云：「心如工畫師，造種種五陰。一切世間中，無不由心造」。諸陰只心作耳。觀無明心畢竟無所有，而能出十界諸陰，此即不思議。如《法華》云：「一念夢行因得果」。在一念眠中，無明心與法性合，起無量煩惱。尋此煩惱，即得法性。

問：別圓俱作此譬，云何異？

答：別則隔歷，圓則一念具。如芥子含須彌山，故名不思議。《華嚴‧性起〔品〕》云：「一微塵中有大千經卷。智人開塵出經。」是一念無明心有煩惱法，有智慧法。煩惱是惡塵，普塵，無記塵，開出法身，般若，解脫。《法華》云：「如是性，相，等」。一界十界，百千法界，究竟皆等。今觀此明心從何而生？爲從無明？爲從法性？爲共？爲離？若自若他，四皆叵得，名空解脫門。只觀心性爲有爲無？爲共爲離？若常若斷，四倒不可得，名無相解脫門。只

此心性爲眞爲緣？爲共爲離？非四句所作，名無作解脫門。
無生而說生，生十法界相性也。無明性即是實性，亦言無明
即是明，明亦不可得，是爲入不二法門。但眾生迷倒，不見
心之無心，明成無明。云云。

案：以上自「欲重說此義」下四段文即荊溪〈色心不二門〉之所
本，亦可說〈色心不二門〉是此四段文之簡括叙述。知禮何不依此
四段文作解耶？中間以天親（世親）唯識來表示分別識與無分別
識，分別色與無分別色，乃至圓說之唯色，唯聲，唯香，唯味，唯
觸，唯識，顯是表示「色心不二」之義，並不是以「唯色唯心」對
中諦也。「若色若識，皆是唯識；若色若識，皆是唯色」。此明是
一切法趣識，是趣不過；一切法趣色，是趣不過；乃至趣香，只是
一香，趣味只是一味，趣聲趣觸，只是一聲一觸。是即《金剛錍》
所謂「煩惱心遍」，「生死色遍」。心遍，只是一心。色遍，只是
一色。此正是圓說終窮之「色心不二」。知禮何不依此作解？至于
說即空即假即中乃是進一步穿透說。不能即以「唯色唯心」句對中
諦也。

《金剛錍》云：「以由煩惱心性體遍，云佛性遍。故知不識佛
性遍者，良由不知煩惱性遍故。〔煩惱性遍意即煩惱心之性遍，性
是法性之性。這個法性之體隨煩惱心遍而遍，故佛性之遍〕。唯心
之言，豈唯眞心？子尙不知煩惱心遍，安能了知生死色遍？色何以
遍？色即心故」。此是《金剛錍》有名的句子。《金剛錍》說此數
語旨在明佛性遍一切處，無情亦有佛性。「無情有性」是另一問
題，下文論之。今看此數語是重：煩惱心遍，生死色遍，此「色心

不二」之煩惱心即無明心。「唯心之言，豈唯眞心」？雖非「唯眞
心」，但此「一念無明心有煩惱法，有智慧法」。「在一念眠中，
無明心與法性合，起無量煩惱。尋此煩惱，即得法性」。「無明心
與法性合」即所謂「一念無明法性心」。此後一詞語最好。《摩訶
止觀》只說「一念三千」。吾人由此語只知「一念」是無明心，煩
惱心，刹那心。若不帶上「法性」，則由此而言性具理具，此中之
性字理字俱成虛說，只是副詞。今《四念處》補上法性，而說「一
念無明法性心」，則辭義俱備，雖表面上直接是「一念心」具，而
底子裡卻實是法性具，如是，則性具理具則是實說，性字理字是實
字，不是虛字。此實是智者大師之實。故言「一念三千」之性具理
具者必須節節明「法性無住，無明無住」，以及「無明即法性，法
性即無明」，那些義理背景，不能割截，但看「一念心具」也。

　　此「一念無明法性心」是色心不二，同時亦是「有煩惱法，有
智慧法」者，故此「色心不二門」繼「唯色唯心」，即說：「故知
但識一念，遍見己他生佛。他生他佛尙與心同，況己心生佛寧乖一
念？」其他之衆生與佛以及己心之衆生與佛盡在此「一念無明法性
心」中。心佛衆生，三無差別。心具一切（三千世間），佛具一
切，衆生亦具一切。但亦有差別：「心定在因，佛定在果，衆生一
往通因果，二往唯局因」。因此「衆生但理，諸佛得事。衆生但
事，諸佛證理。是則衆生唯有迷中之事理，諸佛具有悟中之事
理」。（《金剛錍》）。而《法華文句記》卷第七下亦云：「理則
性德緣了，事則修德三因，迷則三道流轉，悟則果中勝用。如是四
重並由迷中實相而立」。亦可以說並由「一念無明法性心」而立。
如是，方有理事，性修，迷悟，因果，乃至體用，染淨等之可言，

不是毫無界脈也。

此「色心不二門」止于此，下再就「修性不二」，「因果不二」，「染淨不二」三門言之，其餘各門略。

F

修性，因果，染淨三不二門

荊溪明「修性不二門」云：

> 三，修性不二門者：性德只是界如一念，此內界如三法具足。性雖本爾，藉智起修。由修照性，由性發修。存性，則全修成性。起修，則全性成修。性無所移，修常宛爾。
>
> 修又二種，順修逆修。順謂了性爲行，逆謂背性成迷。迷了二心，心雖不二，逆順二性，性事恆殊。可由事不移心，則令迷修成了？故須一期迷了，照性成修。見性修心，二心俱泯。
>
> 又了順修對性，有離有合。離謂修性各三，合謂修二性一。修二各三，共發性三。是則修雖具九，九只是三。爲對性明修故，合修爲二。二與一性如水爲波。二亦無二，亦如波水。應知性指三障，是故具三。修從性成，成三法爾。達無修性，雖一妙乘。無所分別，法界洞朗。

知禮《指要鈔》解「修性不二門」標題云：

> 修謂修治造作，即變造三千。性謂本有不改，即理具三千。
> 今示全性起修，則諸行無作。全修在性，則一念圓成。 是
> 則修外無性，性外無修。互泯互融，故稱不二，而就心法妙
> 爲門。

案：此總解也。修性何以不二？「變造三千」即「理具三千」，故
不二也。此「變造三千」是從「修」上說。「一念無明法性心」本
具三千，一無剩欠，一無可改。然衆生在迷，隨緣變造，此是無始
以來迷中之變造。因爲有迷，所以有修。修上雖亦變造三千，而因
修故，了達其即空即假即中，而無染著。是則三千無改，而解心無
染，便是修。無改者，此修上之三千即迷染之三千，亦即本具之三
千。從本具方面說，雖是「無明法性心」本具三千，然法性未顯，
仍是在迷，此所謂迷中之實相。實相在迷，則本具之三千未顯亦在
迷。從「實相在迷」方面說，即荊溪所謂「但理」而無事。「但
理」者，即衆生但只是有這法性之理潛在而未彰顯也。未彰顯即無
契證上之事，故衆生但理而無事。無契證上之事，即無契證上之三
千。契證不是隔絕地單契證那個理，乃是即在三千中契證。故當契
證之時，三千即證顯。是以若未契證，不但理未顯，即本具之三千
亦未顯。三千未得在證上顯現，故三千亦在迷。是以本具而不顯固
即迷，即顯現出來而未在證理上顯現，那是衆生之迷造，仍是迷。
就此迷造言，即荊溪所謂「衆生但事」而無理。「但事」者，只有
迷造之事，執著不達之謂。是以「衆生唯有迷中之事理」。理未顯
而有，故爲迷中之理；事雖顯而迷執，故爲迷中之事。正因衆生但
事但理，故須有修。修至極爲佛，故「佛具有悟中之事理」。「衆

生但理，諸佛得事」，「得事」者得證理上之事，故「有悟中之事」。「眾生但事，諸佛證理」。「證理」者即在三千之事上證，故「有悟中之理」。悟是圓悟，故理是即事之理，不斷九也。事是即理之事，故融通無礙也。然此證顯上之三千即是本具之三千，無剩無欠。故「全性起修，則諸行無作；全修在性，則一念圓成」。是之謂「修性不二」。

何以能「全性起修」耶？理具未顯，雖法性與三千俱在迷，然既是性具無欠，則眾生本有緣了二因。緣因是解脫，了因是般若。此即示性具中本有解脫法與般若法，亦即示眾生心中本有解脫種與般若種，本有般若解脫二種因性，本有二種成佛可能即修行可能之根據。因此，緣了二因性亦名二佛性，即緣因佛性與了因佛性。至於正因佛性，依《大涅槃經》則是「中道第一義空」。此雖是所證顯境界（果），然亦是法性之自爾，故亦是因。「法性非止非不止，而喚為止；法性非觀非不觀，而喚為觀。」法性本是寂照一體，智如不二。此即為正因佛性。然此正因實由緣了二因而證成。故就修行根據言，關鍵唯在緣了二因。此是真主體，亦可曰主觀的主體。此主體與正因合而為一整一佛性，則是既主觀亦客觀之真正佛性主體。因為「智及智處皆名為般若，處及處智皆名為所諦」（《四念處》），正因並不能離緣了，而緣了必融歸於正因始得其滿成也。今分解言之，緣了是關鍵；簡言之，了因更重要，是關鍵中之關鍵。故「藉智起修」，智並非憑空外來者，乃即法性中之本有。

以上是「修性不二門」之綱領。此綱領明，則以下諸語始可明澈不混。

知禮解「性德只是界如一念，此內界如三法具足」兩句云：

> 言「德」者，即本身具三千皆常樂我淨故。「界如一念」即
> 前內境具德剎那心也。〔當前內陰識境具德剎那心〕。界如
> 〔百界千如〕既即空假中，任運成於三德三軌等〔三軌即真
> 性軌，觀照軌，資成軌。三軌是總說，三德等十種三法是別
> 說。三軌直接顯而為三德〕。即空是般若，清淨義故；即假
> 是解脫，自在義故；即中是法身，究竟義故。諸三例之。

案：知禮解「性德」是就「本具三千皆常樂我淨」說，此是推進一
步說「德」。實則此「德」字不必這樣偏指常樂我淨說。一念百界
千如（界如一念）或三千世間皆是「性德」。性德者，三千法門皆
是法性所具之德也。德者得也。得而本具即為德，故曰「性德」。
德是總就三千法或百界千如說，不偏指常樂我淨說德也。下句云：
「此內界如三法具足」，意言此內陰識境的一念百界千如（或一念
三千）即具足十種三法也。「一念無明法性心」即具百界千如，百
界千如即具十種三法。此即《金光明經玄義》所說之「從無明無住
本立一切行法」（見上Ｂ）。百界千如，十種三法，皆是「性
德」。通過修行，皆常樂我淨，固是性德，然性德不單指常樂我淨
說也。修顯不但是顯這涅槃法身之常樂我淨，而是顯這百界千如，
十種三法，帶著常樂我淨，統而為一法身，亦即皆是性具，故「性
德」一詞尤偏重在百界千如，十種三法也。蓋如此，方真是「性
具」。若偏指常樂我淨說「德」，則人可想「性具」只是具常樂我
淨之德，而漏掉或輕忽百界千如之法。此非「性具」之義，亦非荊

溪此兩語之意。故知禮此解語稍嫌不穩。「性德」既即是性具百界千如皆是性之德，然不修顯，則從法性說，是迷中之實相，從百界千如說，是迷中之三千。故下文即繼之曰：「性雖本爾，藉智起修」。此「性」不單指「法性」本身說，修顯亦不但修顯此法性之本身。此「性」即指上語之「性德」說，即法性所本具之一切德（法）。性上雖具一切法德（雖本爾，即本來那樣），然必須「藉智起修」以顯之。是故此「性」即指「性具」說，具是具三千法，而三千法皆為性之德（因皆為性所具故），故曰性德。故「性雖本爾」即「性德雖本爾」，亦即「性具雖本爾」。性是帶著法說的性也。如此，方能說「全性起修」，「全修在性」。否則，那個「全」字落空，無根無力。

知禮解「性雖本爾」至「由性發修」四句云：

> 性雖具足，全體在迷，必藉妙智解了，發起圓修，故云：「性雖本爾，藉智起修。」由此智行方能照澈性德，而此智行復由性德全體而發。若非性發，不能照性。若非澈照，性無由顯。故云：「由修照性，由性發修」。此二句正辨相成之相。

案：此解諦當，無問題。其解「存性，則全修成性」至「修常宛爾」四句云：

> 相成之義雖顯，恐謂修從顯發方有，性德稍異修成，故今全指修成本來已具。如止觀廣辨三千之相，雖是逆順二修，全

爲顯於性具，則「全修成性」也。又，一一行業，因果自
他，雖假修成，全是性德三千顯現，故云：「全性成修」
也。又，雖「全性起修」，而未嘗少虧性德，以常不改故，
故云：「性無所移」。

雖「全修成性」而未始暫闕修德，以常變造故，故云：「修
常宛爾」。然若知修性各論三千，則諸義皆顯。故荊溪
〔《法華文句記》卷第七下釋「一相一味」處〕云：「諸家
不明修性」〔原語是：「比讀此教者不知修性」〕，蓋不如
此明也。

案：「存性，則全修成性，」意即：若自存諸性者而言之，則全部
修行三千即在完成性德之三千，非有外加也。此如全波爲水，此即
知禮解此門標題中所謂「全修在性，則一念圓成」也。「起修，則
全性成修，」意即：若自起乎修行而言之，則全部性德三千即成修
德三千，非有造作也。此如全水爲波，亦即知禮解題中所謂「全性
起修，則即諸行無作」也。此即修性互具之義。修德三千即存性德
已有之三千，性德三千即起而爲修德之三千。故「性無所移，修常
宛爾」。性德本有，一無可改，然不礙修顯而成其爲修。修顯變
造，常有新能，然不得本有而成其爲性。迷則性德本有，悟則功能
常新。

其解逆順二修八句云：

上之「全性起修」，一往且論順修。修名既通，有順有逆。
今欲雙亡，先須對辨。「了性爲行」者，即「藉智起修」

也。「背性成迷」者，始從無間〔五無間罪業〕至別教道，皆背性故。「逆」稱修者，即修惡之類也。「心雖不二」等者，隨緣迷了之處，心性不變，故云「不二」。逆順二性是全體隨緣故，即理之事常分，故曰「事殊」。是則以前稱圓理修，對今背性，故成二也。

案：順修者，藉智起修，了性以成善行也。逆修者，背性成迷，「行於非道通達佛道」也。逆而稱修者，在惡事上修觀得道也。平常說修善是勸人行善，但「修惡」不是勸人行惡，乃是必不得已，即于惡行亦可痛悔而得道，此是大權之教也。《摩訶止觀》第一章講「隨自意三昧」處對此有詳細之說明，茲錄之於下：

以隨自意歷諸惡事者，夫善惡無定，如諸蔽爲惡，事度爲善；人天報盡，還墮三塗，已復是惡。何以故？蔽，度俱非動出，體皆是惡。二乘出苦，名之爲善。二乘雖善，但能自度，非善人相。《大論》云：「寧起惡癩野干心，不生聲聞辟支佛意」。當知生死涅槃俱復是惡。六度菩薩慈悲兼濟，此乃稱善。雖能兼濟，如毒器貯食，食則殺人，已復是惡。三乘同斷，此乃稱好，而不見別理，還屬二邊，無明未吐，已復是惡。別教爲善；雖見別理，猶帶方便，不能稱理。《大經》云：「自此之前，我等皆名邪見人也」。邪豈非惡？唯圓法名爲善。〔案：此即知禮所謂「始從無間，至別教道，皆背性故」〕。

善順實相，名爲道，背實相，名非道。若達諸惡非惡，皆是

實相，即「行於非道，通達佛道」。若於佛道生著，不消甘露，道成非道。如此論善惡，其義則通。

今就別明善惡〔意言分別論之〕。事度是善，諸蔽為惡。善法用觀已如上說，就惡明觀今當說。

前雖觀善，其蔽不息。煩惱浩然，無時不起。若觀於他，惡亦無量。故修一切世間不可樂想時，則不見好人，無好國土，純諸蔽惡而自纏裹。縱不全有蔽，而偏起不善。或多慳貪，或多犯戒，多瞋多怠，多嗜酒味。根性易奪，必有過患，其誰無失？出家離世，行猶不備。白衣受欲，非行道人，惡是其分。羅漢殘習，何況凡夫？凡夫若縱惡蔽，摧折俯墜，永無出期。當於惡中而修觀慧。如佛世時，在家之人帶妻挾子，官方俗務，皆能得道。史掘摩羅彌殺彌慈。祇陀末利唯酒唯戒。和須蜜多淫而梵行。提婆達多邪見即正。若諸惡中一向是惡，不得修道者，如此諸人永作凡夫！以惡中有道故，雖行眾蔽，而得成聖。故知惡不妨道，又道不妨惡。須陀洹人淫欲轉盛。畢陵尚慢，身子生瞋。於其無漏有何損益？「譬如虛空中，明暗不相除，顯出佛菩提」，即此意也。

若人性多貪欲，穢濁熾盛，雖對治折伏，彌更增劇。但恣趣向。何以故？蔽若不起，不得修觀。譬如綸釣，魚強繩弱，不可爭牽。但令鈎餌入口，隨其遠近，任縱沈浮，不久收獲。於蔽修觀，亦復如是。蔽即為魚，觀即鈎餌。若無魚者，鈎餌無用。但使有魚，多大唯佳。皆以鈎餌隨之不捨。此蔽不久堪任乘御。〔……〕〔此下即以四運觀貪欲，四句

叵得，貪欲畢究空寂〕。幻化與空，及以法性，不相妨礙。所以者何？若蔽礙法性，法性應破壞。若法性礙蔽，蔽應不得起。當知蔽即法性，蔽起即法性起，蔽息即法性息。《無行經》云：「貪欲即是道，恚癡亦如是。如是三法中，具一切佛法。」若人離貪欲而更求菩提，譬如天與地。貪欲即菩提。《淨名》云：「行於非道，通達佛道」。「一切眾生即菩提相，不可復得；即涅槃相，不可復滅」。「爲增上慢，說離淫怒癡，名爲解脫。無增上慢者，說淫怒癡性即是解脫」。「一切塵勞是如來種」。山海色味無二無別。即觀諸惡不可思議理也。

最後智者表示常坐，常行，半坐半行，三種三昧行法（此即順修）「勤策事難，宜須勸修。隨自意和光入惡，一往則易，宜須誡忌」。故無勸修。可見隨自意三昧中之修惡（逆修）乃大權法，不可輕易言之。然此中確有絕大之智慧，亦見人生爲一絕大之悲劇。「蔽若不起，不得修觀」。「但使有魚，多大唯佳」。浪子回頭金不換。是則蔽惡愈多愈好，愈大愈好（多大唯佳）。不墮落至極者亦不至大懺悔大澈悟也。此豈非絕大之悲劇！故《維摩詰經》多鄭重宣說此義，亦是絕大之智慧。天台宗性惡修惡之義即本此而立。但不得誤解也。

知禮解「可由事不移心」下六句云：

「可」，不可也。「由」，因也。不可因逆順二事同一心性，便令迷逆之事作了順也。此乃責其不分迷悟也。故正立

理云：「故須一期迷了，照性成修」。言「一期」者，即與
「一往」之語同類，乃非終畢之義也。蓋言雖據寂理，二修
終泯，且須一期改迷為了。了心若發，必「照性成修」。若
「見性修心」，自然「二心俱泯」。此義顯然，如指諸掌。
人何惑焉！豈非逆修如病，順修如藥？雖知藥病終須兩亡，
一往且須服藥治病。藥力若效，其身必康。身若安康，藥病
俱泯。法喻如此，智者思之。

案：此解諦當，無問題。解「又了順修對性有離有合」至「二亦無
二，亦如波水」等句云：

復置逆修，但論順修法相離合。蓋此修性，在諸經論不易條
流。若得此離合意，則不迷修性多少。如《金光明玄義》十
種三法，乃是采取經論修性法相，故具離合兩說。如三德，
三寶，雖是修德之極，義必該性。三身，三智，文雖約悟，
理必通迷。三識，三道，既指事即理，必全性起修。此六豈
非「修性各三」？三因既以一性對智行二修，〔以一正因性
對緣了二修因〕，三菩提，三大乘，三涅槃，並以一性對證
理起用二修。此四豈非「修二性一」？若各三者，唯屬於
圓。以各相主對，全性起修故。修二性一，則兼於別〔兼別
教而言〕。直以修二顯於性一，則教道所詮〔教道權說〕。
若知合九為三〔修上之二各有三法，為六法，加上性三，共
九法〕，復是圓義。此文多用各三。如云：「性指三障，是
故具三。修從性成，成三法爾」。又云：「一念心因既具三

軌，此因成果，名三涅槃」。〔此見下〈因果不二門〉〕。
若後結文「三法相符」，雖似修二性一，乃合九爲三也。
「修二各三」等者，就合各開。如三般若等，是了因之三。
如三菩提等，是緣因之三。共發三道等，正因之三。既發性
三，俱云「修九」者，雖兼性三，咸爲所發，故皆屬修。
又，凡論修者必須兼性。「九只是三」者，如三般若只是了
因，如三解脫只是緣因，如三道等只是正因。〔案：此即合
九爲三〕。
「爲對」〔「爲對性明修故，合修爲二」〕等者，釋前合意
〔「合謂修二性一」〕。性既唯立正因，爲對性以成三，故
修但緣了也。諸合三義，例皆如是。
問：十種三法俱通修性，各可對三德三因，何故三般若等唯
對了因，三菩提等獨對緣因？
答：如此對之，方爲圓說。單云了因不少，以具三故。了三
自具三因三德等，故緣正亦然。應知一德不少，三九不多。
至於不可說法門，豈逾於一耶？
「二與」下〔二與一性，如水爲波；二亦無二，亦如波
水〕，約喻明修性體同者，〔案：上文是「約法明離合相
異」〕，雖明修性及智行等別，皆不二而二，故約波水橫豎
喻之，仍約合中三法而說。開豈不然？初明修二如波，性一
如水。二而不二，波水可知。修性既然，修中二法亦二而不
二，同乎波水。

案：上解離合，名相煩瑣，當細看。並須熟記《金光明經玄義》中

十種三法之意義。實則十種三法只是一三法，一三法只是一法。三法中一一法又可各開爲三。相融相即，華嚴宗雅言之，無難也。

> 其解「應知性指三障，是故具三」至「無所分別，法界洞朗」云：「性指三障」等者，既全理成事，乃即障名理，是故立性爲三。〔三障，《摩訶止觀》就十境分爲三障：陰入、病患、二境屬報障。煩惱、諸見、增上慢，三境屬煩惱障。業相、魔事、禪定、二乘、菩薩、五境屬業障〕。性既非三立三，修從性成，亦非三立三。豈唯各定無三，抑亦修性體即。如是了達，即不動而運，游於四方，直至道場，名「一妙乘」也。

案：以上爲「修性不二門」。此下再看「因果不二門」

荊溪明「因果不二門」云：

> 四，因果不二門者：眾生心因既具三軌，此因成果，名三涅槃。因果無殊，始終理一。若爾，因德已具，何不住因？但由迷因，各自謂實。若了迷性，實唯住因。故久研此因，因顯名果。祇緣因果理一，用此一理爲因。理顯無復果名，豈可仍存因號？因果既泯，理性自亡。
>
> 祇由亡智親疏，致使迷成厚薄。迷厚薄故，強分三惑。義開六即，名智淺深。故如夢勤加，空名惑絕。幻因既滿，鏡像果圓。空像雖即義同，而空虛像實。像實，故稱理本有；空虛，故迷轉成性。是則不二而二，立因果殊。二而不二，始

終體一。若謂因異果，因亦非因。曉果從因，因方克果。

所以三千在理，同名無明。三千果成，咸稱常樂。三千無

改，無明即明。三千並常，俱體俱用。

案：首段，「眾生心因」即「一念無明法性心」為因。此心之所以為「因」，即因其具足三軌（真性軌、觀照軌、資成軌，即迷中之三德）。此因顯出來，即成三涅槃之果。在因在果並無殊異，因為從因之始到果之終只是這一法性之實理，故名「因果不二」。此是從法性邊說因果。但此法性既不只是「但理」，亦不只是空如之理，亦不是分解說的真常心，乃是由於「一念三千」而帶著三千說的，故三軌不離三千，方為圓三軌，三涅槃不離三千，方為圓涅槃，乃是飽滿之三軌，飽滿之三涅槃。如此，從三千說「因果不二」亦可。故知禮解此題云：「三千實相未顯名因，顯則名果。隱顯雖殊，始終常即，故名不二」。而上錄正文末段，荊溪亦云：「三千在理，同名無明。三千果成，咸稱常樂」。「未顯名因」，不但三千世間法未顯，即法性實相亦未顯。「顯則名果」，不但法性實相顯，即三千法亦帶著顯。此是性具系統之因果不二也。

因果之名由於迷悟。迷隱為因，悟顯為果。果無別果，只是此因。及其全體朗現，只是一實，更無因果之可言。因果既泯，理實亦亡。此為消相對之差差而為絕對之無差。實相無相，理實之言亦權設也。知禮解云：「顯已無對，果名豈存？果能稱實，名尚不存，因既屬權，故宜雙廢。又，對因果事，立理融之。所對既泯，能融自亡」。此種消亡之智名曰「亡智」。「亡智」之名亦從能立也。亡智顯無相之實相。實相為所，亡智為能。《四念處》云：

「非境之境而言爲境,非智之智而言爲智。亦名心寂三昧,亦名色寂三昧」。(見上〈色心不二門〉中引)。亦可例言:非所之所而言爲所,非能之能而言爲能。此亡智之能之消亡也。然爲顯因得果,仍以「亡智」爲準而言之。

修行過程只在顯此「亡智」。但在過程中所顯之亡智其功力有微有著,至佛方爲極著。因有微著故,故有「親疏」:著則親,微則疏。因亡智有親疏,故迷有厚薄:智親者迷薄,智疏者迷厚,成反比例也。迷有厚薄,故「強分三惑」(見思惑、塵沙惑、無明惑。)智有親疏,故以「六即」(理即、名字即、觀行即、相似即、分眞即、究竟即)驗智之淺深,極深者爲「究竟即」。轉迷成智這一長串的勤策工夫亦只是一夢而已。《法華》云:「一念夢行因得果」。豁然而寤,覺其只是一夢事。雖是一夢事,然勤加不已,則空名無實之惑亦可當體即絕。故云:「如夢勤加,空名惑絕」。如夢的工夫「勤加」不已,即行因爲幻也。如空名的惑旣絕,則得果,而果圓如「鏡像」也。故云:「幻因旣滿,鏡像果圓」。夢形容工夫,空名形容「惑」,幻形容因(勤加之工夫即是行因),鏡像形容果(惑絕即是果)。無實之惑如空,知其空而當體即絕,則當體即是法性。果圓如像,則三千不虧,法性顯即三千顯,法性非「但理」。故云:「空、像,雖即義同,而空虛像實。像實,故稱理本有。空虛,故迷轉成性」。「稱理本有」即相應理具三千而爲果上之事滿三千也。故果圓雖如「鏡像」,而因是事滿三千,故亦是實也。「迷轉成性」即惑絕而爲法性也。故惑雖如空,而當體即絕,即以空顯其爲性,故空之虛即是成性,不徒虛也。「是則不二而二,立因果殊。二而不二,始終體一」。因有行

因與理因。上文「幻因」是就「如夢勸加」之行因說。行因顯理因，理因顯爲果。因爲有迷，故須加行。有迷有行，故有因果之殊，是則「不二而二」也。而因地上理具三千即果圓上之事滿三千，故始終體一，是則「二而不二」也。知禮解此段文，不甚嚴整。故別釋如上。

第三段「所以三千在理，同名無明」云云，知禮解之甚諦，茲錄之如下：

> 大乘因果皆是實相。三千皆實，相相宛然。實相在理，爲染作因，縱具佛法，以未顯故，「同名無明」。三千離障，八倒不生，一一法門皆成四德，故「咸稱常樂」。三千實相，皆不變性，迷悟理一。如演若多，失頭得頭，頭未嘗異。故云「無明即明」。三千世間，一一常住。理具三千，俱名爲體。變造三千，俱名爲用。故云「俱體俱用」。〔案：因果不二即函體用不二。此體用義亦殊特。體不只是以眞常心爲體，乃是「法性具三千」未顯爲體，變造而顯爲用〕。
>
> 此四句中，初、二，明因果各具三千。三，明因果三千祇一三千，以無改故。四，明因果三千之體俱能起用，則因中三千起於染用，果上三千起於淨用。
>
> 此第四句明圓最顯。何者？夫體用之名本「相即」之義故。凡言諸法「即理」者，全用即體，方可言「即」。《輔行》云：「即者，《廣雅》云：合也。若依此釋，仍似二物相合。其理猶疏。今以義求，體不二故，故名爲即」。今謂全體之用方名不二。

他宗明一理隨緣作差別法。差別是無明之相，淳一是眞如之相。隨緣時，則有差別。不隨緣時，則無差別。故知一性與無明合，方有差別。正是「合」義，非體不二。以除無明，無差別故。〔案：此云他宗隱指華嚴宗而言〕。

今家明三千之體隨緣起三千之用，不隨緣時，三千宛爾。故差別法與體不二。以除無明，有差別故。驗他宗明「即」，「即」義不成。以彼佛果唯一眞如，須破九界差別，歸佛界一性故。

今家以即離分於圓別，不易研詳。應知不談「理具」，單說眞如隨緣，仍是「離」義。故第一《記》〔《法華文句記》卷第一下〕云：「以別敎中無性德九故，自他〔自行化他〕俱斷九也」。若三千世間是性德者，九界無所破，即佛法故。「即」義方成，圓理始顯。故《金錍》云：「變義唯二〔別圓二教〕，即具唯圓」。故知具變雙明，方名「即是」。若隨闕一，皆非圓極。荆溪云：「他家不明修性」〔《法華文句記》卷第七下〕。若以眞如一理名性，隨緣差別爲修，則荆溪出時，甚有人說也。故知他宗極圓，祇云「性起」，不云「性具」，深可思量。〔起、具，一字之差即足判天台與華嚴之別〕。

又，不談性具百界，但論變造諸法，何名無作耶？世人見予立別敎理有「隨緣」義，惑耳驚心，蓋由不能深究荆溪之意也。〔案：賢首早已言「不變隨緣，隨緣不變，」豈待知禮爲之立耶？又豈待「深究荆溪之意」耶？惑耳驚心者則尤陋矣，蓋亦未讀賢首之書也〕。

且如《記》文〔《法華文句記》卷第一下〕釋阿若〔《法華‧序品》阿若憍陳如〕文中云：「別教亦得云從無住本立一切法。無明覆理，能覆所覆俱名無住。但即不即異，而分教殊」。既許所覆無住，真如安不隨緣？隨緣仍未「即」者，為非理具隨緣故也。又云：「真如在迷，能生九界」〔同上〕。若不隨緣，何能生九？〔案：荊溪文句記文皆見前 B 段引釋，當覆看。〕

又，《輔行》釋別教根塵一念為迷解本，引《楞伽》云：「如來為善不善因」。自釋云：「即理性如來也。」《楞伽》此句乃他宗隨緣之所據。《輔行》為釋此義，引《大論》云：「如大池水，象入則濁，珠入則清。當知水為清濁本，珠象為清濁之緣」。據此諸文，別理豈不隨緣耶？故知若不談體具者，隨緣與不隨緣皆屬別教。何者？如云梨耶生一切法，或云法性生一切法。豈非別教有二義耶？〔案：真正主阿賴耶生一切法，所謂賴耶緣起，不是真如隨緣生一切法者，乃是奘傳之唯識，即世親後期之思想。無著《攝大乘論》本義亦是如此。真如隨緣生一切法而言隨緣不變，不變隨緣，此是華嚴宗之思想，而此義乃是根據《起信論》而說。真諦所傳之攝論宗亦是此系之思想。智者引述多云攝論師主黎耶生一切法，地論師主法性生一切法，不甚諦當。攝論師即真諦，真諦之思想與攝論本義不同。又地論師分南北道，南道慧光系主法性生一切法，而北道道寵系則主黎耶生一切法。荊溪即如此述。《法華玄義釋籤》卷第九上：「陳梁以前，弘地論師二處不同。相州北道計阿黎耶以為依持，

相州南道計於眞如以爲依持。此二論師俱稟天親，而所計各異，同於水火。加復攝大乘興，亦計黎耶以助北道」。實則此傳述亦不恰當。南道主阿黎耶爲眞淨，染汙在第七識。北道不承認阿黎耶爲眞淨，阿黎耶是由眞識不守自性而妄現者，是則阿黎耶以外有眞常淨識，近於攝論師，故終爲攝論家所同化。如是，南北道之異只在爭黎耶之眞妄。南道以阿黎耶爲眞，第七爲妄。北道以阿黎耶爲妄，上推一眞識，此或爲自性清淨心，或爲眞諦所傳之第九識。此只是眞妄之上下推移，而俱肯認一眞心則無不同。如是，其思路同於攝論師，《起信論》，以及後來之華嚴宗，俱是眞如隨緣生一切法者。故唯有奘傳之唯識始是眞正主賴耶生一切法者。地論即世親早年之《十地經論》，傳於中國乃有地論師。此論中之思想後來爲世親所放棄。玄奘所傳者即其後期之思想。又，天台師所述彼等之眞如依持、法性依持，或眞如隨緣、法性隨緣，所謂眞如、法性，在彼等俱是指眞常心而言，乃是眞如心，心眞如，將空如之理收于眞心上講，故以眞心統攝一切染淨法也。此思路結集於《起信論》，大成于華嚴宗。唯奘傳之唯識只講賴耶緣起，而眞如只是空如之理，與心爲二，始不能說眞如隨緣生一切法。知禮說「隨緣與不隨緣皆屬別敎」，別敎有此二義。此語不諦。依天台判敎，隨緣者是別敎，不隨緣者只能是通敎。唯識宗與地論師、攝論師、《起信論》、華嚴宗，有本質上之差異也。此中甚複雜，此書不疏解這一大系。天台宗不走此路，故其述及這方面亦只大略而已，不能盡其詳也。〕

問：淨名《疏》〔荊溪《維摩經略疏》，乃略智者《維摩經玄疏》而成，智者《玄疏》當時稱為《廣疏》，不載《大藏經》〕釋「無明無住」云：「說自住是別教意，依他住是圓教意」。且隨緣義真妄和合，方造諸法，正是依他，那判屬別？

答：《疏》中語簡意高，須憑《記》釋，方彰的旨。〔案：此《記》是荊溪《維摩經玄疏記》，乃記釋智者《玄疏》者。此《記》不載《大藏經》，只有《略疏》。蓋荊溪先有《記》，後有《略疏》，當時並存，後《略疏》行而《記》廢，即智者《玄疏》亦為《略疏》所代替。今《大藏經》標《玄疏》者，乃是《玄義》之誤〕。故釋「自住」：法性煩惱更互相望，俱立自他〔自住他住〕。結云：「故二自他並非圓義。以其惑性，定能為障。破障方乃定能顯理」。釋「依他」云：「更互相依，更互相即。以體同故，依而復即」。《結》云：「故別圓教俱云自他，由體同異，而判二教」。〔案：此記文現錄存於智圓《維摩經略疏垂裕記》卷第九。全文已見前 A 段〕。

今釋曰：性體具九，起修九用。用還依體。名同體依。此依方「即」。若不爾者，非今「依」義。故《妙樂》云：「別教無性德九，故自他〔自行化他〕俱須斷九」。〔案：《法華文句記》卷第一下。《妙樂》即指此《文句記》說。荊溪住常州妙樂寺，人稱妙樂大師。以人名代書名爾〕。是知「但理」隨緣作九，全無明功。既非無作，定能為障。故破此九，方能顯理。若全性起修，乃事即理。豈定為障，而定

可破？若執「但理隨緣作九」為圓義者，何故《妙樂》中
「真如在迷能生九界」〔《法華文句》卷第一下〕判為別
耶？故真妄合，「即」義未成，猶名「自住」。彼《疏》
〔荊溪《維摩經略疏》〕次文料簡開合，別教亦云「依法性
住」〔參看《維摩經略疏》卷第八釋觀眾生品〕。故須究
理，不可迷名。此宗若非荊溪精簡，圓義永沈也。

案：此末後問答文曾錄於 A 段。現連帶仍全錄之，以見荊溪與知
禮之精簡。蓋如此，方足以見天台與華嚴之別以及山外諸家之非。
以上知禮之文及前〈色心不二門〉中精簡「一念」之文，皆是《指
要鈔》中之重要文字，故全錄之，不嫌其煩。《指要鈔》作成於北
宋真宗景德元年，三年即結撰《十義書》以綜駁慶昭。但《十義
書》以前已有「往復各五，綿歷七年」（《十義書‧序》中語）之
辯論，《十義書》乃是「攢結前後十番之文」之作。故雖稍後於
《指要鈔》二年，但《指要鈔》亦是辯論後成熟之作。《十義書》
是針鋒相對辯駁之文，但對方文字不存，故讀解為難。主要觀念俱
在《指要鈔》，《鈔》中之「他」皆隱指山外諸家如慶昭、智圓等
而言。山外諸家之所以乖錯即在以華嚴宗之思路，尤其圭峰宗密，
解天台圓教，故知禮依據荊溪之精簡而力斥之也。

以上「因果不二門」竟。

*　　　*　　　*

荊溪明「染淨不二門」云：

五，染淨不二門者：若識無始即法性爲無明，故可了今即無明爲法性。法性之與無明，遍造諸法，名之爲染。無明之與法性，遍應眾緣，號之爲淨。濁水清水，波濕無殊。清濁雖即由緣，而濁成本有。濁雖本有，而全體是清。以二波理通。舉體是用。故三千因果俱名緣起，迷悟緣起不離刹那。刹那性常，緣起理一。一理之內而分淨穢。別則六穢四淨，通則十通淨穢。故知刹那染體悉淨。三千未顯，驗體仍迷。故相似位成，六根遍照。照分十界，各俱灼然。豈六根淨人謂十定十？分眞垂迹，十界亦然。乃至果成，等彼百界。故須初心而遮而照。照故，三千恆具。遮故，法爾空中。終日雙亡，終日雙照。不動此念，遍應萬方。隨感而施，淨穢斯泯。亡淨穢故，以空以中。仍由空中轉染爲淨。由了染淨，空中自亡。

案：「染淨不二」者，是說染事三千與淨事三千爲同一三千，故不二也。雖三千不二，而分染淨，並非染淨不分而爲不二也。染淨是就心之執著與否而說。染者染著，是陰識心對於三千法「念念住著，一多相礙」（知禮解語）。心染，則三千世間法一起俱染，雖二乘、菩薩、佛四聖法門亦染。淨者清淨，解心無染，一多自在，名爲淨。心淨，則三千世間法一起俱淨，雖地獄、餓鬼、畜生法門亦淨。故染淨是一層，淨穢（善惡聖凡）法門是一層。法門不改，而染淨有分。不改故不二，有分故有行（修行工夫）。不二故「世間相常住」，有行故可轉染爲淨。故知禮解此題云：「以在纏心變造諸法，一多相礙，念念住著，名之爲染。以離障心應赴眾緣，一

多自在，念念捨離，名之爲淨。今開在纏一念染心本具三千，俱體俱用，與淨不殊，故名不二」。

三千法不在前，不在後，只一念心具。此一念心即「一念無明法性心」（《四念處》語）。表面看，是「一念染心」具，向裡透進一步看，是「無明法性心」具，即在纏之法性心具，順此性具而不自覺地滾下去，即是「以在纏心變造諸法」，一起皆染，此之謂「理具事造」，造者迷造也。若一旦豁悟，則無明轉爲明，在纏之法性心即成爲離障之法性心，此亦是性具，對念具言，亦可說爲智具，智如不二爲法性，順此性具「遍應衆緣」任運而現，此亦是「理具事造」，造者智造也，而智之造即是任運而現，造而無作。故「性具」亦可分染淨兩面說。染一面是念中的法性具，淨一面是智中的法性具。說此兩面的性具，必須通著法性與無明。前言「無住本」即已如此。今言染淨不二，仍歸於法性與無明爲同體依，依而復即。

「若識無始即法性爲無明，故可了今即無明爲法性」，此兩語意思是說：如果知道衆生無始以來昏昧不覺即這法性就是無明，所以就可以明了現在即這無明就是法性。「即法性爲無明」等於「法性性無明」，亦等於「無明法法性」（無明來法於法性，依荊溪解，見前 A 段）。「法性即無明」不是說就沒有了法性，只是無明作主，法性隱伏潛隨，並未消失，亦無所謂消失不消失。因此，法性當體就是無明，此如闔眼即無明，一昏沉就是無明。明乎此，則一旦豁寤，無明當體即是法性，如此開眼即是明，一惺惺就是法性。此即「無明即法性」，「即無明爲法性」，「法性性無明」。無明與法性是同體，只有昏沉與惺惺這一升一沉之差：升則爲法

性，沉則爲無明。（升說浮亦可）。此如同一眼，闔則暗，開則
明。此之謂同體依，依而復即。「無明法法性」意即以無明之染著
染化了法性而可以起現一切染汙法，此即「從無明無住本立一切
法」，由此「即妄歸眞」，亦可說「立一切行法」。因爲能立一切
法，故云「法法性」。它來法於法性而起法，它作主，故即等於以
無明爲無住本來立一切法。「法性性無明」（此句是吾例「法法
性」句而說），意即以法性之空寂性化了無明而可以起現一切淸淨
法，此即「從法性無住本立一切法」，由此「理顯由事」，亦可以
說「立一切敎法」。

　　知禮解此兩句云：

> 三千寂體即寂而照，既無能照，亦無所照，名爲法性。以本
> 愚故，妄謂自他，三千靜明全體暗動，即翻作無明。本來不
> 覺，故名無始。若識此者，即照無明體本明靜，即翻爲法
> 性。

知禮以爲此兩句是明染淨體，是也。其如此說法性，必須知法性是
智如不二者，不只是空如之理也。其根據是「法性寂然名止，寂而
常照名觀」；「法性非止非不止而喚爲止，法性非觀非不觀而喚爲
觀」（《摩訶止觀》）；「境智無二無異，如如之境即如如之智，
智即是境，說智及智處皆名爲般若，亦例云：說處及處智皆名爲所
諦，是非境之境而言爲境，非智之智而言爲智，亦名心寂三昧，亦
名色寂三昧」（《四念處》）。這些句子，前面皆已引過。天台家
看法性就是這智如不二或境智不二者。必如此，方能說「法性即無

明」，即從無明無住本立一切法，亦即「一念無明法性心」立一切法，亦即是念具三千；而「無明即法性」，則是「從法性無住本立一切法」，亦即是智具三千。智具念具皆性具也。智具之性具是法性朗現的性具，念具之性具是法性沈隱的性具。朗現的性具是淨體，沈隱的性具是染體。體不只是法性這「但理」作體，乃是即具三千爲體也。下兩語即言染淨用。

「法性之與無明，遍造諸法，名之爲染。無明之與法性，遍應衆緣之號之爲淨」。知禮解此兩語云：

> 體既全轉，用亦敵翻。法性既作無明，全起無明之用，用既縛著，名之爲染。無明若爲法性，全起法性之用，用既自在，名之爲淨。

但這尚不是扣緊語句講。進一步，復作解云：

> 「與」者，借與賜與也，亦助也。法性無明既互翻轉，成於兩用，互有借力助成之義，而劣者借力助於強者。若法性內熏無力，無明染用強者，則法性與無明力，造諸染法。若無明執情無力，法性內熏有力，則無明與法性力，起諸淨應。以由無明雖有成事之用，以體空故，自不能變造，須假法性借力助之，方成染法。法性雖具三千淨用，顯發由修。眞修縱不藉無明，緣修寧無欣厭？故下文〔自他不二門〕云：「必藉緣了爲利他功」。無明與力，助於法性，方成淨用。荆溪既許隨緣之義，必許法性無明互爲因緣。但約「體具」

明隨緣，自異權教。

案：此解嫌著，於義理似不能無問題。「法性無明互爲因緣」，此義究可說否？首先，若如知禮所解，「與」字爲「借力助成」之義，則法性與無明兩者有異體之嫌，此似與「同體依，依而復即」之義相違。蓋說得太著，兩者似成異體。在「法性之與無明，遍造諸法，名之爲染」方面，尙可不顯。因爲無明遍造諸法，法不離法性（不出於如），若無法性，爲得有法？如此，雖是無明作主，而法性隨赴，亦隱然虛與助成之，方便說爲「借力助成」，似無不可，亦是不助之助，不借之借，「力」字亦是方便虛說，只是「法不出如」，「如」成其爲如此這般無自性之法，以備說當體即如，當體即法性，當體即明耳。助成之「成」，用今語言之，似亦只是形式地成，形式是虛的形式，剋就如性而說。在「法性之與無明……」方面，似只能如此，尙可不顯「異體」之病。但在「無明之與法性，遍應衆緣，號之爲淨」方面，法性爲主，無明又「借力助之」，說得如此著實，則「異體」之病甚顯。知禮以「緣修」說有待於無明（寧無欣厭）。然此只因緣修不究竟，不能斷盡無明，故不能無無明，此亦與「假無明借力助之」之語意不同，至於緣修而至究竟，無明斷盡，緣修即眞修，縱不離緣修，則亦時時緣修，時時即眞修，一體而化，亦何「借力」之有？何謂「緣修」？即藉緣而修，有待於他。有待於他，即有所偏倚；即不能絕待自足，稱體而化，自不免有無明在內。縱使緣眞如而叶於理（因是順修故），亦是有修有作之修。凡見思惑，塵沙惑，無明惑，三惑未斷盡者，皆可說是有修有作之緣修。然則「眞修」者證眞如，冥實相，稱體

而化，無心無作之行也。此是分別說眞修緣修兩詞語之意。緣修有
欣厭，眞修無修作。若圓說者，則如智者《維摩經玄義》卷第二
「明修無作三昧」處云：「觀眞如實相，不見緣修作佛，亦不見眞
修作佛，亦不見眞緣二修合故作佛，亦不離眞緣二修而作佛也。四
句明修，即是四種作義。若無四修，即無四依，是無作三昧也。若
爾，豈同相州北道明義緣修作佛？南土大小乘師亦多用緣修作佛
也。亦不同相州南道明義，用眞修作佛。〔案：相州南道地論師因
主法性依持，故主眞修作佛，北道近攝論師，主黎耶依持，故主緣
修作佛〕。問曰：偏用何過？答曰：正道無諍，何得諍同水火？今
明三三昧〔案：即空三昧、無相三昧，及此無作三昧〕，修一實
諦，開無明、顯法性、忘眞緣、離諍論、言語法滅、無量罪除、淸
淨心一。水若澄淸，佛性寶珠，自然現也。見佛性故，即得住大涅
槃」。據此，則無作三昧方是圓敎之眞修，絕待之眞修。如此，還
須假無明否？此自不須，知禮已知之。然則不究竟之緣修不能無無
明，只是一時之現象，非普遍地必然如此也。如是，則「法性無明
互爲因緣」一義不能普遍地成立，亦不是必然如此。然則說無明假
力助於法性，始能「遍應衆緣，號之爲淨」，如此說淨用，恐不妥
當。

　　知禮謂緣修有欣厭，並以荆溪〈自他不二門〉中「必藉緣了爲
利他功」之語爲證，此是混「緣修」與「緣了」而爲一。緣是緣因
佛性，了是了因佛性。此二因性體現出來即名曰解脫與般若。解脫
是斷德，般若是智德。（正因佛性現，曰法身德）。智德斷德之現
固有須於緣修，在緣修過程中，固因有欣厭而不能無無明，但若緣
修至極而至圓證眞修，斷盡無明，證成佛果時，則緣了二德滿現

（圓現），便無無明，如何能以緣了之利他（化他）證緣修之有待
於無明？〈自他不二門〉中並無假無明之意。如云：

> 自他不二門者，隨機利他，事乃憑本。本謂一性，具足自
> 他。方至果位，自即益他。如理性三德，三諦，三千，自行
> 唯在空中，利他三千赴物。物機無量，不出三千。能應雖
> 多，不出十界。界界轉現，不出一念。土土互生，不出寂
> 光。眾生由理具三千，故能感；諸佛由三千理滿，故能應。
> 應遍機遍，欣赴不差。不然，豈能如鏡現像？鏡有現像之理
> 〔因智具三千故也〕，形有生像之性〔因三千本有故也〕。
> 若一形對，不能現像，則鏡理有窮，形事不通。若與鏡隔，
> 則容有是理。無有形對而不像者。若鏡未現象，由塵所遮。
> 去塵由人磨〔塵喻無明〕，現像非關磨者。以喻觀法，大旨
> 可知。應知理雖自他具足，必藉緣了為利他功。復由緣了與
> 性一合〔此性一即正因性〕，方能稱性施設萬端，「則」不
> 起自性，化無方所〔則字可刪〕。

詳此文，在遍應物機（所謂「遍應眾緣」）上，並無須假無明之助
之意。末文言及緣了利他是對「理雖自他具足」而言。此言理上雖
具足自行化他之三千，然必須藉緣了二因（或二德）之滿現方能有
利他之功。緣了二因滿現即與正因性為一。如此，「方能稱性施設
萬端，不起自性，化無方所」。施設萬端，化無方所，即是利他赴
物，遍應眾緣。「稱性」而施，「不起自性」而化，即是任運而
現，諸化無作。此豈尚須假無明耶？若不本具三千，則三千赴物全

由作意而現，此須有待於無明，「以除無明，無差別故」，此是別
教意（見前〈因果不二門〉）。「今家明三千之體隨緣起三千之
用。不隨緣時，三千宛爾，故差別法與體不二。以除無明，有差別
故」。（見前〈因果不二門〉）。今家既如此，則三千赴物不假無
明，甚為顯明。是以不能以緣了利他證緣修有待於無明，因緣了利
他無無明故。若必以緣了利他亦有待於無明，則必除無明，無差
別，此則轉入別教，而與「今家」「除無明有差別」之義相違。是
以不可以「法性無明互為因緣」之義說「遍應眾緣」之淨用。「法
性無明互為因緣」不能普遍地成立，亦不能必然如此。法性無明為
同體依，依而復即，只能表示迷則法性當體即無明，悟則無明當體
即法性，此已夠圓矣。若再進而主「法性無明互為因緣」，既以之
說染用，復以之說淨用，則成異體依他，依而不即，依他住即成自
住，此是別教意，又亦成「除無明無差別」，此亦是別教意，與今
家「除無明有差別」相違。上「自他不二門」文亦表示「除無明有
差別」之義。故云：「若鏡未現像，由塵所遮。去塵由人磨，現像
非關磨者」。現像即三千赴物。未現像，由塵遮，則現像時無無明
之塵甚顯。「去塵由人磨，現像非關磨者」，此言現像（三千赴
物）與磨礪無關，乃是本有，任運而現，即是無作。既無作，何有
無明。雖無無明，而差別宛然，三千不泯。諸佛三千與眾生三千同
一不二，諸佛自行三千與化他三千亦同一不二。解脫與般若，當其
在因性已具三千，具三千而為了因，具三千而為緣因，故當其朗現
而為般若德與解脫德，亦必理顯由事，全三千而為般若德，全三千
而為解脫德。世無空頭之般若，世無空頭之解脫，則三千世間與般
若解脫為一，本自具足，任運而現，俱體俱用，是則緣了利他無待

於無明明矣。緣了利他與緣修之有欣厭不可混同。知禮之解顯未明審。

　　此或由於荊溪原句本有問題。蓋知禮作《指要鈔》時，有舊本無「與」字，句為「法性之無明，遍造諸法，名之為染。無明之法性，遍應衆緣，號之為淨」。故有人訓「之」字為往。知禮以為即使無「與」字，「之」字亦不必訓往，仍是語助。復以為有「與」無「與」，俱有其義。若依無「與」作解，「但云：即法性之無明，其用則染；即無明之法性，其用則淨。其文既宛，其義稍明」。若如此，不是「其文既宛，其義稍明」，乃是「其文既直，其義亦明」。所以說「稍明」者，因依知禮，若有「與」字，「於義更明」也。此即上錄之正解。然依以上之檢查，此「於義更明」之正解反有弊竇，反不若無「與」字為佳。若無「與」字，「法性之無明」乃直承上聯「即法性為無明」而來。「法性之無明」意言本就是法性的那個無明，它一旦作主，即「遍造諸法，名之為染」。「法性」一詞意含為一形容語句。故知禮云：「即法性之無明，其用則染」。同樣，「無明之法性」是直承上聯「即無明為法性」而來。「無明之法性」意言本是無明的那個法性，它一旦朗現，即「遍應衆緣，號之為淨」。「無明」一詞亦意含其為一形容語句。故知禮云：「即無明之法性，其用則淨」。或只重複上聯亦可：「即法性為無明，遍造諸法，名之為染。即無明為法性，遍應衆緣，號之為淨」。此兩種說法皆不影響法性無明為「同體依，依而復即」之義。然有「與」字，如知禮所解，則成「法性無明互為因緣」。既有「異體」之嫌，復違「除無明有差別」之義。如上所說。如果荊溪原文眞是如此，則「與」實不當解為借與，賜與，乃

是「吾與點也」之與,或「吾非斯人之徒與而誰與」之「與」。如是,「與」字便不像知禮所解那樣著。「法性之與無明」等於「法性之與於、偏於無明,向無明方面轉」,是則即法性而無明矣。此與上聯「即法性爲無明」句意同。「無明之與法性」等於「無明之與於、偏於法性,向法性方面轉」,是則即無明而法性矣。此與上聯「即無明爲法性」句意同。如是作解,無知禮所解之病。吾想此當是荊溪原語之實義,不必從舊本之無「與」字。蓋無「與」字,則句法太直促而抒意拙也。不知知禮何以說之爲「宛」?

依以上之疏解,染淨體及染淨用既明,則此「理具事造」系統從染方面說,便是念具識變。收縮於一點,是「一念無明法性心」具,散開便是識變三千。萬法歸一,一歸何處?一仍歸於萬法也。是則滿眼是生死色,滿眼是煩惱心,色心不二。諸法趣識,諸法趣色,亦可以說諸法趣聲香味觸。諸法唯識,諸法唯色,亦可以說諸法唯聲香味觸。一切皆染情也。淨穢悉染。從淨方面說,則是性具智現。收之只是智如不二之法性心,此心即具三千。散之則是智現三千。萬法歸一,一歸何處?法性心之一仍歸於萬法也。滿眼是法性心(眞心)、滿眼是法性色(妙色),色心不二。全體是性,亦全體是智。諸法趣性,只是一性;諸法趣智,只是一智。智與智處皆說爲智,處與處智皆說爲境:境智不二。「此名心寂三昧,亦名色寂三昧,亦是明心三昧,亦是明色三昧」。諸法唯智,諸法唯色,亦可以說諸法唯聲唯香唯味觸。色既妙色,聲香味觸亦無非中道。淨穢法門悉皆清淨。

或染或淨繫於迷悟。迷則全體是染,悟則全體是淨。無論染淨,三千淨穢法門悉皆性具。染時性具在迷,乃說爲念具。念具者

迷中之性具也，此是潛伏的性具。淨時性具在悟，乃說爲智具。智
具者悟中之性具也，此是朗現的性具。迷是即法性而迷，故智隱而
爲識。悟是即一念而爲悟，故識轉而爲智。無論染淨迷悟，三千淨
穢法門悉皆本有，此即所謂性具；悉皆不改，此即所謂「世間相常
住」。「性具」者，無論在迷在悟，此法性心皆具帶著三千法門不
捨不離不脫不斷也。不過在迷時，念識作主，遂起染用，此即成生
死世間；在悟時，智性作主，遂起淨用，此即成解脫世間，解脫亦
不能離三千法而解脫，只是轉染爲淨而已。知此，則知天台家所謂
「性惡」之義矣。「性惡」不是「法性心」本身惡，此與一般所謂
性善性惡不同也。一般所說是對於性本身有所斷述，斷其爲善爲
惡，善惡是謂述語。而天台家所謂「性惡」則是法性心具帶著惡穢
法門，惡是形容法門，不是斷述法性也。性惡者，性德上之惡法
也。因具帶著惡法門而本有不改。故穢惡法門成爲性之德。〔案：
此德亦與普通單說性之屬性爲德不同，乃是以惡法門爲德，因具而
說德〕。既具帶著穢惡法門，亦具帶著淨善法門（如二乘菩薩佛四
淨界），故性惡亦不是全稱肯斷語，如普通相應性之本質而肯斷
其爲善或惡，乃是有性德上的惡法，亦有性德上的善法；而這有性
德上的善與惡亦不是如主性有善有惡，或可善可惡，或性分三品
者，因爲這後者諸說俱是對氣性本身作斷述。因此，性具善惡法
門，因而說性德上的善惡法門，即等於說性具三千，而說性惡就等
於說性德上的惡法，亦等於性具三千之偏面說，即性具三千中有穢
惡法門。

　　此種「具」是很特別的。以儒家作比，天地生萬物本有不齊，
天地何曾有心揀別善惡？如果這些善惡不齊的萬物皆統攝於天地生

道之中，亦可以說本具有這些善惡不齊的萬物。如果於不齊中，偏就低下的惡穢之物如蛣蜣之類說（此只就人的觀點說它是惡穢，如自生道觀之，則亦無所謂惡穢），亦可以類比天台家說這生道本具這些惡穢之物。但如此說，具的方式相同，而所以具則不同。因儒家的生道是創生的實體，而天台家的法性仍是佛家義，是智如不二的空如性，它並無道德實體的創生義，它之具是不脫不離不捨不斷，因而它亦只是智現（在不脫、離、捨、斷中作解脫的現），而不是創生。就人之道德實踐說，儒家說萬物皆備於我，此所備之萬事萬物亦可以說皆統攝於我之本心，因而為本心所本具，宇宙內事皆吾分內事，然這裡的事卻只是道德地善的，不能有道德地惡的，這裡亦無所謂穢惡之物，如就天地生道而說者然。因此，在這裡說具，亦如天台家同，而所以具仍不同，因為儒家的本心是道德創生的本心，而佛家的法性心卻並不創生，只是在不脫離捨斷中作解脫的智現。就佛家內部說，天台家的性具不是真常心隨染緣起染淨法，因為那只是性起，而不是性具，是不具的性起，那是別教，而非圓教。亦不是一真常心因為能起染淨事，所以具有染淨二性，如那假託慧思作的那不成熟的《大乘止觀法門》之所說——此種說法是不通的，既非天台宗之說法，亦非《起信論》與華嚴宗之說法，乃是兩不著邊，故為不成熟之作。《起信論》一心開二門，不是真常心具染性起染事，具淨性起淨事，乃是通過阿黎耶識起生滅門，化識念為智始仍歸真常心之不生滅門，真常心只是淨，其不空是因具無量無漏功德而不空，不是因具染淨二性二事而不空。《起信論》通，《大乘止觀法門》不通。天台宗說性具善惡法門，不是說法性心具有染性起染事，具有淨性起淨事，乃是說智如不二之法性

心具帶著善惡法門，在不脫不離不捨不斷中作解脫地現，因具而現，現非新增，既非新增，現即是具。此性具善惡法門之說通，而《大乘止觀法門》既說真常心，而又說具染淨二性，則不通。此非是綜和天台宗與華嚴宗（加上《起信論》，乃是兩不著邊。故此作顯爲僞託，又不成熟。）

性具義既如上說，然則從所具方面說，又何以說「世間相常住」？三千不改名曰常住，並非說三千世間法不是緣起法。以何方式而常住不改？曰：即依即空即假即中三諦理之方式而常住不改。「佛告德女：無明內有不？不也。外有不？不也。內外有不？不也。非內非外有不？不也。佛言：如是有」。「如是有」即是如是常住不改。「如是有」即是不生不滅，不常不斷，不一不異，不來不去，即是如相無相而又三千宛然的常往不改。法住法位，「法不出如，皆如爲位。衆生理是，佛已證是，故名爲住。如位一故，故名爲位。染淨之法皆名是法。染謂衆生，淨即正覺。衆生、正覺，是能住法。染淨一如，是所住法。分局定限，故名爲位。位無二稱，同立一如。不出眞如，故唯局此。此局即通，遍一切故。局之極也，通之極也」。（荊溪《法華文句記》卷第五中，釋「法住法位」中語）。以如爲位，即依如位而常住不改。「如清濁波，濕性不異。同以濕性爲波，故皆以如爲相。同以波爲濕性，故皆以如爲位」。（同上）明乎此，則此〈染淨不二門〉最後一段文云：「故須初心而遮而照。照故，三千恆具。遮故，法爾空中。終日雙亡，終日雙照。不動此念，遍應萬方。隨感而施，淨穢斯泯。亡淨穢故，以空以中。仍由空中轉染爲淨。由了染淨，空中自亡」。此極談也。知禮解云：「遮照著，空中名遮，一相不立；假觀名照，三

千宛然。復令三觀俱亡，三諦齊照，乃亡前遮照，照前遮照，故各名雙。亡照同時，故云終日。此則同前即空假中，無空假中也」。（同前者，前〈內外不二門〉已說此義）。

以上對性具系統中之「性」義、「具」義、「性德善性德惡」義、「世間相常住」義，皆予以明確之說明。此中「性惡」一詞是一重要關鍵。吾依一長串之文獻，迤邐說下來，自然而至如上之說明。以下再引關於此「性惡」義之正式文獻以證上之說明為不謬。

G

智者《觀音玄義》之言「性德善」與「性德惡」

智者《觀音玄義》卷上於釋名章中，以十義通釋「觀世音」名。十義者，一人法、二慈悲、三福慧、四真應、五藥珠、六冥顯、七權實、八本迹、九緣了、十智斷。

九，釋了因緣因者，了是顯發，緣是資助，資助於了，顯發法身。了者即是般若觀智，亦名慧行正道，智慧莊嚴。緣者即是解脫，行行助道，福德莊嚴。〔案：「行行」對「慧行」言〕。《大論》云：「一人能耘，一人能種」。種喻於緣，耘喻於了。通論，教教皆具緣了義。今正明圓教二種莊嚴之因，佛具二種莊嚴之果。原此因果根本即是性德緣了也。此之性德本自有之，非適今也。《大經》云：「一切諸法本性自空，亦因菩薩修習空故，見諸法空」。即了因種子本自有之。又云：「一切眾生皆有初地味禪」。《思益》

云：「一切眾生即滅盡定」。此即緣因種子本自有之。以此二種，方便修習，漸漸增長，起於毫末，得成修德合抱大樹，摩訶般若，首楞嚴定。此一科不論六即，但就根本性德義爾。〔案：前八義皆涉及六即，此第九義不論六即〕。前問答，從了種受名，後問答，從緣種受名。〔案：前後問答指《經》文說〕。故知了因緣因故，名觀世音普門也。

案：般若智爲了因，解脫爲緣因。般若即下第十義中之智德，解脫即下第十義中之斷德。德者功德，故智德斷德是從般若與解脫之修顯而至圓滿之境說。緣因了因是從其能顯發法身說。一切眾生皆有般若智之智性（亦即覺性），同時亦皆有解脫之定性。智性即了因種子，定性即緣因種子。此兩種種子名曰性種。本智性種修行而顯爲觀智，曰「慧行」，由慧行而有智慧莊嚴。本定性種修行而顯爲解脫，曰「行行」，由「行行」有福德莊嚴。徒有智慧，而不能斷煩惱，解脫累縛，亦無清淨之福，故解脫名曰福德。智慧莊嚴與福德莊嚴各有獨立的意義。以本智性而來的「慧行」爲了因，本定性而來的「行行」爲緣因，即能顯發法身，證大涅槃。兩種行顯發之，同時即是莊嚴之。有兩種莊嚴以莊嚴之，則法身即不是禿頂之但理。不但法身不是禿頂之但理，即慧行與行行，般若與解脫，亦不是空頭之智與空頭之定，乃是即三千法而爲般若，即三千法而爲解脫。智性定性二種性種是本有，則三千法亦是性具而爲本有。是則般若與解脫自始即不離三千法而一起皆爲性德也。性是法性之性。法性之性智如不二。般若與解脫是法性自身屬性之德，總之亦可曰法性心；三千法則是法性法，其爲性之德是由「性具」而說。

般若既不離三千法而為般若，解脫既不離三千法而為解脫，則作為了因緣因之般若與解脫既有性德上之淨善之法，亦有性德上之穢惡之法，即淨善之法與穢惡之法皆可作了因緣因也。既有般若觀智以觀達之，復能不為其所染（所繫縛）而得解脫，則不但淨善之法足以顯發法身而莊嚴之，即穢惡之法亦足以顯發法身而莊嚴之，故皆可為緣因了因也。若無觀智與解脫，則穢惡之法固是迷障，即淨善之法亦足以為障也。是故智者對緣了義作料簡云：

問：緣了既有性德者，〔案：慧行與行行中之諸法即是性德上之善法〕，亦有性德惡否？

答：具。〔案：既有性德上之三千世間，自具有性德上之穢惡法〕。

問：闡提與佛斷何等善惡？

答：闡提斷修善盡，但性善在。佛斷修惡盡，但性惡在。

問：性德善惡何不可斷？

答：性之善惡但是善惡之法門。性不可改，歷三世無誰能毀，復不可斷壞。譬如魔雖燒經，何能令性善法門盡？縱令佛燒惡譜，亦不能令惡法門盡。如秦焚典坑儒，豈能令善惡斷盡耶？〔案：此云善惡是就法門說，不就法性自身說。「性之善惡」即是性德上之善惡法門〕。

問：闡提不斷性善，還能令修善起，佛不斷性惡，還令修惡起耶？

答：闡提既不達性善，以不達故，還為善所染，修善得起，廣治諸惡。〔案：此答說不順適，見下〕。佛雖不斷性惡，

而能達於惡。以達惡故，於惡自在，故不爲惡所染，修惡不得起，故佛永無復惡。以自在故，廣用諸惡法門，化度衆生。終日用之，終日不染。不染故不起，那得以闡提爲例耶？若闡提能達此善惡，則不復名爲一闡提也。若依他人明闡提斷善盡，爲阿黎耶識所熏，更能起善。梨耶即是無記無明，善惡依持，爲一切種子。闡提不斷無記無明，故還生善。佛斷無記無明盡，無所可熏，故惡不復還生。若欲以惡化物，但作神通變現度衆生爾。問：若佛地斷惡盡，作神通以化物者，此作意方能起惡。如人畫諸色像，非是任運。如明鏡不動，色像自形，可是不可思議理能應惡。若作意者，與外道何異？今明闡提不斷性德之善，遇緣善發。佛亦不斷性惡，機緣所激，慈力所熏，入阿鼻，同一切惡事化衆生。以有性惡故，名不斷。無復修惡，名不常。若修性俱盡，則是斷，不得爲不斷不常。闡提亦爾，性善不斷，還生善根。如來性惡不斷，還能起惡。雖起於惡，而是解心無染；通達惡際即是實際；能以五逆相而得解脫，亦不縛不脫；行於非道，通達佛道。闡提染而不達，與此爲異也。

案：此「料簡」文是天台宗正式言「性惡」義之經典文獻，其實此義早已具於「性具三千」中。因爲三千世間有淨善法，亦有穢惡法。二乘、菩薩、佛，四聖爲淨善法，六道衆生（六凡）爲穢惡法；又「九界望佛，皆名爲惡」。（知禮解語，《觀音玄義記》卷第二）。此三千淨善穢惡之法爲一念煩惱心具，即法性具。故性具淨善法，亦具穢惡法。善惡是形容「法」者，不是形容「法性」

（或性）本身者。「性惡」是簡略詞，具言之，當該是性德上的穢惡法；又是偏指詞，因為其所具者有是穢惡法，亦有是淨善惡，非全部是惡也。又十法界，每界皆通具其他九法界，這樣重疊起來，故曰百法界。因此每界皆性具善惡，即佛界亦性具善惡法，一闡提亦性具善惡法，其他九界皆然。因是性具，故佛亦不斷性德上之惡，一闡提亦不斷性德上之善。既是性之所具而為性之德，當然不可改，亦不可斷，此即「世間相常住」之義。但有修性迷悟之不同。說「性具」是平鋪地定然地說，此則十界乃至一闡提皆同。修性迷悟則是撐開說，此則有佛與一闡提之差，乃至與其他九界之差。不是一往顢頇混沌也。

性德上之善惡法不斷不壞，亦不可改，但修善可滿，修惡可斷。「修善」者修行上的善事，「修惡」者修行上的惡事。佛斷「修惡」盡，即純作善事（純是智用），無一毫惡事，但淨穢法門不斷不改。因解心無染，即穢惡法門亦成善事，純是智用，皆成智慧莊嚴與福德莊嚴，此所謂「通達惡際，即是實際，行於非道，通達佛道，能以五逆相而得解脫」。一闡提乃是迷逆之極，故斷修善盡，即純作惡事，不作善事。但淨穢法門不斷不改，則其本性上仍有緣了二因種子，即仍有其智性與定性，遇緣善發，則仍可修善滿足而得成佛。故一闡提雖斷修善盡，而性善不斷也。

上料簡文中第四問答：「問：闡提不斷性善，還能令修善起，佛不斷性惡，還令修惡起耶？」此問語之意似當是「闡提不斷性善，還能令修善起」，故一闡提亦可成佛，然則「佛不斷性惡，還令修惡起」，佛又可落為一闡提或其他九界耶？此若不達性惡之義，機械呆想，應有此設問。但答語明一闡提與佛之異，不就此問

意而答，卻說：「闡提既不達性善，以不達故，還爲善所染，修善得起，廣治諸惡」。案：此答語迂曲不順。此是就一闡提之爲一闡提身分說，不是就其亦可成佛說。但既爲一闡提，斷修善盡，如何能「修善得起，廣治諸惡」？此語顯然難解。既「爲善所染」，雖善亦惡，如何能「廣治諸惡」？如此膠手捉物，到處是膠，如何能不膠著而治於膠？故此答語舛違，不合通常之意。此仍是說闡提之迷謬，不合立「性善不斷」之目標。斷修善盡，而性善不斷，即爲的說其可成佛也。淨善法門不斷，遇緣善發，其緣了二因仍可滿足，因其本有二因種子即智性與定性也。智性與定性遇緣顯發，即可表現淨善法門。例此作想，然則佛不斷性惡，亦可「起修惡」（起惡行）而轉爲一闡提或其他九界耶？曰：在此不可如此想。佛不斷穢惡法門並不表示佛可起惡行。只表示佛「廣用諸惡法門化度衆生，終日用之，終日不染，不染故不起」。那得如此呆想，因其不斷性惡，即想其仍起惡行耶？不斷性善與不斷性惡，在一闡提與佛方面的作用不同。不斷性善可起善行，但不斷性惡並不表示可起惡行。何以有此差別？因有一闡提與佛之不同故也。在佛方面，因緣了滿足，法身得顯，穢惡法門不斷，故只任運「廣用諸惡法門化度衆生」，不表示其「起修惡」之惡行也，只表示其「通達惡際，即是實際，行於非道，通達佛道」，惡際與非道皆成其妙用。在一闡提方面，因爲已是迷逆之極，緣了二因不顯，但因本有二因種子，性善不斷，故遇緣種現，即可起修善而表現淨善法門。善法順智性與定性，故性善不斷，可表示「起修善」而表現淨善之法。惡法不順智性與定性，故佛性惡不斷只表示爲佛智所用，不表示佛「起修惡」。依理當如此作答，不知智者在闡提方面何以那樣作

解？如此作解，闡提即成死闡提，而「性善不斷」之義亦失作用。知禮《觀音玄義記》於此只符順智者之意說，吾於此稍加指正，令歸順適。其餘皆諦當顯豁，無問題。

在此須加注意者，善惡法門皆性所本具，因而說爲性德，此是一層，此重在說三千法之存有（世間相常住），是即空即假即中之存有，不是有自性之存有。緣了二因性是眞主體，是成佛之眞性能。了因種子是智性，緣因種子是定性。二種顯發，二因滿足，淨善法門符順於智性與定性，故二因滿足，淨善全現，而亦能了達其即空假中，而不爲善所染；而穢惡法門雖背於智性與定性，然而不斷不壞，爲智性所用，而亦能了達其即空假中，而不爲惡所染，是則法雖惡而得善用，解心無染，雖起現惡法，而一往卻是清淨善行，不得云惡行也。此又是一層。首層是存有，是本具三千；此層是修行，是事造三千。修行根據在緣了二因性，此即緣因佛性與了因佛性也。此外還有正因佛性。以下再錄釋「智斷」義一段文，以終了此篇。

　　十，釋智斷者，通途意，智即有爲功德滿，亦名圓淨涅槃。言有爲功德者，即是因時智慧有照用修成之義，故稱有爲。因雖無常，而果是常。將因來名果，故言有爲功德滿也。斷即無爲功德滿，亦名解脫，亦名方便淨涅槃。言無爲者，若小乘但取「煩惱滅無」爲斷，但離虛妄，名解解脫。其實未得一切解脫，此乃無體之斷德也。大乘是有體之斷，不取滅無爲斷，但取隨所調伏眾生之處，惡不能染，縱任自在，無有累縛，名爲斷德。指此名無爲功德。故《淨名》云：

「不斷癡愛，起諸明脫」。又云：「於諸見不動而修三十七品，愛見爲侍，亦名如來種，乃至五無間皆生解脫」。〔案：此是略引〕。無所染礙，名爲一切解脫，即是斷德無爲也。

寂而常照，即智德也。小乘灰身滅智。既其無身，將何入生死，而論調伏，無礙無染？滅智，何所寂照？

如此智斷圓極，故法身顯著，即是三種佛性義圓也。法身滿足，即是非因非果正因滿。故云隱名如來藏，顯名法身。雖非是因，而名爲正因。雖非是果，而名爲法身。《大經》云：「非因非果名佛性」者，即是此正因佛性也。又云：「是因非果名爲佛性」者，此據性德緣了皆名爲因也。又云：「是果非因名佛性」者，此據修德緣了皆滿，了轉名般若，緣轉名解脫，亦名菩提果，亦名大涅槃果，皆稱爲果也。

佛性通於因果，不縱不橫。性德時三因不縱不橫，果滿時名三德。故《普賢觀》云：「大乘因者諸法實相，大乘果者亦諸法實相」。智德既滿，湛然常照。隨機即應，一時解脫。斷德處處調伏，皆令得度。前問答從智德分滿受名，後問答從斷德分滿受名。〔案：此指《經》文說〕。故知以智斷因緣名觀世音普門也。

案：緣因了因與智德斷德密切相連。緣因轉名解脫，即斷德；了因轉名般若，即智德。名之爲緣了二因者，就其顯發法身而言。法身即正因佛性，依《大涅槃經》，即「中道第一義空」，即是「我」

義，如來藏義。《經》言：「我者即是如來藏義。一切衆生悉有佛性，即是我義」。（《涅槃經》卷第七，〈如來性品〉第四之四）。又言：「佛性者名第一義空，第一義空名爲智慧。所言空者，不見空與不空。智者見空及與不空，常與無常，苦之與樂，我與無我。空者一切生死，不空者謂大涅槃。乃至無我者即是生死，我者謂大涅槃。見一切空，不見不空，不名中道。乃至見一切無我，不見我者，不名中道。中道者名爲佛性。以是義故，佛性常恆，無有變易。無明覆故，令諸衆生不能得見。聲聞緣覺見一切空，不見不空，乃至見一切無我，不見於我。以是義故，不得第一義空。不得第一義空故，不行中道。無中道故，不見佛性。〔……〕如汝所問，以何義故名佛性者，善男子！佛性者，即是一切諸 佛阿耨多羅三藐三菩提中道種子」。（《涅槃經》卷第二十七，〈師子吼菩薩品〉）。「見空及與不空」，名曰中道，此是雙照。「不見空與不空」，名第一義空，此是雙遮（雙亡）。終日雙照，終日雙遮，名曰「智慧」，此是從「能」說也。若從「所」說，則是中道第一義空。能所不二，即是正因佛性，亦曰法身，亦曰眞我，亦曰如來藏。說正因佛性者，是客觀地說，此是法性義之佛性。法身者即是「法性身」也。法性不是禿性，乃有無量無漏功德聚，故曰法性身，簡曰法身。此是一切諸佛之體性（體段）。佛之體性自性如此，顯則爲佛果，即是佛，未顯則曰佛性，亦曰因，即正因也。故正因佛性是客觀地說，亦即法性義之佛性。但此正因佛性既是法性身、我、如來藏，則其中本有智性與定性。從智性與定性方面說，即是緣了二因性。此二因性是主觀地說，亦曰覺性義之佛性。此佛性義是成佛所以可能之先天根據，此是主體義之佛

性。主體義之佛性以自覺活動義爲主。但自覺活動必融於正因佛性，始有客觀的意義，實體性（虛的實體性）的意義。客觀地說的正因佛性是實有（實相，中道第一義空）義的佛性，此亦不能離覺性義（活動義）的佛性而獨存，即必待覺性義的佛性而彰著。法身、般若、解脫本是即一而三，即三而一之圓德，此亦曰三德秘密藏。三因爲一整一佛性，亦是秘密藏，即如來藏。從因地說，名曰佛性。從果地說，名曰佛果。

從因地說，三因是性德三因，是衆生法性心本自有之。三因雖是圓德，不縱不橫，然爲朗現故，須是凸出緣了二因以朗現之。緣了凸出，既朗現其自己，亦朗現正因佛性。緣了凸出，即是修德緣了；全性德而起修德，全修德即在性德。修德緣了滿，即正因滿。故云：「智斷圓極，故法身顯著，即是三種佛性義圓也」。三佛性義圓者，即是全緣了融於法身，全法身融於緣了，不縱不橫，而爲一大涅槃也。法身對緣了而爲法身，是權說。法身與緣了融而爲一整法身，是實說。此權說實說在性德與修德皆然。故云：「性德時三因不縱不橫，果滿時名三德」，亦當不縱不橫也。實說之整法身非因非果，然當其未顯，「雖非是因，而名爲正因〔性德法身〕」；當其已顯，「雖非是果，而名爲法身〔修德法身〕」。故「隱名如來藏，顯名法身」。此是圓實說也。若分別言之，則《大經》所謂「非因非果名佛性」，即正因佛性；「是因非果名佛性」，即性德緣了皆名爲因（即凸出緣了以顯法身）；「是果非因名佛性」，即修德緣了滿，則正因滿，皆名爲果也。「佛性通於因果，不縱不橫」。三因皆滿，以整果爲佛性，即是如來藏顯而爲整法身也。

整法身不離報身（依報正報）化身。三身亦是圓德，不縱不橫。圓家言法性非只空如之理，必是「智如不二」之法性；智不是空頭之智，必帶三千而爲智；是以法性無住，亦必具三千而爲法性；故法性即法性身，法身非孤調之法身，必備報化身而爲法身。三身融一，恆常不變；滿攝一切，遍一切處；一切趣「身」，身趣一切：此如一切皆奔來眼底，眼明亦遍在一切而無遺漏。是故「一色一香無非中道」。一切只是一「身」，亦可以說只是一色，只是一香；色身不二，香身不二，此如前說「色心不二」也。荆溪於其《金剛錍》中即據此義而言「無情有性」。「無情」者草木瓦石也。「有性」者亦有佛性，此所有之佛性即法性義之佛性，佛者法佛也。煩惱心遍，即生死色遍，心遍色遍即佛法遍，證眞開藏即三身遍，三因亦遍。此種種遍義，並無難，因據圓而說故也。但此並不表示草木瓦石亦有覺性之佛性，而能自覺修行以成佛也。故「無情有性」不值得張皇，故吾此文於《金剛錍》不再逐文疏解，因其中並無新義故也。

H

天台圓教之義理模式

以上廣引文獻詳闡天台圓教之教義，今茲再予以反省消化，以明其教義之義理模式。此一模式乃的在表示圓教之所以爲圓教者。依大分言之，此不是直線分解之方式，乃是曲線詭譎之方式。此一義理模式全出於《維摩詰經》：

〈弟子品〉第三：

夫宴坐者，不於三界現身意，是爲宴坐。不起滅定而現諸威
儀，是爲宴坐。不捨道法而現凡夫事，是爲宴坐。心不住
內，亦不在外，是爲宴坐。於諸見不動而修行三十七道品，
是爲宴坐。不斷煩惱，而入涅槃，是爲宴坐。

〔……〕不捨八邪，入八解脫。以邪相入正法。

〔……〕不斷淫怒癡，亦不與俱。不壞於身，而隨一相。不
滅癡愛，起於明脫。以五逆相而得解脫，亦不解不縛。

〈菩薩品〉第四：

一切眾生皆如也，一切法亦如也，眾聖賢亦如也，至於彌勒
亦如也。

一切眾生即菩提相。

一切眾生畢竟寂滅，即涅槃相，不復更滅。

〈文殊師利問疾品〉第五：

空當於何求？答曰：當於六十二見中求。又問：六十二見當
於何求？答曰：當於諸佛解脫中求。又問：諸佛解脫當於何
求？答曰？當於一切眾生心行中求。

一切眾魔及諸外道皆吾侍也。

但除其病，而不除法。

在於生死，不爲汙行；住於涅槃，不永滅度，是菩薩行。

雖觀諸法不生，而不入正位，是菩薩行。雖觀十二緣起，而

入諸邪見，是菩薩行。雖攝一切眾生，而不愛著，是菩薩行。

〈觀眾生品〉第七：

天〔女〕曰：言說文字皆解脫相。所以者何？解脫者，不內不外，不在兩間。文字亦不內不外，不在兩間。是故舍利弗！無離文字說解脫也！所以者何？一切諸法是解脫相。舍利弗言：不復以離淫怒癡爲解脫乎？天〔女〕曰：佛爲增上慢人說離淫怒痴爲解脫耳。若無增上慢者，佛說淫怒痴性即是解脫。

〈佛道品〉第八：

爾時文殊師利問維摩詰言：菩薩云何通達佛道？
維摩詰言：若菩薩行於非道，是爲通達佛道。
又問：云何菩薩行於非道？
答曰：若菩薩行五無間，而無惱恚；至於地獄，無諸罪垢；至於畜生，無有無明憍慢等過；至於餓鬼，而具足功德；行色無色界道，不以爲勝；示行貪欲，離諸染著；示行瞋恚，於諸眾生無有恚礙；示行愚痴，而以智慧調伏其心；示行慳貪，而捨內外所有，不惜身命；示行毀禁，而安住淨戒，乃至小罪猶懷大懼；示行瞋恚，而常慈忍；示行懈怠，而勤修功德；示行亂意，而常念定；示行愚痴，而通達世間出世間

慧；示行諂偽，而善方便隨諸經義；示行憍慢，而於眾生猶
如橋梁；示行諸煩惱，而心常清淨；示入〔人〕於魔，而順
佛智慧，不隨他教；示入聲聞，而爲眾生說未聞法；示入辟
支佛，而成就大悲，教化眾生；示人貧窮，而有寶手，功德
無盡；示入〔人〕形殘，而具諸相好以自莊嚴；示入〔人〕
下賤，而生佛種性中具諸功德；示入〔人〕羸劣醜陋，而得
那羅延身，一切眾生之所樂見；示入〔人〕老病，而永斷病
根，超越死畏；示有資生，而恆觀無常，實無所貪；示有妻
妾綵女，而常樂遠離五欲淤泥；現於訥鈍，而成就辯才，總
持無失；示入邪濟，而以正濟度諸眾生；現徧入諸道，而斷
其因緣；現於涅槃，而不斷生死。文殊師利！菩薩能如是行
於非道，是爲通達佛道。

於是維摩詰問文殊師利：何等爲如來種？

文殊師利言：有身爲種；無明，有愛，爲種；貪恚痴爲種；
四顛倒爲種；五蓋爲種；六入爲種；七識處爲種；八邪法爲
種；九惱處爲種；十不善道爲種；以要言之，六十二見及一
切煩惱皆是佛種。

曰：何謂也？

答曰：若見無爲入正位者，不能復發阿耨多羅三藐三菩提
心。譬如高原陸地不生蓮華，卑濕汙泥乃生此華。如是，見
無爲法入正位者，終不復能生於佛法。煩惱泥中，乃有眾生
起佛法耳。又如殖種於空，終不得生。糞壤之地，乃能滋
茂。如是，入無爲正位者，不生佛法。起於我見如須彌山，
猶能發於阿耨多羅三藐三菩提心，生佛法矣。是故當知一切

　　　　煩惱為如來種。譬如不下巨海，不能得無價寶珠。如是，不
　　　　入煩惱大海，則不能得一切智寶。

案：順以上各品所言，即可總消化而為兩語：生死即涅槃，煩惱即
菩提。《維摩經玄義》卷第五即以「無離文字說解脫相」，「不斷
煩惱而入涅槃」，為「不思議解脫」。此一曲線詭譎的智慧即是表
示圓教之總模式。由此模式，而有：

　　(1)於一切染法不離不斷（行於非道通達佛道），於一切淨法不
取不著：「是法住法位，世間相常住」。

　　(2)法性無住，無明無住，「從無住本立一切法」。

　　(3)性具三千，一念三千：法門不改，即空假中，虛繫無礙的存
有論。

　　(4)性德善，性德惡，法門不改，佛不斷九。

　　(5)性德三因佛性遍一切處：智如不二，色心不二，因果不二，
乃至種種不二。

　　由此五義而圓教成：圓、實、滿、遍。圓則無偏，實則無虛，
滿無傾側，遍無遺漏。唯在此圓教下的佛心智上始有「智的直覺」
之可能。一念三千實即法性具三千，法性具三千即智具三千，智現
三千。智具智現即「智的直覺」之自性與妙用。「智的直覺」只是
佛心智（智如不二之法性體）之「自我活動」，不是感性（識知）
之被動與接受。其自我活動即具而現三千世間法，此即智的直覺在
佛家系統下之創生性──消極意義的創生性。此與儒家意志因果之
積極意義的創生性不同。（儒家所講的心體性體是道德創生的心體
性體，用康德的意志因果表示為便）。從佛心智發的「智的直覺」

反而照其自己，則其自己朗現，成佛爲可能，佛心不是一不可知之設準，（當然就識知而言，是不可知）；以此佛心智所發的「智的直覺」朗照一切，其所朗照者即其自身所具現者，其朗照而具現之是如其爲空假中之實相而朗現之，實相無相，即是如相，如相即是諸法之「在其自己」，如是，「在其自己」可朗現，而不復是一不可知之彼岸（當然識知不能知之）。佛心智朗現，諸法「在其自己」之如相朗現，則法身遍滿而成佛，依康德之思路，其關鍵唯在「智的直覺」之可能。吾以上作如此長之縷述，目的唯在說此一語。

須知圓敎是經由一獨特之消化而成者。以經爲準，佛所說經敎，有華嚴時、有鹿苑時、有方等時、有般若時、有法華涅槃時，此即所謂五時判敎。依天台宗，唯法華涅槃時爲眞正圓敎之所在。相應此圓敎實說而表出其所以爲圓敎須經由一獨特之消化始可能。此一獨特之消化即天台宗所表達之圓敎。依此而論，印度原有之空宗與唯識宗俱不能達此境。天台宗雖推尊龍樹，然只取其四句叵得之遮詮方法，至於相應圓敎實說而表達出其所以爲圓敎則固有進於空宗者。唯識宗採取分解表示，層層推進，推至阿賴耶識，固非圓敎，即層層推進，推至菴摩羅識或如來藏自性清淨心，仍是別敎，而非圓敎，即推至塔頂極高，如華嚴宗之所說，亦仍是別敎一乘，而非圓敎一乘。天台宗既不取層層推進分解表示之方式，復亦有進於空宗者，則其相應圓敎實說而表出其所以爲圓敎必有其獨特之方式，亦即自有其匠心獨運之創闢心靈。此一獨特方式即是以經爲準予以消化後而自然逼顯出的曲線詭譎之方式，在此方式下，一切放平。是故智者云：「諸師多採經通論，至令晚生皆謂論富經貧。今

採經論通經意，欲令後生知經富論貧也。敬重大乘，眞佛所說，功德無量，是入道正因。輕經重論，甚可傷也」。（《維摩經玄義》卷第三）。又云：「今採經論撰十意〔即觀心十法門〕以成乘義者〔即十法成乘〕，爲欲令一家義學禪坐之徒知佛法大小乘經論所明入道正意，異外國外人各說一究竟道」。（同上卷第二）。此所說「外人」固指佛教以外諸教，而如天台宗有其獨特之方式，則固亦異於外國諸大乘論師也。不得「輕經重論」，亦不得專迷信印度論師也。此兩點即足表示智者大師確有其獨立不依之心靈。歐陽竟無云：「自天台，賢首等宗興盛而後，佛法之光愈晦。諸創教者本未入聖位（如智者即自謂係圓品位），所見自有不及西土大士之處。而奉行者以爲世尊再世，畛域自封，得少爲足，佛法之不明宜矣」。（《唯識抉擇談》）。吾非佛弟子，不欲參與佛教內部宗派之爭，然客觀順理觀之，覺歐陽大師此語實非諦論。此亦「輕經重論」，迷信「西土大士」之蔽也。若如唯識宗之無謂煩瑣，逐流不返，不更晦「佛法之光」乎？天台宗消化經教之獨特方式與獨立心靈不可誣也。經意不比論統爲更接近於佛法乎？荊溪《止觀義例》卷上云：「第二所依正教例者，散引諸文，該乎一代。文體正意唯歸二經。一依《法華》，本迹顯實。二依《涅槃》，扶律說常。以此二《經》同醍醐故」。又云：「故知一家教門遠稟佛經，復與大士〔補處大士〕宛如符契。況所用義旨，以《法華》爲宗骨，以《智論》爲指南，以《大經》爲扶疏，以《大品》爲觀法，引諸經以增信，引諸論以助成。觀心爲經，諸法爲緯。織成部帙，不與他同」。此即智者大師所謂「採經論通經意，欲令後生知經富論貧也」。須知順論統逐流，詳密不難，返之於經，以經約攝諸法，以

諸法實經約，則非有創闢心靈，高明獨運，不爲功。終生牢守一家之論宗，於佛法之的旨與究竟義上，自不若反之於經者之老練與精熟。勿謂繁析八識即能不晦「佛法之光」也。吾觀宗唯識者之煩瑣分析，逐流不返，實不比能說出「若色若識皆是唯識，若色若識皆是唯色」，「亦得唯色、唯聲、唯香、唯味、唯觸、唯識」者之更能了解唯識精義以及更能密契「佛法之光」也。勿謂以智者大師之學識尚不能了解唯識也，亦勿因其對於唯識內部之名相未能詳析詳說，或雖說之，而不免有差錯，或與印度原義有不合者，即謂其晦「佛法之光」也。須知彼之用心乃高一層者，即相應圓教實說而表達其所以爲圓教。圓教不與任何權教爲敵，此所以有判教之說。判教者分判各種教義之分際與層次而顯終窮之實教。開權顯實，會三歸一。權融於實，權亦不廢。既非層層推進，推至塔頂極高爲圓，則圓之所以爲圓必有其獨特之模式。而此模式乃爲天台宗所獨得之。依此而觀，則智者大師之創闢心靈實不可及也。

　　吾之所以廣引文獻以表說天台宗所表達之圓教，乃因此宗教義，人對之太生疏故，不熟知故。又因若不能將此典型之圓教展露明白，則就此書所集中之論點言，「智的直覺」之眞實可能即不能透體露出。吾若只空說一圓教，人不能切知圓教究係何物，吾自己心中亦無清楚之觀念，此則不能顯出「智的直覺」之爲中西哲學差異之關鍵。（吾不謂吾眞能明澈此中之奧蘊，吾於經論亦不精熟。吾只順彼文字稍盡輯錄之責，並從理上見出此中確有一獨特之方式，故略爲方便解說，以使讀者有把握之線索耳）。吾若只就般若智之本性與作用說「智的直覺」，則只就僧肇之「般若無知」與「物不遷」明之即可。然如此明「智的直覺」，則嫌浮泛籠統，不

能真表示出「智的直覺」之關鍵性。此如在儒家,若只說「萬物靜觀皆自得」,或只說良知之虛靈明覺爲智的直覺,則必浮泛不切,人不能知「智的直覺」之重要。故必須於內聖之學之全部就本心仁體之無外以見其爲道德創造之實體,爲宇宙生化之實體,就此以明「智的直覺」,方始顯出其爲中西哲學之差異之關鍵。在佛家亦如此,故必須展示一典型之圓敎以明「智的直覺」之透體朗現以及其眞實意義。故吾不嫌辭費,詳展天台之圓敎。表面觀之,好像與本書之論點與體例不甚相干。人可問曰:何忽於天台說的如此之多?若稍有熟習,不太陌生,自不須如此之多。正因時人太陌生故,故須詳展一圓敎典型以明「智的直覺」之實義。此亦了解上之不得已也。

華嚴宗雖是屬於層層推進,推至塔頂極高之圓敎,此尙不是眞正的圓敎,然其描述「大緣起法界」中種種奇詭玄妙的辭語,亦非「智的直覺」不能解明。於此明「智的直覺」,只是般若智之用也。下章明之。

二一、華嚴宗真常心系統中智的直覺之全體大用

　　華嚴宗之圓教系統，我在這裡不想予以展示，我只想就其解說大緣起法界中許多玄妙奇詭的語句予以智的直覺之說明，以明智的直覺之本性與作用。

　　賢首《華嚴一乘教義分齊章》於「義理分齊」章第十中講到「十玄緣起無礙法門義」時有云：

> 夫法界緣起乃自在無窮。今以要門略攝爲二：一者明究竟果證義，即十佛自境界也。二者隨緣約因辨教義，即普賢境界也。
>
> 初義者，圓融自在，一即一切，一切即一，不可說其相狀耳。如《華嚴經》中，究竟果分國土海及十佛自體融義等者即其事也。不論因陀羅及微細等，此當不可說義。何以故？不與教相應故。《地論》云：「因分可說，果分不可說」，即其事也。

案：「不與教相應」，唯證相應。證者體證，證現義，即有無窮盡內容（性德）的佛心之全部朗現。這豐富不空的佛心即《起信論》

所謂「一法界大總相法門體」，賢首亦曰：「大緣起陀羅尼法」，
此是佛所親自證到而證現的。親自證到就是體證，不是空思議到
的；不但是親自證到，而且證到即是證現。證到是如如冥契，冥契
而證實之，不只是一個觀念；不只是一個觀念即是證實而朗現之，
是如其為一無窮盡的實德而一時朗現之。故此「證」字是表示金剛
定斷盡無明後不空如來藏底全部朗現。剋就佛之證說，這個證字不
但是他親自覺到，見到而且覺之見之即是朗現之，這就是證底創造
性。若用康德的詞語說，這個證就是智的直覺。它就是佛心底自我
活動，它所證而朗現之即所智地直覺之的無窮盡的豐富內容──大
緣起陀羅尼法就是它自己，這個純是佛心自我活動的直覺其自身即
給出一豐富的內容──雜多，多而無多的多。這個就是十身佛底自
體圓融，自在無窮。剋就佛之證說，這是不可思議，不可說其相狀
的。但不可思議，不可說，並非是糊塗，冥惑，只是不可以概念說
之思之。故「證」只有以智的直覺明之。

　　但果不可說，因方面卻可說。這無窮盡豐富內容的果海，其所
以為無窮盡不只是一個籠統的糊塗，乃是有其線索與來歷的。構成
這無窮盡是由教義，理事，解行，因果，人法，分齊境位，師弟法
智，主伴依正，隨其根欲示現，逆順體用自在，這十義為界線而形
成的。（果海不是一個構造，說構成或形成約這十義方便說）。此
即所謂「隨緣約因辨教義」，因為有這些界線（眉目），所以「大
緣起陀羅尼法」（法界緣起）雖不可說，而亦可說，說之以示其相
狀。

　　在這可說方面，賢首從兩方面表示：一、以喻略示；二、約法
廣辨。在喻示方面，他以「十錢」為喻。由這十錢喻說「大緣起陀

羅尼法」，他所憑藉以說的概念是同體，異體。在異體方面，他憑藉「相即」與「相入」說；在同體方面，他憑藉「一中多，多中一」與「一即多，多即一」說。以下試檢查這些「說示」的意義。何以說同體，異體？

> 所以有此二門者，以諸緣起門內，有二義故。一不相由義，謂自具德故，如因中不待緣等是也。二相由義，如待緣等是也。初即同體，後即異體。

先就異體門中說相即相入。何以有相即與相入之二門？

> 所以有此二門者，以諸緣起法皆有二義故。一、空有義，此望自體。二、力無力義，此望力用。用初義故，得相即。由後義故，得相入。

此即藉空有底概念說「相即」，藉力無力底概念說「相入」。

> 初中，由「自若有時，他必無故」，故他即自。何以故？由「他」無性，以「自」作故。由「自若空時，他必是有」，故自即他。何以故？由「自」無性，用「他」作故。以二有二空各不俱故，無「彼不相即」。有無，無有，無二故，是故常相即。若不爾者，緣起不成。有自性等過，思之可見。
> 二明力用中，「自」有全力故，所以能攝「他」。「他」全

> 無力故，所以能入「自」。他有力，自無力，反上可知。不
> 據自體，故非相即。力用交徹，故成相入。又，由二有力，
> 二無力，各不俱故，無「彼不相入」。有力無力，無力有
> 力，無二故，是故常相入。

案：此兩段即說明相即相入之義。從緣起性空底立場說明自他相
即。「自」即眼前這一個緣起法，或任何一個緣起法自己。「他」
即任一法以外的其他法。他法不必指一個說，亦可指一切說。自他
相即是就自他緣起之自體說（「此望自體」）。此云「自體」與普
通說無自性無自體之「自體」不同。無自性，無自體，正是空義；
而此云「自體」即是自他緣起法之自己，此是「事自體」，亦事體
之體，即自他緣起法各事體之自己。無自性無自體，此所無之自性
自體，可名曰「義自體」。無此種義自體，故顯緣起法之性空。緣
起法本性是空，空缺實有義之自性自體，而即以空為性。義自體
無，事自體宛然呈現，並非沒有，此即所謂「非無幻化人，幻化人
非真人耳」。幻化人之自己即所謂事自體，即此處所謂「望自體」
之自體，即就各幻化事自己說明自他相即也。說自他相即底根據是
空有義。

　　如何說自他相即？「由自若有時，他必無故，故他即自」。自
己這個緣起法若存在時，其他緣起法即無獨立之存在（「他必
無」）。即在此義上，說「他即自」，他就是自。因為他無自性
（空），全由「自」為緣而作成故，所以他法並非是一有自性的獨
立存在。即依此故，說自己若有，即不必說他，他即是自。「自若
有，他必無」，他之必無是因性空而為無，並非沒有幻化緣成的

「他」。正由於他是以自爲緣而作成，故他即是自。反之，「由自若空時，他必是有，故自即他。何以故？由自無性，用他作故」。「自若空時」即自己若因無自性（空）而爲無時，「他必是有」即必須有他，他必須存在而緣成自，故「自即他」。在緣起法上，雖性空，而不是斷滅，故當說自法因空而無時，必須有他（他必須存在），他之有亦不是因有自性而爲有；當說他法因空而無時，自必須有，自之有亦不是因有自性而爲有。故自有他無，或自無他有，不是邏輯上的排斥關係；正因非排斥關係，所以才能「相即」；而自即他或他即自即函「一即一切，一切即一」。而這個「即」是待緣相由緣成的「即」，當然不是謂述語的即。自有他無，他就是（即）自，他之存在（有）即在自之存在中；自無他有，自就是他，自之存在即在他之存在中。自即他，他即自，不是主謂關係。此緣成的「即」即函「一成一切成」，一切成即一成。緣起是不常，相即是不斷。不常不斷的緣成，據緣之「壞相」說，亦就是成而不成。「各住自法，本不作故」。此是「相即」義之全部義蘊。到「成而不成」時，只是「即空即假即中」之一如（此雖天台宗語，亦可借用）。如是，吾人藉「相即」關係表示「大緣起陀羅尼法」之相狀，最後還是相而無相，狀而無狀。須知這「相即」關係不是一個由時空以及概念所表示的決定關係（determinate relation）。如果是決定的關係，則是康德所謂屬於現象界者，此須賴感觸直覺以及概念之思而成。現在，既不是決定的關係，則此「相即」所示之相狀（成而無成，相而無相）實只有憑藉智的直覺來證應。智的直覺只證應即空即假即中當體即如之如相，（不是單證空性），並不證應決定的關係。在此，如果用「物自身」（物之

在其自己）一詞，則「即空即假即中」之假之如相即是假之在其自
己。此是佛家緣起性空系統下的「在其自己」。此「在其自己」不
是說緣生法尚有自性，乃是當體即如之如相。「在其自己」一語自
身是無顏色者。

藉力與無力以明「相入」，這相入關係亦不是一決定的關係。
從「自」方面來說，「自有全力故，所以能攝他；他全無力故，所
以能入自」。有力攝他，這「攝他」底根據即在緣成的「相即」。
惟「不據自體，故非相即」。此時即說「攝他」，而不說「他即
自」。「攝」即是這一法，由於緣成之「一成一切成」，來收攝其
他一切法，而其他一切法即因無力而全部吸入「自」之存在中。他
之無力不是絕對的無力，不常不斷，他只是因「即自」而被自所攝
而無力，這只是他的低昂之低沉。他若浮昂起來，他即成有力而攝
自，而自亦被吸入於其中而入於他。此即所謂「力用交澈，故成相
入」。攝不是一個本體統攝一切現象，乃是一法攝一切法，一切法
入於一法，此即所謂「一攝一切」；同時，一切法攝一法，一法入
於一切法，此即所謂「一切攝一」。

由力而攝，這「力」字亦是虛說，不是物理關係中的實字。故
攝入關係亦不是由時空與概念所表象的決定關係。故攝而不攝，入
而不入，只是如如平鋪，而實空如無相。凡非決定的關係者，皆唯
智的直覺相應。

以上是從理上說，今再以十錢作喻示：

於中先明相入。初向上數十門。一者，一是本數。何以故？
緣成故。乃至十者，一中十。何以故？若無一，即十不成

故。一即全有力，故攝於十也。仍十非一矣。餘九門亦如
是，一一皆有十，準列可知。

向下數亦十門。一者，十即攝一。何以故？緣成故。謂若無
十，即一不成故，即一全無力，歸於十也。仍一非十矣。餘
例然〔……〕

問：既言一者，何得一中有十耶？

答：大緣起陀羅尼法，若無一，即一切不成故，定知如是。
此義云何？所言一者，非自性一，緣成故一。是故一中有十
者，是緣成一。若不爾者，自性無緣起，不得名一也。乃至
十者皆非自性十，由緣成故。爲此十中有一者，是緣成無性
十。若不爾者，自性無緣起，不名十也。是故一切緣起皆非
自性。何以故？隨去一緣，即一切不成。是故一中即具多
者，方名緣起一耳。

案：以十數喻示，只以數目喻示一多緣起。此所謂「數」不是數學
中數之本義。數之本義，每一數皆是定數。一是決定之一，十是決
定之十，即所謂「自性一」，「自性十」。故於數學中不能言緣起
也。數既是決定之數，故數學中一多概念，亦是決定概念，非此緣
起法中之一多也。一爲本數是緣成一，非自性一，故一即攝二，二
入於一，乃至一即攝十，十入於一。從一說起是如此，從二三四乃
至八九十說起亦是如此。反之，向下數，十是本數，亦是緣成十，
故十即攝九，九入於十，乃至十即攝一，一入於十。從十說起是如
此，從九八七乃至三二一說起亦是如此。總之，是一中有十，十中
有一；一攝多，多攝一。而攝入關係非決定關係。攝而不攝，入而

不入，各各自在，一多無礙，而實只是即空即假即中之如相，則亦無所謂一多之決定的攝入也。決定的關係被拆掉，則只有以智的直覺來證應。故繼上問答云：

> 問：若去一緣即不成者，此則無性。無自性者，云何得成一多緣起？
> 答：祇由無性，得成一多緣起。何以故？由此緣起是法界家實德故，普賢境界具德自在，無障礙故。《華嚴》云：「菩薩善觀緣起法，於一法中解眾多法，眾多法中解了一法」。是故當知一中十，十中一，相融無礙，仍不相是〔即十仍是十，非一，一仍是一，非十〕。一門中既具足十義故，明知一門中皆有無盡義。餘門亦如是。

一多相攝入，攝入是無盡，此即函因陀羅網隱映互現，以及微細相容一時炳然（十玄門中之二門）。喻相入訖，再以十錢喻「相即」，此亦有向上向下之二門：

> 初門中有十門。一者一，何以故。緣成故？一即十，何以故？若無一，即無十故。由一有體，餘皆空故。是故此一即是十矣。如是向上，乃至第十，皆各如前，準可知耳。
> 言向下者，亦有十門。一者十，何以故？緣成故。十即一，何以故？若無十即無一故。由一無體，餘皆有故。是故此十即一矣。如是向下，乃至第一，皆各如是，準前可知耳。
> 以此義故，當知一一錢即是多錢耳。

問：若一不成十者，有何過失？

答：若一不即十者，有二失。一，不成十錢過。何以故？若
一不即十者，多一亦不成十。何以故？一一皆非十故。今既
得成十，明知一即是十也。二者，一不成一過。何以故？若
一不即十，十即不得成。由不成十故，一義亦不成。何以
故？若無十，是誰一故。今既得一，明知一即十。又，若不
相即，緣起門中空有二義即不現前，便成大過。謂自性等，
思之可知。下同體門中準此知之。餘門亦準可知耳。

案：若一不即十，即永無法能成十，即使是多個一，譬如有十個
一，亦永不能成十，蓋十個一，個個仍是一，而不是十，十個臭皮
匠仍只是十個臭皮匠，而不是一諸葛亮。此言數目顯是借用數目以
喻緣成，而不是數目之本身。若就數目本身說，一是自性一，非緣
成一，一自是一，而不能即是十。十正是由十個一而構成。綜起來
是十，散開就是十個一，故十就等于十個一，此康德之所以說數目
為先驗的直覺綜和也。是則數目是決定概念，皆是定數，即皆有自
體（自性），此自不是說緣成。今就緣起性空說緣成，故一是緣成
一，十亦是緣成十，一即是十，一即是多，此一與十或一與多皆是
借用，非數學中之決定概念。既非決定概念，則一與十或一與多之
相即關係即非一決定關係。既非決定關係，則即而不即，「即」是
奇詭的即；用此奇詭的即以明「大緣起陀羅尼法」之相狀，實只是
相而無相，狀而無狀，唯是一緣起無性之如相耳。第二過之「一不
成一」亦同此解。繼上問答又有問答：

問：若一即十者，應當非是一。若十即一者，應當非是十。

答：祇爲一即十故，是故名爲一。何以故？所言一者，非是
情謂一，緣成無性一。爲此一即多者，是名一。若不爾者，
不名一。何以故？無有自性故，無緣不成一也。十即一者，
準前例耳。勿妄執矣。應如是準知。

案：若一即十，一應非是一。若十即一，十應非是十。此是以決定
概念視此一，十，此是俗情之所謂一（情謂一），非此所用一十之
義。

以上由相即相入明相由待緣之異體門。今再以一中多，多中
一，一即多，多即一，明「不相由」之同體：

第二同體門者，亦有二義。一者，一中多，多中一；二者，
一即多，多即一。初門二。一者一中多，二者多中一。初，
一中多者，有十門不同。一者，一，何以故？緣成故。是
〔此〕本數一中即具十。何以故？由此一錢，自體是一；復
與二作一故，即爲二一，乃至與十作一故，即爲十一。是
故，此一之中即自具有十個一耳。仍一非十也。以未是即門
故。初一錢既爾，餘二三四五以上九門皆各如是，準例可
知耳。

二者，多中一，亦有十門。一者，十。何以故？緣成故。十
中一，何以故？由此一與十作一故，即彼初一在十一之中
〔意即在十這個一之中〕。以離十一，即無初一故。是故此
一即十中一也。仍十非一矣。餘下九八七乃至於一皆各如

是，準例思之。

案：本數一非獨立有自性之一，乃緣成之一，待他緣而成此一，亦待此一而成其他之多。故此一即與于彼彼之多而成其爲彼彼而使之各自爲一。「與二作一」即成二這個（二一），「與十作一」即成十這個一。彼彼之各一皆與本數一爲同體耳。此即所謂「一中即具多」。譬如筆這個一，待緣而成，亦爲緣而成其他，如紙，如字，如書寫活動，如桌子等等。筆之一與于紙，即與紙作一，而成其爲紙之一；與于字 ，即與字作一，而成其爲字之一，其他等等皆然。彼彼之一皆同一「一」耳，是即是「一中多」。就十說，與十作一，十即成一個一，故云「仍一非十也」。此不是數學決定之十。決定之十是一綜體。此言十不作一綜體看，乃只作一單一看。故散開無數目概念，而只有各緣起法（紙筆等）也。彼彼，綜說是多，散開實只是個個一，故同體之一即多。此不是說相即，一即是十，乃是說此本數一與彼個個之多散開而各成其爲一「一」耳。故一說一，即具多個一，故即具多耳。清涼釋云：「一本自是一，則爲本一。應二爲二一，應三爲三一，等。祇是一個一，對他成多。喻如一人，望父名子，望子名父，望兄爲弟，望弟爲兄。同一人體，而有多名。今本一如一人，多一如諸名也。」此釋雖似通，實失原義。同體不是「同一人體而有多名」。乃是個個法「不相由」，皆同爲一「一」耳。雖同是一個「一」，而卻是個個之多。故一中即具多。同體是就多一皆一說，不是就一個「一」有多名說。故「望父爲子」，云云，此例並不恰。這不是這一人多一子名，父名等等，乃是這一人之一與於子即成子之一，與於父即成父

之一。此有類於公孫龍子所謂「天下固獨而正」，此是堅白離而皆是獨，由獨說一（同體），獨之一適成堅白離之多。故就同體說一中多，多中一。結果，亦無一，亦無多。故不管一即多，或一中多，皆非決定關係也。

又，此一中多，多中一，尚不是有異指之一多。如普通所想，一指普遍的實有，多指現象之雜多，此便是有異指。若如此，一多便成決定的關係。若一個體自身爲一，許多個體爲多，此亦是決定的一多。凡此皆非此緣起性空中所說之一多。

> 二者，一即十〔多〕，十〔多〕即一，亦有二門。
> 一者，一即十。亦有十門不同。一者，一。何以故？緣成故。一即十，何以故？由此十一即是初一故，無別自體故。是故此十即是一也。餘九門皆亦如是，準之可知。
> 二者，十即一。亦有十門不同。一者，十。何以故？緣成故。十即一，何以故？彼初一即是十故，更無自一故。是故初一即是十也。餘九門準例知之。

案：前言一中多，多中一，此言一即多，多即一。此「即」亦是據不相由之同體說，與一中多多中一實爲一事。說一即十，即函一即九，八，七等等。綜起來即說「一即多」。凡言多皆是散指其他之每一個。一即十，因此十之一即是作爲本數之初一之一，無別自體之一也。「是故此十即一」，亦等於「此一即是十之一」（一即十）。一即九，八等亦如此。綜之即是「一即多」，本數一即是多一之一也。反之，十即一，亦函八九七等即一，綜之，即是多即

一，彼彼多之各一即是此本數一之一也。此亦等於本數一之初一即是彼彼多一之一，並無另一個自一也。

> 問：此同體中一即十等者，為祇攝此十耶？為攝無盡耶？
> 答：此並隨智而成，須十即十，須無盡即無盡。如是增減，隨智取矣。十即如前釋。曰無盡者，一門中既有十，然此十復自迭相即相入，重重成無盡也。然此無盡重重，皆悉攝在初門中也。〔案：十錢只是舉例喻示。稱法而談，當只「攝無盡」，無所謂「只攝此十」，亦無所謂「如是增減隨智取矣」。〕
> 問：為但攝自一門中無盡重重耶？為亦攝餘異門無盡耶？
> 答：或俱攝，或但攝，復自無盡。何以故？若無自一門中無盡，餘一切門中無盡皆悉不成故。是故初門同體，即攝同異二門中無盡。無盡無盡，無盡無盡，無盡無盡，無盡無盡，無盡窮其圓極法界，無不攝盡耳。
> 或但攝自同體一門中無盡。何以故？由餘異門，如虛空故，不相知故，自具足故，更無可攝也。此但隨智而取，一不差失也。如此一門既具足無窮個無盡，及相即相入等，成無盡者，餘一一門中皆悉如是，各無盡無盡。誠宜如是準知。
> 此且約現今事錢中，況彼一乘緣起無盡陀羅尼法，非謂其法只如此也。應可去情如理思之。

案：此言任一門皆無盡重重，一門之無盡即函餘一切門中之無盡，或甚至即是一切門之無盡，無盡無大小，無局限。此無盡義即函下

十玄門所說之一切。

以上就緣起法之相由（異體）不相由（同體）言緣起法之相即相入以及「一中多，多中一」與「一即多，多即一」。此是原則上綜持地說。其實只「一即一切，一攝一切」兩語而已，惟有異體相望而說與同體各自而說之不同。此兩語即綜說「一乘緣起無盡陀羅尼法」之相狀。然須知此所憑藉以綜說的概念皆非決定概念，故其所表示之關係亦非決定關係。此非決定關係所表示的相狀亦非定相定狀，此即相而無相，狀而無狀。此非定相定狀之「緣起無盡陀羅尼法」結果只是智的直覺所相應之境。收於果證上說即是不可說。

由以上綜持地說下開「約法廣辨」，即就教義、理事、解行、因果、人法等十義廣釋之以十玄，由十玄門以示「緣起無盡陀羅尼法」之相狀。此則簡引原文以明其義，不須詳解。

> 十玄門者，
> 一者，同時具足相應門。此上十義〔即教義，理事等〕同時相應，成一緣起，無有前後始終等別，具足一切自在逆順，參而不雜，成緣起際。此依海印三昧，炳然同時顯現成矣。
> 二者，一多相容不同門。此上諸義，隨一門中即具攝前因果理事一切法門。如彼初錢中即攝無盡義者，此亦如是。
> 三者，諸法相即自在門。此上諸義，一即一切，一切即一，圓融自在，無礙成耳。
> 四者，因陀羅網境界門。此但從喻異前耳。此上諸義，體相自在，隱映互現，重重無盡。

五者，微細相容安立門。此上諸義，於一念中，具足始終，同時，別時，前後，逆順等一切法門，於一念中炳然同時齊頭顯現，無不明了。猶如束箭，齊頭顯現耳。

六者，秘密隱顯俱成門。此上諸義，隱覆顯了，俱時成就也。〔案：隱現是隱映互現，重重無盡。俱時成就是一時炳然，齊頭顯現，此是秘密，亦即上微細門〕。

第七，諸藏純雜具德門。此上諸義或純或雜。如前人法等，若以人門取者，即一切皆人，故名為純。又，即此人門具含理事等一切差別法，故名為雜。

八者，十世隔法異成門。此上諸義遍十世中，同時別異具足顯現，以時與法不相離故。言十世者，過去未來現在三世各有過去未來及現在，即為九世也。然此九世迭相即入，故成一總句。總別合成十世也。此十世具足別異同時顯現。成緣成故，得即入也。〔案：清涼云：「三世區分，名為隔法。而互相在，即是異成。」〕

九者，唯心迴轉善成門。此上諸義唯是一如來藏自性清淨心轉也。但性起具德，故異三乘耳。然一心亦具足十種德，如〈性起品〉中說十心義等者即其事也。所以說十者，欲顯無盡故。如是自在具足無窮種種德耳。此上諸義門悉是此心自在作用，更無餘物，故名唯心轉等。宜思擇之。〔十心義者，一平等無依心、二性無增減心、三益生無念心、四用興體密心、五滅惑成德心、六依持無礙心、七種姓深廣心、八知法究竟心、九巧令留惑心、十性通平等心。〕

十者，託事顯法生解門。此上諸義，隨託之事以別顯別法，

謂諸理事等一切法門。〔……〕問：三乘中亦有此義，與此
何別？答：三乘託異事相，表顯異理。今此一乘所託之事相
即是彼所顯之道理，更無異也。具足一切理事，教義，及上
諸法門，無不攝盡者也。宜可如理思之。

此十玄示之一乘緣起無盡陀羅尼法即是十身佛（毘盧舍那佛）法身
之實德。說緣起亦是方便說，其實當該是「性起」，而性起亦是起
而無起，故云實德。此與「隨緣不變，不變隨緣」不同，乃是順
「隨緣不變，不變隨緣」，通過修行，捨染轉淨，一起收于「果
海」上說。故緣起實爲性起，而性起亦起而無起，故爲實德。此詳
辨見《心體與性體‧冊一》附錄：〈佛家體用義之衡定〉。

　　此十玄以及上喻示所示之法界緣起之相狀，唯是相而無相，狀
而無狀，故唯是智的直覺相應。以所藉以示其相狀之概念與關係俱
非決定故。最能示此非決定關係者乃在最後之「六相圓融義」。緣
起六相謂總相、別相、同相、異相、成相、壞相。所說之六相皆非
決定之相，故皆是詭譎語。茲引文明之如下：

　　總相者，一含多德故。別相者，多德非一故；別依止總，滿
　　彼總故。同相者，多義不相違，同成一總故。異相者，多義
　　相望各各異故。成相者，由此諸義，緣起成故。壞相者，諸
　　義各住自法，不移動故。

此是總說，下就衆緣成舍以問答解釋。

問：何者是總相？

答：舍是。

問：此但椽等諸緣，何者是舍耶？

答：椽即是舍。何以故？為椽全自獨能作舍故。若離於椽，舍即不成。若得椽時，即得舍矣。

問：若椽全自獨作舍者，未有瓦等，亦應作舍。

答：未有瓦等時，不是椽，故不作。非謂是椽而不能作舍。今言能作者，但論椽能作，不說非椽作。何以故？椽是「因」緣，由未成舍時，無「因」緣故，非是椽故。若是椽者，其畢全成。若不全成，不名為椽。

問：若椽等諸緣，各出少力共作，不全作力者，有何過失？

答：有斷常過。若不全成，但少力者，諸緣各少力，此但多個少力，不成一全舍，故是斷也。諸緣並少力，皆無全成，執有全舍者，無因有故，是其常也。若不全成者，去卻一椽時，舍應猶在。舍既全成，故知非少力並全也。

問：無一椽時，豈非舍耶？

答：但是破舍，無好舍也。故知好舍全屬一椽。既屬一椽，故知椽即是舍也。

問：舍既即是椽者，餘板瓦等應即是椽耶？

答：總並是椽。何以故？去卻椽，即無舍故。所以然者，若無椽，即舍壞。舍壞故，不名板瓦等。是故板瓦等即是椽也。若不即椽者，舍即不成。椽瓦等並皆不成。今既並成，故知「相即」耳。一椽既爾，餘椽例然。是故一切緣起法不成則已，成則相即鎔融，無礙自在，圓極難思，出過情量。

　　法性緣起通一切處，準知。

案：以上解釋總相，初看，好像完全是詭辯。其實他說總、舍、
椽、瓦等，意義完全不同常情。他是根據緣成相即（一即一切，一
切即一）說，而其目的是緣起性空，即空即假，緣成不可解，是則
成而無成，一切只是一如相。此是總綱領。根據此總綱領，總、
舍、椽、瓦等皆非定名。整舍是總。但此「總」並非其自身為一綜
體之定名（totality），因此，「舍」亦非是一構造的綜體。佛家
說緣成並非是構造論。若以為舍是一邏輯的構造品，則舍即成一定
名。作為定名的舍是一決定的概念。在此，椽瓦等只是構成舍的條
件或成素之一，而不能即是舍，來回的相即便不能說。如是，椽瓦
等俱是決定的概念，則其間的關係便即是決定的關係，此則自成一
套，便是世間的知識，但不是緣起性空所函蘊的一切之知識。是以
「一乘緣起無盡陀羅尼法」底呈現必須由拆穿此等決定關係而顯，
因此，總，舍，椽，瓦等俱非決定概念，因此始有那些來回相即的
辯說，而即使相即，亦是即而不即，故終於又有那些來回相遮的辨
說，此其總義只在成一不可思議的如相，而唯有以智的直覺相應。

　　依緣起義，一切皆緣成，皆無自性。此不可以「是」（what
is）底方式去思。西方的哲學訓練我們以這個「是」，但佛家則訓
練我們去掉這個「是」。譬如舍，「此但椽等諸緣，何者是舍」？
舍本身只是假名。但你不可以把他看成是一個構造的綜體這樣的假
名。它在緣起上仍宛然是舍。它之是舍如何說？「椽即是舍」，這
仍落在諸緣上說它為舍之實，它不是一個綜體的虛名，這與西方的
唯名論不同。（性空唯名與西方唯名論之以抽象的概念綜體為虛名

不同）。「椽即是舍」，這個「即是」是緣成的「即是」，而非西方哲學所訓練我們的「是什麼」之「是」。椽之緣成地即是舍是因爲「椽全自獨能作舍故」。「椽全自獨作」表示它不是一個構成的成分以一部分的力量參與諸緣中去作成舍。如果是如此，它本身只是一「少分力量」，不能即成舍（因而亦不能即是舍），「諸緣各出少力，此但多個少力」。一少力不能成舍，多個少力仍不能成一全舍。各出少力共作而成，是定名下的想法，法界緣起不能這樣想。是以一緣自己即能完全地成一全舍。諸緣中每一緣皆是如此。椽全自獨作，板瓦等亦全自獨作；而且一緣即全緣，「板瓦等即是椽」，椽即是板瓦等，因而說一緣即是全緣，故能獨自全成舍，椽即是舍，板瓦等亦即是舍。一緣即，攝，入一切緣而爲一緣，非是定名之一緣。因此缺一緣即缺全緣；缺一緣即無舍，無舍亦無椽與板瓦等；舍成即諸緣成，諸緣中任一緣成即全緣成，因而一緣成即舍成。是謂一成一切成，一壞一切壞。故總非綜體定名總，而一緣即是總。是則總不作總想，而每一緣之獨自全成（全自獨作）即是總，是則總而非總也。總而非總成其總。是即來回相即來回相遮也。

　　若每一緣獨自全成即是總，則總與別有何異？

　　　　第二別相者，椽等諸緣別於總故。若不別者，總義不成。由
　　　　無別時，即無總故。此義云何？本以別成總，由無別故，總
　　　　不成也。是故別者即以總成別也。
　　　　問：若總即別者，應不成總耶？
　　　　答：由總即別故，是故得成總。如椽即是舍，故名總相。舍

即是椽，故名別相。若不即舍，不是椽；若不即椽，不是舍。總別相即，此可思之。

問：若相即者，云何說別？

答：祇由相即，是故成別。若不相即者，總在別外，故非總也。別在總外，故非別也。思之可解。〔定名即是總在別外，別在總外〕。

問：若不別者，有何過耶？

答：有斷常過。若無別者，即無別椽瓦。無別椽瓦故，即不成總舍。故是斷也。若無別椽瓦等，而有總舍者，無因有舍，是常過也。

案：雖有椽瓦等別于總，而此別非定別，故別即是總，是則別而非別也。故別而非別成其別，總而非總成其總。椽即是舍，是總，別而非別也。舍即是椽，是別，總而非總也。是故以總成別，以別成總。

第三同相者，椽等諸緣和同作舍，不相違故。皆名舍緣，非所餘物，故名同相也。

問：此與總相何別耶？

答：總相唯望一舍說。今此同相，約椽等諸緣，雖體各別，成力義齊，故名同相也。

問：若不同者，有何過耶？

答：若不同者，有斷常過。何者，若不同者，椽等諸義互相違背，不同作舍，舍不得有，故是斷也。若相違不作舍，而

執有舍者，無因有舍，故是常也。

案：「同」者是協同義，不相違義，不是自身同一（identity）那個同，也不是指一個普遍的實有的那個「一（the one）」。橡等諸緣合和，不相衝突，同作一舍，是名同相。同相與總相不同。總相是就一舍說，同相是就諸緣說。若諸緣合和同作一舍，此豈非與「橡即是舍」衝突？曰：諸緣合和共作一舍，此非「各出少力共作」，故與「橡即是舍」義不相衝突。此只是說諸緣間不相衝突，不相違背。其合力共作是合「全自獨作」之力共作，不是合「各取少力」而作，故一方不相違而合同，一方亦即諸緣中任一緣即是舍。故此同相實即就諸緣之相即相入，圓融而不相礙說。雖合力不相礙，而又不失其各自之「獨自之全」，故雖合而實無所謂合。合同只由不相礙顯，並無積極的意義。此亦可說合（同）而無合成其合。若是「各出少力」之合，則是定合。定合即不能「全自獨作」。定合成舍是世間知識的說法，定合不能合而不合。

第四異相者，橡等諸緣隨自形類，相望差別故。
問：若異者，應不同耶？
答：祇由異故，所以同耳。若不異者，橡既丈二，瓦亦應爾，壞本緣法故，失前齊同成舍義也。今既成舍，同名緣者，當知異也。
問：此與別相有何異耶？
答：前別相者，但橡等諸緣別於一舍，故說別相。今異相者，橡等諸緣迭互相望，各各異相也。

問：若不異者，有何過失耶？

答：有斷常過。何者？若不異者，瓦即同椽丈二，壞本緣法，不共成舍，故是斷。若壞緣不成舍，而執有舍者，無因有舍，故是常也。

案：異非即相違，故雖異而合同；亦正由于異，始可說合同。進一步，雖異，而相即相入，板瓦等即是椽（此是緣成地即是），則亦雖異而無異。異而無異成其異。是則異非定異，無自性故。雖無自性，而椽總是椽，瓦總是瓦，椽是丈二，瓦不必丈二，是即諸緣之異相。雖無自性，相即相入，而本緣法並不壞也。此是緣起性空幻現的異。此異不礙其相即相入之緣成地無異。因並無一有自體的板瓦定是板瓦。既無「定是」之板瓦，則瓦而非瓦，當體即如，板而非板，當體即如。諸緣既可入于此而成此，而此亦可入於諸緣而非此。即是異而非異。自此而言，即非定異。自幻現的板瓦言，板平，瓦不必平，此是定異。但此定異既就幻現說，則不礙其緣起無自性之無定是，無定是則異而無異也。正因無定是之無異，始可說幻現之異之不相礙，而合其「全自獨作」之力以成舍，而亦合而無所謂合也。合而無所謂合，則亦異而無所謂異矣。〔案：賢首未說及此，依理當有此義。依「不一亦不異」亦當有此義，故補之，以完成總而非總成其總，別而非別成其別，合而無合成其合，異而無異成其異之詭義，以明總，別，合，異俱非決定概念，故其關係亦非決定關係。此義綜顯在下成壞二相〕。

第五成相者，由此諸緣，舍義成故。由成舍故，椽等名緣。

若不爾者，二俱不成。今現得成，故知成相互成之耳。

問：現見椽等諸緣各住自法，本不作舍，何因得有舍義成耶？

答：祇因椽等諸緣不作，故舍義得成。所以然者，若椽作舍去，即失本緣法，故舍義不得成。今由不作故，椽等諸緣現前故，由此現前故，舍義得成矣。又，若不作舍，椽等不名緣。今既得緣名，明知定作舍。

問：若不成者，有何過失耶？

答：有斷常過。何者？舍本依椽等諸緣成，今既並不作，不得有舍，故是斷也。本以緣成舍名為椽，今既不作舍，故即無緣，亦是斷。若不成者，舍無因有，故是常也。又椽不作舍，得椽名者，亦是常也。

案：吾人平常說諸緣合和而成舍，是即諸緣有作成義。但諸緣如何去作成舍？此若稍一諦審，便見很難作答。但吾人平常總說這「成」字。諸緣之去作成某某當然不是如工匠之作。那麼，我們可以說是「形成」之作，諸緣合和就形成了舍。但這樣形成只是我們的說明（詮表），這只是說明上的形成。若客觀地，就各緣法本身說，它們如何合起來便能形成這舍，這也不可理解。眼見板是板、瓦是瓦、椽是椽，如何便忽然出現了一個舍？你說在一定的配置下便成舍，配置錯了，便不成舍。但什麼叫一定的配置，在舍未出現前，亦無先天的定準。即使偶然湊巧配成一個舍，即以此成舍的配置為一定的配置，即使是如此，則如此配置亦不過是諸緣各在一定的位勢，這還是我是我，你是你，我未曾想到去作舍，我也不知我

在這裡如何便成舍，這還是諸緣自在而已，如何便能形成舍仍不可
理解。此即所謂「現見橡等諸緣各住自法，本不作舍」。亦《中
論》所謂「諸法不自生，亦不自他生，不共不無因，是故知無
生」。生義不可解即成義不可解。雖成義不可解，而舍屋宛然呈
現，此即不成之成，不成而成即是成。「祇由橡等諸緣不作，故舍
義得成。」若真「作舍去，即失本緣法」，緣不成緣，何有於舍？
可是若真不作，板瓦橡等亦不得名緣，故必須不作而作。此即奇詭
不可解的緣起。不作而作名曰成，則作而不作亦可名曰「壞」。實
則亦無所謂「成」，亦無所謂「壞」，只是「即空即假」之如相而
已。

> 第六壞相者，橡等諸緣各住自法，本不作故。
> 問：現見橡等諸緣作舍成就，何故乃説本不作耶？
> 答：祇由不作，故舍法得成。若作舍去，不住自法者，舍義
> 即不成。何以故？作去，失本法，舍不成故。今既舍成，明
> 知不作也。
> 問：作去有何失？
> 答：有斷常二失。若言橡作舍去，即失橡法。失橡法故，舍
> 即無緣，不得有故，是斷也。若失橡法而有舍者，無緣有
> 舍，是常也。

案：此壞相義已函於前成相義中。正由於不作，始成，故成是不成
之成。成既是不成之成，則成而不成，各住自法，即是「壞」。
「各住自法」一義既可說成，亦可說壞。結果，亦無所謂成，亦無

所謂壞。成壞俱是假名，非決定概念也。進一步，「各住自法」之住亦是住而不住。若真是住，則有自性，便成定住。定住是常，非緣成矣。

賢首總結六相云：

> 總即一舍，別則諸緣。同即互不相違，異即諸緣各別。成即諸緣辦果，壞即各住自法。

此六相之諦義是來回相即，來回相遮。故總而非總成其總，別而非別成其別，同（合）而無同成其同，異而不異成其異，不成而成即是成，成而不成即是壞。總別同異成壞俱是假名權說，非決定概念，亦非決定關係。推之，十玄及相即相入，以及一即多，多即一等等，俱是假名說，非決定概念，亦非決定關係。故由之以示「一乘緣起陀羅尼法」之相狀，實皆最後只是一如相，此唯有「智的直覺」相應。收於「究竟果證」，便是不可說。不可說亦唯有智的直覺相應。

智的直覺之全體大用在華嚴宗之展示「法界緣起」上全部彰顯。溯自《中論》言「不生亦不滅，不常亦不斷，不一亦不異，不來亦不出」；「因緣所生法，我說即是空，亦謂是假名，亦是中道義」；「諸法不自生，亦不自他生，不共不無因，是故知無生」。僧肇繼之言「物不遷」，言「不真空」。賢首就真常心系統承之而演為「大緣起陀羅尼法」相狀之展示，說出許多奇詭的辭語，以示玄妙的理境。實則皆可捲之於《中論》之三頌，亦可捲之於「物不遷」之一語。但賢首能輾轉引伸，展開如許之妙理，其思理之清，

思力之強，實在驚人，亦實值得欽佩。此不可以玩弄字眼視之，不明澈者亦不可隨便學語以掩飾其糊塗與籠統。說此詭語，亦有思理，且須有明澈之證應。故吾詳爲解說如上，藉以顯出智的直覺之本性與作用。由康德之思路，更可顯出此等詭語妙理之嚴肅義，非可如一般之學語妄談，亦非是憑空馳騁玄思也。此實是一基本問題之關鍵，即，超越的實有如何可能之問題。如依康德的思路，智的直覺不可能爲人類所有，則如上所展示，道德不可能，儒家性體之所命全部系統不可能，道家之玄智玄理不可能，佛家之般若智不可能，全部眞常心系統不可能。（在儒家，朱子系統不受影響，其因系統內本不能建立智的直覺故。在佛家，阿賴耶系統亦不受影響，因亦不能建立智的直覺故。只有講超越義的本心或眞常心者始能建立智的直覺之可能。是以如果不承認人類可有智的直覺，則這些系統皆不可能。講般若而不講眞常心，只是未發展完成，非是定不可講）。

　　如是，吾人建立超越的實有，建立基本存有論，由此可得其眉目矣。此則下章論之，並藉以檢定海德格建立「基本存有論」之路之非是。

二二、基本存有論如何可能？

照以上的解釋，如依康德的思路說，道德以及道德的形上學之可能否其關鍵端在智的直覺是否可能。在西方哲學傳統中，智的直覺是沒有彰顯出來的，所以康德斷定人類這有限的存有是不可能有這種直覺的。但在中國哲學傳統中，智的直覺卻充分被彰顯出來，所以我們可以斷定說人類從現實上說當然是有限的存在，但卻實可有智的直覺這種主體機能，因此，雖有限而實可取得一無限底意義。智的直覺所以可能之根據，其直接而恰當的答覆是在道德。如果道德不是一個空觀念，而是一眞實的呈現，是實有其事，則必須肯認一個能發布定然命令的道德本心。這道德本心底肯認不只是一設準的肯認，而且其本身就是一種呈現，而且在人類處眞能呈現這本心。本心呈現，智的直覺即出現，因而道德的形上學亦可能。

道德是大宗，但還有兩個旁枝，一是道家，一是佛教。從道德上說智的直覺是正面說，佛家道家是負面說，即，從對於不自然與無常的痛苦感受而向上翻求「止」求「寂」以顯示。但這都是從人的實踐以建立或顯示智的直覺：儒家是從道德的實踐入手，佛道兩家是從求止求寂的實踐入手。其所成的形上學叫做實踐的形上學：儒家是道德的形上學，佛道兩家是解脫的形上學。形上學，經過西

方傳統的紆曲探索以及康德的批判檢定，就只剩下這實踐的形上學，而此卻一直爲中國的哲學傳統所表現。

　　如果如有實踐的形上學，則形上學中所表現的最高的實有，無限而絕對普遍的實有，必須是由實踐（道德的或解脫的）所體證的道德的本心（天心），道心（玄照的心），或如來藏自性清淨心。除此以外，不能再有別的。人底眞實性乃至萬物底眞實性只有靠人之體證證現這本心、道心、或自性清淨心而可能。人底實有（人之爲一實有）是因著他體證本心、道心、或自性清淨心這無限而絕對普遍的實有而始成爲一實有（有其實有性＝有其眞實性），是在成聖乃至成聖底過程中成爲一實有，在成佛乃至成佛底過程中成爲一實有，在成眞人乃至成眞人底過程中成爲一實有。成聖、成眞人、成佛，是因他體證證現了本心、道心、眞常心這無限而絕對普遍的實有而然。因此，成聖、成眞人、成佛，始有他的實有性，則他的實有性就是如此，即：在現實上他雖是一有限的存在，而卻取得一無限性，他是一個有「無限」這意義的存有。本是一有限的存在，而卻能取得無限性，這就是他的可貴。有限只是有限不可貴，無限只是無限亦無所謂可貴。有限而奮鬥以獲得一無限性，這便可貴，這可貴處就是他的眞實性，實有性。但是奮鬥不是空頭的奮鬥，不是氣機鼓蕩無限追逐，永遠吊掛，兩腳不著地，這樣的奮鬥，乃是體證「無限而絕對普遍的實有」的奮鬥。體證了這個實有（此實有可曰「實有體」，即以實有爲本體或眞體或實體），你始有「實有性」。有「實有性」就等於有「無限性」。

　　「基本的存有論（fundamental ontology）」就只能從本心、道心、或眞常心處建立。本心、道心、或眞常心是「實有體」；實

踐而證現這實有體是「實有用（本實有體起用）」；成聖、成真人、成佛以取得實有性即無限性，這便是「實有果」（本實有體起實踐用而成的果）。體、用、果便是「基本存有論」底全部內容。

　　康德所意想的真正形上學是他所謂「超絕形上學（transcendent metaphysics）」，其內容是集中於自由意志、靈魂不滅、上帝存在這三者之處理。惟他以為對於這三者，理論理性（或理性之理論的或觀解的使用）是不能有所知的，要想接近它們。只有靠實踐理性（理性之實踐的使用）。這就表示說，這三者在理論理性上是並沒有實義的，只有在實踐理性上始有其客觀妥實性（實義）。我們依據這個意思，把那「超絕形上學」轉為一個「道德的形上學（moral mataphysics）」。但此名，康德並未提出，他只提出一個「道德的神學（moral theology）」。我們以為順西方傳統，可方便說為道德的神學，而順中國的傳統，則可名曰道德的形上學，而且稱理而談，亦只有這個「道德的形上學」。這「道德的形上學」底主題，我們可就康德所說的「物自身」，自由意志，道德界與自然界之溝通，這三者而規畫之。這三者能成為完整的一套真實地被建立起來，亦即道德的形上學之充分實現，完全靠智的直覺之可能。康德一方有這三者之設擬，一方又不承認人類可有智的直覺，所以這三者之設擬完全成了空理論，亦即道德的形上學之所以不能充分實現之故。我們現在就康德的設擬，順中國哲學之傳統，講出智的直覺之可能，來充分實現這道德的形上學，我想這是康德思想之自然的發展，亦可以說是「調適上遂」的發展。是以我們如果不講形上學則已，如要講之，就只能就康德所說的「超絕形上學」之層面，順其所設擬者而規劃出一個道德的形上學，以智的直覺之可

能來充分實現之。基本的存有論就只能就道德的形上學來建立（若擴大概括佛道兩家說，則就道德的形上學與解脫的形上學來建立，總之，是就實踐的形上學來建立）。

但是近時馬丁海德格（Martin Heidegger）的想法卻特別。他的思想很新奇，但就他建立「基本存有論」底層面說，他的別扭想法是不澈不透而只成一套虛浮無根繳繞詞語的戲論，簡單地說，他的繼承於胡塞爾「現象學的方法」對基本存有論而說是錯誤的。

他不從康德所說的「超絕形上學」處建立他的存有論，但卻從康德所說的「內在形上學（immanent-metaphysics 域內形上學）」處建立他的存有論。他有一部解釋康德《純理批判》的書，此書名曰《康德與形上學問題》。他視《純理批判》為「形上學之奠基（a laying of the foundation of metaphysics）」。形上學底問題就是基本存有論底問題。所謂基本存有論意即對於「人之有限本質」（man's finite essence）作一存有論的分析，此種分析可為「屬於人性」的形上學預備一基礎。如果一般說的形上學要是可能的，則基本存有論之為「人的存在之形上學（metaphysics of human Dasein）」是必然的。（Dasein 一詞後有解析，此處暫泛譯為存在）。基本存有論基本上是不同於一切人類學，甚至亦不同於哲學的人類學。去分析基本存有論之觀念就等於說：去明示人的存在之存有論的分析為一必須先有的工作，並且亦去把它對什麼目的，以何樣子，在什麼基礎上，在什麼預設下，安置「什麼是人」？這一具體問題弄清楚。但是，如果一個觀念之顯示它自己主要地是通過「它自己的力量」去照明而顯示它自己，則基本存有論之觀念必須在解析純理批判為一形上學之奠基中顯示它自己而且肯定它自己

（以上的語句俱見於海氏康德書〈引論〉，英譯本3至4頁）。

康德說：「所謂純理批判，我非意謂這是一些書或一些系統底批判，乃是就理性獨立不依於一切經驗所可追求的一切知識，對於一般說的理性之機能作一批判。依此，它將決定一般說的形上學底可能或不可能，並決定它的來源，它的範圍，以及它的限制──這一切皆依照原則來決定」。（第一版序言）如果照這話來了解，說純理批判為形上學之奠基亦並不錯。奠基是批判地為形上學之可能或不可能奠下一可靠的基礎。這就是康德所列的「形上學作一學問看如何可能」一問題。但是海德格卻並不順這個問題來看純理批判為形上學奠基，卻順「純粹數學如何可能」以及「純粹自然科學如何可能」這兩個問題底範圍來看純理批判為形上學奠基。他的基本存有論就在這個範圍內建立。「形上學底問題就是基本存有論底問題」。可是在〈感性論〉與〈分析部〉中建立形上學──基本存有論，乃根本與康德的意圖相違反。康德在〈感性論〉中積極地解答了「數學如何可能」一問題，在〈分析部〉中積極地解答了「純粹自然科學如何可能」一問題。此兩問題底解答，如果視為形上學，這便是所謂「內在形上學」，亦可曰「經驗底形上學（經驗可能底先驗根據）」。但這不是「形上學作一學問看如何可能」一問題之解答。此後一問題之消極的解答乃在〈辯證部〉，此是所謂「超絕形上學」，亦即真正形上學之所在。今海德格就〈感性論〉與〈分析部〉底範圍視之為形上學之奠基，由此開出其基本存有論，則其所謂形上學非康德所謂形上學甚顯，其所開出之基本存有論非康德所意想之超絕形上學（真正的形上學，道德的形上學），乃為無根之一套，亦甚顯。這亦可說是形上學之誤置。

但海德格可不以爲這是誤置，他是自覺地要如此的。他之所以如此講，一方是由於他想拆毀西方哲學傳統中的存有論史，他根本視柏拉圖所開的傳統以及康德所開的理想主義（以應當統馭存在）爲歪曲衰落的發展（對巴門里第士及海拉克里圖士而言），爲喪失「存有」底眞義（此義見於他的《形上學引論》），一方亦由於他復想與康德拉關係，因爲康德的權威性太大，地位太高，不能與之太違反。

他之所以從感性論與分析底範圍開基本存有論，是因爲他見到了康德在此很清楚地表示了人的有限性，所以他說基本存有論就是對於人的有限本質作一存有論的分析。他解釋《純理批判》是很正視感性底接受性的，即對於旣成存有物（essent）之非創造的攝取。知性固然有它的主動性與優越性，但基本上則必須爲感觸直覺服務，它的主動性與優越性並非是創造的。因此，在知性與感性底接合上，他又十分重視「超越的想像」以及其所形成的規模（圖式）之具體性，因而十分正視時間之感觸性。他之所以這樣注意，目的即在重視直覺之接受性，而不甚如一般之重視知性底主動性，當然亦並非輕忽，只是要特顯這接受性而已。這裡當然顯出海德格的實在論的情調，他是不欲陷於理想主義之圈套的。當然康德並不想於這個範圍內建立他的理想主義，他的理想主義是建立在以實踐理性統馭理論理性，「應當」統馭「存在」上，而這正是海德格所不欲走的路。所以海德格之重視直覺之接受性，重視時間與超越的想像，並不誤，在這裡表現一點實在論的情調亦並非與康德的精神相違反。因爲康德亦明說我們的直覺是感觸的，並非是「智的」，即使那知性底主動性，他亦說這並非是創造的，與意志底因果性不

同。因此，從感性處見出人的有限性並不錯。不但是感性，即使在知性處，亦仍可見出人的有限性。因為康德明說我們的知性並不是直覺的，乃是辨解的，使用概念的。正因人是有限的，所以他的直覺必須是感觸的，他的知性必須是辨解的。知性之先驗地施設範疇網以成先驗綜和正是人之有限性之所在。若在神心，則不須有這種先驗概念以及先驗綜和乃至經驗綜和。這些舉動措施正是人之有限性之所在。海德洛正把握了這一點，所以他在這裡與康德拉上了關係，由此開出了他的對於人的有限本質作一存有論的分析這種基本的存有論；並說康德的《純理批判》實是一形上學之奠基，而不是如普通所想是一知識論；他並因此而表明他的鉅著之所以名為《存有與時間》之故。時間底重要從康德處得到它的來歷。

　　但是這種強拉關係實無多大意義。說《純理批判》一定不是一種知識論（theory of knowledge），這也只是強說而已。因為康德明表示他是要批判地考察我們的理性機能（faculty of reason）其認知能力有多大，其認知能力底有效範圍為如何。就其獨立不依於經驗而向物自體以及超越理念方面伸展說，你可以說純理性批判不只是一種普通所意謂的知識論，它還要滲透到超絕形上學方面，表明我們如何能接近這方面的那些超越理念，並明我們在這方面實並無積極的知識，因為我們對之並無感觸直覺故，而除感觸直覺外，我們亦無另一種非感觸的直覺故，所以我們只有從實踐理性上接近之，因此我們可以有意義地肯定之，但卻不是積極地知之。從這方面說，你可以說純理批判是為形上學底可能奠基；但須知它所為之奠基的形上學是超絕形上學，確定而正面地說之，是道德的形上學，而不是現象範圍內的形上學。但就理性（廣義的）依於經驗而

被使用於經驗範圍方面說,它確有客觀妥實性,因而亦確有其積極的知識,因此《純理批判》解答了「純粹自然科學如何可能」一問題,並連帶著在〈感性論〉(〈超越的攝物學〉)中亦解答了「純粹數學如何可能」一問題。從這一方面說,它如何不是一種知識論?海德格從此方面說它不是知識論,而是爲形上學奠基,因此開出他的基本存有論,據我看,這正是與康德的意向背道而馳。因爲康德爲形上學奠基其所意指之形上學並不就此範圍說,而在此範圍,他亦並不想奠一種什麼形上學底基,他並未想到在這裡還可以開出一種海德格所意謂的基本存有論。他在此範圍只是認知地設施或決定一知識對象之範圍,此似乎很難說是爲形上學奠基。

康德在此範圍立言底度向是橫剖面的,而且是認知的。範疇雖然是一些涉及存在(認知對象底存在)的,廣義的存有論的概念,然只是以這些概念認知地去決定對象(存在物)之普遍的性相,即對象成爲對象的性相,這只是「經驗底形上學(metaphysics of experience)」,經驗所以可能底超越根據,在這裡,並講不出一個基本存有論來。

在這裡固可以見出人的有限性,但康德在此說人的有限性只著重在表示人的直覺是感觸的,所以有直覺底先驗形式,人的知性是辨解的,所以須有純粹概念以及其所成的綜和,這並不函著一個對於人的有限本質作一存有論的分析的基本存有論。我們不能光因有限性即可以與康德拉上關係。因爲有限性到處可以表現,人現實上亦實是一有限的存在,豈能因有限性便可以與康德拉關係,說他的《純理批判》是爲形上學(存有論)奠基?

時間在康德的說統內是一個確定的,有積極意義與作用的概

念，但在海德格的書內卻只是借用，用來表示人在現實存在上表現其眞實的人生有發展奮鬥的過程而已（我用普通字眼說，當然海德格不用這類的字眼）。這樣的時間便成描畫的借用，而不是一個其自身有特定意義與作用的論題（起初我極不了解海德格何以用「時間」名其書，在其書內我也找不出時間底特殊意義。及讀了他的解釋康德的書，才曉得他何以如此標題）。

所以從〈感性論〉與〈分析部〉底範圍與康德拉關係，實是間接而又間接，此其所以無多大意義之故。

要想從康德的〈感性論〉與〈分析部〉立言底度向所確定的範圍講出一個存有論，根本上須換一個度向始可，那就是說，從橫的，認知的施設轉爲垂直地講人的存有（實有，眞實性）始可。這樣一轉所成的乃是存在進路的人生哲學，對於人的有限本質作存有論的分析的基本存有論，這亦可以說與康德根本無關。

海德格在他的解釋康德的書第三節「形上學奠基之基礎的根源性」中特別發揮了「超越的想像」之重要地位。在此節中，他是以「冒犯（violence）」的態度把康德「所欲說」但又「縮回去」而不說的意思探索出來。所謂「冒犯」意即要想了解一個人的思想最重要的是要通透其自覺與不自覺而隱含的思想之全部而代爲說出，不必一字一句皆遵循之而不敢背。看起來似有背於原義，而實不違背，此即所謂冒犯。超越的想像在第一版中是比較被重視，但在第二版中因比較重視超越推述之客觀面（即展示知性底先驗概念之客觀妥實性並使其成爲可理解的），故顯得對於此主觀面比較輕忽，此即所謂「縮回去（recoiled from）」。但即使如此，規模章仍是第一二版之所共。規模（或譯圖式）之成完全靠超越的想像，則海

德格之特別重視此一機能並不算錯。順此重視而稍欲詳盡之,亦未
始非康德之所喜,至少亦不違背其原有之意向,此即所謂康德「所
欲說」。

依海德格,超越的想像是「存有論的知識之形構的中心(for-
mative center of ontological knowledge)」。認知主體底超越性展
開一超越的層面以駕馭經驗,對此超越層面之揭露,海德格名曰
「存有論的知識」(他重視認知主體底這實有相,此其所以視純理
批判為形上學底奠基,而不視為知識論之故)。超越的想像就是構
成這超越層面的「形構中心」。知性(理論理性)與直覺皆縮束於
此。知性底主動性與邏輯性正因這超越的想像而顯其具體性與服務
性——服務於直覺。直覺中的雜多亦因此超越的想像而得以條貫並
隸屬於知性之範疇。這些思想本為康德所已說,故視超越的想像為
形構的中心,並不算錯。重視超越的想像即是重視時間。時間,超
越的想像與規模這三者的具體關係,因海德格之闡明而得以浹洽地
被理解,因為康德的說明太簡略故。海德格關於這方面的解釋,是
他的書中最凸出,亦可以說最精彩的一節。但是他的透視冒犯又不
只限於理論理性,而且又冒險擴展到實踐理性即道德我底自我性。
但是我看不出實踐理性與超越的想像有何關係。海氏亦並未能清楚
地建立它們之間的關係。他說:「只有了解實踐理性底根源是見之
於超越的想像,我們始能了解為什麼在敬底感情中無論法則或行動
的自我皆不能客觀地被領悟,但只能在一更根源的,非對題的
(unthematic),非客觀的(unobjective)路數就像義務與行動之
路數中而被作成顯著的,而且足以形成自我之成為自我(being-as-
self)之非反省的,行動的模式(non-reflective, active mode)」

（《康德與形上學問題》，英譯本頁166）。我的了解正相反。假定實踐理性底根源眞見之於超越的想像，則「在敬底感情中，無論法則或行動的自我皆不能客觀地被領悟」云云正好不能被了解。因爲超越的想像就時間形成規模，時間是超越想像底根據，時間化就等於對象化。如果道德的眞我連同其所自律的道德法則眞可以時間化，則正好成了現象的對象而可以客觀地，對題地被領悟，而成爲非眞我，非道德的法則。海氏說此話太爲離譜。不但顯示其對於道德的眞我無了解，且亦影響其對於超越的想像之了解。道德法則與行動的自我不能客觀地被領悟，這話是眞的，這顯示其對於道德我有了解；但他說這只因超越的想像而可能，這便成離奇。這兩者建立關係是荒謬的。他或者不了解超越想像，或者不了解道德的眞我。但就其分別說的辭語看，他似乎對於兩者皆有了解。然則，說「實踐理想底根源見之於超越的想像」，也只好看成是一往不返，隨意的妄說，這決非康德之意，理亦不通。

　　〈形上學奠基之基礎的根源性〉一節是海氏解釋書中最可爭論的一節。卡西勒（Ernst Cassirer）說在這一節裡，海德格「不再以注解者（commentator）的身分說話，而是以篡竊者（usurper）的身份說話（海氏書英譯本譯者引言中引述語）」。我想這話就是就「超越的想像與實踐理性」一段（§30）而說的。其餘各段（§26作爲存有論的知識之形構中心的超越想像，§27作爲第三基本機能的超越想像，§28超越想像與純粹直覺，§29超越想像與理論理性（綜此兩段，超越想像是感性與知性這兩支底共同之根），§31建立起的根據之基礎的根源性以及康德之從超越的想像而退回，§32超越的想像以及其與時間的關係，§33超越想像之固定的時間性，

§34當作純粹的自我感應（自己影響自己）看的時間以及自我之時間性，§35建立起的根據之基礎的根源性與形上學問題），據我看，是無甚問題的，而且極精透，誠能說康德所欲說者，至少亦不能說他與康德相違反。小出入時或有之，然基本上是可通的。惟獨「超越想像與實踐理性」一段則極端與康德的意向相違反。海德格若明知故犯，則是篡竊，否則便是不解。揆其所以有此篡奪之舉，我想其故乃在他根本不欲正視康德所留的物自體，自由意志，靈魂不滅，上帝存在，這一層面，他根本想把這層面割斷，不就此講形上學即基本的存有論，但想就〈感性論〉與〈分析部〉所確定的範圍講基本存有論，以此範圍爲窮盡者，故欲以超越想像混漫一切──漫及道德的眞我與道德法則。但此種混漫是康德所不允許的。在〈感性論〉與〈分析部〉底範圍見人的有限性，非創造性，但在自由意志處，則見人的創造性與無限性，盡管康德不承認人可有智的直覺以知之，然這個範圍卻是由實踐理性而被保留在那裡。在〈感性論〉與〈分析部〉處，主體是認知的主體；若說「我」，這個我亦可說是假我，形式的結構我，若通著眞我說，是由眞我經由一曲折的坎陷而成的，故是有限的，在這裡看人，是人的有限性。但在自由處，則見人的眞我，人爲一睿智體。若時間性以及超越的想像亦可用於此，則自由便立即成不自由，眞我便立即轉現象的假我，而睿智體亦轉爲感性體。此點，海德格不應不知。我對海氏的衡斷是如此：我不說他是篡奪，他只是與康德強拉關係，他想只就〈感性論〉與〈分析部〉底範圍所表現的人的有限性換一個角度來講他的基本存有論，他割斷了康德所保留的物自體與自由意志這一層面，然這卻是眞正形上學，眞正存有論之所在，他犯了形上學誤

置之錯誤（the fallacy of misplaced metaphysics）。

但他自成一套說法，他的說法大體是如此：

他十分重視人的有限性（這有限性不必從康德的《純理批判》說起），對於人的有限本質，依現象學的方法，存在的進路，作一存有論的分析，即成功其基本的存有論。存有論即是顯露人底實有（being of dasein）。海德格不願用籠統浮泛的「人」字，他用"Dasein"，意即在那裡，或在這裡，或在任何處的什麼地方，即是有處境的在。這有處境的在實即指「人的存在」說。他不願用人稱字。我依他的《實有與時間》一書之所表示，用一囉嗦的譯法，譯為「混然中處的存者之在」。「混然中處」一語來自張橫渠，在海德格，即指人的存在之起點之「日常性（every-dayness）」說。日常性是指未分化成任何決定的可能說，這是他的人的存在之分析之起點。未分化成任何決定的可能就是所謂「混然」。「中處」是中處於世界（being-in-world）。「在者」就是人。人這「在者」是怎樣的「在者」呢？是「混然中處的存在者」。對於這「混然中處的在者之在」之存有論的分析就是「混然中處的在者之在」之形上學，這個形上學就是基本存有論。是以存有論就是「混然中處的在者之在」底存有論，也就是揭露這「在者之在」底實有。「予茲藐然，混然中處」，則我之存在自是一有限的存有之存在。單只有限的存有始需要有一存有論以明之，上帝（無限的存有）不須要存有論。「無限的存有」這觀念根本上是與存有論相違反的。「人，因為他的有限性，所以才使一存有論即實有之理解對之為必要，然則當說沒有東西像無限的存有這觀念極端地違反於存有論時，去想人是創造的，因而是無限的，這能有意義嗎？這能證成嗎？」

（《康德與形上學問題》，英譯本頁254）。

　　就人的有限性了解人的實有，這實有是實有如其為實有(being as such)而了解之。實有不是一類概念，不可以界定；亦不是泛就萬物思辨地討論它們的實有，亦不以理型或本質為實有，亦不以形而上的實體或絕對為實有。總之，海德格並不以超越分解底方法分解地反顯一什麼東西為實有。他是就現實的人之有限性存在地而且是現象學地顯露人的實有性，真實性（authenticity），由真實性（真正不假）去領悟人之實有，實有實即是一種實有性（being as a character）。海氏書中幾乎每句都有「實有」，但從未指出什麼東西是實有。我乃恍然他根本不是分解地以什麼東西為實有，實有根本不是一個指目的東西，他是由存在與實有來回地互顯，實有是虛說的實有，虛說的一種實有性。能存在地或實存地去彰顯他自己，不逃避，不掩飾，這便是他的實有性。海氏在他的《形上學引論》裡曾從語根上指出實有三個原初的意義，即：生存（to live），突現（to emerge），歷久或持續（to linger or endure）（英譯本頁59）。生存即存在，存在即自持其自己而挺立在那裡，挺立在那裡即是持續其自己，挺立而持續其自己即是能突現而顯現其自己。依海德格，後來拉丁文譯為 natura 以及近時一般譯為「自然」（nature natura）的那個 " physis "，在柏拉圖以前古希臘的原義是意謂「突現與持久底力量（the power of emerging and enduring）」。它包含著成為（becoming）與實有（being）。自其突現言，即曰「成為」，自其持續言，即曰「實有」。這個突現，持久，而能生長的力量就是昇起底過程，從隱藏而突現底過程，因著這突現，那隱藏者即開始朗現而挺立其自己。所以這突現而持久

底力量（physis）亦意指「自我開花式的突現（例如玫瑰之開花），敞開，展露，在這展露中顯示其自己者，並且在這展露中堅持而持續自己者；總之，是這突現而持續的事物之領域」。「當作突現看的這突現而持續者（physis）可以到處觀察到，例如天體現象（太陽之升起），海嘯，植物之生長與動物之從子宮內生出，皆是。但是這突現而持續者之領域，這昇起者之領域（physis）並非與這些現象為同義語。這個敞開而內部突越其自己（this opening up and inward-jutting-beyond-itself）必不可視為我們於存在物領域中所觀察的其他過程間的一個過程。physis（突現而持續者）其本身就是實有，因著它，存在物成為可觀察的，而且保存其為可觀察的」（《形上學引論》英譯本頁11-12）。

「這個敞開而內部突越其自己」其本身是實有，亦是顯現（appearing）。由顯現而說為「現象（appearance）」。現象與實有根本上有一種內在的連繫。「現象底本質即存於顯現。它是自我顯示，自我表象，挺立在那裡，現存。期待已久的書現在出現了，它呈現在我們面前，因此，我可有這部書。當我們說：月亮照耀，這不只是意謂它散布一種光輝，亦意謂：它挺立於天空，它現存於那裡，它存在。星星照耀：它們閃耀，意即它們存在。在此，現象所意謂的恰即同於實有。假定我們默想以上之所說，我們在實有與現象間見一內在的連繫。但是只有我們了解希臘意義的實有，我們始能充分把握這連繫。我們已知實有揭露它自己，希臘人即名曰physis。突現而接續底領域根本上同時即是一照耀的顯現（a shining appearing）」。「突現而持續的『在』意即一個東西根源地而且真實地『在』：已在而本質的東西是與後來擺定的那些雜沓

喧鬧與虛偽（bustle and pretense）相對反的。實有是高貴的個體之基本屬性，也是高貴性底基本屬性〔即是說，那有一高深的根源而且安住於此根源中者底基本屬性〕……但是，自希臘人觀之，立於其自己(standing in itself)不過就是挺立在那裡(standing there)，挺立在光明中（standing in the light）。實有意即顯現。顯現不是某種後繼的有時要出現的東西。顯現就是實有之本質」（同上，頁85-86）。

實有，顯現與不隱蔽（unconcealment）三者相連而生。「不隱蔽」就是真理。「存在物（essent）只要當它在，它就是真的。真之為真就是存在物。這意思是說：顯示其自己的那種力量立於不隱蔽中。在展示它自己中，不隱蔽者自身即朗現而挺立出來。當作不隱蔽看的真理不是副屬於實有的一個副屬物」（同上，頁87）。如此規定的真理當然是存有論意義的真理，不是後來認識論意義的真理。說真理是語句底正確，與存在組合，那是亞里士多德以後的定義。說實有是理型（idea），現象是感覺物，不真實的，那是自柏拉圖開始。這一開始是對於古義的歪曲。依古義，idea，eidos正是由顯現而呈現的觀相，正是可見可觀察的，而柏拉圖卻倒轉而上提為實有，而存在物卻成為現象，成為副本。由這一歪曲倒轉，遂有實有與成為底分隔，實有與思想底分隔，實有與應當底分隔，由此遂開柏拉圖傳統，以及近代康德所開的理想主義底傳統，支配整個西方的思想界。依海德洛，這一偉大的傳統固是偉大，但同時也是歪曲與衰頹，非柏拉圖前古希臘之雅音。這一偉大的傳統，「只要當歷史是真實的，它不能只因停止而死去；它不能像動物一樣只一停止呼吸而死；它只能歷史地死去」（同上，頁158）。因此遂

有他的「存有論史之拆毀」之說。所謂拆毀（destruction）並不是
抹殺，乃只是把那頑固而僵化了的傳統予以鬆弛，而喚醒古義，而
另開存有論（但是否眞能歷史地死去，我看也未必）。

　　大抵海德格是根據以上的思路建立他的基本存有論。這個思路
只是中國普通所常說的一句話，即「誠於中形於外」，或「有諸中
者必形于外」。《大學》所謂「誠於中」即「實有于中」。但「實
有于中」者不必是好的，亦可是壞的。無論是好的或是壞的，但要
一有之于內部，必表現于外而不能掩飾。《大學》說：「小人閒居
爲不善，無所不至，見君子而後厭然，揜其不善，而著其善。人之
視己，如見其肺肝然，則何益矣。此謂誠於中，形於外。故君子必
愼其獨也」。此言「誠於中」是承小人說，故實有于中是壞的一
面。由此爲例，勸人當「誠意」，由誠意——毋自欺而自慊，此則
誠於中者當是好的一面。《大學》說「誠於中形於外」是實然地
說，可通好壞兩面。若依《孟子》與《中庸》，則唯是稱體而言。
孟子由「所性」而言睟面盎背，此種「誠於中形於外」惟是稱體而
發。「有諸己之謂信，充實之謂美，充實而有光輝之謂大」，此亦
是自體上而言誠於中形於外。《中庸》言「誠則形，形則著」云
云，以及「誠者物之終始，不誠無物」，此唯是自誠體言誠中形
外，誠即是體。此稱體而言者，唯是靠肯認一無限性的心體、性體
而後可能。就此而言，即使是西方的存有論史，亦足見其不容易
「拆毀」，或「歷史地死去」。海德格的「誠中形外」自是實然地
說，但不是《大學》之勸戒的「實然地說」，當然更不是稱體而
說，因爲他並不肯認一無限性的心體，性體，或實體，因爲這是傳
統的路，是他認爲要「歷史地死去」者。他是現象學地自人之在這

裡（或在那裡）而言「誠中形外」，有諸中者必顯現于外。存在物之存在即是「立于其自己」，「挺立在那裡」，「挺立在光明中」。挺立之在即是實有，挺立在光明中，敞開中，朗現中，即是顯現。「實有意即顯現，顯現即是實有之本質」。此是《形上學引論》中就希臘之古義而泛言之。若就其《實有與時間》所展示者說，則又增加了一些曲折：人常常不真能根源地而且真實地在，常只是庸俗，掩飾，逃避，頹墮地在，即不是實實地在。在這一跌宕中，有許多徵象可說。人沒有既成的本質，你必須掏空你自己（無），使你無所隱藏，面對「實有」而站出來。此所謂面對實有，不是面對一超越性的實體。面對實有是虛說，只是注意到你自己所應當有的真實性，也就是實有性，而站出來，而顯現你的真實性，顯示你的實有性。你若是委縮，躲閃，掩耳盜鈴而蒙蔽自己，你便沒有真實性，你也不是一個實有，你是一個假有。這樣，這個思路也只是我們北方一句俗語：「你是好樣的，你站出來」！你不敢站出來，你不是一個實有，你不是一個真實的人，你就不是好樣的。這是一個英雄式的勇敢哲學。海德格只是就存在與實有來回地虛說，現象學地描述這人的真實性以為實有。Kierkegaard 的存在的入路（existential approach），他完全接受過來，但他又繼承了胡塞爾（Husserl）的現象學的方法。所謂「無家性」，存在的虛無，存在的痛苦，怖慄之感（與懼怕不同）等等，都是依存在的入路描述人之獲得真實性以顯示其實有底過程中之種種的徵象。人是「實有」底守護者（亦可以說是見證者），即就人的存在以顯露其實有性，此即是實有，亦即是基本存有論之所在。除此以外，再無別樣的實有，亦無泛論萬物底實有那種觀解的（非存在的）存有

論。

　　但是這個「誠中形外」，「你是好樣的，站出來」的思路，因為不肯認一個超越的實體（無限性的心體，性體或誠體）以爲人之所以爲眞實的人，所以有「實有」性之超越的根據，所以我們可斷定說這是無本之論。若照儒家說，你這英雄式的勇敢哲學只是氣魄承當，並不是照「體」獨立，覿「體」承當的義理承當。所以你所說的眞實性，實有性只是虛蕩的，並不是落實的。人誠然是不安定的，無家性的，不能以習氣，墮性爲家，人能勇于接受此一事實，不蒙蔽自己，固然可顯一眞實性，因而也就是顯示其實有性，但這樣的眞實性，實有性恰正是消極的、虛蕩的，並未正面眞得一眞實性與實有性。我們不應安於習氣、墮性，在這裡實應掏空自己，全體剝落淨盡，但我們卻應安於仁、安於良知、安於性體本心、依止於理。人只有當安止於此正面的實體時，他始眞有其眞實性與實有性，此時這後者是落實說的。人只有當在體現這超越的實體（實有）之過程中，他始有其眞實性，實有性，此時他不是一個偶然而茫然的存在，而是一個眞實而必然的存在。Kierkegaard 也還要從虛無底深淵中躍起而期安於上帝。但是上帝、仁、良知、心體、性體，這一切超越性的東西俱被海德格割斷了。他雖然宣稱他自己並非無神論，與 Sartre 不同，但他割斷了神，並不從超越域（如康德所規定的）來講存有論，卻是事實。這就使他的存在哲學成爲無本之論。這不得以無限的存有（如上帝）不須要存有論，便可否認人這有限的存有，須要存有論者，之可以無限性的超越者，如本心、仁體、性體、良知，或自由意志爲體。人現實上當然是有限的存在，但可以因此無限性的超越者以爲體而顯其創造性，因而得有

一無限性。這正是理想主義之本質,也正是中國儒釋道三教之本質。其真實的可能,如依康德的思路,完全靠智的直覺之可能。因此,說人是「創造的」,因而是「無限的」,並非無意義,亦並非不可證成的。據我們看,這正是基本存有論之所在。海德格的說法是無本之論,並不真能建立起基本的存有論。因此,就西方傳統說,那個偉大的傳統並不真容易歷史地死去,只能在歷史中逐漸消融以使之順適調暢。

或者說:人在掏空自己真實地站出來以顯示一真實性與實有性時,在這遮撥(剝落)過程中亦可顯示或浮現一正面的意義以為體,此亦可以算是一種「遮詮」,此似乎有類於黃梨洲所謂「心無本體,工夫所至即是本體」,焉見得其所謂「實有」即是虛蕩的?曰:此不可以梨洲語來聯想。梨洲語是承中國儒學傳統說,他是重在工夫之體證與體現,非真不承認有本體,只是不許單分解地空言本體以玩弄光景耳,故其所說之語是加重語,非否定語,本體即在「工夫所至」中呈現。人只要真實地盡孝盡弟盡慈,乃至擴大至家,國,天下,萬事萬物,皆己分內事,皆真實地以真心去作,則良知本體即在此以真心去盡去作中,此真心去盡去作即是良知本體之呈現,離此亦更無另一良知本體,故「工夫所至即是本體」,此還是肯認一個良好本體或道德的本心也。海德格並無此義。他所描述的良心底呼喚(call of conscience)、疚仄之感(guilt)、怖慄之感(dread)、以及所謂決斷(decisiveness),焦慮(anxiety,care),虛無(nothing)等等,似乎都可以顯示出一個「真心」來,但在他的描述中,他把這些都弄散蕩了,他並未把這些凝斂成一個「真心」,在此逆覺到一個超越的實體性的本心或良知本體,

或自由意志，他亦不欲向此作，因爲這是傳統的路。因此，他把這些有價值意味，富於人生深厚嚴肅意義的詞語，都在他的現象學的方法中，給弄散了，成爲無根的。因此，他由這些詞語所顯示的「實有」也總歸於虛蕩而無本。

因此，最後，我可以說，對基本存有論言，現象學的方法是不相應的。胡塞爾就準確知識言，這方法也許可以是相應的，就一般採用之以作客觀的研究言，亦可以是相應的。唯講人生哲學，就此建立基本存有論，則此方法便不相應。存在的入路是相應的，現象學的方法則不相應。依海德格，「現象學」一詞根本上是指示一方法學的概念。此詞並不規定哲學研究底對象之「是什麼」以爲主題，但只規定那種研究之「如何」。「現象學表示一個格言，此格言可以程式爲是如此，即：回到事物本身！它與一切流蕩的構造以及隨意偶然的尋覓相反；它與接受任何只是似乎已被證明〔而實未能證明〕的概念相反；它與那些誇示其自己爲一問題的假問題相反。但是這個格言是十分自明的，它表示任何科學知識底底據原則（underlying principle of any scientific knowledge whatsoever）」（《實有與時間》頁50）。這些意思在胡塞爾的現象學中由現象學的還原法以顯露無預設的準確知識上說是相應的，但在由存在的進路以顯露人的眞實性與實有性中，那「事物本身（things themselves）」是什麼呢？這裡有無既成的「事物本身」以爲你的直接面對物呢？這裡實有一個「人的存在（Dasein）」，但面對這存在，光用現象學的方法，你能描述出些什麼呢？什麼叫做眞實的，不眞實的？其標準何在？這裡有這麼一個「事物本身」嗎？你向那裡描寫這事物本身呢？你不先規定對象之「是什麼」，你只規定如

何去處理，這「如何」能決定什麼呢？你處理什麼呢？你所處理的只是這赤裸裸的「人的存在」，至於眞實不眞實那些跌宕決非「人的存在」這一事實直接所能函。然則你的事物本身（眞實的人，不眞實的人）在那裡呢？你從那裡去表示你的現象學的方法底「如何」呢？我看這裡並無胡塞爾的現象學之所相應處。

依海德格，「現象（phenomenon）」一詞，在希臘的原義，是由動詞「去展示它自己（to show itself）」而引伸出。現象就是「那展示它自己者，那顯現者（the manifest）」。「去展示他自己」，原初字根底意義就是「置於光天化日之下，置於光明中（to bring to the light of day, to put in the light）」，換言之，即是說「某物在那裡能成爲顯現的，成爲在其自身可見的（can become manifest, visible in itself）」，依此，我們必須記住：現象一詞指示那在其自己中展示其自己者，那顯現者。依此，多數意義的現象（phenomena）就是那處於光天化日之下或能被帶至光明中的東西之全體，這些光明中的東西，希臘人有時簡單地同一化之於實物，存在物（entities, essents）（《實有與時間》頁53）。

我們現在所謂某某「學(-logy)」是由希臘"logos"(λόγος)而來。此詞底基礎意義是論議（discourse）。但「論議」必須予以恰當的解釋。依海德格，其意是：「使一個人在論議中所談及的東西成爲顯著的〔……〕論議讓某物被看見，即是說，他讓我們即從論議所及的東西看見某物。在論議中〔只要當它是眞正的論議〕，所說的東西是從所談及的東西而抽引出，這樣，論議的溝通在它所說的中使它所談及的東西成爲顯著的（manifest），並且使這所談及的東西對於交談的對方成爲可接近的（accessible）」（同上，頁56）。

如是，現象是「那展示他自己者」，而學（論議）則是「讓某物被看見」。這兩個成分合起來即構成「現象學」一詞之意義。「這樣，現象學意即：去讓那展示其自己者即從其自己而被看見，依它從其自己而展示其自己之路讓它從其自己而被看見。此是名之曰現象學的這一支的研究之形式的意義。但是這不過就是『回到事物本身！』這一格言之所說。依此，學一詞其意義完全不同於神學，生物學，社會學等等之所示。這些其他學名依它們隨時所包括的主題而指派各該學之對象。現象學既不指派它的研究之對象，亦不規定這樣所包括的主題之特徵。它只告訴我們『如何』，由於這種『如何』此學問中所討論的東西能被顯示而且能被掌握。所謂關於現象有一科學（有一現象底科學）意即依以下的路數來把握它的對象即：所要討論的關於對象的每一東西必須因著直接地顯示它以及直接地證明它而被討論」（同上，頁58-59）。

屬於哲學研究的現象學與其他專學不同，它不劃定一特殊的主題以為對象，它是一切科學底基礎，它是面對眼前的經驗事實而步步向其內部滲透以顯露其本質，以期達到一準確的科學，它無任何設定。此是胡塞爾所表象者。但是上帝並不是眼前所呈現的事物，使真正道德可能的自由意志亦不是眼前呈現的事物，落到海德格的存有論，人的真實性或不真實性亦不是眼前呈現的事物，然則你如何使用你的現象學的方法以「回到事物本身」直接地顯示之並直接地證明之？所直接面對的「事物」在那裡？所以現象學的方法在此無對題地所與之相應者。人的真實性或不真實性須靠一超越的標準始能如此說。這是一種價值判斷。價值判斷必有根據。若只是空頭地「站出來」，不一定就能是真實的人生。梁山泊的好漢個個都是

能站出來的,但不必是眞實的人。「直情逕行」不必是眞實的,很可只是氣機鼓蕩,放縱恣肆,這還只是停在習氣本能中。「誠中形外」,若誠於中者(有諸中者)只是情欲的生命,則其「形外」之顯現(站出來)亦不必是眞實的,這乃徹裡徹外只是一團習氣,一團私欲。是以若只是就一個存在物之實有而顯現,顯現而實有,來回地現象學地說,並不眞能見人的眞實性。若說掏空習氣本能,使之無一安住處,從虛無怖慄以見人之實有,此義甚善,但若只是這樣遮撥的說,並無一正面的超越體之肯定,則掏空這一切,誠然無一安住處,然這可是永遠地無家,永遠地不安,永遠地虛無,並無處得見人之實有,就使是實有,亦是流蕩的實有,並不眞是實有;如果不是如此,則掏空這一切,由於怖慄以及良心底呼喚,決定一新可能,從掏空那一些而轉到這一面以見其實有,這樣,則只是「逃峰而逢鑿,俱不免於患」(僧肇語),此是頭出頭沒,終非實有。是以無家,不安,虛無,怖慄,疚厎,焦慮,良心底呼喚,以及決斷,這一切都是就人的存在提起來說,只有靠有一超越體底肯定始有意義,由之以見人的眞實性與實有性。提起來說,即不是現象學的方法所能相應,這一切都是在實存的(實實存在的)實踐過程中(實踐或是道德的實踐或是解脫的實踐),由對照一超越的實體或理境而在體證上未能順適自然,或甚至根本不能體證而自哀自憐而無可奈何時,所激起的一些內部波濤。這一些波濤是不能以現象學的方法來處理的,因爲只有有實存的實踐的人始能有這些波濤(病痛),沒有經過實存的實踐這工夫的人是不會有這些感覺的。因此,「回到事物本身」,這裡是沒有現成的事物可令你直接面對的。現象學的方法只能如胡塞爾之所作,講出一個純意識底結構,

即使應用於人的存在講人的實有，也只能走上傳統的路講出一個觀解的（非存在的）實有，一如觀解地講一切存在物底實有，不管你對於實有如何了解，是柏拉圖的，抑還是柏拉圖以前的，但無論如何，總講不出由虛無、怖慄等以見實有之一套。海德格這一套只能由契克伽德（Kierkegaard）的「存在的進路」來獲得，不能由胡塞爾的現象學來獲得。他根據存在的進路實見到了這一套，而且很有體會，亦有精巧的深入，但他又不肯定一超越者（不管是上帝，或道體，或如來藏清淨心），而卻用上現象學的方法，此則既不相應，又足以把這一套弄成散蕩，隔斷其向超越者悟入之路，因此，終建立不起人之真正的實有，把實有弄成虛的，因而亦建立不起其所嚮往的基本存有論。

因此，我對於海德格的《實有與時間》之衡斷是如此：

(1)存在的進路是恰當的，而現象學的方法則不相應。

(2)由虛無、怖慄等以見人之實有這一套只有套在實踐中（道德的實踐或是解脫的實踐）對照一超越的實體（上帝，此是有神論的存在主義，如契克伽德等；道體、性體、心體、仁體、自由意志等，此是儒家；或如來藏自性清淨心，此是佛家）或理境（如道心玄照，此是道家）始可能。

(3)基本存有論只有在超越層上說始可能，而人的真實性與實有性亦只有在實踐地體證或體現一超越的實體或理境上始可能。

(4)人在實踐的體證或體現之工夫過程中當然有時間性，因為這是一現實的過程，但割斷超越的實體或理境，空頭地言人之存在之實有與時間（通過時間了解實有）則無意義，在這裡與康德強拉關係亦無意義，在這裡亦建立不起基本存有論來。

⑸人的存在當然是有限性的，由人的感性與知性亦當然足以見人之有限性，在這裡，人自然是「非創造的」，但通過一超越的無限性的實體或理境之肯定，則人可取得一無限性，因而亦可以是創造的。在其通過實踐以體證超越的實體或理境以見其真實性與實有性時，即見其無限性與創造性。此時，他的直覺是純智的，他的知性是直覺的，這是可能的。

如是，我們仍須本康德的思路從他所謂「超絕形上學」上建立基本存有論，此實只是一道德的形上學，或寬廣言之，只是一實踐的形上學。海德格的路是思之未透，停止在半途中，兩不著邊的，既掛搭不上現象學，又掛搭不上理想主義底大路。

我初極不了解其實有論之實義與確義究何在。及至讀了他的《形上學引論》以及《康德與形上學問題》兩書後，始恍然知其立言之層面與度向以及其思路之來歷。他的思想之界線與眉目既明朗而確定，則我即可作如上之論斷。其思想號稱難解，彼以為鮮能得其意。實則大皆由於不了解其思想之界線與眉目然。如果一旦了解了，則亦無難。其《實有與時間》一書的確難讀，無謂的糾纏繳繞令人生厭。固時有妙論，亦大都是戲論。若了解了其立言之層面與度向，則他的那些曲折多點少點並無多大關係。我亦不欲尾隨其後，疲於奔命，故亦實無興趣讀完他這部書。但我仔細讀了他的講康德的書。我自信以上的論斷為不謬。茲附譯其書中9、10兩節以見一般。

附錄：海德格：《實有與時間》

第一章　混然中處的在者之在(人之存在 Dasein)
　　　　之預備分析工作之解析(說明)

§9　混然中處的在者之在底分析之主題 (theme)

　　我們之我們自己就是要被分析之存在物 (entities, essents)。
任何這樣存在物之實有在每一情形中，總是我的 (mine)。這些
存在物，在他們的實有中，是朝向他們的實有而舉動他們自己。當
作同著這樣的實有之存在物看，他們是被遞交到他們自己的實有
上。實有是每一這樣存在物的一個論題 (issue)。

　　這種表徵「混然中處的在者之在」之路有兩結果：

　　⑴這存在物之本質 (essence) 處於它的存在 (to be) 中。

　　它的「成為是什麼(being-what-it-is)，(本質 essentia)」，當我
們能這樣說它時，必須藉著它的實有 (existentia 存在) 來思議。
但是在這裡，我們的存有論的工作是要表示：當我們要去指示這存
在物之實有為「 實存 (exitstence) 」時，「 實存 」這詞並沒有而

且亦不能有 existentia 這傳統字之存有論的表意;存有論地說,存在(existentia)等同於「當前存在(being-present-at-hand)」,這一種存在本質上是不適當於混然中處的在者之在〔人之存在〕底性格這種存在物的。為避免遊移,我們將用「當前存在(presence-at-hand)」這一解析語(詮表語)代替「存在(existentia)」這詞,而「實存」一詞,作為實有之指示看,將專被派給「混然中處在者之在」〔人之存在〕。

> 案:傳統所謂「存在(existentia)」等於「當前存在」,客觀地當前存在者,客觀地擺在眼前者,客觀地呈現在手邊者。專用於人之存在之「實存(existence)」作為實有之指示看,是表示混然中處的在者之在(人之存在)這個「在者」之實際地去在。真實地實際去在即是朝向他的實有而舉動他自己。

混然中處的在者之在〔人之存在〕之本質處於它的「實存(existence≠existentia in traditional sense)」中。

依此,被顯示於這存在物〔人之存在〕中的那些特徵(characteristics)並不是看起來是如此如此而其自己亦當前存在的某存在物〔某物〕之當前存在的些特性(properties, qualities, predicates);它們在每一情形中總是「人之存在去在」之可能的路數;除此以外,它們不能再有所是。這存在物所有的一切「成為如其所是(being-as-it-is)」根本上就是「實有」。因此,當我們用「混然中處的在者之在(Dasein)」去指示這存在物時,我們並不是想表

示它的「是什麼（what）」，如像它是一桌子，一房子，一樹木那樣「是什麼」，而是想表示它的「實有」。

　案：表示它的「是什麼」是靜態地，客觀地觀解上的事，是把
　　它當作客觀地「當前存在」之「存在」看，這是傳統的觀
　　點。表示它的「實有」是混然中處的在者之動態地實際地
　　去在之事。在這上頭的一切「成爲如其所是」就是混然中
　　處的「在者」之所是，也根本就是它的「實有」。這樣地
　　去在之混然中處而藐然的「在者」，如果是眞實地朝向他
　　的實有而在，便是他的實有之朗現，否則，便是他的實有
　　之隱蔽。如是，才有本書以下所說之種種。但是傳統意義
　　的「存在」（當前存在者）亦有它的「實有」此即「本
　　質」一詞之所示。此「實有」亦是靜態的，觀解的，而且
　　是抽象的，至少是可以抽象地觀之者。此實有與海氏所謂
　　總是「我的」之實有不同。

　(2)作爲這存在物在其實有中之一論題的實有，在每一情形，總是我的（mine）。

　這樣，混然中處而藐然的在者之在〔人之存在〕從不能存有論地當作是那種當前存在的東西〔存在物〕之某種綱類之一例子或特殊事例看。對於這些存在物，〔就這些存在物而言〕，它們的實有是「一種不相干的事」；或更準確地說，它們是這樣的些存在物，即：它們的實有對它們既非不相干，亦非相干。因爲混然中處的在者之在（人之存在）在每一情形中，有「我的」這特性，所以當一

個人宣說這在者之在時，總是必須用一人稱代名詞：「我是（I am）」，「你是（you are）」。

> 案：當作是當前存在的存在物之某種綱類之一事例看者是對於
> 當前存在物作抽象的思解時所有事，例如對之作綱目差的
> 思解。此是傳統觀點中所說的「存在」。此「存在」從未
> 與我相干。總是它的，不是你的，我的，他的，即總之不
> 是我們中每一個人他自己的。這樣看我自己，我自己亦成
> 客觀地擺在眼前者，亦成是它，而不是我。此時沒有
> 「我」，只有客觀的存在。混然中處的在者之在總是「我
> 的」。總是「我的」之在就是我的「實有」。「實有」對
> 於這個存在物之在是本質地相干者。而這個實有是由這混
> 然中處的在者之實際地去在而透顯出來的，與傳統觀點中
> 對當前存在者而抽象地思解其「本質」所顯示的「存有」
> 不同。此後者是客觀的存有，是由對當前存在物而表示其
> 「是什麼」而呈現，依海德格，這不是我的實有。我的實
> 有是由我的混然中處之在之實際地去在而朗現。若以此意
> 義的實有為準，則此實有即對於那客觀地當前存在為不相
> 干，或既非不相干，亦非相干。所謂「非不相干」者，即
> 對之亦可抽象地思解其本質意義的存有也。所謂「不相
> 干」者，即非混然中處之在者之實際地動態地去在所揭露
> 之「實有」也。

又，在每一情形中，混然中處的在者之在總是我的是在這一路

數中或另一路數中是我的。混然中處的在者之在關於「它在每一情形中是我的」之路數總有某種決定（some sort of decision）。那個在其實有中有此實有爲一論題的存在物即朝向它的「作爲其最自己的可能」之實有而舉動其自己。在每一情形中，混然中處的在者之在總是它的可能性，而且它亦有這種可能性，但這可能性並不是一特性（property），就像某物當前存在所是的那樣的特性。而因爲混然中處的在者之在〔人之存在〕在每一情形中本質上就是它自己的可能性，所以它在其實有中，能選擇它自己而贏得它自己（win itself 亦可譯博得它自己）；它亦能喪失它自己，而且從未贏得它自己；如不然，亦只是似乎是在這樣作〔似乎是在選擇自己而實未真能選擇它自己，似乎是在贏得它自己而實未真能贏得它自己〕。但是只有當它本質上是某種能是真實的（authentic 意即不虛僞的）東西，即是說，是某種能是它自己的東西，它始能喪失其自己而尙未贏得它自己。真實（authenticity）與不真實（inauthenticity）〔這兩個字在用語上有嚴格的意義〕，當作實有之模式（樣式 modes）看，兩者皆基於這事實，即：混然中處的在者之任何在〔人之任何存在〕不管是那種在，總是爲「我的(mineness)」所表徵。但是「在」之不真實性並不表示任何「較少（less）」的實有或任何「低度的實有（any lower degree of being）」。勿寧是這樣的，即：縱使在其最充分的具體中，人之存在亦能爲不真實所表徵。當忙碌時，激動時，有興趣時，享受時，即是如此。

以上我們所已描述的混然中處的在者之在底這個特徵（characteristics）——存在先於本質以及「在」在每一情形中總是我的——已指明：在對於這存在物之分析中，我們是正面對著一特殊的

現象領域。混然中處的在者之在並沒有那種「屬於某種只是當前存在於世界內的東西」的「實有」，它亦從不曾有這種實有。〔意即它的有與某種當前存在的東西之實有不同，它從不曾有這後者所有的那種實有。〕因此，它之對題地（thematically）被呈現為我們所碰見（所遭遇 come across）的某物亦不能與我們碰見那當前存在者之路數相同（即不能在與我們碰見那當前存在者之相同的路數中碰見它，即其被碰見之路亦不能同於我們碰見那當前存在者之路）。呈現之之正當路數是很不自明的，以至於要想去決定「它將要採取的形式是什麼」這決定本身就是此存在物底存有論的分析之一本質的部分。只有因著在正當路數中呈現此存在物，我們始能對於它的實有有任何理解。不管我們的分析是如何的暫時的（provisional），它總是需要這保證，即保證我們已正確地去開始。〔案：此即函說人之存在是那樣的動盪不安，所以呈現它底正當之路並不自明。這並不像抽象地去觀解一當前存在者那樣容易，容易決定它之所是，它之所取有的形式是什麼。據此，則現象學的方法顯然在此不相應。〕

在決定它自己為一存在物時，混然中處的在者之在總是在一種可能性之光明中這樣去決定，這可能性就是它是它自己的那可能性（這可能性就是它自己，它自己就是一可能性，在每一情形中「在」就是它的可能性），而且即在其實有中，它設法（somehow）理解之的那可能性。這是混然中處的在者之在之存在的構造之形式的意義。但是這點即告訴我們說：如果我們想存有論地去解析〔詮表〕此存在物，則它的實有之問題必須從它的實存之實存性來發展出。但是，這卻並不意謂：混然中處的在者之在是要

藉著某種具體可能的實存之觀念（idea of existence）來作注解（is to be con-strued）。在我們的分析之開始（outset），那是特別重要的，即：混然中處的在者之在必不要以某種一定的存在路數（way of existing）之分化的特性（differentiated character）來詮表之，但卻是一定要在它所切近而且大部分地有的未分化的性格中來揭露之。混然中處的在者之在之日常性（everydayness）底這種未分化的性格並不是「虛無（nothing）」，但卻是這存在物之一積極的現象的特徵。出自這種實有，而且復歸返於此種實有，便是實際去存在（existing）之一切，如其所是之一切。混然中處的在者之在底這種日常的未分化的性格，我們名之曰平均性（平常性averageness）。〔案：我即依以這平常性爲分析底起點，我譯Dasein爲混然中處的在者之在。「混然」亦是藐然，但這卻不是抽象的存在一般，亦是具體的，在此路或彼路而爲我的，這混然而藐然的在亦就是它的一可能。它自己就是一可能，混然而藐然的在者之在本身就是一可能。混然就是未分化的性格，未分化成某種一定的「實際去存在」之存在路數。分化成某種一定的存在路數就是某種具體的可能的存在之觀念。「中處」即是中處於世界（being-in-the-world）。中處就只是在，也不在這裡（here），也不在那裡（there），也可以在這裡，也可以在那裡，也可以在任何處（any where），因此，混然中處的在者之在就只是「在」（merely existing, merely being-here）。此 being-here 是亭亭當當地混然中處之在，不是與彼處相對相限的那個" here"。所以直譯爲" being-there"，其實義實只是 being-here，而此 being-here 實只是 merely existing，只是混然中處的「在」〕。

因為這種平常的日常性能作成那經驗地（ontically）切近於（proximal for）此存在物者，所以在解明混然中處的在者之在中，它即逐步被越過（被超轉 passed over）。那經驗地最切近而又被周知的東西是存有論地最遼遠而又最不被知的東西；而它的存有論的表意是經常地被忽略的。當奧古斯丁（Augustine）問：「什麼是比我自己更接近〔切近〕於我？」時，他必須答曰：「確然我勞力於此，我勞力於我自己之內；我對我自己已變成一塊麻煩而且是過度吃苦的土地〔a land of trouble and inordinate sweat（＝an awful sweat）吃力的苦工〕」。此義不只應用於混然中處的在者之在之經驗的與前存有論的不透明性（ontical and pre-ontological opaqueness），且甚至亦更可應用於居在前面（將來，後來）的存有論的工作上。因為這個存在物不只是決不要迷失在它所現象地最切近的那種實有中，且亦必須因著一種積極的特徵而使之成為可接近的（accessible）。

但是，混然中處的在者之在底平常的日常性並不是被認為只是一面相（a mere aspect）。存在性之結構且亦即先驗地處在這裡，且甚至即處在不真實性之模式中。而混然中處的在者之在之實有在一確定的路數中是它的一個論題，也是在這裡；而混然中處的在者之在即在此平常的日常性中朝向它的實有而舉動其自己，即使在面對著它時，這只是逃脫之模式（mode of fleeing）以及由此而來的「忘卻（forgetfulness）」。

但是解明混然中處的在者之在之平常的日常性這種解明並不即給我們以朦朧不定（hazy indefiniteness）意義的平常結構（average structures）。任何東西，經驗地視之，是在一平常的路數中

者，皆同樣能存有論地在充盈的結構（pregnant structures）中被把握，此種充盈的結構可以與混然中處的在者之在之一眞實的實有（an authentic being）之一定的存有論的特徵結構上說並無什麼顯著的差別（structurally indistinguishable）。

混然中處的在者之在之分析所生出的一切解相（explicata）皆是因著考慮此在者之在之「實存—結構（existence-structure）」而被得到。因爲此在者之在底實有性格是藉著「實存性（existentiality）」而被界定，所以這一切解相我們名之曰「實存相（existentialia）」。這些實存相（解相）與我們所叫做的範疇（categories）是要嚴格地分別開的。範疇是那些其性格非「混然中處的在者之在之性格」的存在物（實物 entities）上的實有之表徵（特徵 characteristics）。〔意即：範疇是那些客觀地當前存在的存在物上的實有之表徵（特徵，徵相），這些客觀地當前存在的存在物所有之性格（character）是不同於混然中處的在者之在之性格的〕。在這裡，我們說「範疇」是取其基源的存有論的表意的，而且亦固守此意（abiding by it）。在古人底存有論裡，我們在世界內所遇見的存在物是被認爲實有之解析上的基礎事例的。νοειν〔或者可以說 λόγος 論議，論叙〕是被承認爲接近它們〔存在物〕底道路。存在物在這道路上被遇見。但是這些存在物底實有則必須是某種能在一種顯著的 λέγειν〔讓某物被看見〕中被把握的東西，這樣，這個實有可以事先如其所是而成爲可理解的，如其早已存在於每一存在物中而成爲可理解的。在關於存在物底任何論議〔討論discussion，λόγοs〕裡，我們早已把我們自己致意到實有上〔addressed to being〕。這種「致到（addressing）」是 κατηγορετσθαι。

其初，這字的表示提起公訴〔作一公共的控告〕，即以某人在大眾
面前作某事。當存有論地用之時，此詞意謂取一存在物去工作，即
是說，讓每一個人看見它的實有〔在它的實有中看見它〕。而這
κατηγορται 就是在這樣一種看中所已見到的東西或所可見的東西。
它們包括有種種的道路，在這些道路裡，那些能夠在 λóγos 裡被致
意被討論的存在物之本性（nature）可以先驗地被決定。實存相與
範疇是實有底性格上兩種基礎性的可能性。與這兩種基礎可能性相
對應的存在物相關對地震要有不同的基源發問（primary
interrogation）：任何存在物或是一" who "（誰個，實存）或是
一" what "（是什麼，廣義的當前存在）。這兩種實有性格之模
式間的連繫，除非直至實有問題之層面（horizon）弄清以後，是
不能被處理的。〔案：範疇是對應當前存在的存在物之實有（是什
麼）而說，實存相是對應混然中處的在者之在之實有（誰個）而
說。〕

　　在我們的引論裡，我們早已知在混然中處的在者之在之實存的
分析中，我們亦進行（make headway with）一種工作，此工作並
不亞於實有問題本身之工作——實有問題本身之工作就是去揭露那
個先驗的基礎，此基礎必須在「人是什麼」一問題能哲學地被討論
以前即爲可見的。混然中處的在者之在之實存的分析是在任何心理
學或人類學之前的，並且確然亦是在任何生物學之前的。當這些學
問亦是研究混然中處的在者之在之道路時，我們能以較大的準確性
來界定我們的分析之主題，如果我們想要把我們的分析與那些學問
區別開時。而同時，那種分析底必然性能更銳利地（more
incisively）被證明。

§10 混然中處的在者之在之分析如何與人類學，心理學，及生物學分別開？

在一個研究的題目起初〔開頭〕以積極詞語被綱列出來以後，去展示什麼東西要被排除（ruled out），那總是很重要的，縱然去討論那尚未發生的事情很容易變成無結果。我們必須指示出：迄今以前那已意在於混然中處的在者之在的問題之諸般研究與諸般程式實已迷失了那真實的哲學問題〔不管它們的客觀的豐富性是如何〕，亦要指出：他們沒有權利宣稱說他們能完成他們的基本上所追求者。在區別實存的分析與人類學，心理學，及生物學之不同中，我們將把我們自己限制於那原則上是存有論的問題者。我們的區別從「科學的理論」之觀點觀之，自必是不適當的，所以如此者乃只因為上所提及的那些學問〔學科〕之科學結構〔不是那些作之者之科學態度〕在今天是徹底有問題的，並且需要在一些在存有論的問題中有其根源的新路數中來著手〔從事〕的（to be attacked）。

歷史學地說，實存分析之目的可以因考論 Descartes 而弄成較為顯明的。笛卡爾以其發現了「我思我在（cogito sum）」而為近代哲學研究提供了一開始點，這是要歸功於他的（credited with）。他研究「我」之去思（cogitare），至少是在某種一定範圍內研究的。另一方面，他完全沒有討論「我在（sum）」，縱然它被認為並不比 "cogito" 為不根源。我們的分析則提出「我在」之存有論的實有問題。除非直至這實有之本性已被決定，我們不能把握屬於 cogitationes 思想的那種實有。

同時，要想在這路數中歷史學地去例證我們的分析之目的，那自然也是誤會。我們的第一工作之一就是想去證明這一點，即：如果我們置定一個"p"或「主體（subject）」作為那切近地給與者，我們將完全迷失了「混然中處的在者之在」之現象的內容。存有論地說，關於一個「主體」的每一觀念——除非因著對於基礎性格作一先在的存有論的決定這種工作而提練之澄清之——仍然置定一「主體物（subjectum）」與之俱，不管一個人的經驗的聲明（ontical prote stations）以拒絕「靈魂本體」或「意識之具體化實體化（reification of consciousness）」是如何的生動有力（vigorous）。這種具體化〔實體化〕所函的「東西（thinghood）」自身必須有它的已被證明的存有論的根源，如果我們想去問：當我們想及主體、靈魂、意識、精神、人格等之「未實體化的實有（unreified being）」時，我們所積極地想要了解的是什麼。所有這些名詞皆涉及一定的現象領域：但是去看研究這樣派定的存在物之實有這研究上的需要時，它們之被使用從未無顯著的失敗的。因此，當我們在指派那些我們自己也在其中的存在物時，我們避免這些名詞而不用，或避免「生命」與「人」這種名詞而不用，這並不是術語上的隨便的。

另一方面，如果我們正確地了解之時，則在任何嚴肅的而又是科學頭腦的「生命哲學」中——此語之被說及其多一如關於植物之植物學之被說及——皆存有一種未表示出的趨勢，即趨向於「混然中處的在者之在」之實有之理解的趨勢。在這樣的一種哲學中，那顯著的（conspicuous）事實是這樣的，即：在這裡，「生命」自身——作為一種實有看——並沒有存在論地成為一個問題。

Wilhelm Dilthey 底研究是為永久不斷的「生命」問題（perennial question of life）所激起。從作一整體看的「生命」自己開始，他想去了解它〔生命〕底經驗，就這些經驗之結構的與發展的內部關聯而了解之。他的「精神知識學的心理學（geisteswissenschaftliche Psychologie）」不再指向心理成素與心理原子或把靈魂底生命去接合起來，但卻是意在「完形（gestalten）」以及「作為一整體的生命（life as a whole）」。但是，它〔此學〕的哲學的相干者在這裡卻並沒有被想及，但卻是這樣的，即：在這方面的一切總歸他是在他自己的道路上，朝向「生命」之問題而前進。確然，我們在這裡很顯明地能看出他的問題以及置於文字中的概念組這兩者是如何的受限制。但是，這些限制不只見之於 Dilthey 與 Bergson，且亦見之於他們所指導的一切「人格主義」的運動（personalitic movements）以及朝向一哲學的人類學而趨的每一趨勢。人格（personality）之現象學的解析原則上是較為更極端的（more radical）而且較為更透明的（more transparent）；但是混然中處的在者之在之實有問題自有一度向（dimension），而此現象學的解析亦仍不能進入之。不管 Husserl 與 Scheler 在他們的各別研究方面，在他們的處理這些研究底方法方面，以及在他們的指向於作一整體看的世界方面，是如何的不同，而他們在他們的人格性之解析底消極面上則完全是相合的。「人格性的實有（personal being）」之問題自身是一個他們不再提起的問題。我們已選 Scheler 的解析作例，不只是因為在出版品上它是易得見的（accessible；Husserl 關於人格性的研究之作品尚未出版），但是因為他很顯明地著重「人格性的實有」之自身，並且想去決定它的

特性，因規定活動（acts）之特殊的實有，規定之爲與任何「心理的」東西相反的這種活動之特殊的實有，而決定「人格性的實有」之特性。Scheler 認爲「人格」決不可被思爲是一物（thing）或一實體（substance）；人格「勿寧是生活之統一（unity of living-through 活生生的生活通貫）」，此統一是直接地在經驗中而且同著經驗而被經驗，人格不是一個物（thing）只被想爲是在直接被經驗的東西之後面或外面。人格不是一個實物性的東西（thinglike），亦不是一個實體性的實有（substantial being）。人格底實有亦不能完全被吸收於依隨某種法則而來的理性活動之成爲一主體中。

人格不是一物，不是一實體，不是一對象（object）。在這裡，Scheler，當他主張人格底統一必須有一種構造〔組構〕本質上不同於自己界中物之統一所需者時，他是著重 Husserl 所啓示者。Scheler 關於人格所說者，他亦同樣應用於「活動」：「一個活動亦從不能是一對象；因爲活動只能在它們的作成自身（performance itself）中被經驗，而且在反省中被給與，這點對於活動之實有是本質的一點」。活動是某種「非心理的(non-psychical)」東西。本質上，人格只存於意向活動底作成中（exist only in the performance of intentional acts），因此，本質上就不是一個「對象（object）」。活動之任何心理的對象化，因而任何視它們爲某種心理的東西之路數，即等同於「非人格化（depersonalization）」。一個人格在任何情形中是當作意向活動底一個作成者（performer）而被給與，那些意向活動是由一意義底統一而被結聚於一起（bound together）。這樣，心理的實有（即心理事象性

的實有）與人格性的實有（ personal being ）毫無關係。活動被作
成；人格就是活動底作成者。但是，「作成」底存有論的意義是什
麼？屬於人格的那種實有如何能依積極的路數而存有論地被確定
呢？但是，批評的問題不能止於此。它必須面對這整全的人之實有
而正視之，這整全的人通常是被認爲是身體，靈魂，與精神之統
一。身體、靈魂與精神轉而又可指定一些現象的領域，這些現象的
領域又可離析出來而爲特定的研究之主題；在某種一定範圍內，它
們的存有論的不確定性可並不重要。但是，當我們注意到人的實有
之問題時，這卻不是某種只因著把身體，靈魂與精神所分別有的那
種實有——其本性尙未被決定者——加在一起即可估計的東西。即
使我們一定要想試作這樣一種存有論估計，某種整全者底實有之觀
念也必須被預定。但是那阻礙混然中處的在者之在底實有之基礎問
題——或使其離開軌道——者卻是澈頭澈尾爲基督敎底人類學以及
古代的世界〔觀〕所渲染的一種方向，而基督敎底人類學與古代的
世界〔觀〕其不適當的存有論的基礎卻一直被生命底哲學與人格主
義這兩者所忽略。在這傳統的人類學中，有兩個重要的成素：

(1)「人」是被規定爲ζῶον λόνον εκον，而此則被解析爲一「理
性的動物（ animal rationale ）」，即某種具有理性的有生之物，但
是屬於ζῶον 的那種實有是被理解爲「出現（ occurring ）」而且
「當前存在（ being-present-at-hand ）」。λόγος 則是某種優越的稟
賦（ superior endowment ）；但是屬於它的那種實有有則完全是晦
暗的（ obscure ），其晦暗一如這樣組合成的整全物(entire entity)
之實有之爲晦暗。

(2)決定人之實有與本質底本性的第二個線索則是一個神學的線

索：*και ειπεν ό θεόs ποιησωμεν ανθρωπον κατ εἰκόνα ἡμετέραν καί καθ᾽ ὁμοίωσιν*——" faciamus hominem ad imaginem nostram et similit-udinem nostram " 此拉丁譯語見之於〈創世紀〉，其意是：「上帝說，讓我們依我們的影像造人，如我們的相似者而造之」。以此爲起點，伴之以古代的定義，則基督教神學底人類學即達到我們所叫做「人」的那個存在物之解析。但是恰如上帝之實有是因著古代的存有論而存有論地被解析，所以有限存在（ens finitum）之實有亦是這樣作，且甚至更甚。進入近代，基督教的定義已被剝奪其神學的性格。但是「超越」之觀念——即人是某種能至超越乎其自己之境——卻是植根於基督教之教義，此種觀念很難說對於人之實有已作成一存有論的問題。超越性（transcendence）之觀念——依照此觀念人不只是某種稟賦之以理智（intelligence）的東西——已依不同的變度（variations）而表現其自己。以下的引文將說明這些變度如何被引起：加爾文（Calvin）說：「人之第一條件是因爲這些特出的稟賦而成爲優越的，即理性、理智、謹慎、判斷等，此等稟賦不只足以統治這俗世的生活，且足以因著它們，人可以上越〔上拔〕，甚至上越至上帝，上越至永恆的幸福（eternal felicity）」。斯文利（Zwingli）說：「因爲人看到上帝及祂的道，他很清楚地指示出：在他的本性中，他是生而即能多少近乎上帝的，他是某種依其生而有的特徵（stamp）更能多一點的東西，並指示出：他有某種能引他達至上帝的東西。這一切毫無疑問地是從他的依上帝之影像而被造這一事實而來」。

這兩個在傳統人類學上是相干的源泉〔希臘的定義以及神學所供給的線索〕指示出：在試想去決定作爲一存在物的人之本質以

上，他的實有之問題是被忘記了的，並指示出：這種實有勿寧是被認爲某種顯明的或「自明的」東西，即其意爲在其他被造物傍邊的「當前存在」這種顯明而自明的東西。這兩個線索在近代人類學裡交互錯綜，而思者（res cogitans）意識，以及經驗底內部連繫則用來充當有組織有方法的研究之起點（serve as the point of departure for methodical study）。但是因爲甚至 cogitation（思想）亦是存有論地存而未決者，或是默默被預定爲某種自明地給與的東西，其「實有」則並未被問及，所以人類學的問題之決定性的存有論的基礎亦是留而未決。

這情形在心理學方面亦同樣是眞的，心理學之人類學的趨勢在今天是並無誤會的。我們亦不能以人類學與心理學並把它們建築於一般生物學底架格中來補償這存有論的基礎之缺無。在任何可能的理解與解釋所必須隨之而來的層序上，生物學當作「生命之科學」看是建基於混然中處的在者之在之存有論上的，即使不是完全地。生命，在其自己的分上，是一種實有；但是本質地說來，它只有在混然中處的在者之在中，才是可見得到的〔可接近的 accessible〕。生命底存有論是因著一種遮撥的解析（privative interpretation）而被完成的；如果眞能有任何像「純然的活著（mere-aliveness）」這樣的東西，則此生命之存有論即決定那必須是如此這般之情形者。生命不只是一「當前存在於就近（手邊）」，它亦不是「混然中處的在者之在」。反之，「混然中處的在者之在」亦從未因著把它視爲生命——在一存有論地不確定的樣子中的生命——加上某種別的而存有論地被規定。

在提示出人類學，心理學，以及生物學皆不能對於屬於我們自

己所是的那些存在物的那種實有之問題給出一種不模稜的（明顯的
unequivocal）而且是存有論地適當的答覆時，我們並不是對於這些
學問（disciplines）底積極工作作判斷。但是，我們必須常記在心
中，即：這些存有論的基礎決不能因著從經驗材料而引伸的一些副
屬假設〔次要假設〕而被顯露，但卻是這樣的，即它們〔存有論的
基礎〕早已存在在那裡，即使當經驗材料只是被收集起來時，它們
亦早已存在在那裡。如果積極的研究不能去看出這些基礎來，而執
認它們是自明的，此並不能證明說它們不是基礎的，或證明說它們
不是問題性的，比積極科學底任何論題所能是的更爲極端意義的問
題性的〔案：說早已存在那裡，此句亦有問題〕。

《牟宗三先生全集》總目